编组站调度系统优化理论与方法

薛　锋　著

科 学 出 版 社
北　京

内 容 简 介

本书是一本较为全面介绍铁路编组站调度系统优化理论与方法的学术专著，反映作者在该领域比较系统的研究成果。主要内容包括：绪论；编组站系统及作业分析；编组站列车解编顺序的协同优化；编组站配流的分解与协同优化；双向编组站配流的协同优化；基于集群资源的编组站作业优化；基于资源可用度的编组站调度优化；基于能力区间的编组站系统优化；编组站调度系统优化算法设计。

本书偏重编组站调度系统的基础理论研究，提出诸多解决编组站调度系统优化问题的模型和算法。本书适合从事铁路运输组织工作和研究的科研人员以及交通运输规划与管理、交通运输工程专业的高等院校师生参考。

图书在版编目（CIP）数据

编组站调度系统优化理论与方法 / 薛锋著. —北京：科学出版社，2022.6

ISBN 978-7-03-070732-1

Ⅰ. ①编… Ⅱ. ①薛… Ⅲ. ①编组站－调度自动化系统－研究 Ⅳ. ①U291.4

中国版本图书馆 CIP 数据核字（2021）第 244078 号

责任编辑：朱小刚 / 责任校对：王萌萌
责任印制：罗 科 / 封面设计：陈 敬

科 学 出 版 社 出版
北京东黄城根北街 16 号
邮政编码：100717
http://www.sciencep.com
四川煤田地质制图印刷厂 印刷
科学出版社发行 各地新华书店经销

*

2022 年 6 月第 一 版 开本：720 × 1000 B5
2022 年 6 月第一次印刷 印张：16
字数：320 000

定价：139.00 元

前　言

编组站是铁路网的关键节点，主要担负着大量货物列车的解体作业和编组作业（简称解编作业），对加速全路货车周转、保障路网畅通具有重要作用，其作业质量直接影响着铁路货物运输的效率和效益。编组站作为铁路网络畅通的调节器，常被喻为货物列车的“制造工厂”。我国铁路调度实行分级管理、集中统一指挥的原则，设置三级调度机构进行统一指挥。编组站的调度指挥处于最基层，为具体运输指令的执行环节，其作业主要通过班计划、阶段计划、调车作业计划来实现。

编组站根据运输现状及所编制的计划对车站运输资源和生产过程进行实时控制，其作业计划优化既是多维空间上的复杂指派问题，也是多目标、大规模的组合优化调度问题。调度系统优化作为编组站调度指挥自动化的应用基础理论研究，有助于推动编组站调度指挥的科学化、智能化，这些基础理论的应用可以提升车站调度指挥的决策水平，实现车站资源的优化配置，提高运输组织效率。

本书立足铁路编组站调度指挥工作实际，深入研究编组站调度系统协同优化问题。以理论研究为主，总结分析编组站的车流组织规律及配流机理，在对编组站调度系统界定和边际假设的基础上，综合运用大系统优化理论、协同论、组合数学等理论和方法，对编组站的作业进行单项优化或综合优化，同时对编组站集群资源进行分析，研究编组站作业计划与车流的耦合优化，并对编组站能力的表示和利用进行理论探索。

本书共 9 章，第 1 章提出研究问题，总结国内外研究现状；第 2 章阐述编组站的调度系统及相应的作业流程，总结分析编组站的车流组织及转化规律；第 3 章基于解编作业协同，给出解编时刻的计算及解编顺序的确定与调整方法；第 4 章应用系统优化理论及协同论的观点和方法，对编组站调度系统的配流问题进行分解与协同优化；第 5 章针对双向编组站，建立协同优化模型，尽可能减少折角车流给编组站带来的能力损耗，实现到达车流在全站范围内的合理配流；第 6 章运用集群资源思想，从可用资源角度建立模型，对驼峰解体作业进行优化；第 7 章给出编组站阶段计划与车流耦合度的计算方法，并构建编组站阶段计划动态车流耦合优化模型；第 8 章提出基于 JAB 区间估计方法的三参数区间泛灰数能力表示方法，以体现能力的动态性；第 9 章以遗传算法和蚁群优化算法为基础，设计出基于信息熵和混沌理论的参数自适应遗传-蚁群协同优化算法，应用于编组站调度系统配流问题的求解。

本书内容以作者近十年在铁路运输组织优化方面的研究成果为主体，同时融合作者指导研究生马晓晨、赵蕾、袁野共同取得的部分成果。这些研究成果得到了国家自然科学基金项目（60776824、61203175）、四川省科技计划项目（2019YJ0211）、四川省自然科学基金项目（2022NSFSC0471）的支持。

本书由西南交通大学第二轮研究生教材（专著）建设项目支持出版。同时，本书的出版也得到了西南交通大学综合交通大数据应用技术国家工程实验室、综合交通运输智能化国家地方联合工程实验室的大力支持，在此一并致谢。在书稿的形成过程中，研究生甘易玄、杨宗琴做了大量整理工作，在此表示感谢。

在本书撰写过程中，作者查阅了大量的参考文献，在叙述上力求概念明确、思路清晰，提出大量的优化思路和算法，并运用熟悉的实例来验证，尽可能使各类读者对编组站调度系统优化理论与方法有更为深入的了解和认识。同时，本书在撰写过程中借鉴了大量科研论文、学术专著等，未能在参考文献中一一列出，在此向有关作者表示感谢。

由于作者知识水平、研究深度有限，书中所提出的观点、理论和方法难免有不足之处，敬请读者批评指正。

目　录

第1章 绪　论

1.1 研究背景

1.1.1 国外编组站自动化发展概况

20 世纪 50 年代，发达国家的铁路运输网络逐步形成，各国根据其铁路货物运输车流组织的需求，在有大量车流集散的地区建设编组站。由于缺乏统一规划，以及受到当时铁路科技发展水平的限制，国外编组站在铁路网上的布局和分工不尽合理，同时由于车站设计和作业组织相对落后，每昼夜改编作业量达到 1000 辆以上的编组站只占约 30%，难以充分利用编组站的能力。20 世纪 50 年代以后，随着新兴技术（如控制理论、电子学和电子计算技术等）、新成果在编组站日常作业组织中的应用，编组站的作业条件与效率得到了改善和提高，逐步向自动化方向发展。由于驼峰是编组站的核心设备，所以初期科研人员的注意力主要集中于驼峰自动化，这时的编组站自动化也通常是指驼峰自动化。

编组站的驼峰调车始于 1880 年。1924 年，德国和美国建成第一个机械化驼峰。1953 年，美国首先建成并运用了世界上第一个自动化驼峰，1964 年，又建成第一个数字计算机控制的自动化驼峰。自 20 世纪 50 年代，欧洲各国和日本开始对驼峰自动化技术装备进行研究，取得了很大进展，相继建成各自的自动化驼峰编组站。随着编组站驼峰自动化技术的发展，单向系统编组站的改编能力得到大幅度提高，可达 8000～10000 辆/日（单溜放现代化驼峰）及 12000～14000 辆/日（双溜放现代化驼峰）[1]。

单项作业自动化的效益是很有限的，要发挥自动化系统的整体效益，编组站的运营管理必须从单项作业自动化走向综合作业自动化。20 世纪 50 年代以来，西方发达国家对此不断进行研究，从驼峰溜放进路和速度控制的单项作业自动化技术，到列车调车进路的自动控制，再到数据处理自动化，综合自动化水平不断提高。

1964 年，美国在盖脱威编组站建成世界上第一个比较完整的编组站自动化系统，而后又陆续建成阿根帝恩、西科罗特等编组站。与此同时，苏联、加拿大、德国、法国等也致力于编组站自动化系统的建设，研制和开发了各种编组站自动化系统，取得了良好的效果。苏联编组站采用状态测试法或直观推断法，其原理是为保证计划的连续及作业的协调，从而比较分析当前情况和前一阶段情况，利用与现状情形最为接近的时间，然后分阶段、分步骤地进行作业调整。2001 年开始，俄罗斯铁路对编组站技术装备进行了跨时代的更新推进，加快采用信息技术，提高车流信息的准确性、完整性和平衡性。日本在编组站自动化系统的建设方面起步较晚但发展很快，在其编组站情报处理系统方面取得了较高的自动化发展，系统可以根据实际的作业情况对之前制订的计划进行修订，最后确定实际的具体作业计划。日本从 1968 年开始先后建成郡山、高崎、盐滨、武藏野、北上和周防富田 6 个自动化编组站，其中武藏野编组站自动化范围最广，自动化程度也最高，在当时均处于世界领先地位。20 世纪 70 年代中期，日本国有铁路着手进行标准化系统的研制，开发了编组站货车控制系统的标准化软件，并将编组站自动化系统进行推广[2]。

至 20 世纪 80 年代末，美国的盖脱威、阿根蒂恩、西科罗特，德国的塞尔茨，法国的索特维耳、贺卡德，英国的廷斯雷，日本的郡山、武藏野等编组站在自动化范围和程度上都达到了较高的水准，编组站自动化发展由此达到顶峰。但从 20 世纪 90 年代开始，这些发达国家铁路货运量下降，造成编组站作业量锐减，由此编组站的数量也在不断缩减，自动化改造需求不高，编组站综合自动化技术发展相对缓慢。

1.1.2 国内编组站自动化发展概况

20 世纪 50 年代以前，虽然我国已修建了一些编组站，但实质上大多数为区段站型，其股道数量少且只能进行平面调车，有效长度短，完全为人工作业，效率很低，劳动强度大。中华人民共和国成立后，铁路编组站自动化程度逐渐提高，作业效率不断提升。1960 年，第一个机械化驼峰在苏家屯编组站上行系统投产；1970 年，在丰台西编组站建成第一座半自动化驼峰；1984 年，在南翔编组站建成我国第一座采用国产小型机集中控制的调速自动化驼峰，在实现驼峰自动控制方面成功地迈出了第一步；1986 年，在山海关编组站建成我国第一个驼峰微机溜放进路控制系统；1987 年，我国第一个编组站车辆信息处理系统在株洲北驼峰投产[3]。由于当时编组站自动化技术还不够成熟，20 世纪 90 年代中期以前我国编组站的技术装备还是以半自动化驼峰为主。近 20 年，我国编组站自动化发展较快，国内十几处编组站实现了或正在研制范围不同、程度不等、调速工具多样的自动化系统，与此同时也装备和使用了统一的或根据各个编组站具体情况独立自主开发的编组站现车管理信息系统，并且其中大多数与驼峰控制系统联机运行。目前，我国驼峰自动化水平和自动化程度大大提高，逐渐赶上国际先进水平。

国内外铁路的运营实践表明，实现编组站作业的综合自动化，对于加强编组站的运输生产能力，全面提高编组站的运营管理水平，效果十分显著。1989年，郑州北编组站综合自动化系统建成，主要包括上行驼峰自动化、推峰机车遥控、编尾微机集中及调度信息处理四个分系统，并实现了调度信息处理系统与驼峰自动化联机，这标志着我国铁路编组站进入了综合自动化阶段。20世纪90年代，我国全面推广驼峰自动化和编组站综合自动化技术，至20世纪末先后建成郑州北、石家庄、阜阳北、向塘西等一批综合自动化编组站。成都北的编组站计算机集成处理系统（computer integrated process system，CIPS），重视站调在现代化编组站中的主导作用，以站调为核心，将编组站调度指挥、现车追踪与管理、运营管理与决策支持、车站计算机联锁、驼峰解体作业过程控制、站内调车安全控制等系统用有线、无线网络集成起来，达到集中控制、计划自动执行的目的，实现编组站集中调度管理与作业全自动化于一体的综合系统[4]。新丰镇站的编组站综合自动化（synthetic automation of marshallingyard，SAM）系统，突出“局站、区域、管控、运维”一体化的设计思想，以信息整合、完善、流畅与共享为核心，将调度指挥、现车追踪与管理、驼峰解体作业等多个系统有机地集成起来，最大限度地提高生产和管理效率，实现管控一体化的先进管理模式[5]。无论是CIPS还是SAM系统都将编组站作业的各个环节视作一个不可分割的有机整体，从系统的观点进行协调，实现全局优化。以CIPS和SAM系统为代表的新一代编组站综合自动化系统是我国铁路编组站综合自动化发展史上一次质的飞跃和里程碑，将实现编组站全面信息化和高度自动化，使我国编组站整体技术达到世界领先水平。

CIPS和SAM系统是基于不同理念设计的两种系统架构：CIPS代表的是流程再造的流水线方式，该系统强调整体的流程化和规则化；SAM系统代表的是管控融合的分布式控制系统（distributed control system，DCS）方式，该方式侧重于宏观的计划与环节间的自适应调整。

1. 基于自动化集成的CIPS

成都北编组站计算机集成处理系统是车站信息共享平台，它可以集成与整合车站作业过程控制系统，其主要目的是实现编组站的决策、优化、管理、调度、控制一体化，其主要具备以下功能。

1）数据平台共享

编组站真正意义上实现高度集中，离不开共享的数据平台。成都北编组站作业过程依靠CIPS得以实现一楼一屏的集中控制，使得作业集中办理得以实现。与编组站各信号楼分别操作方式截然不同的是CIPS一屏集中显示车站办理的列车到发、调车解编、机车走行等作业，通过CIPS一屏显示，使得目前编组站内各工种、各岗位之间的连接困难得以消除。

2）调度决策指挥自动化

CIPS 真正意义上实现了计划图表指挥生产，其原理是通过作业过程自动控制和执行过程的自动反馈机制，从而使得系统动态作业优化调整得到实现。通过实时监控各场作业进度、到发线占用状况、牵出线及走行线占用等动态资源，从而合理分配编组站设备资源智能决策的作业计划变动。

3）作业过程控制自动化

按照编组站管理系统下的各个分系统实时下达执行命令，从而自动办理编组站列车进路、调车进路、机车走行进路、溜放进路，实现作业控制过程的全面自动化。可以通过实时监控，自动跟踪车辆的动态状况和实时的作业情况，实现站内信息流与车流的同步。

4）信息管理自动化

信息管理自动化的三个主要方面如下：

（1）调度管理自动化。

（2）实现统计管理自动化。

（3）历史数据存储。

2. CIPS 对编组站流程及资源的管控

CIPS 包括综合管理系统和综合控制系统两部分，该系统体现了站调在综合自动化编组站中的主导作用，其把站调作为系统核心，通过网络集成编组站调度指挥，完成对现车实时追踪与管理、驼峰解体作业过程控制等，实现管控一体化。该系统的设计目标是，以信息集成为核心，在资源调度方面将零散的、割裂的调度资源整合为统一的集成系统，使之处于集中管理、调度、监控的环境之中。CIPS 对编组站作业流程的再造并不违背编组站运输生产的客观规律，也不改变编组站到达→解体→集结→编组→出发的规定生产流程和基本作业制度，只是在 CIPS 提供的自动化、信息化功能平台上，将原有的相关生产管理与岗位职能进行重新定义和分配，以自动化的设备替代人工作业，通过自动化的技术革命，实现数字化的指挥、智能化的决策、自动化的执行和现代化的管理。

在已实施 CIPS 的编组站，人工工作量急速减少，大量被自动化和信息化的 CIPS 功能所取代，作业流程的控制保障机制也因计算机互控而强化，原先许多由制度及人工保障的工作转为由机器保障，从而实现由人控转化为机控，即由程序全部或部分承担原可能由人为失误造成的风险。CIPS 虽然实现了流程再造，但本身并不要求改变生产流程，传统的编组站在进行综合自动化改造后，可以通过自动化、智能化、信息化的技术手段，自动处理连接编组站各环节工序，从而取消作业人员之间的横向沟通与协调联络，减少调度人员获取作业上报和作业进度信息的时间，加大调机车载和外勤作业人员的信息化，充分利用编组站的线路、径路及机车资源，实现编组站的整体调度优化，提高作业的整体效率，同时为全站的集中调度指挥优化创造条件。

3. SAM 系统对编组站作业及资源的管控

SAM 系统包括管理信息系统和过程控制系统两大部分，以信息集合、完善、流畅与共享为核心，有机集合调度指挥、现车追踪与管理、驼峰解体作业等多个系统，建立统一的管理与控制平台，利用计算机辅助运营决策，对既有作业流程进行优化，实现调度指挥集中管理、计划自动编制与调整、计划自动执行与集中控制、自动控制作业过程、车辆实时跟踪、现车管理、本务机调度管理、统计分析等功能，最大限度地提高编组站资源的利用效率和生产管理水平。

SAM 系统对调度资源的管理和控制功能分为两个层面：一是计划调度层面，主要是实现作业计划的自动编制和调整；二是集中控制层面，在这个层面可以得到实现作业计划自动执行与作业实时的自动反馈。SAM 系统一直看重计划的重要性，系统在计划的前提下建立了计划、执行、反馈的闭环生产管理体系，从而保证对编组站生产资源的高效利用，调度人员通过优质的编制计划，以及合理的解编顺序和资源分配，从而保证车站作业可以均衡有序进行，而且可以监视各资源完成计划的情况，并根据反馈信息动态调整计划；集中控制子系统实现作业计划的自动执行功能，系统能够实时得到现场情况，进而运用智能算法得到最优调度方案，合理运用资源自动执行作业。

1.2 研 究 意 义

以驼峰自动化为代表的控制系统和现车管理信息系统在我国大部分编组站得到了应用，这两类系统对编组站的调度指挥发挥了积极作用，但影响是局部的，制约了编组站整体功能的发挥。新一代编组站综合自动化系统是我国铁路编组站智能化的发展趋势，它们整合并集成了我国编组站各种成熟的过程控制系统，统一信息管理，建立信息共享平台，有机地构建成管控一体化的整体系统。编组站 CIPS 和 SAM 系统实际上包括作业控制自动化、数据处理自动化和调度指挥自动化三大部分（图 1-1）。这三大部分实际上形成按功能划分的三个子系统，它们紧密联系，互相依托，共同构成编组站计算机集成处理系统。其中，编组站智能调度子系统（简称调度系统）本质上属于决策支持系统（decision support system，DSS），而数据自动处理子系统本质上属于管理信息系统（management information system，MIS），二者虽有联系，但面向不同层次，实现不同目标，具有不同功能。编组站智能调度子系统是编组站综合自动化系统的核心，只有从优化作业计划入手，才能发挥出编组站调度系统“神经中枢”的作用。

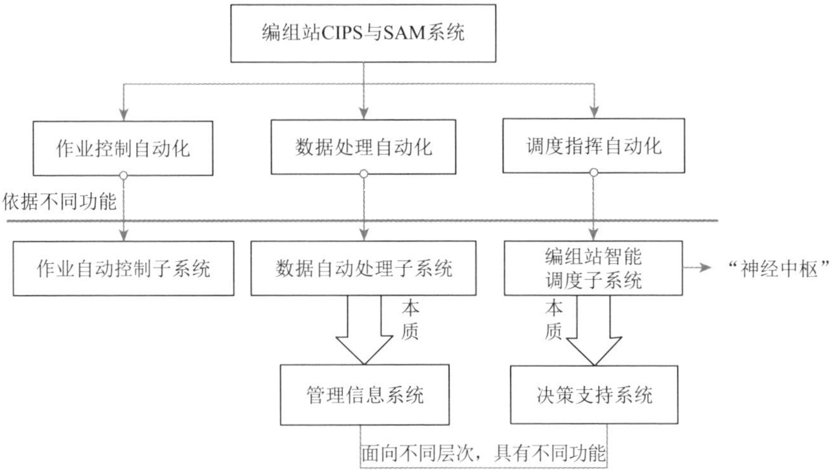

图 1-1　CIPS 与 SAM 系统构成及功能划分

在推进编组站综合自动化的进程中，长期以来人们关注较多的是作业控制自动化和数据处理自动化两方面，不仅取得了大量理论研究成果，而且许多研究成果已转化为生产力。相比之下，关于编组站调度指挥自动化的研究还很不充分，仍然缺乏系统理论方法的指导，对配流问题的研究更是仅限于某些章节。目前，编组站使用的各类信息系统虽有涉及作业计划的优化问题，但阶段计划的编制更依赖调度人员的工作经验，计划质量缺乏科学保障，因而难以从根本上改善编组站的作业效率。许多学者和工程技术人员从提高编组站信息化程度，减轻调度人员劳动负荷出发，研制出一些站调技术作业图表自动铺画系统，这对提高调度指挥的质量和效率有促进作用，但是这类系统对编组站调度计划只是铺画，不是编制，并不能提供决策支持作用，难以满足铁路运输智能化的发展要求。这一局面与当前铁路的快速发展极不相称，严重制约着铁路智能化的发展进程。之所以这样，其原因不在于缺少先进的技术手段，而在于缺乏强有力的理论支撑。因此，必须加强基础理论研究，深入探究编组站车流组织的自有规律，总结编组站综合自动化特点与作业流程变化，根据车辆在编组站间各个作业环节的生产过程，分析总结其需要的编组站资源类型、特征等因素，以配流为主线，构建切合实际的决策优化模型，设计有效的算法，最终为编组站作业计划的优化编制提供理论依据。

铁路编组站作业众多，关系复杂，系统呈现出复杂的整体性和不确定性。首先，整体性体现在编组站作业存在一定的作业序列，车站内到达、解体、编组、出发等作业存在一定关联性，且作业计划往往存在序列关系，一项作业的作业情况往往会影响到另一项作业；车站一项作业计划往往涉及多项设备、设施，对于不同的资源在时间和空间上存在一定的时间占用序列，这些关联为编组站各种作业之间衔接问题提供了一定的技术支撑。其次，编组站作业存在一定的不确定性。

编组站是一个车流的汇集点，车流在线路上随列流移动，列车运行可能存在晚点、临时突发事件等各种不可控因素，以及编组站内各种与车流有关的设备设施工作时间波动、故障维护等，都会对编组站车流动态情况产生一定的影响，编组站作业存在一定的计划性，所以车流的这种动态是一种处于一定范围内的随机变化，这种随机性是有条件的、有边界的随机。编组站作业计划的优化编制一直是我国铁路编组站调度指挥工作的基础和重点，铁路现代化发展战略的实施和信息化建设的迅速发展，为编组站调度指挥自动化的实现创造了良好的条件。编组站调度系统配流协同优化研究，作为编组站调度指挥自动化的应用基础理论研究，是编组站配流理论的深化，在编组站实际调度指挥工作中有很大的实用价值，具有广阔的应用前景。这一研究能有效提高作业计划的编制质量，增强计划的实时适应性，减轻计划编制人员的负担，对于进一步完善我国铁路编组站调度决策支持系统作业计划的编制理论，探索铁路信息化条件下新的编组站车流组织模式，进而实现编组站调度指挥科学化、智能化，具有十分重要的作用。在编组站设备不断更新换代的同时，通过优化作业计划和资源配置，可以大大提高运输效率，进而产生巨大的经济效益和社会效益。

1.3 国内外研究现状

1.3.1 国外研究现状

编组站作业计划的自动编制是编组站综合自动化的重要内容，车站既定配置下的作业优化一直是铁路专家、学者以及工程技术人员研究的重要课题。20 世纪 60 年代，随着排队论的兴起，现代数学方法、计算机技术、人工智能技术、仿生智能算法等逐步引入到编组站作业优化领域[6-21]，并且主要的研究工作集中在编组站作业计划的自动编制方面。

1. 编组站作业计划优化

关于编组站作业计划优化的研究始于苏联。柯契涅夫、索尼科夫、巴利奇、戈列恰纽克、卡佐夫斯基、库特拉捷夫等苏联铁路专家先后就编组站主要车场最佳配线数的计算方法、编组站技术作业的优化及其扩能、提高车站通过能力和改编能力、车辆和列车运行图调整、铁路运输自动化管理系统的调整方法等方面做过具体的研究[22-24]。欧美国家对车站作业的优化研究比较早，这些国家铁路运输能力较强，因此更注重作业计划研究的学术价值。多种方法被运用于编组站作业计划优化研究，如运筹学方法[6]、网络流和组合优化算法[25]、神经网络算法[26]、动态规划方法[27]、束搜索算法[28]等。

其中，比较具有代表性的研究有：1963 年，Gulboden[6]就应用运筹学方法对编组站作业计划优化进行了研究。1980 年，Assad[25]从网络流和组合优化的角度，利用等级分类法研究了调车分类线和列车编组优化问题。1995 年，Martinelli 等[26]利用神经网络算法解决列车编组优化问题，该方法能够在较短时间内获得满意解；2013 年，Boysen 等[27]分析了铁路技术站的作业过程，并从运筹学的角度分别分析了常规铁路技术站和现代铁路技术站的作业优化问题。此外，他们还针对列车解体顺序的问题进行了研究，并设计了动态规划和束搜索两种算法[28]。

由于每个国家的铁路网系统和运输组织模式有所不同，国内外学者对车流组织问题的研究也各有不同。国外大多采用规划型行车组织体制，其对车流组织问题进行逻辑分层：首先根据车站的车组组号和车流的接续方案生成编组去向方案[29-32]，然后确定列车径路、开行数量等列车运行方案[33, 34]，最后基于编组去向方案及列车运行方案编制列车运行图[35, 36]，从而更好地维护列车运行秩序，实现按图行车。由于问题侧重不同，此类问题的目标函数，国内外设置也有所不同：国外常把列车配流方案与车流径路相融合，将车流径路选择信息作为模型决策变量，再考虑将径路运行消耗在内的运输成本最小作为目标函数，建立大规模非线性 0-1 整数规划模型[37]；针对配流方案模型求解算法，目前研究成果主要有神经网络算法、邻域搜索算法、模拟退火算法、遗传算法（genetic algorithm，GA）、蚁群优化（ant colony optimization，ACO）算法等启发式算法[38, 39]，以及双层规划模型、Danzing-Wolfe 和 Bender 分解技术等松弛算法[40-43]。

2. 编组站解编顺序优化

编组站解编策略对车站作业效率的影响一直是学者研究的热点，不仅将多种方法引入该问题的求解，如 HSS 算法[44]、时空网络方法[45]、拉格朗日松弛等启发式算法[46, 47]、排队系统优化算法[48, 49]、运筹学中网络流方法[50]，还结合编组站静动态车流组织策略[51-58]，研究不同作业场景下的编组站作业活动仿真模拟[59, 60]。其中，具有代表性的研究有：1983 年，Yagar 等[44]从动态规划和组合优化的角度出发，找到了一种合理的启发式算法——HSS 算法，用于确定铁路技术站三级三场调车系统的驼峰解体顺序问题。1984 年，Crainic 等[45]结合路网列车进路、编组计划，开创性地运用时空网络方法建立了数学模型。随后，Keaton[46, 47]以列车的编成费用、车小时费用最小为目标，通过建立 0-1 整数规划模型，利用拉格朗日松弛等启发式算法来求解。Avramovic[48]则运用车流接续关系分析方法对列车解体顺序优化问题进行了研究。2005 年，Lubbecke 等[49]讨论了德国编组站的计划编制过程，空车、重车流按照股道、车种或者车数进行分类。2006 年，Lentink 等[50]利用运筹学中网络流方法研究了列车调度计划制定的优化问题。

3. 编组站其他方面优化

此外，也有很多国外专家对编组站其他方面的优化进行了研究，文献[61]～[64]在研究铁路运输组织相关问题时所采用的方法对编组站调度问题的研究有一定的参考价值。除此之外，di Stefano 等[65]利用图论中的染色理论得出了列车编组调度所需要的最少股道数，并给出了启发式算法；Dirnberger[66]介绍了编组站的作业精简方法，以便充分利用其能力；Yuan 等[67]探讨了车站能力的优化运用问题；Galli[68]将列车在站内的运行径路分为接车进路、站台进路和发车进路，以能力为约束建立了整数规划模型；Corman 等[69, 70]提出了铁路大型车站运行控制的非集计模型和集计模型，并介绍了相应的构造方法。

4. 编组站调车线运用

国外对编组站调车线的运用主要可分为两个部分：

第 1 部分是调车线运用及调车场车流组织的理论研究，其工作主要是从编组站调车场车流集结的作业过程入手，以实现编组站调车线运用优化为目标展开。从该角度入手，形成了调车线运用问题的数学描述理论[71-75]，其又可细分为采用多级排序方法描述调车线作业过程[71]、利用三角形排序方法描述编组站车列的基础排序方案[74]、利用编码方法描述改编方案等。目标函数多样，如连挂次数最少、降低调车线使用数量等，但都服务于实现调车场车流组织的优化。

第 2 部分为编组站配流方案与调车作业计划的协同优化。编组站的调车作业计划与配流方案相辅相成，调车作业为编组站的解编作业方案服务，而确定编组站配流方案时也需要考虑调车的数量及其作业方式。为体现调车作业与解编作业的协同，在已有研究成果中，采用多种方式来呈现。例如，以解体作业次数最少为出发列车编组顺序问题的目标函数，建立在解体作业次数约束条件下，出发列车车辆顺序调整的组合优化模型[76, 77]；以车站整体作业时间成本和解编作业次数为双层优化目标，并考虑股道最大容车数，实现调车作业与配流方案的协同优化[78-80]；以最小额外作业量为目标，考虑股道容车数，构建调车线分配模型[81-84]。

5. 编组站系统早期分析模型

编组站作业计划问题一直是学术界主要研究的问题之一，而作业计划的实现与车站基本组成设备、设备作业能力及效率等息息相关，因此编组站作业系统的分析也有很多相关研究成果。其主要集中在分析评估车站技术设备、作业规则、解编作业效率等对车站作业计划及列车运行效率的影响[85-87]，其中又涉及了多种不同分析、建模方法和技术，包括了优化算法、基于离散时间的仿真方法、排队论建模技术和分析（概率）模型方法等[88-90]。

1.3.2 国内研究现状

1. 编组站作业计划编制

我国铁路的运输组织方式沿袭苏联铁路的方法，为组织型行车组织模式。编组站作业计划的编制理论研究起步较晚，在很长一段时间内作业计划完全靠手工编制。20 世纪 80 年代初，才有一些铁路运输界的专家学者将人工智能理论、计算机和信息技术等应用于这一领域[91, 92]。我国的专家学者在学习国外经验的基础上，根据我国地域、人口等情况进行了大量符合我国国情的创新研究。该领域的代表人物有刘军、何世伟、周磊山、史峰、牛惠民、李文权、王慈光、徐杰、黎浩东、赵军、马亮等，其研究方向主要集中在日班计划及阶段计划的优化编制。

1）日班计划及阶段计划优化编制

车站作业计划统一安排全路车流组织方案，在铁路运输组织工作中具有十分重要的作用。编组站阶段计划是车站作业计划的重要组成部分，其指挥引导编组站日常任务的完成，并能反映各自阶段的任务重点。

对于阶段计划的研究，国内学者基于中国铁路网系统和运输组织模型的背景，对该问题进行了深入研究。将统筹法[93]、指派问题[94]、持续关系问题[95]、现代经济社会活动中的商品交易行为[96]、离散事件动态系统中生产调度作业计划优化理论和方法[97, 98]、人工智能理论、多商品网络流理论[99]等引入车站阶段作业计划，形成了车站工序可移性原理[93]、“拷贝事件”概念以解决有调车流作业网络计划图时车流之间接续关系的图示问题[95]，出发列车的收益函数概念[96]，车流资源配入出发列车的虚拟价格概念[96]等研究成果。其中，具有代表性的研究成果如下：

王慈光[93]从统筹法的角度研究了车站作业计划，并提出了工序可移性原理。方洪武[94]研究了区段站日班计划图的编制问题，利用指派问题的匈牙利算法计算成对或不成对列车运行图在本站的周转方案，通过构造调机作业网络图，运用统筹法的资源约束优化算法绘制日班计划图。李文权[95]通过建立具体类型车站日车流分配问题的排序模型，以车辆在站总停留时间为目标，解决车流分配问题，以保证出发列车的车流来源，同时提出了“拷贝事件”概念，以解决有调车流作业网络计划图时车流之间接续关系的图示问题，但是固定工件排序问题属于NP-complete 问题，其同时指出该问题不可能有好的算法。徐杰[96]仿照现代经济社会活动中的商品交易行为，把车流推算问题看作商品交易行为，提出了车流资源配入出发列车的虚拟价格概念，用来控制车流资源在车站的停留时间，同时提出出发列车的收益函数概念，以保证等级较高的出发列车可以优先获得车流，保证其满轴、正点发车。

上述文献主要是以车流量较小的区段站为研究对象，其考虑的问题比较复杂，这可为编组站配流问题的研究提供借鉴。区段站以列车中转作业为主，调机设备较少，还要考虑咽喉道岔组占用及进路交叉问题，合理的配流方案往往因调机繁忙而难以实现，这样就很难保证作业计划的兑现率，而编组站的解编作业一般由不同作业区域的调机担当，在作业上不交叉，因而一般也不存在调机作业进路交叉干扰的问题。虽然编组站调机运用方案可在配流方案确定后再考虑，但由于配流方案与调机运用方案是交织在一起的，确定列车解体和编组顺序时需要考虑调机的数量以及作业方式，所以编组站配流优化问题实际上涵盖了调机的合理运用问题。其中，具有代表性的研究成果如下：

黎浩东[97]考虑编组站作业过程中存在的不确定因素，构建了阶段计划随机相关机会规划模型，并对作业计划编制过程中相关冗余信息进行了分析，提高了计划的鲁棒性，同时针对计划实施过程中信息变动对计划的影响给出了信息更新和计划调整机制。胡兴宇[98]针对编组站日班计划优化编制问题构建了基于单双调车系统的车流接续优化模型，并基于离散事件动态系统中生产调度作业计划优化理论和方法，提出了以车站股道、驼峰等为“加工机器”，等待技术作业的列车或车辆为“加工工件”，列车或车辆在站内的位移为“加工作业”的思路构建编组站阶段计划中车流接续计划的优化模型，以及到发线和调机作业的协调优化计划，并给出了相应的模型求解思路。文献[97]和[98]考虑了编组站作业中的一些不确定因素，以及不均衡运输条件下车流的接续优化问题，这较以往的研究有了较大的突破。何世伟等[99]研究了编组站装、卸、排空与列车出发计划综合协调问题，其研究理论为多商品网络流模型。

列车的发车条件也是阶段计划编制中必不可少的影响因素，上述研究侧重于配流优化问题，往往将列车编成辆数设置为定值，将其作为列车发出的唯一条件。而在车站实际工作中，摘挂列车、小运转列车等均可欠轴开行，且车流接续与分配要综合考量列车的换重、换长、编成辆数等因素。若发车条件设立不同，则配流优化结果也会受到较大影响。其中，具有代表性的研究成果如下：

刘军[100]将车流接续问题归结为一个带“品类”和时间约束的运输问题，构造了日班计划车流分配模型，然后将其转化为一个确定满轴运行线的组合问题和一个实际配流的标准运输问题进行求解，同时指出对于每日到发 100 列列车的编组站，存在规模太大的问题。范征[101]将阶段计划车流接续问题称为“配车计划”，同样将其转化为一个标准的运输问题来求解，并假设所有出发列车均满轴，以丰台西编组站阶段计划车流为背景进行了验算，取得了预期效果。对于不能使所有出发列车满轴的阶段计划，采取按欠轴列车出发时间先后指定一个停运车次，反复求解，直至所有出发列车都满轴的方法进行处理，这样就避免了文献[100]中对欠轴列车预处理方法容易导致组合方案呈指数增长的缺陷，虽然该方法在求解出发列车计划方面简便快速，但容易漏掉最优解，有待完善。甘志雄等[102]建立了在解编顺序给定条件下，同时考虑了列车的换重、换长和满轴数三个约束的车流接续优化模型，并使用一般的数学软件和自适应免疫克隆算法进行了求解。

车流推算是利用现有的或预报即将到达的和即将作业完毕的地区车流资料，依据出发列车编组内容要求，拟定各出发列车的组成及车数[103, 104]。它是车站调度指挥工作的首要工作，也是车站作业质量及效率的保障。依据编组站实际作业需要，目前车流推算研究的目标函数大多为车辆在站停留的最短时间[105]，如人工智能理论[106, 107]、自适应粒子群算法[108]等也被运用到车流推算的思想当中。其中，具有代表性的研究成果如下：

申永生等[108]考虑了单调机资源、接续方向及接续时间等约束，基于解编顺序建立了编组站动态车流推算的数学模型，并设计自适应粒子群算法进行求解。张振儒[109]发展了这种思想，以铁路运输管理信息系统（transportation management information system，TMIS）车流信息为基础，通过分析影响车流推算的车流数量、车流到达时间、车流去向、车流分布等要素，给出了车流推算的具体计算方法。范英书[110]阐述了利用 TMIS 实现车流推算所需数据资料的来源及主要内容，并就具体实现步骤列出了计算机车流推算系统的实施框图。周克勤[111]首先研究了计算机编制铁路分局日班计划的问题，并提出了利用站间列车预确报进行车流推算的思想。

2）调机及到发线运用

在调机及到发线运用方面，其相关研究主要可分为两部分：第 1 部分是将车站调机运用、到发线安排与列车配流问题、本站作业车中空车调配、专用线和货场的取送车问题等进行综合协同优化研究[112]，其工作主要以调机运用及到发线安排为辅，以配流计划的优化及合理性为主展开，使所得优化方案对实际生产更具有借鉴和参考价值。由于这类问题属于实际生产问题，其考虑的侧重点不同，目标函数的设置就有所不同，如最小化延迟解体列车加权数量和最小化延迟编组列车加权数量[113]、车辆在站总停留时间最短[114]、欠轴列车数量最少[115]等，且此类问题求解规模比较庞大，对求解算法有一定的要求。目前，已有研究成果采用了禁忌搜索算法[113]、偏随机密钥遗传算法[114]、改进遗传算法[115]、数学优化算法和遗传算法[116]、拉格朗日松弛算法[117, 118]、标号算法[119]等。其中，具有代表性的研究如下：

王烁等[113]以最小化延迟解体列车加权数量和最小化延迟编组列车加权数量为目标，构建编组站的调机运用计划编制优化模型，并设计禁忌搜索算法进行求解。赵军等[114]基于并行机调度和资源分配理论，以车辆在站总停留时间为目标，建立了单向编组站配流和调机运用综合问题的混合整数线性规划模型，并设计偏随机密钥遗传算法求解。薛锋等[115]运用数学优化算法，研究列车配流与调机运用的协调决策问题，根据编组站的实际作业特点，建立了以欠轴列车数量最少为目标的协调优化模型，并采用改进遗传算法进行求解。赵军等[117, 118]基于单机调度和资源分配理论，构建了单解单编技术站配流与调机运用综合问题的混合整数线性规划模型，设计拉格朗日松弛算法进行求解，有效克服了因问题规模增大给求解造成的困难。

第 2 部分单独研究到发线安排运用、调机运用问题。从该角度入手，形成了到发线运用排序模型[119]、双层目标规划模型[120]、列车时间片段概念[121]、调机工序可移性原理[122]、“机会数”的度量指标[122]等研究成果。其中，具有代表性的研究如下：

李文权等[119]根据排序理论，将铁路编组站到发线安排运用问题比作一类工件排序问题，并根据问题特点，设计了基于作业开始时刻和作业结束时刻的标号算法用于求解。史峰等[120]建立了双层目标规划模型，其中第一层目标是列车等级总权重最大化，第二层目标为到发线运用效用最大化，并以列车占用到发线和道岔相容性为约束，建立了咽喉接发车进路排列选择和到发线安排运用的 0-1 非线性规划模型。徐杰等[121]提出了列车时间片段概念，将列车占用到发线问题转化为时间片段问题，即同一个时间片段内的列车不可以同时占用同一到发线，并设计了时间片段快速划分的算法。彭越[122]针对调机活动做出统筹安排的工序可移性原理，提出了切实可行的模型，并对某种出发车流按编组计划规定被编挂机会的多少，提出了“机会数”的度量指标，为出发车流的推算制定了原则。赵军等[123]针对铁路技术站的调车线灵活运用问题，建立了总加权解编调车成本最小的 0-1 线性规划模型，并采用基于图的极大团技术对溜放约束和能力约束的改进建模方法。赵军等[124]针对铁路技术站的进路调度问题，构建最小化总加权偏移和走行时间，且满足唯一性、时空一致性和资源占用约束的 0-1 线性规划模型，并设计迭代算法通过求解一系列辅助模型应对标准模型的不可行问题。

3）解编顺序确定

学者在解编顺序确定方面，也进行了持续研究。编组站作为铁路货运网上重要的节点，主要作业任务是办理大量货物列车的解编作业。在列车的解编作业中，解体是编组的前提，是为后续编组服务的；编组是目的，在编组站的日常实际工作中编组作业通常按照先发先编的原则进行，但为了满足出发列车在车流数量和接续时间方面配流的需要，解体顺序的安排尤为重要。实际上，编组站最重要的调车设备驼峰，往往是全站改编能力的制约，调度人员在编组站编制阶段计划时，考虑更多的也是确定列车驼峰解体顺序的问题。目前，对其研究主要采用组合数学、数学模型、专家系统、最优化理论计算机模拟等智能技术方法[125-132]，取得了很好的效果。解编顺序的相关研究多是在调机作业方案确定的条件下车站配流与列车解编计划的综合研究。其中，具有代表性的研究如下：

何世伟[133]用传统排序论中极小化误工工件数理论完善了解体计划转化的机器

排序问题，构造了考虑列车解编顺序及车流推算的阶段计划综合优化模型，给出了该问题的优化分解算法。何世伟等[134]建立了一个混合模糊整数规划模型，在模糊化定义了相关时间的基础上，研究了驼峰技术站在单解单编作业方案下的配流和列车解编顺序的综合优化问题。曹家明等[135]将编组站列车解体计划问题转化为一个机器排序问题，并给出了驼峰单推单溜情况下的优化算法，由此得到车流接续约束条件下的解体计划，这为解决编组站列车解体顺序的确定问题奠定了基础。王烁[136]在估算列车解体作业时间时增加了对禁溜车的考虑，并对基于编组车数满轴约束和具有多种满轴约束条件、考虑解编顺序的配流优化问题进行了研究。黎浩东等[137]将求解列车解编顺序看作单机调度问题，构建了技术站列车解编方案的优化模型，利用结合了邻域搜索的和声搜索算法进行求解。

4）到解系统及驼峰作业

在到解系统及驼峰作业研究方面，驼峰是编组站到解系统的核心环节，驼峰解体作业的效率直接影响到编组站到发系统的作业效率，以及整个编组站各个作业环节的作业流程。所以，单独研究驼峰解体作业的专家学者也很多，并做出了很大贡献，不论是研究驼峰调机平均分解速度、列车解体、整场、解送禁溜车、取送及转场、驼峰间隔、妨碍等单项作业时间标准等驼峰解体能力的直接影响因素[138-141]，还是结合车站作业特点，研究驼峰续推作业方式、车流组号数量、调车作业方式、控制减速器出口速度[142-144]等对驼峰解体能力的影响，其目的都是提高驼峰解体作业效率。具体地，应用排队论、蒙特-卡罗法等对驼峰解体系统的作业过程进行研究[145]。对车站到解系统的研究，主要集中在到解系统匹配与协调关系等相关问题方面，其采用的方法主要有概率论和数理统计等[146, 147]。

5）不确定条件下编组站调度

在不确定条件下编组站调度研究方面，编组站实际作业过程中存在相关信息的不确定性以及各项作业时间的波动性。因此，不确定环境下的作业计划编制是一个重要的研究方向。针对编组站作业时间的不确定性，王振宏等[148]建立了调机运用的期望模型；何世伟等[149, 150]模糊化了编组站部分调度作业，建立了模糊混合规划模型；刘霆等[151]建立了编组站阶段计划随机机会约束规划模型；景云等[152]通过定义列车解编作业时间为模糊变量，建立了不确定环境下编组站动态配流模型。针对计划实施的可行性，黎浩东等[153]对确定和不确定环境下的阶段计划编制以及阶段计划计算机编制与实现的研究现状进行了简要综述，并综合已有的主要研究成果，探讨了编组站阶段计划自动编制存在的问题及未来的研究方向。张文斌等[154]对阶段计划自动调整进行了研究，对阶段计划的数据资源、影响因素、调整依据以及调整系统功能进行了探讨，以期实现阶段计划自动调整。黎浩东等[155]分析了列车到发、车流、调机作业时间等不同信息的不确定性对阶段计划编制和实施的影响，提出了基于调度信息技术特征研究、阶段计划鲁棒优化算法和阶段计划调整优化算法3个层次的鲁棒阶段计划编制体系，并给出了不同层次研究内容的研究方法。

6）配流综合问题

在配流综合问题研究方面，王慈光[156, 157]首先将配流问题按照列车解体顺序是否确定，分为静态配流问题和动态配流问题。针对静态配流问题，既有研究对静态配流问题设计了表上作业法和最大流法进行求解[158, 159]，基于列车解编顺序优化，构建了增加考虑静态配流和列车解编方案协同优化的编组站阶段计划配流优化模型[160, 161]。针对动态配流问题，既有研究建立了列车解体方案树状模型，并利用回溯算法进行模型求解[162]；文献[163]提出了以列车配流为中心，对各子问题进行综合集成研究，构造了局部区域动态优化算法；文献[164]根据配流计划编制的特点，提出了基于生产调度理论配流问题建模方法和基于贪心算法的动态配流多阶段决策建模方法；吴昕阳[165]基于动态货流的铁路货物列车开行方案编制关键技术，提出了开行方案动态编制的要求、原则；赵军等[166, 167]建立了单解单编技术站的广义动态配流模型，并分别设计了遗传算法、局部邻域搜索算法进行求解；马亮等[168, 169]基于约束程序累积调度和字典序多目标优化理论，建立了适应于不同解体方式的动态配流字典序多目标累积调度的3层模型，并设计贪婪算法对初步配流方案进行了优化；薛锋等[170]分析了阶段计划与动态车流之间的耦合关系，考虑不同变量的波动对车站整体作业的影响，同时在考虑编组站实体资源的空闲度和可信度的基础上，建立了基于资源可用的编组站配流模型，并通过分层优化算法降低了求解难度。

针对配流综合优化问题，既有研究从以下几个方面进行展开：配流、解编调机运用和到发线运用的综合优化[171]、列车作业系统选择和配流的优化问题[172]、列流的去向数安排以及列车配流顺序的配流模型优化[173]、配流计划-解体/编组计划-到发线运用计划 3 个自动编制子问题优化启发式算法[174]、铁路编组站列车解编顺序调整优化配流[175]、技术站间货物列车协同配流[176]以及对单向单推单溜配流模型进行理论分析，证明该模型下的三个优化目标转换定理[177]。

结合配流计划的特点，汪文锋[178]构造了列车解编顺序与车流推算相结合的配流网络模型；龚文平[179]在文献[178]的基础上考虑两台调机同时参与编组以及固定作业、转线时间的情况下，计算出发列车的最晚必须开始编组时刻。在同样的配流计划特点条件下，文献[180]构建了整数非线性规划模型；而文献[181]考虑了编组站实体资源的空闲度与可信度，建立了基于资源可用度的编组站配流模型；文献[182]综合考虑分类线的能力、出发列车占用分类线数量等约束对配流计划的影响；文献[183]考虑不同设计方法分别对编组和解体调机的移动路径进行编排，并以实例证明了该方法的有效性。

我国铁路运输界的诸多专家学者，虽然对编组站配流问题进行了长期、大量的研究，但这些研究成果主要集中在单一系统配流，较少考虑具有两套独立改编作业系统的双向编组站配流优化问题。具有两个调车系统的编组站会产生转场交换车流，交换车流需要在上、下行改编系统的车场内折返走行，进行二次改编作业，这就造成了改编能力的浪费。故针对如何减少双向编组站交换车的问题，既有研究提出了检查交换车的算法，创造性地利用矩阵运算来处理车辆的计算[2]，文献[95]在文献[2]的基础上，讨论了在保持车流合理接续的基础上减少交换车数量的车流分配问题，并给出了两个系统中日车流分配的模型和算法。牛惠民[184]利用计算机模拟技术研究了铁路枢纽内折角车流的变化范围以及枢纽实时车流的优化调整问题，并将遗传算法应用于双向编组站作业分工问题的寻优过程，此外还构造了双向编组站列车调度调整的非线性优化模型，建立了基于网络流技术的遗传算法进行求解，最终解决了到达列车接入系统和出发列车编组系统的实时调度调整问题[172]。

2. 编组站综合自动化理论及应用

我国从 1990 年左右开始逐步推广驼峰自动化和编组站综合自动化技术，建成了一批综合自动化编组站，如郑州北、阜阳北、石家庄、向塘西等。近十年我国编组站发展较快，驼峰自动化技术达到国际先进水平，现车管理信息系统迅速普及，并可与驼峰控制系统联机运行，以成都北、武汉北、新丰镇、贵阳南等为代表的，以 CIPS 和 SAM 系统为主要成果的，新一代编组站综合自动化系统逐步建成。这体现了我国编组站实现了全面信息化和高度自动化的发展，也体现了我国的编组站整体技术达到世界领先水平。此外，中国铁道科学研究院、全路通信信号研究设计院、同济大学、中南大学、西南交通大学、北京交通大学、兰州交通大学等的专家学者，以及车站的实际工作人员在编组站综合自动化方面也进行了大量深入的研究[185-194]，取得了许多有价值的研究成果。

1）DSS 理论和方法的应用

既有研究利用 DSS 理论和方法对调车作业计划系统的决策因素进行研究分析[195, 196]，采用 DSS 作为开发手段对计算机辅助编制阶段计划进行开发[103]，利用系统工程的思想对阶段计划计算机辅助 DSS 的结构、功能和实现过程进行了初步探讨[197]。基于 DSS 理论和方法，从智能决策支持系统（intelligent decision support system，IDSS）开发的角度，文献[104]对编组站 IDSS 的车流推算方法进行了深层次的研究，首先是按照先发先推的原则，依据列车的出发顺序用推理树方法分别确定阶段内各出发列车的车流来源，得出各出发列车车流推算结果，最后用列车解编计划等模型检验该结果是否满足编组站的作业要求，熊巧[198]

则建立了编组站站调智能决策支持系统生成器（intelligent decision support system generator，IDSSG），用于快速构造不同编组站专用的IDSS，其认为从DSS观点实现车流推算的自动化，开发编组站适用的IDSS，具有一定的理论价值和实用价值。

2）人工智能算法的应用

在人工智能算法的应用方面，段继达[199]、王守慧[200]采用人工智能中的专家系统方法，构造车流分配问题的形式化描述模型，在此基础上开发出日班计划自动编制的系统软件。文献[100]则是采用人工智能算法解决编组站作业优化问题的系统性研究成果。基于既有成果，文献[201]针对编组站现场作业计划编制缺乏有针对性的评价指标和有效的评价方法的情况，提出了适用于计算机编制编组站作业计划的指标评价体系，同时文献[202]综合分布式人工智能理论和混合动态系统的优点，对编组站调度优化问题进行了新的分析和研究，提出了网络协作模式下的车站调度方法，建立了编组站阶段计划的水箱模型，并采用最大匹配算法进行求解。

在继承前人研究成果的基础上，又有部分学者采用Agent及多Agent方法对编组站综合自动化进行了研究，如结合启发式搜索算法、神经网络算法、遗传算法等提出了日班计划和阶段计划车流分配的模型与求解算法[201]，研究了车流接续的启发式搜索模型与算法，对原有的车流接续模型与算法进行了改进[203]，以及从决策支持系统的角度提出并开发了同样基于Agent的技术站阶段计划作业系统[204]。

3）计算机仿真方法的应用

在计算机仿真方法的应用方面，计算机仿真技术作为一个直观和廉价的测试手段，在铁路编组站得到了广泛应用。针对编组站技术作业仿真模拟，既有研究能够实现实时报告列车到达、解体结束、编组结束以及列车出发事件的发生[205]，同时考虑运行图图定时刻、编组计划、编组站硬件环境等影响因素，采用一种新的到达流生成方法，提出了编组站调车作业过程动态仿真模型[206]，在此基础上，陈刚[207]系统地研究了编组站运营系统动态仿真的理论、方法和技术，构建了相应的仿真模型，设计了数据结构及仿真流程，并以此为基础开发了编组站运营系统动态仿真软件。

目前，国内铁路编组站开发应用的系统软件较多，理论研究也比较活跃，编组站综合自动化及作业优化领域已取得一些具有较高理论价值和实践价值的研究成果。

1.3.3 既有研究分析

编组站配流是阶段计划自动编制的关键环节，通过对国内外研究现状的分析可以看出，许多专家学者对编组站配流诸多相关问题进行了长期有益的探索，对列车解编计划、调机运用计划、到发线运用计划等问题进行了建模，并给出了一些算法，得出了许多有益的结论，这为编组站配流优化理论的研究奠定了基础。但归纳起来，仍存在需要进一步研究的地方：

（1）对编组站作业系统与车流分配的内在关系以及车流组织的内部机理分析不够透彻，不能为编组站阶段计划的优化编制提供强有力的理论支撑。

（2）孤立地讨论某一种作业或单一系统的优化问题居多，对列车解体顺序、编组顺序以及车流分配优化等问题的研究也比较分散，考虑的问题比较单一，较少考虑上述问题的综合协同优化，这样带来的后果可能是优化方案不能与实际作业计划相吻合，从而降低作业计划的可执行性，增大调度人员的劳动强度。

（3）很多学者和工程技术人员的研究只解决了编组站配流优化的部分问题，且应用条件有限，在计算机中难以用这些孤立的模型来代替调度人员的决策。有些模型，其算法效率有限，不能满足实际车流动态调整的需要，有的则为了追求较高的求解效率又将模型进行了过多的简化。

（4）很多学者研究的是传统的调度方法，更重视作业的完成，而忽视了编组站本身具有的大量实体资源和信息资源对作业的约束作用，没有从资源角度进行分析与利用，缺少将现代化编组站资源与调度优化模型相融合，既能保证编组站作业完成率，又能合理分配利用编组站资源的调度研究方法。

如何克服这些不足，使研究立足于坚实可靠的基础之上，这就需要系统地考虑编组站车流的分配规律，建立有效的、接近实际的优化模型并设计相应的求解算法，站在全局优化的角度，实现更高层次的配流综合协同优化，以改善作业计划编制质量。通过构建编组站配流协同优化理论与方法体系，将为编组站智能调度系统的实现提供理论依据和技术支撑，使编组站的调度工作由经验上升到科学，提高车站的调度指挥水平、运输效率和效益。这对于减轻计划编制人员的负担，增强计划的实时适应性，进一步提高编组站综合自动化水平，实现编组站调度指挥的科学化、智能化具有十分重要的作用。

1.4 研究内容与技术路线

针对目前编组站配流研究中存在的问题，结合我国主流编组站车流组织的实际情况，借鉴大系统优化理论以及协同论的有关观点和方法，以理论研究为主，进行编组站调度系统配流协同优化理论与方法的研究，主要包括以下内容：

（1）编组站列车编组顺序的调整方法。编组站出发列车要求满轴、正点、不违编，实际工作中一般是先出发的列车先编组，这在车流均衡的条件下是可行的。但每一出发列车的编组内容和车流来源不同，在一个阶段时间内，也常会出现后出发的列车先集结完毕，而先出发的列车集结车流还不够的现象，这和到达列车的解体顺序有很大关系。为了保证出发列车满轴而又不晚点，需要根据作业时间标准寻求对出发列车有利的编组顺序。

（2）解体方案与编组方案的协同优化。编组站的主要工作是解编列车，合理地组织列车解编作业是编组站调度工作的核心问题，同时解编作业的优化也是整个阶段计划优化的关键内容，解体方案（解体顺序方案）和编组方案（编组顺序方案）的协同优化是整个阶段计划优化的纽带。它不仅取决于车流条件，还涉及到发线、驼峰、牵出线等固定设备的使用，以及调机的合理调配等因素。解体作业有一个合理的顺序问题，同样编组作业也有一个合理的顺序问题，应将解体方案和编组方案放到同一个模型中予以通盘考虑，以期求出合理的解编方案。

（3）静态配流与动态配流的协同优化。按解体顺序是否确定，编组站配流问题分为静态配流和动态配流两种。静态配流主要解决解体方案的选择问题，是初步配流；动态配流解决车流的确切分配问题，是精确配流。二者的区别在于，后者是在解体方案既定条件下的配流；前者是在解体方案未定条件下的配流，需一步步递推计算求解，与动态规划类似。经动态配流选出的有利方案是否最终可行或满意，需要静态配流来检验。因此，要实现编组站合理配流，需提出有效的算法将二者协调统一起来。

（4）编组站配流的综合协同优化。将上述（1）、（2）、（3）综合起来考虑，并整合调机运用、到发线运用以及取送车作业等子问题，以出发列车最优配流（配流车辆数最多，使每一出发列车尽可能满轴，在衔接线路能力足够的情况下尽可能向区间多发列车）为目标，实现编组站配流整体优化。

（5）双向编组站的配流优化。由于双向编组站一般都衔接 3 个以上线路方向，有两套独立的改编作业系统，所以到达车流中不可避免地存在着折角车流。同时，具有两个系统编组去向车辆的到达列车是接入上行还是下行系统虽然有一个基本规定，但车流构成的复杂性以致产生两系统间大量的交换车，会对编组站的配流结果产生影响，故此时仍需要合理决策。即使此种列车的接入场别已经确定，如何进行合理配流也还需要决策。此外，当某些情况发生时，还需要对出发列车的作业地点进行调整。

（6）基于集群资源的编组站驼峰解体作业优化。对编组站各个作业过程所用的资源进行系统分析研究，基于编组站作业队列，分析每个资源节点中决定不同作业资源的影响因素。提出集群资源概念，进而分析铁路编组站中的集群资源，将编组站作业调度与其资源利用相结合。基于此，针对大型编组站的到解系统，在考虑到达场股道固定使用条件及其他约束的情况下，从资源分配的角度探讨如何确定列车的解体顺序。

（7）基于资源可用度的编组站调度优化。分析编组站的作业流程、作业方法等情况，总结编组站作业特点及其规律。在此基础上对编组站集群资源进行系统归纳，并进行统计分组。基于编组站作业序列，划分资源节点，采用定量方法测定集群资源可用度，并采用动态预约调度模式建立编组站静态作业计划与车流之间的耦合机制，根据效用函数和可用度，挖掘各种信息资源，在一定程度上实现对编组站调度作业的指导，实现编组站实体资源的高效利用。

（8）基于能力区间的编组站系统优化。对技术站能力的影响因素进行分析，将三参数区间泛灰数应用于技术站能力表示中，提出松弛能力、平衡能力和收缩能力的定义，并通过 Jackknife 和 Bootstrap（Jackknife and Bootstrap，JAB）区间估计方法对技术站能力范围进行确定；提出考虑能力波动的技术站通过能力与改编能力的协调方法，综合考虑技术站系统静、动态协调，采用区间占优及区间分析理论对目标函数与困难约束中的不确定性区间参数进行处理。

（9）快速优化算法的设计。尽管目前编组站作业优化问题的求解规模常常与计算机的运行速度有关，但随着计算机的快速更新换代，问题的主要矛盾不在于运行速度而在于建立的数学模型和求解算法。遗传算法和蚁群优化算法是两种比较新的启发式搜索算法，具有通用性和鲁棒性，被广泛应用于求解各种组合优化问题。但这两种算法各有特点，遗传算法具有快速全局搜索能力，但没有利用系统中的反馈信息，求解效率较低，而蚁群优化算法通过信息素的积累和更新收敛于最优路径，具有全局收敛能力，但初期信息素匮乏，算法速度慢。编组站配流优化问题本身就属于组合优化问题，必须结合编组站工作的特点，充分考虑问题的特殊性，融合这两种算法的长处，克服它们的不足，形成优势互补，设计一种集时间效率和求解效率于一体的启发式混合智能算法，快速求解编组站配流优化方案。

研究技术路线如图 1-2 所示。

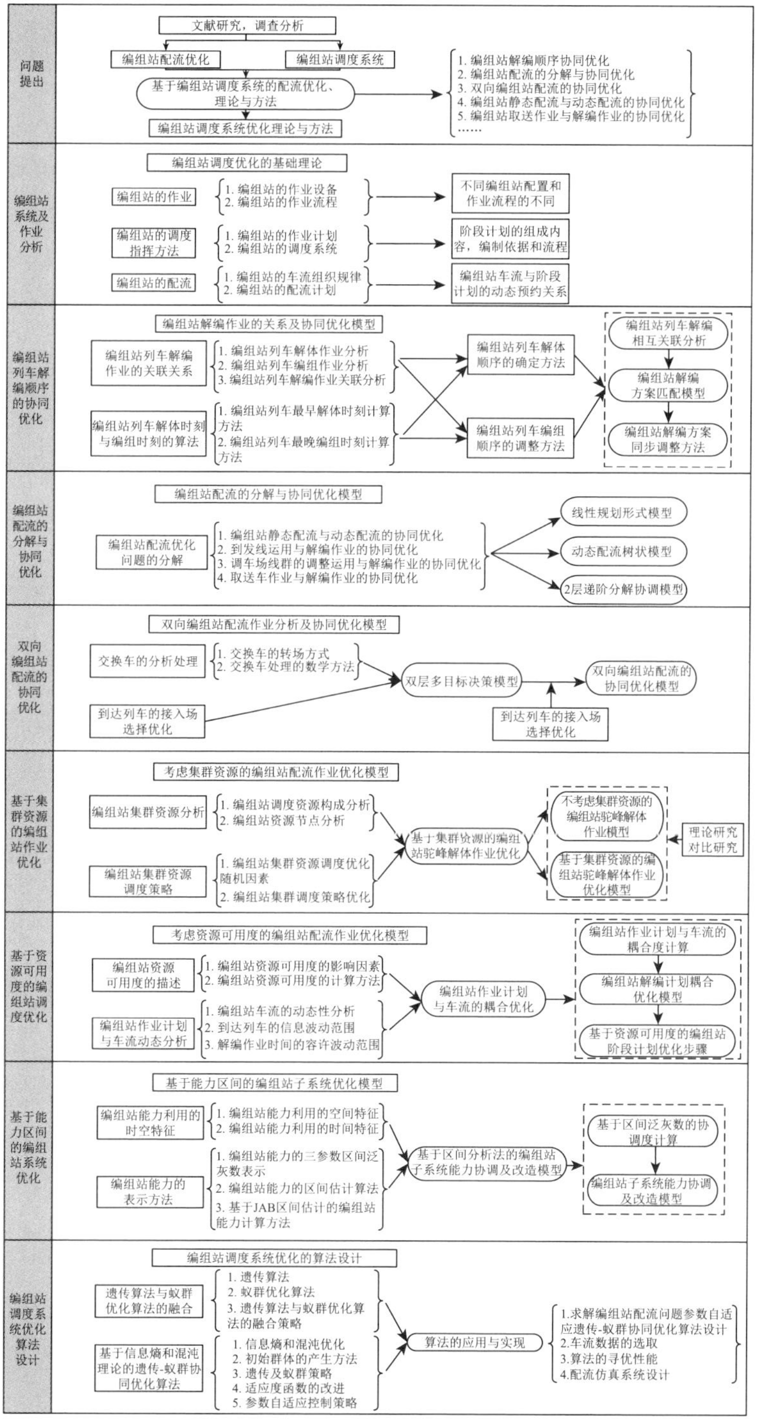
问题提出
文献研究，调查分析
编组站配流优化
编组站调度系统
基于编组站调度系统的配流优化、理论与方法
编组站调度系统优化理论与方法
1. 编组站解编顺序协同优化
2. 编组站配流的分解与协同优化
3. 双向编组站配流的协同优化
4. 编组站静态配流与动态配流的协同优化
5. 编组站取送作业与解编作业的协同优化
……
编组站系统及作业分析
编组站调度优化的基础理论
编组站的作业
1. 编组站的作业设备
2. 编组站的作业流程
不同编组站配置和作业流程的不同
编组站的调度指挥方法
1. 编组站的作业计划
2. 编组站的调度系统
阶段计划的组成内容，编制依据和流程
编组站的配流
1. 编组站的车流组织规律
2. 编组站的配流计划
编组站车流与阶段计划的动态预约关系
编组站列车解编顺序的协同优化
编组站解编作业的关系及协同优化模型
编组站列车解编作业的关联关系
1. 编组站列车解体作业分析
2. 编组站列车编组作业分析
3. 编组站列车解编作业关联分析
编组站列车解体时刻与编组时刻的算法
1. 编组站列车最早解体时刻计算方法
2. 编组站列车最晚编组时刻计算方法
编组站列车解体顺序的确定方法
编组站列车编组顺序的调整方法
编组站列车解编相互关联分析
编组站解编方案匹配模型
编组站解编方案同步调整方法
编组站配流的分解与协同优化
编组站配流的分解与协同优化模型
编组站配流优化问题的分解
1. 编组站静态配流与动态配流的协同优化
2. 到发线运用与解编作业的协同优化
3. 调车场线群的调整运用与解编作业的协同优化
4. 取送车作业与解编作业的协同优化
线性规划形式模型
动态配流树状模型
2层递阶分解协调模型
双向编组站配流的协同优化
双向编组站配流作业分析及协同优化模型
交换车的分析处理
1. 交换车的转场方式
2. 交换车处理的数学方法
到达列车的接入场选择优化
双层多目标决策模型
双向编组站配流的协同优化模型
到达列车的接入场选择优化
基于集群资源的编组站作业优化
考虑集群资源的编组站配流作业优化模型
编组站集群资源分析
1. 编组站调度资源构成分析
2. 编组站资源节点分析
编组站集群资源调度策略
1. 编组站集群资源调度优化随机因素
2. 编组站集群调度策略优化
基于集群资源的编组站驼峰解体作业优化
不考虑集群资源的编组站驼峰解体作业模型
基于集群资源的编组站驼峰解体作业优化模型
理论研究对比研究
基于资源可用度的编组站调度优化
考虑资源可用度的编组站配流作业优化模型
编组站资源可用度的描述
1. 编组站资源可用度的影响因素
2. 编组站资源可用度的计算方法
编组站作业计划与车流动态分析
1. 编组站车流的动态性分析
2. 到达列车的信息波动范围
3. 解编作业时间的容许波动范围
编组站作业计划与车流的耦合优化
编组站作业计划与车流的耦合度计算
编组站解编计划耦合优化模型
基于资源可用度的编组站阶段计划优化步骤
基于能力区间的编组站系统优化
基于能力区间的编组站子系统优化模型
编组站能力利用的时空特征
1. 编组站能力利用的空间特征
2. 编组站能力利用的时间特征
编组站能力的表示方法
1. 编组站能力的三参数区间泛灰数表示
2. 编组站能力的区间估计算法
3. 基于JAB区间估计的编组站能力计算方法
基于区间分析法的编组站子系统能力协调及改造模型
基于区间泛灰数的协调计算
编组站子系统能力协调及改造模型
编组站调度系统优化算法设计
编组站调度系统优化的算法设计
遗传算法与蚁群优化算法的融合
1. 遗传算法
2. 蚁群优化算法
3. 遗传算法与蚁群优化算法的融合策略
基于信息熵和混沌理论的遗传-蚁群协同优化算法
1. 信息熵和混沌优化
2. 初始群体的产生方法
3. 遗传及蚁群策略
4. 适应度函数的改进
5. 参数自适应控制策略
算法的应用与实现
1.求解编组站配流问题参数自适应遗传-蚁群协同优化算法设计
2.车流数据的选取
3.算法的寻优性能
4.配流仿真系统设计

图 1-2 研究技术路线

第 2 章　编组站系统及作业分析

2.1　编组站的作业

2.1.1　编组站的作业设备

编组站就是由到达场、驼峰、调车场、出发场、牵出线、机车、车辆等设备单元相互联系和相互作用构成的，用于实现在铁路网上办理货物列车解体、编组作业的系统。各单元都有各自的特殊功能，这些单元协同工作的目的都是实现车流在系统内的快速循环流动。编组站主要按照列车编组计划、列车运行图和《铁路技术管理规程》的要求，通过解体和编组各种类型的货物列车，实现与枢纽内和路网上车流的交换。

尽管各编组站存在着站型、规模等方面的差异，但是按照车辆在编组站的技术作业过程，编组站单向系统由串联的多个子系统组成，即到达作业子系统、解体子系统、编组子系统、出发作业子系统和发车系统，这五个子系统构成一个相互联系的排队系统，亦可以看作一个动态变化、影响因素很多的随机服务系统。在这个随机服务系统中，每个子系统有自己的输入流和服务机构，各自的服务机构遵循一定的排队规则。这个排队系统是一个等待制的服务系统，在 5 个子系统中发生的排队等待是串行的和不可逾越的。对于不同性质的货物列车，其需要进行的作业也不同，所需的服务机构亦不同，编组站配流问题所要研究的就是至少要经过解体子系统和编组子系统，最后经过出发作业子系统向线路区间发车的到达解体列车和编组始发列车之间的车流搭配关系。

编组站畅通对加速全路车辆周转、提高运输能力起着举足轻重的作用。编组站系统属于流程生产系统，是由人、车辆、设备等实体与作业信息共同构成的一个复杂的大系统。从生产的角度来讲，人、车辆、设备和信息都是编组站用来生产列车的重要资源，但其中处于主体地位的人，运用设备，按照信息所提供的规则，将车辆编成列车[208]。该系统的作业过程具有以下特点：

（1）整体性。编组站各个子系统之间是相互联系、相互影响的，车站各工种、各设备之间必须协同工作才能实现共同的目标：加快车辆周转，缩短车辆在站停留时间。

（2）连续性。编组站的作业是每天 24h 连续运转、永不间断的，各环节之间必须衔接好，任何一个环节出现故障，都会造成这种流水作业的阻塞或停滞，影响编组站的畅通。

（3）循环性。编组站的作业以班、阶段等为单位，不断重复着车流的解编过程。到发线、调机的使用以及车流组织过程都以一定的时间为周期，在近似的作业径路上不断地循环。

（4）同步性。编组站的作业大都是多项作业同时进行的，例如，在编组列车时，可能有列车到达或解体作业同时进行。

（5）稳定性。不论编组站的站型如何，采用何种作业方式，其作业过程都是一个连续的到达→解体→集结→编组→出发的过程，不会受到站型等因素的影响。这个特点便于我们探讨各编组站的车流组织规律及配流机理。

编组站的生产活动是由多个作业环节组成的，这些作业环节之间存在着紧密联系，各个作业环节必须协同工作才能使编组站高效率运转。这些作业环节依据生产作业系统的输入、输出功能存在着下面几种相互关系[209]：

（1）并行关系。对于不同的作业，如果一项作业的输出既不是另一项作业的输入，也不是其控制，但输出却不一样，则说明这类作业可以并行。

（2）协同关系。对于不同的作业，如果一项作业的输出既不是另一项作业的输入，也不是其控制，但输出一样，并含有相同机制，则这类作业必须同时协调进行。

（3）控制关系。一类作业是以另一类作业的输出为其依据（控制）条件的，有这种关系的作业在时间上有一个顺序关系，后者完成后，前者才能进行。

（4）供需关系。一类作业是以另一类作业的输出为其输入的，有这种关系的作业在时间上也有一个顺序关系，后者完成后，前者才能进行。

从编组站作业系统的角度来看，编组站到达、解体作业与编组、出发作业为供需关系，这是一种静态的关系，到达列车经驼峰分解为车辆或车组，然后在编组场进行集结，为出发列车提供车流资源，到达、解体作业与编组、出发作业之间在时间上有一个顺序关系。从编组站系统功能上来看，编组站解体作业与编组作业之间又存在着协同关系，具有相同的机制，都是为了输出出发列车这一产品。

2.1.2　编组站的作业流程

按照驼峰设备和调机台数的不同，驼峰作业方案主要有三种：单推单溜、双推单溜和双推双溜。其中，单推单溜一般在只配备一台驼峰调机且改编工作量不大的编组站采用。双推单溜是目前我国改编作业量较大的编组站广泛采用的一种方案，这种方案的特点是：在同一时间内虽然只有一台调机在峰顶分解车列，但另一调机可平行地完成其他车列的推峰作业，因此分解每一车列占用驼峰的时间大为缩短，驼峰解体能力显著提高。与此同时，双推单溜作业方案将不同去向的车流按照调车线规定的使用办法溜放到同一调车线路上集中，可以减轻峰尾调机的列车编组作业负担，有利于提高峰尾牵出线的编组能力。双推双溜是具有两条推送线、两条溜放线、配备两台以上调机的编组站采用的一种作业方案，虽然此种方案可以大大缩短分解每一车列占用驼峰的平均时间，但这些编组站衔接方向多，两个作业区之间不可避免地会产生大量的交换车，产生重复改编。研究表明，当车站此类重复改变车数(包括交换车和由此而增加的重复分解车数)超过 16%～20%时，一般不宜采用双推双溜。采用双推双溜驼峰作业方案的编组站，在驼峰设备条件许可的情况下，一般采用双推双溜和双推单溜相结合的作业方案。

由于我国大多数编组站一般采用按调车场固定线路分解和集结车辆的作业方法，所以除编组摘挂列车外，其他列车的编组作业，一般只有在一条线路或几条线路上连挂车辆和车列转线两项作业。这两项作业一般由一台或两台调机（在一些路网性编组站可能有 3 台调机）交替进行。

2.2　编组站的作业计划及调度系统

2.2.1　编组站的作业计划

编组站作业计划按照管理时段和管理层次的不同，分为日班计划、阶段计划和调车作业计划。阶段计划是车站日班计划的细化，也是车站调车作业计划制订的依据，具有承上启下的作用。阶段计划的合理编制，对车站预定计划的顺利实施和车站作业的良性运转具有极其重要的意义[210-213]。

1. 阶段计划的主要组成内容及编制依据

阶段计划的目标和日班计划一致，是将随着到达解体列车到达的车流和车站原有存车按照列车编组计划进行合理组织，正确高效地使用各类调机和股道线路等资源，将车流编组为列流，最大限度地按照列车运行图发车。

阶段计划主要包括以下几个方面。

（1）到达列车的列车信息和车流信息：到达列车的车次、到达时刻和编组内容，到达列车在到发场占用股道的空间位置和占用的时间区段等。

（2）到达列车的解体作业信息：到达列车的解体作业次序、解体作业时间、解体作业需占用的解体调机和驼峰等设施设备资源，到解车流在调车场的线路占用及其占用时间等。

（3）自编始发列车车流信息：自编始发列车的编成辆数、车流来源等。

（4）自编始发列车的编组作业信息：自编始发列车的编组作业次序、编组作业时间、编组作业需占用的编组调机和牵出线等设施设备资源及其占用时间等的安排。

（5）出发列车的出发信息：出发列车的技术检查作业时间、股道占用次序和占用时间、列车的出发时间等安排。

（6）其他信息：车站取送车时间及取送车所占用的调机等资源的安排，车站其他有关事项的安排等。

阶段计划的编制主要依据车站日班计划和车站存车现状，车站到解系统和编发系统的设施设备等资源的状态，具体所需资料如下所示：

（1）日班计划；

（2）预确报的本阶段到达列车的车次、到达时刻、列车编组内容；

（3）解体系统和编组系统、车站各到发场线路的使用情况；

（4）车站现车分布情况，包括调车场车流情况、专用线和货物线车流情况等；

（5）各类调机的使用情况；

（6）上级布置的其他注意事项。

2. 阶段计划的编制思路

阶段计划涉及车站到达场、调车场、出发场以及货场等众多作业地点，到达技术作业、解体作业、编组作业、出发技术作业等多项作业，编制所涉及项目较多，但从作业资源的占用来划分，可以划分为三类问题，即车流的接续和使用问题、调机资源的使用问题以及到发线资源的使用问题。

1）车流的接续和使用问题

车流的接续和使用问题为阶段配流问题，在该问题中，车流资源属于总量动态资源，无法准确预知车流的总量，需要根据列车预确报信息和车站现车信息等进行推测，自编始发列车的车流来源主要有车站调车场和货物作业地点的现存车、到达待解列车中的车流等。

在车流接续过程中，需要充分考虑预确报中到达列车到达时间以及各种作业未完成的车辆与存在接续关系的自编始发列车之间的时间差。若在列车开始编组之前，到达列车的解体作业或者待用车辆的相关作业暂未完成，则无法完成预定的车流接续任务，将会对阶段计划实施的质量造成较大的影响。因此，在解决车流的接续和使用问题时，需要以车站自编始发列车编成数量最大和加快车流周转速度为主要目标，充分考虑车流动态性和作业资源约束情况，对该问题进行分析求解，具体思路如下。

（1）问题的主要目标：车站自编始发列车的编成数量最大化，车站车流的周转速度最大化。

（2）问题的主要约束：自编始发列车所需车流资源需要在编组作业开始之前已完成前序作业；自编始发列车的编组内容；到解作业和编发作业所使用的各种设备设施的总量和状态约束等。

2）调机资源的使用问题

调机资源的使用问题在车流的接续和使用问题的基础上展开，在该问题中，需要安排解体调机、编组调机和取送车调机被各作业序列占用的次序和占用时间。

在解体调机资源的作业计划安排中，需要考虑资源总量，并结合需要实施的作业总量，安排合理的解体调机使用次序和使用时间，由此可以确定列车的解体作业时间。编组调机的作业计划安排与解体调机的作业计划安排较为相似，在确定使用方案时，需要保证解编作业的顺利实施，及时组织解编作业，保障到达场接车能力和调车场存车能力。取送调机的安排需考虑取送车作业时间与列车解编作业的衔接关系，合理安排取送车地点和作业起止时间。在调机的安排问题中主要需要考虑以下方面。

（1）问题的主要目标：最大限度地实现解编作业和取送车作业；各调机之间的作业相互协调；调机作业安排与到发线作业安排之间的协同。

（2）问题的主要约束：调机资源的总量约束；调机资源的状态约束、作业量和作业间相互关系的约束等。

3）到发线资源的使用问题

到发线资源的使用问题是对列车技术作业地点和作业起止时间的安排布置，在到发线资源的使用问题中，需要以最大限度地实现到发列车的股道安排为目标，并根据车站实际情况，降低交叉作业次数，以实现到发场线路的高效使用。在该问题中，主要考虑以下方面。

（1）问题的主要目标：到发列车股道安排成功率最大，作业进路交叉最少。

（2）问题的主要约束：车站关于到发线的使用规定；到发线需要执行的作业总量约束和到发线占用状态约束，各作业的占用次序约束等。

2.2.2 编组站的调度系统

编组站的调度系统以车站的车流组织为研究对象，是一个抽象的功能系统，也是一个开放的人造系统。它以编组站的到发车流以及各类设备、能力、运输组织方式等构成了系统的环境。任何系统分析方法都必须先进行系统边界的确定工作，在明确了系统都有哪些角色（参与者），这些参与者通过系统边界发生什么样的关系的基础上，才可以进行深入的系统分析工作[214]。

编组站调度系统的用户是一个群体，可根据他们的工作性质与业务责任分为各种角色，然后从角色中获取需求（从使用者的要求中获取需求）。这就首先需要分析用户并将他们识别为几个类型的使用者（角色），然后对每个角色的工作性质进行分析，总结出各角色的需要。编组站调度系统的用户主要是编组站各作业岗位人员及铁路内相关部门，主要有值班站长、上下行站调、机调、车号员、车站值班员、调车长、调车员，此外还有系统管理员。只有明确用户的需求才能清楚各角色之间的相互关系，才能对系统进行深入的分析工作。根据编组站各作业岗位人员的服务要求，可初步确定编组站调度系统的需求图。编组站调度系统需求图定义系统的边界，主要为系统对车流起作用的状态节点，如图 2-1 所示。

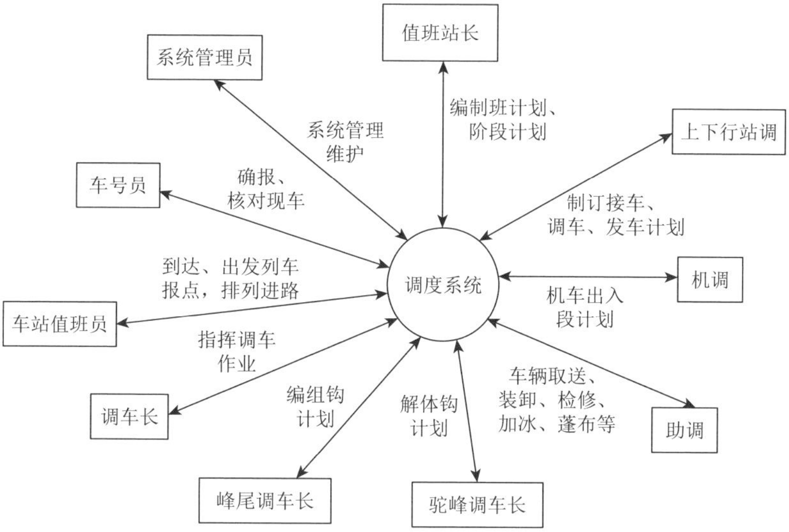

图 2-1　编组站调度系统需求图

需求结构是按照系统目标、功能和需求的相关性，从总体上把系统的需求划分为若干个需求包，由这些需求包相互关联构成调度系统。从编组站调度系统用户的需求及各种希望中分析、抽象、综合，提炼出用户对系统的真正需求，并用规范的描述方法正确、全面地记录成文档，就成为需求模型。传统上一般多用自然语言（或结构语言）加上一些图形来描述需求模型。目前，“用例图”是相对较好的描述方法，因此也越来越多地被采用，逐渐成为一种规范化、标准化的描述方法。

编组站调度系统的结构从组织的实质或组织结果所产生的实物形式上来讲，就是关于车流的调度组织方式。当编组站调度系统尚未对车流组织产生作用时，这些作业方案、方法、作业方式就是系统的框架结构。当它们作用于车流组织，并通过一定的作用形式体现出系统的功能时，它们就共同构成了系统的运行结构。系统的功能对象，就是处于系统边界之外无序的、有调度需求的车流。编组站调度系统则根据相关调度需求的特点，调整自身的状态，通过自身的组织行为，尽量使功能对象满足自身的调度需求。功能是系统行为的作用表现，当系统的外部环境相对稳定时，系统的功能与结构有着异常密切的联系，为了尽可能提高系统的功能，就必须不断地完善系统的结构。同时，为了充分发挥系统的功能，也需要营造和改善一定的系统环境。编组站调度系统存在和作用于功能对象的整个过程，由于该系统是一个比较抽象的功能系统，所以需要依靠其功能对象在系统中所表现出来的状态来描述系统自身的状态[215]。

（1）将自发、无序地作用在系统各个状态节点（时间、空间）上的车流输入，按照一定的组织形式和方法，使其形成在一定程度上的有序“流形”。它作用于系统输入的边界，对应于编组站运输组织过程中的到达作业和出发作业，是系统的主体功能。

（2）按照一定组织形式和方法所形成的在一定程度上的有序“流形”，在系统状态连续转移的过程中始终保持此种组织形式和方法的效用或效用的趋势。它是系统主体功能发挥作用的一种表现和延续。

2.3　编组站的配流

2.3.1　编组站的车流组织规律

1. 车流的作业流程

虽然列车在编组站经驼峰解体而消失，但在编组场又可以组成新的列车，整个车站的运输组织作业有其自身的自组织、自适应的规律。编组站加工处理的车流可分为 3 类：直通车流、改编车流、地方车流[216]。

1）直通车流

直通车流主要是无改编中转列车中的车流，此种车流到达编组站后，在出发场或直通场进行无调中转作业，即可出发离开编组站。由于此种车流不需要经过驼峰解体，不成为编组始发列车的车流来源，所以不属于配流问题所研究的车流来源范围。

2）改编车流

改编车流主要是到达解体列车中的车流，此种车流到达编组站后，先在到达场进行技术作业，然后经驼峰解体进入编组场，在编组线上集结成列后，即可出发离开编组站。需要转场的改编车流，除了需要完成上述作业，还要额外增加转场前集结、转场和转场后解体这三项作业。本站货物作业车随到达解体或部分改编中转列车到达车站后，除了要完成与改编车流相同的技术作业，还要完成待送及送车、装卸、取车等作业。

3）地方车流

地方车流是指在本枢纽内各站进行货物装卸或倒装的车辆，主要以小运转列车的方式输送。此种车流在有条件时可能直接组织直达列车无改编地通过编组站，与直通车流类似，但一般情况下，其需要接入到达场，作为改编车流处理。

2. 车流状态的转化

编组站调车场的现车、到达场的待解列车以及在时间上满足要求的即将到达的列车中车流和地方车流均是编组站配流时需要考虑的车流来源。在时间上满足要求的含义是：对即将到达的车流，预报到达本站的时刻与即将编入的出发列车的出发时刻之间的时间差，应不小于到达技术作业、解体、编组、出发作业等各项必要的作业时间之和；对于本站作业车流，作业完毕时刻与相应出发列车的出发时刻之间的时间差应不小于取车、编组、出发作业等各项必要的作业时间之和[135]。

车流根据其作业过程在编组站存在 3 种状态：有序到达状态、组织集结状态、有序出发状态。

（1）有序到达状态：邻站发出的到达编组站到发场的车流均呈现有序到达状态，包括改编车流、直通车流和地方车流。

（2）组织集结状态：编组站车流的转化需要调机作为动力，调车工作是编组站的主要生产活动。车流在解体、编组、取送、摘挂等调车作业的推动下逐渐呈现自适应的组织集结状态。

（3）有序出发状态：出发列车编组完成后在出发场办理出发技术作业，最后办理发车作业，至此车流的全部作业流程结束。编组站出发场发出的车流均呈现有序出发状态。

在编组站到达、解体、集结、编组、出发等不同的技术作业阶段，车流的状态不断地发生转化，车流状态的这种转化可以导致车流强度性质的改变，提高或降低车流的不均衡性，同时在不同的作业过程中相互补偿、抵消或加剧。到达流与出发流的强度、编组站本身的容量、作业流程的不间断性之间存在一定的相互依赖关系[217]。当到达流强度较大时，到达场会因接车能力不足造成列车到达延误，同时会使驼峰长时间处于高负荷运转状态，进而导致调车流延误。如果出发流过强，与出发场衔接的列车运行线不足，易造成出发场满线，进而延误调车场的车列转线；当出发流不足时，又常会出现“丢线”现象。

3. 车流组织与列车运行线的匹配

货物列车编组计划是全路的车流组织计划，规定如何将车流组织成为各种专门的列车，列车运行图则规定各次列车在区间内运行或在车站到达、出发或通过的时刻，两者之间存在着相互协调的关系，即“组流上线”，货物列车在技术站按编组计划编成后需要按照列车运行图规定的运行线上线运行。由于车流的不均衡性，在编组站的实际工作中存在着“有流无线”和“有线无流”两种流线不匹配的情况。编组站车流组织与列车运行图运行线的匹配问题，简称为流线匹配问题，已有不少学者对此进行过研究[218-221]。在此结合编组站车流组织的特点，重点研究流线间的动态匹配关系[222]。

1）系统的状态转移方程

编组站作业系统整体上可以看作一个排队服务系统，由串联的到解、编组和出发三个子系统组成，与编组站衔接的线路区段则为编组站系统提供车流的输入和输出。

设编组站到达场衔接 n_{d} 个线路方向，出发场衔接 n_{f} 个线路方向（双向编组站取一个改编作业系统）。将一昼夜视为一个时间段 $[0,T]$，$T=24\mathrm{h}$。按时间先后在 T 内取 m 个时刻 $t_i(i=0,1,2,\cdots,m;t_i\in[0,T])$，其中 $t_0=0$，$t_m=T$。与系统时刻 t_i 对应的状态随机变量为 Z_i，表示系统中保有的总列车数。系统初始状态为 Z_0，表示编组站车场在 t_0 时刻现存列车数。在时间段 $[0,T]$，$T=24\mathrm{h}$，按时间先后在 T 内取 m 个时刻 $t_i(i=0,1,2,\cdots,m)$，设 s_i^{d}、s_i^{f} 分别为本时间段运行图规定的到达列车和出发列车运行线数。由线路区段等流、列车晚开、接发车延误等造成丢掉运行线的平均概率记作 p_{d}。

到达子系统：到达子系统在时刻 t_i 时的状态记作 $Z_i^{\mathrm{dd}}(i=0,1,2,\cdots,m)$，表示编组站到达场中有调列车保有数。设在时间段 $[t_{i-1},t_i](i=1,2,\cdots,m)$ 内到达编组站的有调列车数为 x_i^{dd}，经驼峰解体的列车数为 y_i^{dd}，则有

$$Z_i^{\mathrm{dd}}=Z_{i-1}^{\mathrm{dd}}+x_i^{\mathrm{dd}}-y_i^{\mathrm{dd}} \tag{2-1}$$

一昼夜的接车延误率记作 p_{y}，无调列车比记作 ρ，则有

$$x_i^{\mathrm{dd}}=s_i^{\mathrm{d}}p_{\mathrm{d}}p_{\mathrm{y}}(1-\rho) \tag{2-2}$$

编组子系统：编组子系统在时刻 t_i 时的状态记作 $Z_i^{\mathrm{bz}}(i=0,1,2,\cdots,m)$，表示编组站编组场中集结的自编列车数。设在时间段 $[t_{i-1},t_i](i=1,2,\cdots,m)$ 内编组场增加的自编列车数为 x_i^{bz}，编组完成转线至出发场的列车数为 y_i^{bz}，则有

$$Z_i^{\mathrm{bz}}=Z_{i-1}^{\mathrm{bz}}+x_i^{\mathrm{bz}}-y_i^{\mathrm{bz}} \tag{2-3}$$

定义 2-1 编组站到达解体列车的编成辆数与自编列车的编成辆数之比称为列车编成辆数比，简称编成比，记作 γ。

于是，在时间段$[t_{i-1},t_i]$内编组场增加的自编列车数x_i^{bz}可以取如下近似值：

$$x_i^{\mathrm{bz}}=y_i^{\mathrm{bz}}\gamma \tag{2-4}$$

出发子系统：出发子系统在时刻t_i时的状态记作$Z_i^{\mathrm{cf}}(i=0,1,2,\cdots,m)$，表示编组站出发场中保有列车数。设在时间段$[t_{i-1},t_i](i=1,2,\cdots,m)$内编组站出发场接入的列车数为$x_i^{\mathrm{cf}}$，往区段发出的列车数为$y_i^{\mathrm{cf}}$，则有

$$Z_i^{\mathrm{cf}}=Z_{i-1}^{\mathrm{cf}}+x_i^{\mathrm{cf}}-y_i^{\mathrm{cf}} \tag{2-5}$$

编组站出发场接入的列车包括从到达场接入的无调列车和从编组场转入的自编列车，所以有

$$x_i^{\mathrm{cf}}=s_i^{\mathrm{d}}p_{\mathrm{d}}p_{\mathrm{y}}\rho+y_i^{\mathrm{bz}} \tag{2-6}$$

$$y_i^{\mathrm{cf}}=s_i^{\mathrm{f}}p_{\mathrm{d}} \tag{2-7}$$

在时刻t_i，随机变量Z_i为编组站到达场、编组场、出发场保有列车数之和，于是有

$$Z_i=Z_i^{\mathrm{dd}}+Z_i^{\mathrm{bz}}+Z_i^{\mathrm{cf}} \tag{2-8}$$

将式（2-1）～式（2-7）代入式（2-8），整理可得整个流线系统的状态转移方程为

$$Z_i=Z_{i-1}+s_i^{\mathrm{d}}p_{\mathrm{d}}p_{\mathrm{y}}-(1-\gamma)y_i^{\mathrm{dd}}-s_i^{\mathrm{f}}p_{\mathrm{d}} \tag{2-9}$$

设时间段$[t_{i-1},t_i]$内j方向到达和出发的列车数分别为x_{ij}、y_{ij}，则有

$$\left.\begin{aligned}&\sum_{j=1}^{n_{\mathrm{d}}}x_{ij}=s_i^{\mathrm{d}}p_{\mathrm{d}}p_{\mathrm{y}} &(2\text{-}10)\\&\sum_{j=1}^{n_{\mathrm{f}}}y_{ij}=s_i^{\mathrm{f}}p_{\mathrm{d}} &(2\text{-}11)\end{aligned}\right\},\quad i=0,1,2,\cdots,m;\ j=1,2,\cdots,n_{\mathrm{d}}+n_{\mathrm{f}}$$

2）系统的匹配条件

流线匹配的目的是保证系统各作业环节的连续性，使各子系统合理匹配，提高作业效率，即各子系统所承担的作业量不能超出设备本身的最大能力，以免造成堵塞或作业中断现象，同时又不能使各子系统长时间处于空费状态，造成能力的无谓浪费。

设N_{dd}、N_{j}、N_{b}、N_{fj}、N_{f}分别表示一昼夜到达场列检作业最大能力、驼峰解体最大能力、尾部编组最大能力、出发场列检作业最大能力和编组站每天最多能向各衔接线路区段发出的列车数。r_{kf}、α_{kf}分别表示到发线和编组线、驼峰解体和尾部编组作业允许的最大空费系数。l_{dd}、l_{bz}、l_{cf}分别表示到达场、编组场、出发场可利用的到发线数（不包括各种固定作业线路）。

能力约束：在不均衡运输条件下，当列车密集到发时，驼峰和尾部的负荷不能超过 0.85，列检组的负荷应控制在 0.75 以下，发车区间通过能力利用率不能超过 0.9[220]。同时，当列车分散到达时，又不能造成驼峰和尾部调机的过度闲置。

在时间段$[t_{i-1},t_i](i=1,2,\cdots,m)$内，各项能力应满足下列条件：

$$\begin{cases} x_i^{\mathrm{dd}} \leqslant \dfrac{0.75N_{\mathrm{dd}}}{m} \\ \dfrac{N_{\mathrm{j}}(1-\alpha_{\mathrm{kf}})}{m} \leqslant x_i^{\mathrm{dd}} \leqslant \dfrac{0.85N_{\mathrm{j}}}{m} \\ \dfrac{N_{\mathrm{b}}(1-\alpha_{\mathrm{kf}})}{m} \leqslant y_i^{\mathrm{bz}} \leqslant \dfrac{0.85N_{\mathrm{b}}}{m} \\ y_i^{\mathrm{cf}} \leqslant \dfrac{0.75N_{\mathrm{fj}}}{m} \\ y_i^{\mathrm{cf}} \leqslant \dfrac{0.9N_{\mathrm{f}}}{m} \end{cases} \tag{2-12}$$

状态约束：编组站每一子系统在时刻t_i的状态都表示当前车场内现有的列车数，一般情况下，每一到发线上只能存放一列车，所以随机变量Z_i同时说明了在时刻t_i列车的占线情况。当列车密集到发时，到发线必须保证一定的可靠性，不能使到发线超过饱和状态，负荷应控制在0.95以内[220]。当列车分散到达时，到发线要保证一定的平均利用率。

在时间段$[t_{i-1},t_i](i=1,2,\cdots,m)$内，各子系统状态应满足下列条件：

$$\begin{cases} l_{\mathrm{dd}}(1-r_{\mathrm{kf}}) \leqslant \dfrac{Z_i^{\mathrm{dd}}}{1-\rho} \leqslant 0.95 l_{\mathrm{dd}} \\ l_{\mathrm{bz}}(1-r_{\mathrm{kf}}) \leqslant Z_i^{\mathrm{bz}} \leqslant 0.95 l_{\mathrm{bz}} \\ l_{\mathrm{cf}}(1-r_{\mathrm{kf}}) \leqslant Z_i^{\mathrm{cf}} \leqslant 0.95 l_{\mathrm{cf}} \end{cases} \tag{2-13}$$

3）系统的匹配度

在参数x_i^{dd}、y_i^{bz}、y_i^{cf}满足式（2-12）的能力约束，到达、编组和出发子系统的随机变量Z_i^{dd}、Z_i^{bz}、Z_i^{cf}满足式（2-13）的状态约束的条件下，如果随机变量Z_i在时间段$[t_{i-1},t_i](i=1,2,\cdots,m)$内满足下列条件：

$$\begin{cases} (l_{\mathrm{dd}}+l_{\mathrm{bz}}+l_{\mathrm{cf}})(1-r_{\mathrm{kf}}) \leqslant Z_i \leqslant 0.95(l_{\mathrm{dd}}+l_{\mathrm{bz}}+l_{\mathrm{cf}}) \\ y_{ij} \leqslant N_j^{\mathrm{f}} \end{cases}, \quad i=0,1,2,\cdots,m; j=1,2,\cdots,n_{\mathrm{f}} \tag{2-14}$$

式（2-14）中N_j^{f}表示一昼夜编组站最多能向j方向发出的列车数，即当式（2-9）满足式（2-14）时，认为整个系统是协调的，此时取$Z_i=1$，否则取$Z_i=0$。

定义 2-2　在总时间T中，随机变量$Z_i=1$的时间占总时间的比例，即$\sum_{i=1}^{m} Z_i / T$的值称为流线系统的匹配度，简称匹配度，记作υ，$\upsilon\in(0,1)$。

匹配度反映了流线系统的动态匹配关系，它表示只要编组站与其所衔接区段有能力承担给定的运输任务，并且能保持运输畅通又不至于造成站场线路设备负荷过高或过度闲置，就应该认为编组站车流组织与运行图运行线是匹配的。匹配度越高，说明流线能力越协调，否则就要从编组站的车流组织和运行图的编制方面找原因，以车流为中心及时调整，优化列车运行计划，使列车到发运行线紧密衔接，同时做好机车与车流的衔接。当编组站能力紧张或堵塞时，可调整区段上列车运行顺序，使直通车流和到达解体车流交替到达编组站，以缓解编组站阶段能力紧张的状况。

2.3.2　编组站的配流计划

1. 配流计划的编制

阶段计划是车站调度人员根据最近 3～4h 的列车到发、车列解编和车辆取送等情况，全面安排调机和到发线运用，充分发挥驼峰、牵出线等技术设备的性能，组织实现班计划的分阶段具体安排。提高阶段计划的编制质量，对于加强调度指挥的计划性和协调性，保障行车安全，提高行车效率有重要的作用。阶段计划的重点内容主要有三项，即配流计划、调机运用计划、到发线运用计划。其核心是配流计划，即按列车编组计划规定的去向和车种，根据作业进度和车流资源的情况，将符合编组计划要求、接续时间要求的车流分配到相应的出发列车中，以确保本阶段出发列车均能正点、满轴发车[223]。

配流计划的内容包括：到达列车的车次、到达时间、编组内容、解体顺序和解体作业起止时分；出发列车的车次、出发时间、编组内容、车流来源、编组顺序和编组作业起止时分。由于配流计划与调机运用计划是交织在一起的，只有合理地运用调机组织解编作业，才能加速调车场的车流集结过程，缩短车辆在站停留时间，实现列车配流计划，所以调机运用计划与配流计划是密不可分的，在研究编组站配流问题时必须考虑调机的解编作业计划、作业顺序以及起止时分。

在编制配流计划时，需要考虑本阶段到达列车以及出发列车的车次、时间和编组内容，全面掌握到发线、调车场、货场、专用线等股道现车情况（包括待解列车的编组情况）以及调机的作业进度、到发线的使用情况。正常情况下，配流计划可以根据班计划的安排来确定各次出发列车的车流来源。但是，由于班计划的车流资料是预先推算的，列车实际到达的时间和编组内容、车辆实际装卸完毕的时间和车数都有可能发生变化。因此，编制配流计划不能简单地依据车流的接续时间，而需全面考虑列车到发、解编、车流集结和车辆装卸、取送车作业的实际情况，科学合理地组织车流的搭配。配流计划编制的目的是组流上线，在车流的组织过程中，如果车流不足，列车运行图中运行线就不能得到充分利用，出现“丢线”现象；反之车流过大，运行线不够用，则会造成车流积压，为此应制订合理的配流计划，使车流与运行线紧密结合，减少车流与运行线的矛盾。

2. 配流计划与调机运用的关系

如何合理地运用调机全面完成配流计划，是阶段计划制订过程中的关键内容。区段站和编组站虽然都为技术站，但二者在车流性质、作业内容和设备布置上有明显区别。区段站以办理无改编中转货物列车为主，仅解编少量的区段、摘挂列车；而编组站主要办理各类货物列车的解编作业，且多数为直达列车和直通列车，改编作业量往往占全站作业量的60%以上，有的高达90%。由于区段站和编组站作业任务的不同，二者在调机配备上也有明显差别。区段站调机设备少，往往使接续时间合理的车流因调机频繁而难以实现，因此一些专家学者在研究区段站的配流问题时都紧密结合调机来建模和求解。编组站虽然调机配备比较多且解编作业由不同的调机担当，但仍需结合配流计划合理运用调机，并尽可能使各台调机的作业相互配合。

1）调机任务划分

编组站规模庞大，线群繁多，按照运输生产需要，划分成若干个调车区，每一调车区有固定的调机和调车组。除了根据取送车辆和列车甩挂的作业需要，按照取送地点和到发车场划分调车区域、固定调机，还根据解编作业的需要，对调车场两端的驼峰、牵出线以及调车场内的线路划分区域，明确每台调机的工作任务，一般驼峰调机担当解体，峰尾牵出线调机负责编组，货场、专用线调机担当取送车作业，双向编组站交换场调机担当交换车的转场作业。

2）合理安排解编顺序

配流计划制订过程中确定列车的解编顺序时，需要合理安排调机的活动顺序，保证列车编组需要，尽量做到解体与编组结合，避免相互间的作业干扰。当安排驼峰调机解体作业顺序时，应根据车流的搭配情况，优先解编列车急需的车流；当安排峰尾调机的编组作业顺序时，应根据列车出发时刻和车流集结情况，优先编组最先出发的列车。

3）调机协同工作

当某一去向车流集结完毕时，如果出发场有空闲线路，应及时安排峰尾调机进行编组作业，以便及时腾空调车线，使驼峰调机能正常溜放该去向的车流，避免下峰整场或占用其他调车线。编组同一出发列车所需车流，当车流来源既有待解列车，又有本站货物作业车时，应分别安排调机负责解体和取车，调机协同工作，减少待解、待取等非生产等待时间，保证出发列车正点发车。

在制订配流计划时，需要根据车流搭配的具体情况，在不打乱调机固定分工的原则下，按照车流的组织进度，对调机作业适当加以调整。对于需要按站顺或到站成组编组的摘挂列车，由于作业时间较长，可在车流组织的空闲期间进行预编车组。此外，到发线的运用计划相对独立，一般由车站调度人员根据到发场的分工和到发线的固定使用办法，与车站值班员共同商定，并由车站值班员负责掌握。由于编组站的到发线股道较多，只要合理均衡地安排到发线，保证车站的接发和解编列车作业即可。

3. 配流计划的调度调整

当车站车流到站的数量、列车到达时刻、机车供应等情况发生变化，原先制订的配流计划不能实现时，由车站调度人员对已生成的配流方案进行人工调度调整。在调整时，调度人员需及时收集到达列车预确报，准确掌握调机作业、车辆装卸作业、列车预计到达时刻及机车交路的变化等情况，以及车站的现在车数及其停留地点，其中重车应分去向，空车应分车种。配流计划的调整内容主要有：变更解体顺序、变更编组顺序、变更调机运用、变更到发线、变更取送车作业时间、变更出发列车的配流内容以及双向编组站变更列车的接发场别等。配流计划的实时调度调整虽然只是原先制订配流计划的临时变更，但有所不同。

（1）配流计划的编制基于阶段计划，是一个静态的计划，便于整体优化；而配流计划的实时调度调整面对的是短时间内的信息变动，既要考虑当前阶段配流计划的执行情况，又要预测未来时段内车流的到发及调机、到发线的运用安排，工作难度较大。

（2）配流计划的目标是尽量保证车站到发车流的通畅，使出发列车都能满轴正点发车，并尽量均衡使用车站的各项设备；而配流计划调整的目标是如何在最短的时间，完成发生变化的车流组织任务，尽可能减少由突发原因导致的列车晚点情况。

（3）配流计划的编制是在一个阶段开始前一次性编制的；配流计划调整则是随列车到发车流的变化而多次启动的，每次调整前需要以配流计划的执行进度为初始条件。

原有的配流计划是配流计划调整的参照系，在调整配流计划时，不宜过多改变原有计划，以免影响车站作业的正常秩序。此外，还应尽量考虑下一阶段列车配流的需要，避免以后增加不必要的调整。一定的调整原则和可能采取的调整措施是进行配流调整的基础，根据不同的运营环境设置相应的调整原则，选择合理的调整措施，并根据实施难易程度等综合考虑，才能保证以较小的代价获得较好的调整效果[224]。因此，在调整配流计划时，要从有效性和合理性两个方面选择调整措施。

（1）当车流不足，影响到列车正点满轴出发时，一是可组织本站装卸或检修完毕的车辆补轴，完成车列集结过程；二是组织附近车站的车流补轴：如果枢纽内其他车站有出发列车编组需要的车流，则可利用小运转列车来补轴；如果出发列车运行前方附近站有可供补轴的车流，则可组织列车早开，在该站加挂，保证正点满轴运行；三是组织快速作业，如果出发列车车流来源不足是由于其所需车流的接续时间不足，则在一定的条件下，可组织快速作业，以保证列车正点满轴出发。

（2）当出发列车运行线临时运休，由机车或车流原因（不能满轴）造成车流积压时，一是组织单机挂车，这时应注意所挂车流是否符合列车编组计划的有关规定；二是利用直通或区段列车附挂到中间站的车流，这是利用机车潜力和列车交会停站时间加速车流输送的一项经济有效的方法，但必须按调度指挥中心的要求加挂和编组车辆。

2.4 本章小结

编组站是铁路枢纽的核心，是车流集散和列车解编的基地，因此编组站车流组织的好坏直接影响着铁路枢纽乃至整个路网的畅通与否。编组站的车流是依据各种作业计划来组织的，在作业计划具体实施过程中到发车流有可能出现变化，此时需要依据车流的变化情况对作业计划进行实时调度调整。基于此，本章对编组站的作业设备及其作业流程进行分析，对阶段计划与车流之间的关系进行了分析，主要包括以下内容：

（1）编组站作业设备及作业流程的阐述，因编组站作业设备及作业流程是编组站配流计划的基础，故重点阐述了不同类型编组站配置和作业流程的不同。

（2）编组站调度指挥的阐述，主要阐述了编组站的作业计划和调度系统，因阶段计划承上启下的重要性，故重点阐述了阶段计划的组成内容、编制依据和流程等。

（3）编组站配流的阐述，编组站车流与阶段计划属于动态预约关系，以阶段计划解体和编组等作业流程为出发点，对编组站阶段计划内车流组织规律和配流计划进行分析。

第3章　编组站列车解编顺序的协同优化

3.1　编组站列车解编作业的关联关系

3.1.1　编组站列车解体作业分析

根据编组站在路网和枢纽上的作用及作业对象，编组站主要办理改编中转、无改编中转、部分改编中转货物列车以及本站作业车的作业[210]。在编组站现场的技术作业中，除了主要的运转作业、机车作业和车辆作业，还包括车站调度人员负责的各类调度计划作业，如日班计划和阶段计划等。编组站的核心作业就是根据日班计划、阶段计划、调车作业计划以及列车运行图等，在货物列车到达编组站后，完成到达、解体、集结、编组、出发的运转作业。其中解体作业与编组作业是编组站作业的关键环节，编组站列车的解体是通过驼峰按车辆去向将车列分解到调车场固定使用的股道内，为编组列车创造有利条件。在纵列式车站利用驼峰解体车列时，一般采取整列解体的方式，按照调车场线路固定使用分解车列。横列式车站由于受牵出线长度或调机牵引力限制，为了缩短牵出车列的长度和重量，一般采用“分部解体、解体照顾编组、解编结合”的方法。

3.1.2　编组站列车解编作业关联分析

列车在驼峰上的解体作业和在调车场尾部的编组作业之间存在密切的内在联系。目前，我国大多数编组站，尤其是大型编组站的列车解体作业和编组作业分别由不同的调机担当。如果单纯地考虑解编作业，二者可视为两个独立的子系统，其内在关系由车流接续关联，也就是说解体作业和编组作业的关联性主要表现在列车配流上，而合理的列车配流方案则通过调整解体方案和编组方案得以实现。

设本阶段到达解体列车数为 n，到达解体列车（含调车场现车）集合按到达时间先后记作 $\mathrm{DD}=\{\mathrm{dd}_0,\mathrm{dd}_1,\cdots,\mathrm{dd}_i,\cdots,\mathrm{dd}_n\}$；将要编组出发的列车（不包括已编组完的待发列车）数为 m，编组出发列车集合按出发时间先后记作 $\mathrm{CF}=\{\mathrm{cf}_1,\cdots,\mathrm{cf}_j,\cdots,\mathrm{cf}_m\}$。到达解体列车 $\mathrm{dd}_i(i=0,1,2,\cdots,n)$ 的到达时刻为 T_i^{dd}，编组出发列车 $\mathrm{cf}_j(j=1,2,\cdots,m)$ 的出发时刻为 T_j^{cf}。列车到达技术作业时间标准为 t_{d}，出发技术作业时间标准为 t_{f}；列车解体作业时间标准为 t_{jt}，编组作业时间标准为 t_{bz}。T_{ij} 表示到达列车 dd_i 与出发列车 cf_j 中车流的接续时间，则 T_{ij} 需满足条件：

$$T_{ij} = T_j^{\text{cf}} - T_i^{\text{dd}} \geqslant t_{\text{d}} + t_{\text{jt}} + t_{\text{bz}} + t_{\text{f}} \tag{3-1}$$

以 $\varOmega$ 表示全站的车流编组去向集合，$\varOmega = \{\omega_1, \omega_2, \cdots, \omega_q\}$。到达列车 dd_i 中车流去向 $\varOmega^{\text{dd}} = \{\omega_1^{\text{dd}}, \omega_2^{\text{dd}}, \cdots\}$，出发列车 cf_j 中的车流去向 $\varOmega^{\text{cf}} = \{\omega_1^{\text{cf}}, \omega_2^{\text{cf}}, \cdots\}$。显然，$\omega_i^{\text{dd}}, \omega_j^{\text{cf}} \in \varOmega$。到达列车 dd_i 如果要成为出发列车 cf_j 的车流来源，还必须满足条件：

$$\varOmega^{\text{dd}} \cap \varOmega^{\text{cf}} \neq \varnothing \tag{3-2}$$

解体作业和编组作业之间的关联矩阵 $A = (a_{ij})_{n \times m}$ 可表示为

$$A = \begin{bmatrix} a_{11} & \cdots & a_{1j} & \cdots & a_{1m} \\ \vdots & & \vdots & & \vdots \\ a_{i1} & \cdots & a_{ij} & \cdots & a_{im} \\ \vdots & & \vdots & & \vdots \\ a_{n1} & \cdots & a_{nj} & \cdots & a_{nm} \end{bmatrix}$$

其中，

$$a_{ij} = \begin{cases} 1, & \text{到达列车 } \text{dd}_i \text{ 与出发列车 } \text{cf}_j \text{ 之间满足条件式（3-1）和式（3-2）} \\ 0, & \text{其他} \end{cases}$$

编组站解编作业之间的关联关系可通过矩阵 A 表示，矩阵 A 中的元素由 0 和 1 组成，显然 $\text{rank}A < \min\{n, m\}$。通过关联矩阵 A 可以清楚地看出每一出发列车可能的车流来源。

3.2 编组站列车解体时刻与编组时刻的算法

编组站解编作业的优化不仅取决于车流条件，还涉及到发线、驼峰、牵出线等固定设备的使用，以及调机的合理调配等因素，因此配流模型并不是孤立的。列车的解编顺序不仅与调机运用密切相关，而且会对车流接续时间产生影响，它体现了调机运用与配流之间的协调。编组站配流的精度要求比较高且较具体，必须依据现场作业的时间作为车流接续的时间标准。按考虑固定作业和调机干扰与否，需要计算几个与解体和编组有关的时刻，不同的时刻，算法不同，用途亦不同。为便于计算，首先定义参数：假定阶段开始时刻调机即可作业，否则以调机开始作业时刻为阶段开始时刻，记作 T_0。出发列车 cf_j 与 $\text{cf}_{j+1}(1 \leqslant j \leqslant m-1)$ 之间的发车间隔时间为 $t_{j(j+1)}^{\text{jf}}$。

3.2.1 编组站列车最早解体时刻计算方法

1. 最早可能开始解体时刻 T^{zj}

若到达解体列车 dd_i 为前待解列车，到达技检作业在 T_0 时刻进行完毕，则

其 T_i^{zj} 就是本阶段开始时刻。设 $\mathrm{dd}_1 \sim \mathrm{dd}_s (0 < s < n)$ 为前一阶段技检完毕待解列车，则 $T_1^{\mathrm{zj}} \sim T_s^{\mathrm{zj}} = T_0$。对本阶段陆续到达的解体列车 $\mathrm{dd}_i (s < i \leqslant n)$，容易得出其 T_i^{zj} 为

$$T_i^{\mathrm{zj}} = T_i^{\mathrm{dd}} + t_{\mathrm{d}} \tag{3-3}$$

需要说明的是，此处的 T_i^{zj} 为不考虑解体调机及固定作业安排的前提下到达解体列车 dd_i 最早可能的解体时刻，由于解体方案未定，其 T_i^{zj} 并不一定是 dd_i 实际的开始解体时刻。

2. 一台调机单推单溜条件下最早开始解体时刻 T^{zj1}

对于本阶段第一列开始解体的到达列车，如果其到达技检作业在 T_0 时刻以前已经进行完毕，则在 T_0 时刻就可以进行解体，否则，需待其技检作业完毕后才能开始解体，故有

$$T_1^{\mathrm{zj1}} = \max\{T_0, T_1^{\mathrm{dd}} + t_{\mathrm{d}}\} \tag{3-4}$$

对于后续到达解体列车 dd_i（$2 \leqslant i \leqslant n$，$i$ 视作解体顺序号，下同），必须在到达技检作业完毕且前一列列车解体作业完毕后才能开始解体，故其最早开始解体时刻 T_i^{zj1} 为

$$T_i^{\mathrm{zj1}} = \max\{T_{i-1}^{\mathrm{zj1}} + t_{\mathrm{jt}}, T_i^{\mathrm{dd}} + t_{\mathrm{d}}\} \tag{3-5}$$

如果考虑解体调机的固定作业安排情况，还需将与固定作业时间发生冲突的解体作业时间后移，紧密协调地安排调机作业，充分利用调机能力。调机解体作业与固定作业时间冲突示意图如图 3-1 所示。

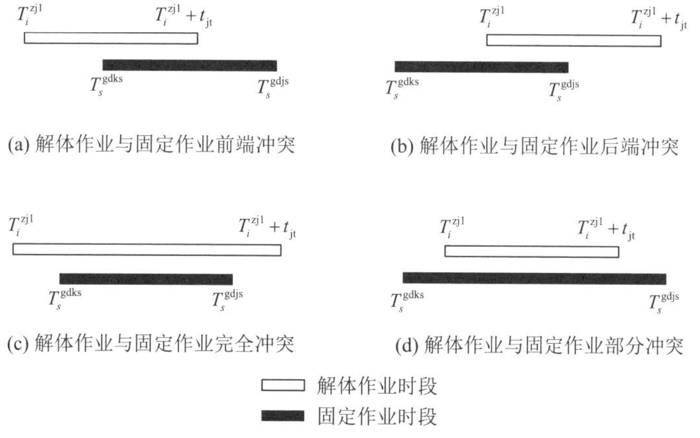

图 3-1　调机解体作业与固定作业时间冲突示意图

图 3-1 中，T_s^{gdks}、T_s^{gdjs} 分别表示调机第 s 项固定作业的开始时刻和结束时刻。T_i^{zj1}（$1 \leqslant i \leqslant n$）由式（3-4）和式（3-5）计算得出。对于图 3-1 中的情况，需要将到达列车 dd_i 的最早开始解体时刻 T_i^{zj1} 后移（$T_s^{\text{gdjs}} - T_i^{\text{zj1}}$）min。设负责第 i 列列车解体的调机共有 S 项固定作业，则 T_i^{zj1} 的算法步骤如下。

算法 3-1：

步骤 1　由式（3-4）和式（3-5）计算得出解体调机无固定作业时的 T_i^{zj1}。

步骤 2　令 $s = 1$。

步骤 3　按下列公式进行判断：

$$T_i^{\text{zj1}} \in \{T_i^{\text{zj1}} \mid T_s^{\text{gdks}} < T_i^{\text{zj1}} + t_{\text{jt}} < T_s^{\text{gdjs}}\}$$

$$T_i^{\text{zj1}} \in \{T_i^{\text{zj1}} \mid T_s^{\text{gdks}} < T_i^{\text{zj1}} < T_s^{\text{gdjs}}\}$$

$$T_i^{\text{zj1}} \in \{T_i^{\text{zj1}} \mid T_s^{\text{gdks}} > T_i^{\text{zj1}}\} \cap \{T_i^{\text{zj1}} \mid T_i^{\text{zj1}} + t_{\text{jt}} > T_s^{\text{gdjs}}\}$$

$$T_i^{\text{zj1}} \in \{T_i^{\text{zj1}} \mid T_s^{\text{gdks}} < T_i^{\text{zj1}}\} \cap \{T_i^{\text{zj1}} \mid T_i^{\text{zj1}} + t_{\text{jt}} < T_s^{\text{gdjs}}\}$$

如果 T_i^{zj1} 满足上述条件之一，说明该列车的解体时间与负责其解体作业调机的第 s 项固定作业时间发生了冲突，则令 $T_i^{\text{zj1}} = T_s^{\text{gdjs}}$。

步骤 4　$s = s + 1$。

步骤 5　若 $s \leqslant S$，则转步骤 3；否则，结束。

3. 两台调机双推单溜条件下最早开始解体时刻 T^{zj2}

在两台调机双推单溜作业方式下，除了列车的解体方案，还必须考虑调机的作业分配。因为同一到达列车由不同的调机解体产生的待解时间可能不同，不同的待解时间会直接影响车流的接续时间，进而影响最终的配流结果。因此，现场在安排解体调机时，应坚持解体顺序交替原则，即一台调机在解体作业的同时，另一台调机进行车列的预推工作。这样可以尽快腾空到发线，均衡并减少车列的待解时间。设车列溜放占用驼峰时间为 t_{lf}，若不考虑调机的固定作业安排，则按解体方案进行解体的到达列车最早开始解体时刻 T^{zj2} 的递推关系式为

$$\begin{cases} T_1^{\text{zj2}} = \max\{T_0, T_1^{\text{dd}} + t_{\text{d}}\} \\ T_2^{\text{zj2}} = \max\{T_1^{\text{zj2}} + t_{\text{lf}}, T_2^{\text{dd}} + t_{\text{d}}\} \\ \vdots \\ T_i^{\text{zj2}} = \max\{T_{i-1}^{\text{zj2}} + t_{\text{lf}}, T_i^{\text{dd}} + t_{\text{d}}, T_{i-2}^{\text{zj2}} + t_{\text{jt}}\} \end{cases}, \quad i = 3, 4, \cdots, n \tag{3-6}$$

在解体调机有固定作业安排的情况下，为了避免与调机的解体作业相冲突，同样需要将与固定作业发生冲突的解体作业时间进行后移，但是此时如果仍按列车解体顺序的交替原则安排两台调机的解体作业，可能会使某台调机产生额外的空闲时间[178]。因此，两台调机双推单溜条件下，考虑调机的固定作业，需对调机进行合理的安排，T_i^{zj2} 的算法步骤如下。

算法 3-2：

步骤 1　由式（3-6）计算第 1 列到达解体列车 dd_1 的最早开始解体时刻 T_1^{zj2}。

步骤 2　按算法 3-1 分别计算得出由调机 1 和调机 2 进行解体时的最早开始解体时刻 $T_{1(1)}^{zj2}$ 和 $T_{1(2)}^{zj2}$，若 $T_{1(1)}^{zj2} \leqslant T_{1(2)}^{zj2}$，则由调机 1 解体 dd_1，否则，由调机 2 解体 dd_1。

步骤 3　按式（3-6）计算到达解体列车 dd_i（$2 \leqslant i \leqslant n$）的最早开始解体时刻 T_i^{zj2}，依照交替原则，dd_i 由与 dd_{i-1} 不同的调机负责解体，按算法 3-1 计算 dd_i 的最早开始解体时刻 T_i^{zj2}，然后按算法 3-1 计算 dd_i 由另一调机解体时的最早开始解体时刻 $T_{i'}^{zj2}$，若 $T_i^{zj2} \leqslant T_{i'}^{zj2}$，则 dd_i 由原先的调机进行解体，否则，dd_i 由另一台调机进行解体。

步骤 4　$i = i + 1$。

步骤 5　若 $i < n$，则转步骤 3，否则，确定出所有到达列车的最早开始解体时刻 T^{zj2} 和解体调机。

3.2.2　编组站列车最晚编组时刻计算方法

确定出发列车的最晚开始编组时刻主要与出发列车的出发顺序、编组调机的数量、能够为该出发列车提供车流的最后解体的到达列车的解体完毕时刻有关。确定出发列车的最晚开始编组时刻与确定到达列车的开始解体时刻类似，不同的是为了保证本阶段所有出发列车都能在出发之前编组完毕，首先必须保证本阶段最后一列而不是第一列开始编组的出发列车能正点发车。编组时刻依据算法和用途不同可以计算出发列车的最早可能编组时刻、最晚可能编组时刻和最晚必须开始编组时刻。最晚必须开始编组时刻与最早可能解体时刻是为了构造配流模型，最早可能编组时刻与最晚可能编组时刻是为了确定编组顺序调整的时间范围。按照出发列车的最早可能编组时刻进行排序，即车流够了就编。由这种方法确定的编组顺序能够充分利用调机的能力、尽早腾空调车场线路、使出发作业时间较为充裕，但占用出发场线路的时间长，同时对出发时间较早，但最早可能编组时刻较晚的出发列车明显不利；按照出发列车的最晚可能编组时刻进行排序，这种方法确定的编组时刻符合“先发先编”的原则，能够尽快腾空出发场的股道，但有可能出现调机的空闲，不能充分利用调机的能力，同时会使调车场线路腾空较晚，对解体作业不利，并且使出发作业较为紧张[173]。为了确定出发列车的编组顺序，还必须综合考虑列车的固定作业和编组调机的相互影响。

1. 最晚必须开始编组时刻 T^{wb}

为了不先假定一个编组顺序，最晚必须开始编组时刻 T^{wb} 可以只考虑列车的出发技术作业时间和编组作业时间（无待编时间）。由于不考虑编组调机的固定作业及相互影响，所以此时出发列车 cf_j（$1 \leqslant j \leqslant m$，$j$ 视作编组顺序号，多台编组调机时为占用牵出线的顺序号，下同）的 T_j^{wb} 容易确定，为

$$T_j^{\mathrm{wb}} = T_j^{\mathrm{cf}} - t_{\mathrm{f}} - t_{\mathrm{bz}} \tag{3-7}$$

如果考虑调机的作业能力，则需要按照列车的编组顺序紧密地安排各出发列车的编组作业，这样可以尽快腾空编组线，避免调机的空闲。编组方案需要考虑出发列车的正点发车约束，按出发列车的出发时刻由后向前反推出出发列车编组顺序，最大限度地考虑出发列车的车流接续时间和尽可能地缩短每一出发列车的待发时间，这种方案称为调机最大能力方案。对此编组方案 $(\mathrm{cf}_1,\mathrm{cf}_2,\cdots,\mathrm{cf}_m)$，应分不同情况推导 T_j^{wb} 的计算式。

1）一台调机编组条件下的 T^{wb}

一台调机编组时（见图 3-2，图 3-2 中 t_{j-1}^{df} 表示出发列车 cf_{j-1} 的待发时间），在编组调机无其他固定作业安排的时间限制下，对于本阶段最后一列（第 m 列）编组的出发列车，要保证在出发之前其编组作业和出发技术作业都能进行完毕且无待发时间，则出发列车 cf_m 的最晚必须开始编组时刻 T_m^{wb} 为

$$T_m^{\mathrm{wb}} = T_m^{\mathrm{cf}} - t_{\mathrm{f}} - t_{\mathrm{bz}} \tag{3-8}$$

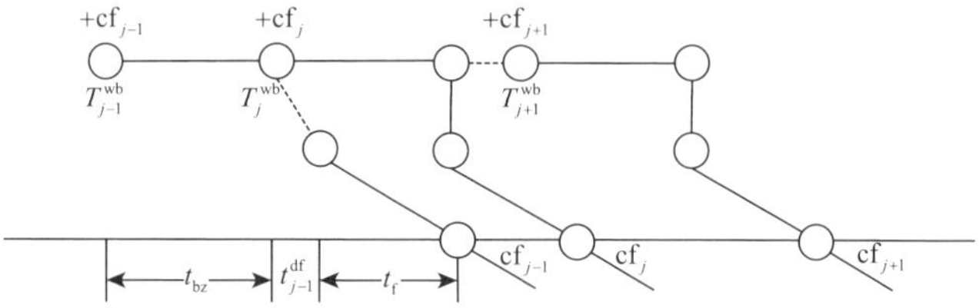

图 3-2　一台调机编组示意图

阶段时间内其他出发列车的最晚必须开始编组时刻 $T_j^{\mathrm{wb}}(1 \leqslant j \leqslant m-1)$，除了要保证在其出发前编组作业和出发技术作业进行完毕，还应使得待发时间最小且各出发列车的编组时段不冲突。此外，根据每一出发列车的出发时刻 T_j^{cf} 由后向前反推符合上述条件的最晚必须开始编组时刻 T_j^{wb} 时还要考虑出发列车之间的发车间隔时间 $t_{j(j+1)}^{\mathrm{jf}}$ 的大小。当 $t_{j(j+1)}^{\mathrm{jf}} > t_{\mathrm{bz}}$ 时，$T_j^{\mathrm{wb}} = T_j^{\mathrm{cf}} - t_{\mathrm{f}} - t_{\mathrm{bz}}$；当 $t_{j(j+1)}^{\mathrm{jf}} \leqslant t_{\mathrm{bz}}$ 时，$T_j^{\mathrm{wb}} = T_{j+1}^{\mathrm{wb}} - t_{\mathrm{bz}}$。一般情况下，$T_j^{\mathrm{wb}}$ 用式（3-9）计算：

$$T_j^{\mathrm{wb}} = \min\{T_{j+1}^{\mathrm{wb}} - t_{\mathrm{bz}}, T_j^{\mathrm{cf}} - t_{\mathrm{f}} - t_{\mathrm{bz}}\} \tag{3-9}$$

特别地，当 $t_{j(j+1)}^{\mathrm{jf}} \leqslant t_{\mathrm{bz}}$ 时，由式（3-8）、式（3-9）可得 T_j^{wb} 的递推式为

$$T_j^{\mathrm{wb}} = T_m^{\mathrm{cf}} - t_{\mathrm{f}} - (m-j+1)t_{\mathrm{bz}} \tag{3-10}$$

与解体调机的固定作业类似，在编组调机有其他固定作业安排的情况下，为了使调机的编组作业与之不发生冲突，需要将与固定作业时间发生冲突的编组作

业时间前移，紧密协调地安排调机的各项作业。调机的编组作业与固定作业时间发生冲突的情况亦有以下 4 种，如图 3-3 所示。

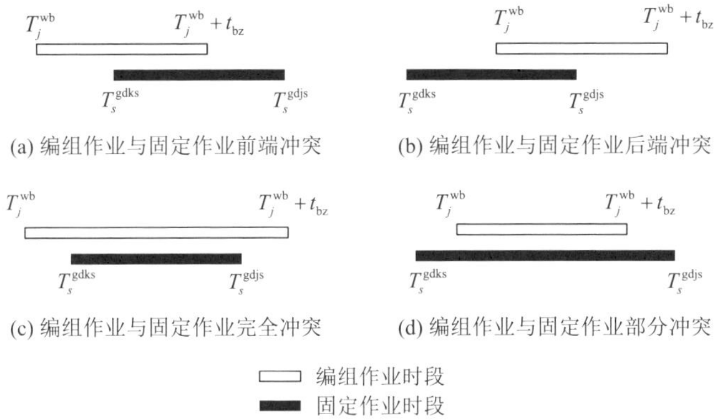

图 3-3　编组作业与固定作业冲突示意图

对于图 3-3 中的情况，需要将出发列车 cf_j（$1\leqslant j\leqslant m$）的最晚必须开始编组时刻 T_j^{wb} 前移（$T_j^{wb}+t_{bz}-T_s^{gdks}$）min。不考虑固定作业影响时的出发列车 cf_j 的最晚必须开始编组时刻 T_j^{wb} 由式（3-9）算出，考虑 S 项固定作业影响时的 T_j^{wb} 算法步骤如下。

算法 3-3：

步骤 1　由式（3-8）和式（3-9）计算得出编组调机无固定作业时的 T_j^{wb}。

步骤 2　令 $s=1$。

步骤 3　按下列公式进行判断：

$$T_j^{wb}\in\{T_j^{wb}\mid T_s^{gdks}<T_j^{wb}+t_{bz}<T_s^{gdjs}\}$$

$$T_j^{wb}\in\{T_j^{wb}\mid T_s^{gdks}<T_j^{wb}<T_s^{gdjs}\}$$

$$T_j^{wb}\in\{T_j^{wb}\mid T_s^{gdks}>T_j^{wb}\}\cap\{T_j^{wb}\mid T_j^{wb}+t_{bz}>T_s^{gdjs}\}$$

$$T_j^{wb}\in\{T_j^{wb}\mid T_s^{gdks}<T_j^{wb}\}\cap\{T_j^{wb}\mid T_j^{wb}+t_{bz}<T_s^{gdjs}\}$$

若 T_j^{wb} 满足上述条件之一，说明该列车的编组时间与负责其编组作业调机的第 s 项固定作业时间发生了冲突，则令 $T_j^{wb}=T_s^{gdks}-t_{bz}$。

步骤 4　$s=s+1$。

步骤 5　若 $s\leqslant S$，则转步骤 3；否则，结束。

2）两台调机编组条件下的 T^{wb}

在有两台调机编组的情况下，当涉及转线时，可能会发生冲突的问题，同样需要采用适当移动出发列车的编组时刻的方法来处理。

设两台调机同时编组时由占用牵出线相互干扰而造成的编组间隔时间为t_{bzjg}，编组方案$(\text{cf}_1,\text{cf}_2,\cdots,\text{cf}_m)$对应的调机特征向量为$P=\{p_1,p_2,\cdots,p_m\}$，$p_j(1\leqslant j\leqslant m)$取 1 或 2，表示编组调机 1 和调机 2。

当编组顺序相邻列车的调机特征向量相同时，等同于一台调机编组的情形，其T^{wb}用式（3-9）计算。当编组顺序相邻列车的调机特征向量不同时（图 3-4），需要比较$T_{j+1}^{\text{wb}}-t_{\text{bzjg}}$和$T_j^{\text{cf}}-t_{\text{f}}-t_{\text{bz}}$的大小。因此，当两台调机编组时，$T_j^{\text{wb}}$应取$T_{j+1}^{\text{wb}}-t_{\text{bzjg}}$、$T_{j+1}^{\text{wb}}-t_{\text{bz}}$、$T_j^{\text{cf}}-t_{\text{f}}-t_{\text{bz}}$三者中的最小值，即

$$T_j^{\text{wb}}=\min\{(T_{j+1}^{\text{wb}}-t_{\text{bzjg}})\,|\,p_{j+1}-p_j\,|,(T_{j+1}^{\text{wb}}-t_{\text{bz}})(1-|\,p_{j+1}-p_j\,|),T_j^{\text{cf}}-t_{\text{f}}-t_{\text{bz}}\},\quad j=1,2,\cdots,m-1 \tag{3-11}$$

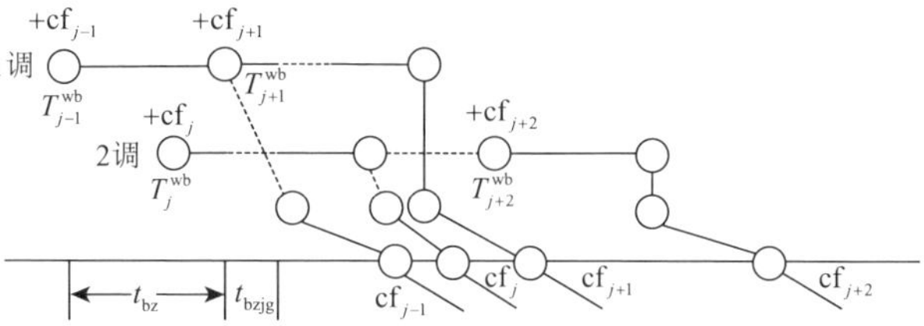

图 3-4　两台调机编组示意图

在考虑固定作业和转线限制的情况下，编组调机的确定仍然是坚持尽量使出发列车的待发时间最少的原则，即哪台调机能够使出发列车cf_j的待发时间t_j^{df}最短，就由哪台调机编组。以m_1表示调机 1 最后编组列车的序号，m_2表示调机 2 最后编组列车的序号；当m_1、$m_2=0$时，表示调机 1 或调机 2 还未编组完任何一列出发列车，则此时计算T_j^{wb}的具体步骤如下。

算法 3-4：

步骤 1　由式(3-8)计算最后一列出发列车cf_m的最晚必须开始编组时刻T_m^{wb}。

步骤 2　按算法 3-3 分别计算得出由调机 1 和调机 2 进行编组时的最晚必须开始编组时刻$T_{m(1)}^{\text{wb}}$和$T_{m(2)}^{\text{wb}}$；若$T_{m(1)}^{\text{wb}}\geqslant T_{m(2)}^{\text{wb}}$，则由调机 1 编组$\text{cf}_m$，令$m_1=m$；否则由调机 2 编组$\text{cf}_m$，令$m_2=m$；取$T_m^{\text{wb}}=\max\{T_{m(1)}^{\text{wb}},T_{m(2)}^{\text{wb}}\}$。

步骤 3　$j=m-1$。

步骤 4　若$m_1=0$，令$T_{j(1)}^{\text{wb}}=T_j^{\text{cf}}-t_{\text{f}}-t_{\text{bz}}$；否则，用式(3-9)计算$T_{j(1)}^{\text{wb}}$；若$m_2=0$，令$T_{j(2)}^{\text{wb}}=T_j^{\text{cf}}-t_{\text{f}}-t_{\text{bz}}$；否则，用式（3-9）计算$T_{j(2)}^{\text{wb}}$。

步骤 5　当$j\leqslant m-1$时，若出发列车cf_{j+1}由调机 1 编组，按交替原则，则cf_j由调机 2 编组，用式（3-11）计算$T_{j(2)}^{\text{wb}}$；反之，cf_j由调机 1 编组，用式（3-11）计算$T_{j(1)}^{\text{wb}}$。

步骤 6　按算法 3-3 分别确定调机 1 和调机 2 在考虑了固定作业后新的最晚必须开始编组时刻 $T_{j(1)}^{\mathrm{wb}}$ 和 $T_{j(2)}^{\mathrm{wb}}$；若 $T_{j(1)}^{\mathrm{wb}} \geqslant T_{j(2)}^{\mathrm{wb}}$，则由调机 1 编组 cf_j，令 $m_1 = j$；否则由调机 2 编组 cf_j，令 $m_2 = j$；取 $T_j^{\mathrm{wb}} = \max\{T_{j(1)}^{\mathrm{wb}}, T_{j(2)}^{\mathrm{wb}}\}$。

步骤 7　$j = j - 1$。

步骤 8　若 $j \geqslant 1$，则转步骤 4；否则，结束。

如此从本阶段最后一列编组的出发列车开始，采用算法 3-4 递推计算至本阶段第一列编组的列车，就可以确定本阶段所有出发列车的最晚必须开始编组时刻。

2. 最晚可能开始编组时刻 $T^{\mathrm{wb}'}$

出发列车的最晚可能开始编组时刻 $T^{\mathrm{wb}'}$ 用于确定列车的编组时机，只考虑调机的固定作业，不考虑调机相互之间的影响，因此不用涉及转线限制及编组顺序问题。若编组作业与固定作业发生冲突，亦需要将编组作业时间进行前移，编组作业与固定作业相冲突的情况如图 3-3 所示，$T^{\mathrm{wb}'}$ 的算法步骤可参照算法 3-3，只是编组调机无固定作业时的 $T^{\mathrm{wb}'}$ 由式（3-7）计算得出。

3. 最早可能开始编组时刻 T^{zb}

当已知某出发列车的配流方案时，最早可能开始编组时刻 T^{zb} 的计算比较简单，即为该列车配流方案中最后一列解体的列车的解体完毕时刻。设配流方案中与出发列车 cf_j 构成配流关系的到达列车有 n_j 列，则出发列车 cf_j 的最早可能开始编组时刻 T_j^{zb} 的计算步骤如下。

算法 3-5：

步骤 1　$i = 1$，$j = 1$。

步骤 2　已完成配流的出发列车 cf_j 循环。

步骤 3　出发列车 cf_j 配流方案中到达列车 dd_i 循环。

步骤 4　用式 $T_{ji}^{\mathrm{zb}} = T_i^{\mathrm{dd}} + t_{\mathrm{d}} + t_{\mathrm{jt}}$ 计算 T_{ji}^{zb}。

步骤 5　若 $i \leqslant n_j$，则转步骤 3；否则，转步骤 6。

步骤 6　$T_j^{\mathrm{zb}} = \min\{T_{ji}^{\mathrm{zb}}, 1 \leqslant i \leqslant n_j\}$。

步骤 7　$j = j + 1$。

步骤 8　若 $j \leqslant m$，则转步骤 2；否则，结束。

当出发列车的编组计划中无内容或无车流配入时，该出发列车的最早可能开始编组时刻为 T_0。

3.3　编组站列车解体顺序的确定方法

编组站出发列车的主要车流来源是到达解体列车中的中转车流，合理确定列车的解体顺序一直是编组站（特别是大型编组站）的调度人员在编制阶段计划时重点思考的问题，也是自编列车满轴正点发车的关键。列车解体顺序的确定问题本质上属于组合数学的范畴，一些专家学者通常将其转化为机器排序问题来解决，但列车对车站设备的占用是空间占用和时间占用交织在一起的，不能简单地等同于机器排序，况且诸多排序问题属于 NP-complete 问题，已经被证明不可能有好的算法[133]。另有学者以工业编组站为研究对象，运用模糊数学和运筹学对影响列车解体顺序的各种因素进行综合考虑，形成 3 种可借鉴的作业方案[225, 226]。

（1）先到先解：按到达时间的先后安排解体顺序。

（2）解体时间：按解体时间从小到大安排解体顺序。

（3）发车及编组需要：先按发车时间先后对去向进行优先选择，再对各待解列车按该去向车数的多少排列解体顺序。

实质上前两种作业方案都可以融合进第三种作业方案中，因为编组站配流的最终目的就是要使出发列车满轴正点发车，解体顺序的安排也是为了出发列车的编组需要。实践证明，在配流时仅采用向前或向后的方法调整列车解体和编组顺序不能达到理想效果[179]，以文献[157]提出的解体方案计数方法为基础，采用在编组顺序暂时固定的情况下，利用解体方案树[162]确定列车的解体顺序。

3.3.1 编组站列车解体顺序调整的基本定理

1. 可解集合

在出发列车 cf_j 的最晚必须开始编组时刻 T_j^{wb} 之前能够解体的全部列车组成的集合称为 cf_j 的可解列车集合，简称可解集合，记作 H_j（H_j 中的元素按到达先后顺序排列）：

$$H_j = \{\mathrm{dd}_i \mid \mathrm{dd}_i \in \mathrm{DD}, T_i^{\mathrm{zj}} + t_{\mathrm{jt}} \leqslant T_j^{\mathrm{wb}}\} \tag{3-12}$$

由可解集合的概念可知，后出发列车的可解集合等于或包含先出发列车的可解集合，即 $H_{j+1} \supseteq H_j$。利用可解集合可以缩小出发列车 cf_j 车流来源的搜索范围，cf_j 的车流来源除调车场的前存车流外，只能从 H_j 中的列车产生，而不必搜索整个阶段的全部到达列车。

2. 解体距离

自 T_i^{zj} 至 T_j^{wb} 最多可能解体的列车数称为到达列车 $\mathrm{dd}_i(\mathrm{dd}_i \in H_j)$ 至出发列车 $\mathrm{cf}_j(\mathrm{cf}_j \in \mathrm{CF})$ 的解体距离，简称距离，记作 d_{ij}。

1）单推单溜条件下的距离

$$d_{ij}=\left\lfloor\frac{T_j^{\mathrm{wb}}-T_i^{\mathrm{zj}}}{t_{\mathrm{jt}}}\right\rfloor \tag{3-13}$$

式中，$\lfloor\cdot\rfloor$表示向下取整，下同。

2）双推单溜条件下的距离

（1）$t_{\mathrm{lf}}\leqslant\frac{1}{2}t_{\mathrm{jt}}$时。

$$d_{ij}=\left\lfloor\frac{T_j^{\mathrm{wb}}-T_i^{\mathrm{zj}}}{t_{\mathrm{jt}}}\right\rfloor+\left\lfloor\frac{T_j^{\mathrm{wb}}-T_i^{\mathrm{zj}}-t_{\mathrm{lf}}}{t_{\mathrm{jt}}}\right\rfloor \tag{3-14}$$

（2）$t_{\mathrm{lf}}>\frac{1}{2}t_{\mathrm{jt}}$时。

$$d_{ij}=1+\left\lfloor\frac{T_j^{\mathrm{wb}}-T_i^{\mathrm{zj}}-t_{\mathrm{lf}}}{t_{\mathrm{jt}}}\right\rfloor \tag{3-15}$$

3. 解体特征

设出发列车cf_j的可解集合H_j及其中各次列车的距离d_{ij}都已算出，若其中距离为x_k的列车有y_k列，则称

$$T_j=x_1^{y_1}x_2^{y_2}\cdots x_m^{y_m},\quad x_1>x_2>\cdots>x_m \tag{3-16}$$

为cf_j的解体特征，简称特征。

由于距离为 0 的到达列车不属于可解集合H_j，即H_j中列车的距离至少是 1，所以式（3-16）最右端的$x_m=1$。

4. 解体区间

把从阶段开始时刻起至T_j^{wb}止的时间划分成若干时间段，使得所有T^{zj}位于同一时段的列车的距离均相等，这样的一个时间段称为cf_j的一个解体区间，简称区间，记作Q。

T^{zj}位于同一区间的列车共同的距离称为区间的解体距离，也简称距离，记作d。自同一区间的任一时刻起至T^{wb}止最多能解体的列车数都等于该区间的距离。虽然可能有两列或多列列车的T^{zj}落入同一区间，但一个区间最多只能安排解体 1 列列车。

5. 区间解体量

某区间的解体量就是可能在该区间解体（指开始解体）的列车总数，第k区间的解体量记作f_k。

第 k 区间的解体量 f_k 用式（3-17）计算：

$$f_k = \sum_{r=1}^{k} y_r - k + 1, \quad k = 1,2,\cdots,m \tag{3-17}$$

6. 最大解体原则

最大解体原则就是在一定时间内尽可能多地解体列车。

一个解体方案就是列车解体顺序的一种安排。如果把列车按到达时刻先后编号，一个解体方案就是这些代号的一个排列。

解体方案用一个行向量表示如下：

$$g = (i_1, i_2, \cdots) \tag{3-18}$$

式中，g 的元素为到达列车代号；g 的元素个数为解体列数。

7. 等价方案

等价方案，即包含相同元素（不管元素排列顺序是否一样）的方案。

8. 等价类

所有等价方案组成的集合构成一个等价类。其中，以正则排列作为等价类的代表，形成一个不等价方案。

9. 不等价方案数

等价类的个数为不等价方案数，不等价方案集记作 G。

10. 压缩方案和延伸方案

把解体方案 g_{i_2} 的右起一个或几个元素去掉后得到的方案 g_{i_1} 称为 g_{i_2} 的压缩方案，g_{i_2} 则称为 g_{i_1} 的延伸方案，记作 $g_{i_1} \to g_{i_2}$。

11. 相容方案

如果 g 的延伸方案（或压缩方案）与 G_j 中的某一方案等价，则称解体方案 g 对于出发列车 cf_j 是相容的。相容的实质是能保证按最大解体原则解体，这样不仅能为出发列车尽可能多地提供车流，而且使机车能力得到充分利用。

12. 方案树

将整个阶段所有出发列车的解体方案用一棵树表示出来，这棵树称为解体方案树，简称方案树。

3.3.2 编组站列车解体顺序调整的无前效性分析

1. 方案树的构造

对任一 cf_i，由 T_i^{wb} 和所有到达列车的 T^{zj} 便可求出 cf_i 的可解集合、解体区间、解体特征及其各区间的解体量，然后生成 cf_i 的全部不等价方案。由于相容方案能保证其他出发列车按最大解体原则解体，所以构造方案树时应首先生成对全体出发列车都相容的方案树。如果在相容方案树上找不到满意解，再考虑不相容方案。相容方案树的构造步骤如下。

算法 3-6：

步骤 1　根据已知条件求出各出发列车的解体特征，并由此计算其各区间的解体量。

步骤 2　构造解体量矩阵 F，F 的元素 f_{ij} 表示出发列车 cf_i 在其第 j 区间的解体量。若 $f_{ij}=0$，说明 cf_i 的第 j 区间为“零区间”，没有列车在该区间解体，则取消此区间，其右边的元素向左依次递进。

步骤 3　以 F 为基础，生成矩阵 A，其元素用式（3-19）计算：

$$a_{ij} = f_{ij} + j - 1 \tag{3-19}$$

式中，a_{ij} 表示在出发列车 cf_i 的全部解体方案中，能够安排在第 j 区间解体的最大列车序号，易知 $a_{ij} \leqslant a_{i(j+1)}$。

步骤 4　对 A 进行列变换，令每列的元素都等于该列的最小元素，变换后得矩阵 A'。A' 中的元素 a'_{ij} 表示在 cf_i 的相容方案中，可以安排在第 j 区间解体的最大列车序号。

步骤 5　以 dd_0 作为树根，向外衍生 cf_1 的相容方案，作为方案树的第一级节点。

设 cf_1 的解体区间数为 q_1，则矩阵 A' 中第 1 行共有 q_1 个非零元素，其中最右端（也是最大）的非零元素为 a'_{1q_1}，这说明有 a'_{1q_1} 列到达列车可安排在 q_1 个区间解体，但到达列车序号不能大于矩阵 A' 中第 1 行的对应元素。用标准算法生成组合数 $C(a'_{1q_1}, q_1)$ 的全部组合，同时用 $a'_{1j}(j=1,2,\cdots,q_1)$ 作为上限加以控制，便可得到 cf_1 的全部不等价相容方案，将每一个相容方案表示为一个由到达列车序号组成的行向量，由此形成方案树的第一级节点。

步骤 6　在 cf_1 相容方案的基础上，向外衍生 cf_2 的相容方案，构造方案树的第二级节点。

这一步的生长规则与步骤 5 略有不同。设 cf_2 的区间数为 q_2，矩阵 A' 第 2 行最大元素为 a'_{2q_2}。由于 cf_1 的相容方案已经确定，已经安排了 q_1 列解体，所以当前待解列车数为 $a'_{2q_2}-q_1$，可用的区间数为 q_2-q_1。这表明，在每一个 cf_1 的方案基础上，最多可向外衍生$C(a'_{2q_2}-q_1,q_2-q_1)$个方案。于是，以第一级节点为基础，以$a'_{2j}(j=q_1+1,q_1+2,\cdots,q_2)$为上限，向外分枝，便可得到$\mathrm{cf}_2$的全部相容方案，形成方案树的第二级节点。这时，对$\mathrm{cf}_2$来说，可能会出现一些等价方案，但它们是在$\mathrm{cf}_1$的基础上生成的，而$\mathrm{cf}_1$的方案是不等价的，所以对$\mathrm{cf}_1$和$\mathrm{cf}_2$整体来说，不能视为等价。

步骤 7　从步骤 2 开始，按步骤 6 的生长规则继续下去，直至最后一列出发列车的相容方案生长完毕为止。

由上述构造规则可知，方案树具有如下特点：

（1）树的第k级节点对应第k列出发列车cf_k，因而树的节点级数等于本阶段出发列车列数$|\mathrm{CF}|$。

（2）自树根起至树的第k级节点止的一条路代表cf_k的一个解体方案，记作β_k。它同时包含$\mathrm{cf}_1,\mathrm{cf}_2,\cdots,\mathrm{cf}_{k-1}$的一个方案。当$k<|\mathrm{CF}|$时，称为部分方案；当$k=|\mathrm{CF}|$时，这条路的终点便是一片树叶，它包含了本阶段所有出发列车的一个解体方案，称为全局方案。由于方案树是基于各出发列车的解体特征而构造出来的，而解体特征又是以编组站的作业时间标准为依据，以保证阶段内全体出发列车正点发车为原则经过计算得出的，所以方案树上的任何一个全局方案都可以实现“列车正点出发”这一要求。

（3）树上的任一方案β_k不仅是cf_k的一个解体方案，而且是其前边所有方案$\beta_{k-1},\beta_{k-2},\cdots,\beta_1$的延伸方案。如果$\beta_k$是$\beta_j$的延伸方案，则把延伸的部分称为这两个方案的差，记作$\beta_k-\beta_j$。那么，方案树的第k级节点其实就是方案β_k与β_{k-1}的差$\beta_k-\beta_{k-1}$。方案的差也是由到达列车序号组成的行向量。有时遇到特殊情况：$q_k=q_{k-1}$，即cf_k与cf_{k-1}的区间数相等。这时，$\beta_k=\beta_{k-1}$，两个方案的差等于零，这说明两列车具有相同的解体方案。为便于统一，仍向外衍生一级节点，但树枝用虚线表示，以示区别。

2. 方案值的计算

配流问题的约束条件有三个：满轴（可欠轴列车除外）、正点、不违编。正点约束因方案树的构造规则而得到了保证，满轴和不违编约束则有赖方案值的计算，以排除显然不可行的方案，选出其中满足约束条件可能性很大的有利方案。

编组去向完全相同的出发列车组成的集合为一支列流，而我国的铁路车流组织基本遵循同一支车流不拆散的原则，因此不考虑摘挂和小运转列车，同一重车流一般编入同一列流。虽然同种空车流可能编入不同的列流，但是它所带来的复杂化是很有限的。为简化计算，对出发列车进行归类：称有相同（完全相同或部分相同）车流去向的出发列车互为相关列车，归入同一列车组，两列完全没有相同去向的出发列车互为无关列车，分属不同的列车组。显然。在同一列车组中，先编列车的解体顺序对后编列车的车流供应会产生影响，而无关列车在配流时是互不影响的。

编组站各支列流的车流去向在编组计划中都有明确的规定。全站的车流去向集合为 $\Omega=\{\omega_1,\omega_2,\cdots,\omega_q\}$ ，则某方案 β_k 所提供的 ω_j 去向的车流量就是 β_k 向量中各到达列车（包含 dd_0 ）提供的 ω_j 去向的车流量之和，记作 $n(\beta_k,\omega_j)$ 。出发列车 cf_k 的车流由 β_k 供应。如果 cf_k 有先编组的相关列车，则由 β_k 产生的车流并不能全部供给 cf_k ，因为有一部分被其相关列车使用了，但至少能确定供应车数的多少。方案 β_k 供应列车 cf_k 车流量的最小值称为 β_k 对 cf_k 的最小供应量，记作 $N_k^{\min}$ 。

对任一出发列车 cf_k ，其满轴车数 m_k 是可以确定的。最小供应量 $N_k^{\min}$ 与满轴车数 m_k 的差称为 cf_k 的最小剩余量，记作 $R_k^{\min}$ ，即

$$R_k^{\min}=N_k^{\min}-m_k \tag{3-20}$$

当 $R_k^{\min}\geqslant 0$ 时，说明最小供应量即能保证 cf_k 满轴，多余的车流还可以供给后编列车；当 $R_k^{\min}<0$ 时，说明最小供应量不能使 cf_k 自身满轴，需要利用先编列车的剩余车流补轴（若有剩余车流）。如果所有先编列车的剩余车流都符合 cf_k 的车流去向，则全部剩余车流都可用来补轴，这也是 β_k 提供给 cf_k 车流量的最大值，因其不一定能实现，故称为最大可能供应量，记作 $N_k^{\max}$ 。

$$N_k^{\max}=N_k^{\min}+\sum R_{k^-}^{\min} \tag{3-21}$$

式中， $\sum R_{k^-}^{\min}$ 为在 cf_k 前面编组的所有相关列车的最小剩余量之和。

在此基础上，计算最大可能供应量 $N_k^{\max}$ 与满轴车数 m_k 之差，称为最大可能剩余量，记作 $R_k^{\max}$ ，即

$$R_k^{\max}=N_k^{\max}-m_k \tag{3-22}$$

由式（3-20）和式（3-21）可得

$$R_k^{\max}=R_k^{\min}+\sum R_{k^-}^{\min} \tag{3-23}$$

式（3-23）表明， cf_k 的最大可能剩余量实质是 cf_k 所在相关列车组最小剩余量的当前累计值。由于列车组的第一列列车，其最大可能剩余量等于其最小剩余量，所以式（3-23）可写成如下的递推式：

$$R_k^{\max}=R_k^{\min}+R_{k^{-1}}^{\max}=N_k^{\min}+R_{k^{-1}}^{\max}-m_k \tag{3-24}$$

式中， $R_{k^{-1}}^{\max}$ 为 cf_k 的紧前相关列车的最大可能剩余量。

由最大可能剩余量的含义可知，如果 $R_k^{\max}<0$ ，则意味着方案 β_k 无论如何也不能使 cf_k 满轴，此时只有变更解体方案才有可能实现满轴。因此，用 $R_k^{\max}$ 可以对某个解体方案的可行性进行判断。基于此，把 $R_k^{\max}$ 作为 β_k 的解体方案值。

3. 有利解体方案的搜索

通过构造方案树，整个阶段的全局方案（指相容方案）都可产生出来。每一个方案都能提供确定的车流资源。当方案不多时，用枚举法做静态配流试验，也不难找到满足约束条件的可行解（或满意解）。但当方案较多时，枚举法显然是不可取的，需要设法从方案树上找出很有可能满足约束条件的解体方案，即有利方案。

在方案树上搜索有利方案，采用的是回溯算法。此算法不要求把方案树全部构造出来，而是利用方案值作为判别条件，控制树的生长，排除不可行方案，选出可行性较大的方案，因而较之枚举法大大减少了计算量。算法的总体思路是：按照方案树的构造规则，由树根向外、自上而下衍生树枝，每生成一个节点，就计算一次方案值（可欠轴列车可暂不考虑），如果方案值为负，则停止生长，由此截枝，退至其父节点重新搜索；反之，如果方案值非负，则向外分枝生长下去，如此继续，直至到达一片树叶，得到一个全局方案，该方案为一个有利方案，可为静态配流提供较有保障的车流资源。可见，这里所说的有利方案，其充要条件是：全局方案中的任何一个部分方案的方案值均非负。如果经过搜索，找不到这样的全局方案，则说明不存在满足三个约束条件的相容方案，只好考虑不相容方案。

上述总体思路遵循深度优先搜索法的原则，不仅使搜索步骤程序化，而且能够照顾现场先到先解的习惯做法，使车站到解系统的工作较为稳定有序。整个搜索工作可直接在方案树上进行。回溯算法作为一种隐枚举的搜索技术，在组合优化中有广泛的应用。当问题的规模不大时，此法是相当有效的，但对于复杂情况，其搜索时间仍不理想。因此，如何结合配流问题的特点，深入探究内部机理，采取措施加快算法的收敛速度，还需要进一步研究。

3.4 编组站列车编组顺序的调整方法

3.4.1 编组站列车编组顺序调整的基本定理

在编组站，到达列车虽经驼峰解体而消失，但又是组成新列车的开始。编组站出发列车要求满轴、正点，实际工作中一般是先出发的列车先编组，这在车流均衡的条件下是可行的。但每一出发列车的编组内容和车流来源不同，在一个阶段时间内，也常会出现后出发的列车先集结完毕，而先出发的列车集结车流还不够的现象，这和到达列车的解体顺序有很大关系。对于将要结束集结车组的到达列车，应优先解体，以缩短车辆集结时间。对于无结束集结车组的列车，虽然延长了待解时间，但这只是集结时间的转移，对车辆总停留时间并无影响。当有几列均有结束集结车组时，应根据出发列车发车时间的紧迫程度确定其解体顺序。为了保证出发列车满轴而又不至于晚点，需要根据作业时间标准寻求对出发列车有利的编组顺序。通常情况下，出发列车的车流集结量和集结时间各不相同，按出发列车发车时间的先后安排编组顺序有时难以保证出发列车正点发车时的满轴，这时需要调整列车的编组顺序，重新确定各出发列车的最晚必须开始编组时刻，以延长暂时欠轴出发列车的车流集结时间[227]。

3.4.2　编组站列车编组顺序调整的无后效性分析

1. 列车编组顺序调整的时间范围

设出发列车 cf_j 的开始编组时刻为 T_j^{bz}，若考虑固定作业的影响，则需要在 $[T_j^{zb}, T_j^{wb'}]$ 时间区间内确定 T_j^{bz}，并且使 $(T_j^{bz}+t_{bz})$ 时刻不与固定作业发生冲突。T_j^{bz} 确定后，出发列车 cf_j 的编组时间区间 $[T_j^{zb}, T_j^{wb'}]$ 亦应该重新确定，使得出发列车 cf_j 在 $[T_j^{zb}, T_j^{wb'}]$ 内的任意时间开始编组都不与固定作业发生冲突。出发列车 cf_j 的编组时间区间 $[T_j^{zb}, T_j^{wb'}]$ 与第 s 项固定作业的时间区间 $[T_s^{gdks}, T_s^{gdjs}]$ 发生冲突的情况如下：

图 3-5 中，（a）表示 $T_s^{gdks} < T_j^{zb}$ 且 $T_s^{gdjs} > T_j^{wb'}$，此时该调机不能编组 cf_j，由另一调机编组；（b）表示 $T_s^{gdks} < T_j^{zb} < T_s^{gdjs} < T_j^{wb'}$，此时可令 $T_j^{zb} = T_s^{gdjs}$；（c）表示 $T_j^{zb} < T_s^{gdks} < T_j^{zb}+t_{jt}$ 且 $T_s^{gdjs} > T_j^{wb'}$，此时 cf_j 亦应由另一调机编组；（d）表示

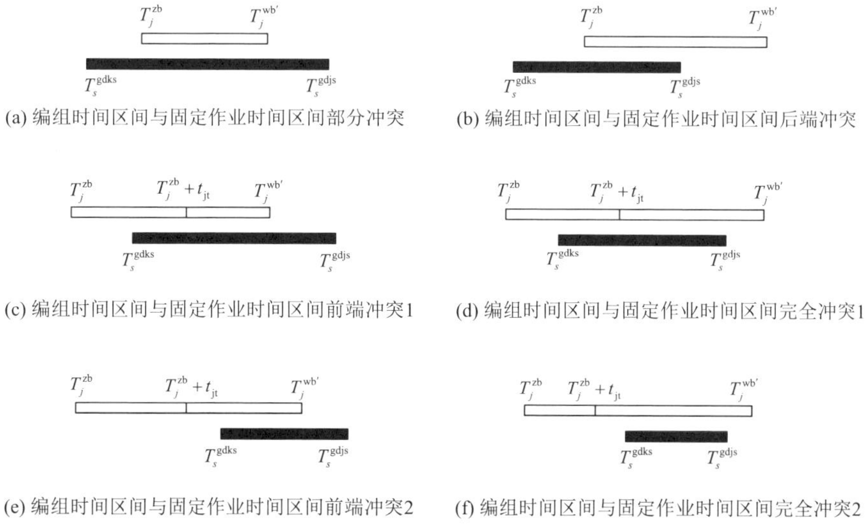

图 3-5　编组时间区间与固定作业时间区间冲突示意图

$T_j^{zb} < T_s^{gdks} < T_j^{zb} + t_{jt}$ 且 $T_s^{gdjs} < T_j^{wb'}$，此时可令 $T_j^{zb} = T_s^{gdjs}$；(e) 表示 $T_j^{zb} + t_{jt} < T_s^{gdks}$ 且 $T_s^{gdjs} > T_j^{wb'}$，此时可令 $T_j^{wb'} = T_s^{gdks} - t_{jt}$；(f) 表示 $T_j^{zb} + t_{jt} < T_s^{gdks}$ 且 $T_s^{gdjs} < T_j^{wb'}$，此时可令 $T_j^{zb} = T_s^{gdjs}$ 或 $T_j^{wb'} = T_s^{gdks} - t_{jt}$。

出发列车的编组不能简单地按照 T_j^{zb} 和 $T_j^{wb'}$ 进行排序，在考虑充分利用调机能力的情况下，可以调机最大能力方案为初始方案，然后在此基础上进行调整，最终得到一个满意的编组方案。

2. 一台调机编组时相邻列车编组顺序的调整

1）待发时间的判断

编组站列车编组顺序调整的目的是延长暂时欠轴出发列车的车流集结时间，以照顾该列车满轴，但又不能造成出发列车晚点。编组顺序方案需要考虑出发列车正点发车约束，按出发列车的出发时刻 T_j^{cf} 由后向前反推出的编组顺序最大限度地考虑了出发列车的车流接续时间和尽可能多地减少每一出发列车的待发时间 t^{df}。

当阶段时间内出发列车的发车间隔时间满足 $t_{j(j+1)}^{jf} > t_{bz} (1 \leqslant j < m-1)$ 时（图 3-6），相邻两出发列车 cf_{j-1} 结束编组时刻与 cf_j 的 T_j^{wb} 之间有一段空闲时间，称为待编时间，记作 t^{db}。在这种情况下，每一出发列车在最晚必须开始编组时刻前均有时间等待车流的不断集结，即使将后出发列车的编组顺序往前调整，其紧前出发列车的车流集结时间也不会增加，因此没有调整的必要。

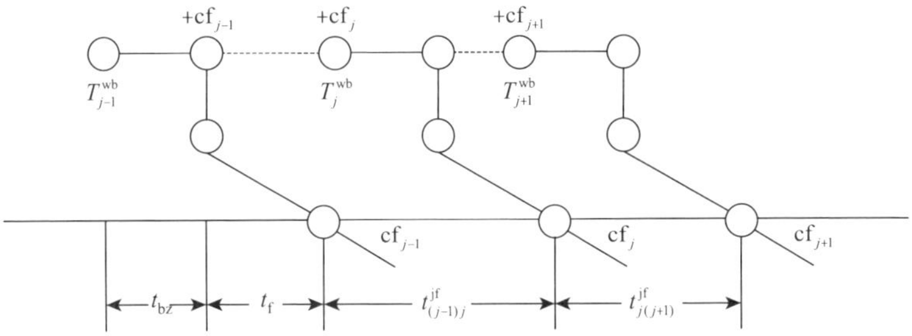

图 3-6 $t_{j(j+1)}^{jf} > t_{bz} (1 \leqslant j < m-1)$ 时出发列车编组顺序示意图

当阶段时间内出发列车的发车间隔时间满足 $t_{j(j+1)}^{jf} \leqslant t_{bz} (1 \leqslant j < m-1)$ 时（图 3-7），列车密集出发。编组顺序相邻出发列车（简称相邻列车）T^{wb} 之间的时间间隔均为 t_{bz}，当按出发列车的出发时刻 T_j^{cf} 由后向前反推时，先出发的列车结束编组后会出现待发时间 t_{j-1}^{df}，如图 3-7 中虚线所示。

从图 3-7 可见，最先出现待发时间的出发列车，其待发时间 $0 < t_{j-1}^{df} < t_{bz}$。当双方向能够同时发车时，其 t^{df} 有可能等于 t_{bz}。

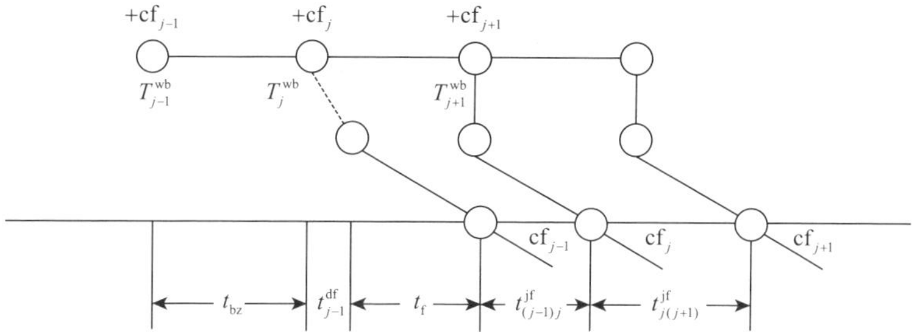

图 3-7　$t_{j(j+1)}^{jf} \leqslant t_{bz}(1 \leqslant j < m-1)$ 时出发列车编组顺序示意图

定理 3-1　当阶段时间内出发列车的发车间隔时间满足 $t_{j(j+1)}^{jf} \leqslant t_{bz}(1 \leqslant j < m)$，按出发列车的出发时刻 T_j^{cf} 由后向前反推时，相邻出发列车之间的待发时间差 $0 \leqslant |\Delta t^{df}| \leqslant t_{bz}$，即 $|\Delta t^{df}| \in [0, t_{bz}]$。

证明　由图 3-7 可知，出发列车 cf$_j$ 的待发时间为

$$t_j^{df} = T_j^{cf} - t_f - T_j^{wb} - t_{bz}$$

将式（3-8）代入上式可得 $t_j^{df} = T_j^{cf} - T_m^{cf} + (m-j)t_{bz}$，于是出发列车 cf$_{j-1}$ 与 cf$_j$ 之间的待发时间差 $|\Delta t_{(j-1)j}^{df}|$ 为

$$|\Delta t_{(j-1)j}^{df}| = |t_{j-1}^{df} - t_j^{df}| = |t_{bz} - t_{(j-1)j}^{jf}|$$

又因为 $0 \leqslant t_{(j-1)j}^{jf} \leqslant t_{bz}$，故 $0 \leqslant |\Delta t_{(j-1)j}^{df}| \leqslant t_{bz}$，即 $|\Delta t^{df}| \in [0, t_{bz}]$。证毕。

定义 3-1　当阶段时间内所有出发列车的 T^{wb} 均满足 $T_j^{wb} = T_m^{cf} - t_f - (m-j+1) \times t_{bz} (j = 1, 2, \cdots, m)$ 时，称各出发列车紧凑接续编组。

各出发列车紧凑接续编组，也就是相邻列车 T^{wb} 之间的间隔时间都为 t_{bz}。由图 3-7 可以看出，当紧凑接续编组时，前面的出发列车之间有可能出现 $t_{(j-1)j}^{jf} > t_{bz}$ 的情况。当 $t_{(j-1)j}^{jf}$ 比 t_{bz} 大很多时，相邻列车 T^{wb} 之间的间隔时间有可能大于 t_{bz}，这时就不能称所有出发列车为紧凑接续编组。

例 3-1　设列车出发技术作业时间标准 $t_f = 30$min；编组作业时间标准 $t_{bz} = 15$min，出发列车的发车时间已知，各出发列车的 T^{wb} 如表 3-1 所示。

表 3-1　出发列车编组顺序方案

出发列车	编组顺序	最晚开始编组时刻 T^{wb}	结束编组时刻	待发时间/min	出发时刻	与前一出发列车的发车间隔时间/min
1	1	9:50	10:05	5	10:40	—
2	2	10:05	10:20	0	10:50	10
3	3	10:25	10:40	25	11:35	45
4	4	10:40	10:55	18	11:43	8

续表

出发列车	编组顺序	最晚开始编组时刻 T^{wb}	结束编组时刻	待发时间/min	出发时刻	与前一出发列车的发车间隔时间/min
5	5	10:55	11:10	10	11:50	7
6	6	11:10	11:25	20	12:15	25
7	7	11:25	11:40	20	12:30	15
8	8	11:40	11:55	15	12:40	10
9	9	11:55	12:10	15	12:55	15
10	10	12:10	12:25	5	13:00	5
11	11	12:25	12:40	0	13:10	10
12	12	12:53	13:08	0	13:38	28

从表 3-1 可看出，第 2 列与第 3 列、第 11 列与第 12 列出发列车之间的 t^{jf} 较大，导致它们 T^{wb} 之间的间隔时间都大于 t_{bz}，这时所有出发列车就不是紧凑接续编组，而第 3 列到第 11 列出发列车之间满足紧凑接续编组的条件，但同时存在 $t_{5(6)}^{jf} > t_{bz}$ 的情况。

定义 3-2 若阶段时间内只有一部分出发列车 T^{wb} 之间的间隔时间为 t_{bz}，则称这部分出发列车为紧凑接续列车组。

一个阶段时间内，当列车密集出发时，所有出发列车可能为一个紧凑接续列车组。当发车时间间隔不均衡时，也可能存在多个紧凑接续列车组。

2）相邻列车编组顺序的调整条件

由定理 3-1 可知，当 $t_{j(j+1)}^{jf} \leqslant t_{bz} (1 \leqslant j < m)$ 时，相邻两出发列车之间的待发时间差满足 $0 \leqslant |\Delta t^{df}| \leqslant t_{bz}$，各出发列车肯定紧凑接续编组。若后出发列车的集结车流先满轴，而出发场又有空线，为了照顾紧前编组列车满轴，可以调整这两列车之间的编组顺序，这样能更好地接续解体车流（图 3-8）。即使出发列车之间的发车间隔时间存在 $t_{(j-1)j}^{jf} > t_{bz}$ 的情况，只要构成一个紧凑接续列车组，仍然可以进行相邻列车的调整，这时只不过 $|\Delta t_{(j-1)j}^{df}|$ 有可能大于 t_{bz}。

设调整后的出发列车 cf_j 的最晚必须开始编组时刻为 $T_{j'}^{wb}$，待发时间为 $t_{j'}^{df}$，则有

$$T_{(j-1)'}^{wb} = T_{j-1}^{wb} + t_{j-1}^{df} - t_{(j-1)'}^{df} \tag{3-25}$$

$$T_{j'}^{wb} = T_{j}^{wb} + t_{j}^{df} - t_{j'}^{df} = T_{j}^{wb} + t_{j-1}^{df} - t_{(j-1)'}^{df} - 2t_{bz} \tag{3-26}$$

从图 3-8 可见，$T_{j'}^{wb} = T_{(j-1)'}^{wb} - t_{bz}$，这时调整后的出发列车 cf_j 与 cf_{j-1} 仍然为紧凑接续编组。为了不影响 cf_{j-1} 之前出发列车的最晚必须开始编组时刻，$T_{j'}^{wb}$ 不应该早于 T_{j-1}^{wb}。

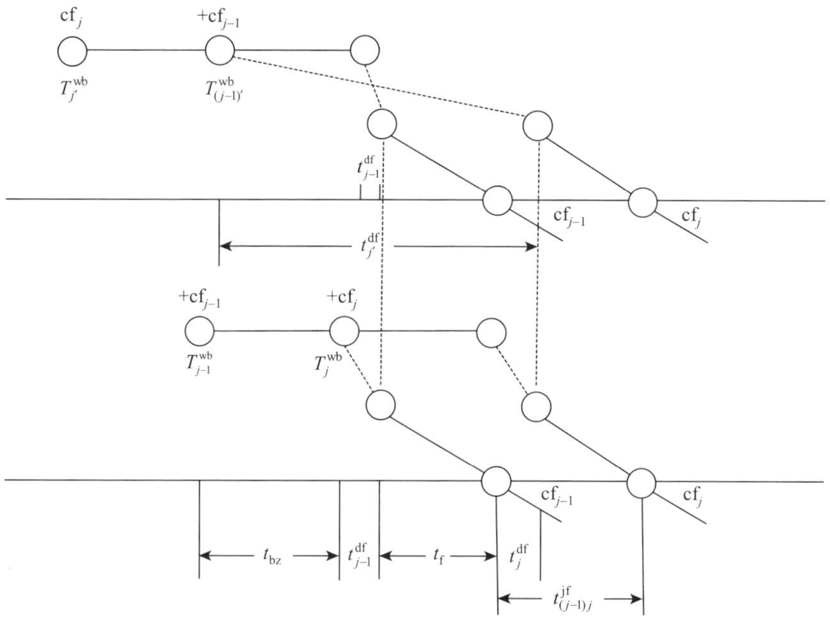

图 3-8　相邻出发列车编组顺序调整示意图

通过以上分析可以看出，只要 $T_j^{\mathrm{wb}} \equiv T_{j+1}^{\mathrm{wb}} - t_{\mathrm{bz}}(j=1,2,\cdots,m-1)$，就可以进行相邻列车编组顺序的调整，也就是必须满足下列条件：

$$T_{j+1}^{\mathrm{wb}} - t_{\mathrm{bz}} \leqslant T_j^{\mathrm{cf}} - t_{\mathrm{f}} - t_{\mathrm{bz}}$$

将 $T_{j+1}^{\mathrm{wb}} = T_m^{\mathrm{cf}} - t_{\mathrm{f}} - (m-j)t_{\mathrm{bz}}$ 代入上式可得

$$T_m^{\mathrm{cf}} - T_j^{\mathrm{cf}} \leqslant (m-j)t_{\mathrm{bz}}$$

即

$$t_{jm}^{\mathrm{jf}} \leqslant (m-j)t_{\mathrm{bz}}$$

故相邻列车编组顺序调整的判别条件为：出发列车 cf_j 与阶段时间内最后出发列车 cf_m 之间的发车间隔时间满足条件 $t_{jm}^{\mathrm{jf}} \leqslant (m-j)t_{\mathrm{bz}}$，就可以进行 cf_j 与 cf_{j+1} 之间编组顺序的调整。

需要说明的是，当满足上述条件时，可以任意调整两相邻出发列车之间的编组顺序。如果整个阶段内的出发列车构不成一个紧凑接续列车组，而存在几个小的紧凑接续列车组，就只能在各个紧凑接续列车组内进行相邻列车编组顺序的调整。这里的最后出发列车 cf_m 是指满足 $T_j^{\mathrm{wb}} \equiv T_{j+1}^{\mathrm{wb}} - t_{\mathrm{bz}}$，能与前面的出发列车形成紧凑接续编组的最后出发列车。当按出发列车的出发时刻 T_j^{cf} 由后向前反推出的编组顺序作为初始方案时，出发列车序号和编组顺序号是一致的，在有列车调整后，j 视为编组顺序号。

定理 3-2　当出发列车 cf_{j-1} 的待发时间 $t_{j-1}^{\mathrm{df}} \geqslant t_{\mathrm{bz}}$ 时，调整后的出发列车 cf_j 的最晚必须开始编组时刻 $T_{j'}^{\mathrm{wb}}$ 可以调整至出发列车 cf_{j-1} 调整前的最晚必须开始编组时刻 T_{j-1}^{wb}，并且不会导致出发列车 cf_{j-1} 晚点，即当 $T_{j'}^{\mathrm{wb}} = T_{j-1}^{\mathrm{wb}}$ 时，$t_{(j-1)'}^{\mathrm{df}} \geqslant 0$。

证明　由式（3-26）可得 $t_{(j-1)'}^{\mathrm{df}} = (T_j^{\mathrm{wb}} - T_{j'}^{\mathrm{wb}}) + t_{j-1}^{\mathrm{df}} - 2t_{\mathrm{bz}} = (T_j^{\mathrm{wb}} - T_{j-1}^{\mathrm{wb}}) + t_{j-1}^{\mathrm{df}} - 2t_{\mathrm{bz}} = t_{\mathrm{bz}} + t_{j-1}^{\mathrm{df}} - 2t_{\mathrm{bz}} = t_{j-1}^{\mathrm{df}} - t_{\mathrm{bz}}$

又因 $t_{j-1}^{\mathrm{df}} \geqslant t_{\mathrm{bz}}$，故 $t_{(j-1)'}^{\mathrm{df}} \geqslant 0$。证毕。

当出发列车 cf_{j-1} 的待发时间 $t_{j-1}^{\mathrm{df}} < t_{\mathrm{bz}}$ 时，调整后的出发列车 cf_j 的最晚必须开始编组时刻 $T_{j'}^{\mathrm{wb}}$ 要早于出发列车 cf_{j-1} 调整前的最晚必须开始编组时刻 T_{j-1}^{wb}，容易得出需要往前调整的时间差 $\Delta t = t_{\mathrm{bz}} - t_{j-1}^{\mathrm{df}}$。这时会影响前面出发列车的 T^{wb}，进而会影响配流时的车流接续关系。配流在时间上与反推出的出发列车编组顺序方案存在逻辑反序关系，可能会由车流接续时间不足造成部分出发列车欠轴，这与出发列车编组顺序调整的目的正好相反，因此在进行列车编组顺序调整时，尽可能不影响前面出发列车的 T^{wb}。

3）相邻列车的调整量

定义 3-3　当出发列车 cf_{j-1} 的待发时间 $t_{j-1}^{\mathrm{df}} \geqslant t_{\mathrm{bz}}$ 时，调整后的出发列车 cf_j 的最晚必须开始编组时刻 $T_{j'}^{\mathrm{wb}}$ 调整至出发列车 cf_{j-1} 调整前的最晚必须开始编组时刻 T_{j-1}^{wb}；当 $t_{j-1}^{\mathrm{df}} < t_{\mathrm{bz}}$ 时，$T_{j'}^{\mathrm{wb}}$ 往前推调整至 $T_{j-1}^{\mathrm{wb}} - (t_{\mathrm{bz}} - t_{j-1}^{\mathrm{df}})$，称为相邻列车最大调整。

定义 3-4　出发列车 cf_j 调整前的最晚必须开始编组时刻 T_j^{wb} 与调整后的最晚必须开始编组时刻 $T_{j'}^{\mathrm{wb}}$ 之间的时间差称为出发列车 cf_j 的调整量，记作 t_j^{tzl}。

根据定义 3-3 容易得出，当出发列车 cf_{j-1} 的待发时间 $t_{j-1}^{\mathrm{df}} \geqslant t_{\mathrm{bz}}$ 时，有

$$t_j^{\mathrm{tzl}} = T_j^{\mathrm{wb}} - T_{j'}^{\mathrm{wb}} = T_j^{\mathrm{wb}} - T_{j-1}^{\mathrm{wb}} = t_{\mathrm{bz}}$$

当 $t_{j-1}^{\mathrm{df}} < t_{\mathrm{bz}}$ 时，有

$$t_j^{\mathrm{tzl}} = T_j^{\mathrm{wb}} - T_{j'}^{\mathrm{wb}} = T_j^{\mathrm{wb}} - T_{j-1}^{\mathrm{wb}} + (t_{\mathrm{bz}} - t_{j-1}^{\mathrm{df}}) = 2t_{\mathrm{bz}} - t_{j-1}^{\mathrm{df}}$$

即

$$t_j^{\mathrm{tzl}} = \begin{cases} t_{\mathrm{bz}}, & t_{j-1}^{\mathrm{df}} \geqslant t_{\mathrm{bz}} \\ 2t_{\mathrm{bz}} - t_{j-1}^{\mathrm{df}}, & t_{j-1}^{\mathrm{df}} < t_{\mathrm{bz}} \end{cases} \tag{3-27}$$

定理 3-3　当出发列车 cf_{j-1} 的待发时间 $t_{j-1}^{\mathrm{df}} \geqslant t_{\mathrm{bz}}$ 时，紧后相邻列车 cf_j 最大调整，调整前后待发时间总和不变；当 $t_{j-1}^{\mathrm{df}} < t_{\mathrm{bz}}$ 时，调整后的待发时间总和为 $2t_{\mathrm{bz}} + t_j^{\mathrm{df}} - t_{j-1}^{\mathrm{df}}$。

证明　当 $t_{j-1}^{\mathrm{df}} \geqslant t_{\mathrm{bz}}$ 时，由式（3-26）可得 $t_{j'}^{\mathrm{df}} = T_j^{\mathrm{wb}} - T_{j'}^{\mathrm{wb}} + t_j^{\mathrm{df}}$，又由定义 3-3 可知，$T_{j'}^{\mathrm{wb}} = T_{j-1}^{\mathrm{wb}}$，故 $t_{j'}^{\mathrm{df}} = T_j^{\mathrm{wb}} - T_{j'}^{\mathrm{wb}} + t_j^{\mathrm{df}} = t_{\mathrm{bz}} + t_j^{\mathrm{df}}$。

由定理 3-2 可知，$t_{(j-1)'}^{\mathrm{df}} = t_{j-1}^{\mathrm{df}} - t_{\mathrm{bz}}$，于是 $t_{j'}^{\mathrm{df}} + t_{(j-1)'}^{\mathrm{df}} = t_{\mathrm{bz}} + t_j^{\mathrm{df}} + t_{j-1}^{\mathrm{df}} - t_{\mathrm{bz}} = t_j^{\mathrm{df}} + t_{j-1}^{\mathrm{df}}$，所以调整前后待发时间总和不变。

同理，当 $t_{j-1}^{\mathrm{df}} < t_{\mathrm{bz}}$ 时，$t_{(j-1)'}^{\mathrm{df}} = T_j^{\mathrm{wb}} - T_{j'}^{\mathrm{wb}} + t_{j-1}^{\mathrm{df}} - 2t_{\mathrm{bz}}$。

将 $T_{j'}^{\mathrm{wb}} = T_{j-1}^{\mathrm{wb}} - (t_{\mathrm{bz}} - t_{j-1}^{\mathrm{df}})$ 代入上式，可得 $t_{(j-1)'}^{\mathrm{df}} = 0$。

将 $T_{j'}^{\mathrm{wb}}=T_{j-1}^{\mathrm{wb}}-(t_{\mathrm{bz}}-t_{j-1}^{\mathrm{df}})$ 代入 $t_{j'}^{\mathrm{df}}=T_j^{\mathrm{wb}}-T_{j'}^{\mathrm{wb}}+t_j^{\mathrm{df}}$ 可得 $t_{j'}^{\mathrm{df}}=2t_{\mathrm{bz}}+t_j^{\mathrm{df}}-t_{j-1}^{\mathrm{df}}$。所以，当 $t_{j-1}^{\mathrm{df}}<t_{\mathrm{bz}}$ 时，调整后的待发时间总和为 $2t_{\mathrm{bz}}+t_j^{\mathrm{df}}-t_{j-1}^{\mathrm{df}}$。证毕。

从定理 3-3 可知，当 $t_{j-1}^{\mathrm{df}}<t_{\mathrm{bz}}$ 时，为了避免调整后的出发列车 cf_{j-1} 晚点，出发列车 cf_j 的最晚必须开始编组时刻 $T_{j'}^{\mathrm{wb}}$ 需要往前推，此时出发列车 cf_{j-1} 不存在待发时间。

例 3-2　出发列车资料见表 3-1，进行相邻列车编组顺序的调整。

由表 3-1 可知，由于阶段最后两列出发列车之间的发车间隔时间 $t_{11(12)}^{\mathrm{jf}}>t_{\mathrm{bz}}$，所以待发时间均为 0，$T_{11}^{\mathrm{wb}}\neq T_{12}^{\mathrm{wb}}-t_{\mathrm{bz}}$，此时认为出发列车 cf_{11} 为本阶段最后调整列车，即 $m=11$。cf_3 到 cf_{11} 此 9 列出发列车构成一个紧凑接续列车组，$t_{5(6)}^{\mathrm{jf}}=25\mathrm{min}>t_{\mathrm{bz}}$，由于 $t_{5(11)}^{\mathrm{jf}}=80\mathrm{min}\leqslant(11-5)t_{\mathrm{bz}}=90\mathrm{min}$，所以根据相邻列车编组顺序调整的判别条件，可以在第 5、6 列出发列车之间进行最大调整，调整后的编组顺序见表 3-2。

表 3-2　第 5、6 列出发列车调整后的编组顺序方案

出发列车	编组顺序	开始编组时刻	结束编组时刻	待发时间/min	出发时刻
6	5	10:50	11:05	40	12:15
5	6	11:05	11:20	0	11:50

由于 $t_5^{\mathrm{df}}<t_{\mathrm{bz}}$，出发列车 cf_6 的最晚必须开始编组时刻往前推了 5min，调整量为 2×15–10 = 20min，调整后的待发时间和为 2×15 + 20–10 = 40min，此时会影响前 4 列出发列车的 T^{wb}。

3. 一台调机编组时跨列车编组顺序的调整

由定理 3-2、定理 3-3 可知，当出发列车 cf_{j-1} 的待发时间 $t_{j-1}^{\mathrm{df}}\geqslant t_{\mathrm{bz}}$ 时，紧后相邻列车可进行最大调整，调整前后待发时间总和不变。实际上当出发列车 cf_j 所要跨过的出发列车，其待发时间都满足 $t^{\mathrm{df}}\geqslant t_{\mathrm{bz}}$ 时，仍可以进行最大调整，且待发时间总和不变。设出发列车 cf_j 的编组顺序跨列车调整时，所跨过的列车数为 x，则调整量 $t_j^{\mathrm{tzl}}=xt_{\mathrm{bz}}$。

同样，当出发列车 cf_j 所要跨过的出发列车中，存在待发时间 $t^{\mathrm{df}}<t_{\mathrm{bz}}$ 的情况时，亦可进行跨列车最大调整，只不过调整后的待发时间和不再是 $2t_{\mathrm{bz}}+t_j^{\mathrm{df}}-t_{j-1}^{\mathrm{df}}$，调整量也不再是 $2t_{\mathrm{bz}}-t_{j-1}^{\mathrm{df}}$。这时，可以采取先调整相邻列车，分步调整的方法。

例 3-3　出发列车资料见表 3-1，进行跨列车编组顺序的调整。

由表 3-1 可知，第 7、8、9 列出发列车都满足 $t^{\mathrm{df}}\geqslant t_{\mathrm{bz}}$，故出发列车 cf_{10} 可进行跨列车最大调整，且待发时间总和不变。调整量为 3×15 = 45min，调整前后的待发时间总和都为 55min。调整后的编组顺序方案如表 3-3 所示。

表 3-3　第 7、8、9、10 列出发列车调整后的编组顺序方案

出发列车	编组顺序	开始编组时刻	结束编组时刻	待发时间/min	出发时刻
10	7	11:25	11:40	50	13:00
7	8	11:40	11:55	5	12:30
8	9	11:55	12:10	0	12:40
9	10	12:10	12:25	0	12:55

同样，由于$t_5^{df} < t_{bz}$，如果出发列车cf_6要跨过第 4、5 列出发列车进行调整，可以采取先调整相邻列车，分步调整的方法。由表 3-2 可知，受第 5、6 列出发列车调整的影响，cf_4的最晚必须开始编组时刻也往前推了 5min，待发时间同时增加了 5min，见表 3-4。

表 3-4　第 4 列出发列车在第 5、6 列调整后的编组顺序方案

出发列车	编组顺序	开始编组时刻	结束编组时刻	待发时间/min	出发时刻
4	4	10:35	10:50	23	11:43
6	5	10:50	11:05	40	12:15
5	6	11:05	11:20	0	11:50

表 3-4 已满足$t^{df} \geqslant t_{bz}$的条件，故继续调整后待发时间总和应该与表 3-4 一样。在表 3-2 的基础上继续调整第 4、6 列出发列车（表 3-5）。

表 3-5　第 4、5、6 列出发列车调整后的编组顺序方案

出发列车	编组顺序	开始编组时刻	结束编组时刻	待发时间/min	出发时刻
6	4	10:35	10:50	55	12:15
4	5	10:50	11:05	8	11:43
5	6	11:05	11:20	0	11:50

由表 3-5 可得，当出发列车cf_j跨两列出发列车进行最大调整时，若$t_{j-1}^{df} < t_{bz}$，则调整量为$3t_{bz} - t_{j-1}^{df} = 3 \times 15 - 10 = 35$min，调整后的待发时间总和为$3t_{bz} + t_j^{df} - 2t_{j-1}^{df} + t_{j-2}^{df} = 3 \times 15 + 20 - 2 \times 10 + 18 = 63$min。

从例 3-3 可以看出，当所跨过列车的待发时间都满足$t^{df} \geqslant t_{bz}$时，待发时间总和不变，此时出发列车可调整的范围较小，被调整列车的车流接续时间增加有限。当所要跨过的出发列车中存在待发时间$t^{df} < t_{bz}$的情况时，一些出发列车T^{wb}的前移，待发时间总和会增加，从而会增大暂时欠轴出发列车的满轴机会，而这正是

出发列车编组顺序调整的目的所在。所以，在进行出发列车编组顺序的调整时，如果这些出发列车的 T^{wb} 适当前移不会造成自身车流接续关系的改变，则应当考虑扩大其待发时间总和，这对于调整后的出发列车满轴是有利的。

4. 两台调机编组时编组方案调整的优化

为便于两台调机编组时在 $[T_j^{zb},T_j^{wb'}]$ 内进一步调整编组顺序，给出下面的定义。

定义 3-5　一台调机编组时或者在两台调机同时编组时，编组相邻两个列车的平均间隔时间与编组作业时间之和称为一个编组周期，记作 t_{zq} 。

由定义 3-5 可知，一个编组周期是从调机由牵出线或驼峰去调车线挂车时起，至全列转往到发线，调机又重新返回牵出线或驼峰时止的全过程时间（包括调机等线时间），具体包括空程时间、连挂时间、选编时间、转线时间、等待时间[228]。此时，两台调机编组作业，出发列车的 T_j^{wb} 用式（3-28）计算：

$$T_j^{wb}=\min\{T_{j+1}^{wb}-t_{zq},T_j^{cf}-t_f-t_{zq}\} \tag{3-28}$$

经过这样的处理，两台调机编组等同于一台调机编组，同样可以产生一个合理的编组顺序。若将一台调机编组时的编组作业时间视作一个编组周期，则一台调机编组时，其 T^{wb} 亦可用式（3-28）计算，这样既便于不同调机作业方式下出发列车 T^{wb} 的计算，又便于相邻列车编组顺序的调整。

根据初始编组方案计算出的 T^{wb}，结合到达解体列车的 T^{zj}，可以得出所有出发列车各自的解体特征，通过构造方案树，利用方案值作为控制条件，可以搜索有利的解体方案，进而实现编组站列车的合理配流。但有时此种解体方案不存在或使一些出发列车欠轴，这时根据车流接续情况调整某些出发列车的编组顺序，可能会出现合理的配流结果。编组顺序的调整需要考虑编组调机能力，调整后必须保证列车正点发车。当发车间隔时间较大时，编组顺序调整的空间也较大；当列车密集出发时，出发列车的 T^{wb} 也相对紧密，此时编组顺序调整的空间较小。当两台调机编组时，出发列车的 T^{wb} 更加紧密，调整起来也更复杂，往往需要重新计算或改变调机特征向量。由于出发列车 T^{wb} 的改变可能改变其解体特征，所以在调整出发列车的编组顺序时，最好能保持整个阶段出发列车 T^{wb} 值不变。

定义 3-6　调整编组方案 $(cf_1,cf_2,\cdots,cf_m)$ 部分列车的编组顺序后，能保持阶段出发列车整体解体特征不变的 T^{wb} 时刻点，称为该阶段出发列车的解体特征基本固定点，简称特征点。

编组方案调整的目的是延长欠轴出发列车的车流接续时间，改变其车流来源，最终使之满轴或接近满轴。由图 3-2 可以看出，只有当需要调整编组顺序的出发

列车 cf_j 在原编组方案中有待发时间时，其 T_j^{wb} 可向后调整至 $T_j^{cf}-t_f-t_{zq}$，否则，其 T_j^{wb} 根本没有调整的空间。

定义 3-7 编组方案 $(cf_1,cf_2,\cdots,cf_m)$ 中，出发列车 cf_j 的 T_j^{wb} 值与 $T_j^{cf}-t_f-t_{zq}$ 之间的时间段，称为出发列车 cf_j 的时间调整格，记作 t_j^{tzg}，$t_j^{tzg}\in[T_j^{wb},T_j^{cf}-t_f-t_{zq}]$。

当 $T_j^{wb}=T_j^{cf}-t_f-t_{zq}$ 时，t_j^{tzg} 为一个点，表示如果配流方案中出发列车 cf_j 欠轴，则不可能通过调整 cf_j 的编组顺序使其满轴。在将出发列车 cf_j 的 T_j^{wb} 向后调整时，为了能使后编组列车 cf_{j+1} 的 T_{j+1}^{wb} 值顶替原来的 T_j^{wb} 值，出发列车 cf_j 的时间调整格必须满足 $t_j^{tzg}\geqslant t_{zq}$，否则顺推调整后的 T_j^{wb} 值会造成出发列车 cf_j 晚点。由于最晚出发列车 cf_m 的 $T_m^{wb}=T_m^{cf}-t_f-t_{bz}$，其时间调整格为一点，所以不可能向后调整。

为了减少搜索有利解体方案时的计算量，需要根据初始编组方案 $(cf_1,cf_2,\cdots,cf_m)$ 找出特征点，以方便出发列车编组顺序的调整。编组站实际生产中列车并不总是在 T^{wb} 时刻开始编组的，提前编组不仅可以提高按时发车的可靠度，而且可以缓解调机的繁忙程度，但也不能无限制地提前，因为这样不仅会增加待发时间，而且有可能出现无车可编的情况。因此，在计算初始编组方案 $(cf_1,cf_2,\cdots,cf_m)$ 的 T^{wb} 时，只需要保证每一出发列车的 $t_j^{tzg}\geqslant t_{zq}$，即

$$T_j^{cf}-t_f-t_{zq}-\min\{T_{j+1}^{wb}-t_{zq},T_j^{cf}-t_f-t_{zq}\}\geqslant t_{zq}$$

为满足这一条件，T^{wb} 的计算式应修正为

$$T_j^{wb}=\min\{T_{j+1}^{wb}-t_{zq},T_j^{cf}-t_f-2t_{zq}\},\quad j=1,2,\cdots,m-1 \tag{3-29}$$

其中，出发列车 cf_m 的 T_m^{wb} 依然用 $T_m^{wb}=T_m^{cf}-t_f-t_{bz}$ 计算。

定义 3-8 当出发列车 cf_j 的 $t_j^{tzg}\geqslant t_{zq}$ 时，称出发列车 cf_j 与其紧后编组列车 cf_{j+1} 构成单格链。若阶段所有出发列车（最后编组列车 cf_m 除外）都满足该条件，则称所有出发列车构成组格链。

通过上述分析可知，按式（3-29）计算 T^{wb}，阶段所有出发列车构成一个组格链，调整某一出发列车的编组顺序不会改变阶段出发列车的整体解体特征，此时所有出发列车的 T^{wb} 值为特征点。在编组顺序调整后，整个阶段出发列车一般不再构成组格链，但当出发列车 cf_j 与其紧后编组列车 cf_{j+1} 构成单格链时，依然可以交换 cf_j 与 cf_{j+1} 的编组顺序。由此可见，只要出发列车 cf_j 能与其紧后编组列车 cf_{j+1} 构成单格链，就可以调整它们的编组顺序，如果调整后的编组方案仍然存在单格链，就可以继续调整，且阶段出发列车的特征点不变，亦不会改变整体出发列车的解体特征。当有两台以上调机编组时，可依据调机交替原则，用上述方法分步调整编组顺序。

3.5　编组站列车解编方案的协同优化

3.5.1　编组站列车解编相互关联分析

编组站的解编作业都有一个合理的顺序问题，解编方案的协同优化需要将解体方案和编组方案放到同一个模型中予以通盘考虑，以期求出合理的解编方案。由 3.3 节和 3.4 节可知，根据出发列车的解体特征，通过构造相容方案树，采用回溯算法可以在方案树上找出对整个阶段出发列车有利的解体方案，此解体方案一般情况下可以保证所有出发列车满轴（可欠轴列车除外）、正点。由于各出发列车的编组内容、车流集结量和集结时间各不相同，按出发列车发车时间先后安排的编组方案有时难以找到此种有利的解体方案，或此编组方案由于调机能力不足本身就不可行，这时需要调整出发列车的编组顺序。当出发列车的编组顺序改变时，某些出发列车的 T^{wb} 也会改变，其解体特征需要重新计算。以按出发列车发车时间先后安排的编组方案为初始编组方案构造方案树，可以获得一个编组方案和对应的多个解体方案，在此前提下以列车配流为主线，能够进行解编方案的同步调整与协调匹配。

3.5.2　编组站列车解编方案匹配模型

1. 有效匹配解体方案

对于初始编组方案 $(\mathrm{cf}_1,\mathrm{cf}_2,\cdots,\mathrm{cf}_m)$，一般可以找到适合所有出发列车的相容方案，同一个解体方案也可能适合不同的编组方案。

定义 3-9　根据一个编组方案出发列车各自的解体特征求出的相容方案，称为该编组方案的匹配解体方案，简称匹配方案，记作 G 。

同一个编组方案的匹配方案可能不止一个，同一个解体方案同样可以匹配多个编组方案。对于编组站，解编方案调整的目标是多方面的，如考虑目标：①车辆在站平均停留时间最短；②出发列车的正点率最高；③欠轴列车数最少；④调车作业中的钩数最少；⑤调机的利用率最高。在上述目标中，目标①最重要，但实际上只要出发列车都满足正点和满轴的约束条件，无论何种配流方案以及出发列车具体的编组内容如何，总的车辆在站停留时间都是相等的，造成车辆在站总停留时间变动的只是摘挂列车和小运转列车的配流情况。由于方案树是基于各出发列车的解体特征而构造出来的，而解体特征又是以编组站的作业时间标准为依据，以保证阶段内全体出发列车正点发车为原则计算得出的，所以编组方案对应的匹配方案可以实现出发列车正点发车这一要求，即目标②能够得到保证。对于目标⑤，T^{wb} 是从尽快腾空到发线和充分利用调机能力的角度出发确定的，由此得出的编组方案本身就考虑了调机能力的最大利用，编组调机按照编组方案紧密地安排各出发列车的编组作业必定是最合理的。此外，配流问题本质上属于资源分配问题，所要研究解决的是车流的合理选择和搭配问题，因此不考虑具体的调车作业过程。虽然编组方案对应的匹配方案能够保证出发列车正点发车，但不能保证每一出发列车都满轴，方案树的求解目标就是要从多个匹配方案中找出能够使所有出发列车满轴或最可能接近满轴的方案，故此处仅考虑目标③即可。

定义 3-10 一个编组方案对应的所有匹配方案中能够使所有出发列车满轴或欠轴列车数最少的方案，称为该编组方案的有效匹配解体方案，简称有效匹配方案，记作 G' 。

显然，$G' \subseteq G$ ，任何一个编组方案可以有多个有效匹配方案，也可能不存在有效匹配方案。编组站解编方案协调的目的是进行合理配流，使出发列车满轴、正点发车。由于出发列车的编组方案比较多，每一个编组方案又可能对应较多的匹配方案，所以不能期望不断地调整编组方案来搜寻可行的有效匹配方案，只需要针对配流方案中的欠轴列车有选择性地进行调整即可。

2. 解编方案的协同优化模型

1）解体方案子系统优化模型——模型 I

在为出发列车安排配流列车时，当出发列车 cf_j 未满轴时，由于在解体序号矩阵 A' 中选择能够为 cf_j 提供尽可能多车流的到达列车进行优先解体是有利的，所以可以赋予解体方案时间特性，将每一出发列车的配流作为一个阶段，则解体方案子系统的优化问题可以转化为一个多阶段决策过程的优化问题，采用动态规划技术[229]求解。

设状态变量 $(x_1,x_2,\cdots,x_i,\cdots,x_n)$， x_i 表示到达列车 dd_i 配入出发列车 $\mathrm{cf}_j \sim \mathrm{cf}_m$ 的车数；决策变量 $(y_{j1},y_{j2},\cdots,y_{ji},\cdots,y_{jn})$， y_{ji} 表示配入出发列车 cf_j 的到达列车 dd_i 的车数。

状态转移关系：

$$\begin{cases} \tilde{x}_1 = x_1 - y_{j1} \\ \tilde{x}_2 = x_2 - y_{j2} \\ \qquad \vdots \\ \tilde{x}_i = x_i - y_{ji} \\ \qquad \vdots \\ \tilde{x}_n = x_n - y_{jn} \end{cases} \tag{3-30}$$

式中，$(\tilde{x}_1,\tilde{x}_2,\cdots,\tilde{x}_i,\cdots,\tilde{x}_n)$ 表示到达列车 dd_i 配入出发列车 $\mathrm{cf}_{j+1}\sim\mathrm{cf}_m$ 的车数。

允许决策集合：

$$D_j(x_1,x_2,\cdots,x_i,\cdots,x_n)=\left\{u_j\left|\begin{array}{l}0\leqslant y_{j1}\leqslant x_1\\0\leqslant y_{j2}\leqslant x_2\\\quad\vdots\\0\leqslant y_{ji}\leqslant x_i\\\quad\vdots\\0\leqslant y_{jn}\leqslant x_n\end{array}\right.\right\}\tag{3-31}$$

$g_j(x_1,x_2,\cdots,x_i,\cdots,x_n)$ 表示到达列车 dd_i 中的 x_i 车数配入出发列车 cf_j 的最大收益，是用以衡量到达列车 dd_i 中车流配入出发列车 cf_j 合理程度的量；如果解体方案 $J(x_1,x_2,\cdots,x_i,\cdots,x_n)$ 中到达列车 dd_i 较之 dd_{i-1} 有更多的车流配入 cf_j，则 $g_j(x_1,x_2,\cdots,x_i,\cdots,x_n)$ 取大值，反之取小值。$f_j(x_1,x_2,\cdots,x_i,\cdots,x_n)$ 表示到达列车 dd_i 中的 x_i 车数配入出发列车 $\mathrm{cf}_j\sim\mathrm{cf}_m$ 的车数所获得的最大收益，则目标函数 f_1 的递推关系为

$$\begin{cases}f_n(x_1,x_2,\cdots,x_i,\cdots,x_n)=g_n(x_1,x_2,\cdots,x_i,\cdots,x_n)\\f_j(x_1,x_2,\cdots,x_i,\cdots,x_n)=\max\limits_{\substack{0\leqslant y_{j1}\leqslant x_1\\0\leqslant y_{j2}\leqslant x_2\\\vdots\\0\leqslant y_{ji}\leqslant x_i\\\vdots\\0\leqslant y_{jn}\leqslant x_n}}[g_j(y_{j1},y_{j2},\cdots,y_{ji},\cdots y_{jn})\\\qquad\qquad+f_{j+1}(x_1-y_{j1},x_2-y_{j2},\cdots,x_i-y_{ji},\cdots,x_n-y_{jn})]\end{cases}\tag{3-32}$$

2）编组方案子系统优化模型——模型 II

设出发列车 cf_j 的编组去向号标记向量为 $C_j=[c_1^j,c_2^j,\cdots,c_q^j]^{-1}$，其中

$$c_k^j=\begin{cases}1, & \text{若出发列车 }\mathrm{cf}_j\text{ 可以编挂}k\text{ 去向的车辆}\\0, & \text{其他}\end{cases},\quad k=1,2,\cdots,q$$

以 dd_{ik} 表示到达列车 dd_i 中具有本站编组去向号 k 的车数，$j^{\max}$ 为解体序号矩阵 A' 中第 j 行的最大元素（在时间接续上能够为出发列车 cf_j 提供车流的最大解体列车序号），则到达列车能够为出发列车 cf_j 提供的车流量 R_j 为

$$R_j=\sum_{i=0}^{j^{\max}}\sum_{k=1}^{q}(\mathrm{dd}_{ik})c_k^j,\quad j=1,2,\cdots,m\tag{3-33}$$

由编组出发列车的解体特征构造解体序号矩阵 A'，通过解体序号矩阵既可以保证出发列车的正点发车约束，又可以控制解体区间解体列车号的选择。根据优先解体能够为 cf_j 提供尽可能多车流的到达列车的有利性，可以利用贪婪算法的思

想，寻求能够使先编组的出发列车满轴的局部解体方案，在先编组的出发列车 cf_j 满轴后，转而寻求能够使 cf_j 紧后编组出发列车 cf_{j+1} 满轴的局部解体方案，最终获得使所有出发列车满轴或欠轴列车数最少的全局解体方案。

设为出发列车 cf_j 单独配流时已经解体列车 a 列，已经编组列车 b 列，以 cf_{lk} 表示已编组列车 cf_l 中具有本站编组去向号 k 的车数，m_j 表示出发列车 cf_j 的满轴车数，则为出发列车 cf_j 配流时的方案值 F_j 为

$$F_j = \sum_{i=0}^{a}\sum_{k=1}^{q}(\mathrm{dd}_{ik})c_k^j - \sum_{l=1}^{b}\sum_{k=1}^{q}(\mathrm{cf}_{lk})c_k^j - m_j \tag{3-34}$$

方案值 F_j 为出发列车 cf_j 所在相关列车组剩余量的当前累计值，用于对某个解体方案的可行性进行判断。如果 $F_j<0$，则表示 cf_j 的单独配流方案不能使 cf_j 满轴，这时只有变更解体方案或编组方案才有可能实现 cf_j 满轴。此时，目标函数 f_2 可取为

$$\max f_2 = \sum_{j=1}^{m} F_j \tag{3-35}$$

约束条件为

$$\sum_{j=1}^{m}\mathrm{cf}_{jk}c_k^j \leqslant R_j \tag{3-36}$$

3）解编方案协同优化模型——模型III

模型III的作用为对模型 I 形成的解体方案 J 和模型 II 形成的编组方案 B 进行协调配流，直至找出所有的出发列车满轴或欠轴列车数最少的配流方案。为此建立如下线性规划模型：

$$\max f_3 = \sum_{j=1}^{m}\beta_j \tag{3-37}$$

式中，$\beta_j = \begin{cases}1, & F_j \geqslant 0 \\ 0, & F_j < 0\end{cases}, j=1,2,\cdots,m$。

设 cf_{ijk} 表示到达列车 dd_i 配入出发列车 cf_j 编组去向号 k 的车数，则约束条件为

$$\sum_{i=0}^{n}\sum_{j=1}^{m}\sum_{k=1}^{q}\mathrm{cf}_{ijk} - m_j \leqslant M\beta_j \tag{3-38}$$

$$m_j - \sum_{i=0}^{n}\sum_{j=1}^{m}\sum_{k=1}^{q}\mathrm{cf}_{ijk} \leqslant M(1-\beta_j) \tag{3-39}$$

式中，M 为充分大的正数。

3.5.3 编组站列车解编方案同步调整方法

解编方案协同优化模型的求解过程为：通过指定子系统关联变量的值，解体方案与编组方案各自独立进行优化，然后将相应的目标值返回上一层，该层对协调变量进行合理校正，改变解体方案与编组方案的关联值，再传给下一层，如此反复求解，直至求得最优配流方案。依据此过程，可以进行解编方案的同步调整，具体的思路是以编组出发列车的解体特征为基础，以先编组出发列车的单个配流方案为主线，采用编组解体双向配流策略，利用方案值控制解体列车的选择，在搜索相容方案的同时，调整欠轴列车的编组顺序或者从欠轴列车的可解集合中选择能够为该列车提供更多车流的到达列车优先解体[230]，算法描述如下。

算法 3-7：

步骤 1　利用式(3-3)计算到达解体列车的 T^{zj}，按"先发先编"原则用式(3-29)计算出发列车的 T^{wb}。根据计算出的 T^{zj} 和 T^{wb} 分别计算出发列车各自的解体特征，构造解体序号矩阵 A'。

步骤 2　根据解体序号矩阵 A'，选择对先出发列车 cf_j 有利的到达列车进行单独配流，记录方案值。若 cf_j 满轴，则继续对下一出发列车配流，否则调整出发列车 cf_j 和 cf_{j+1} 的编组顺序，对调整后的先编组列车配流；若调整后的出发列车 cf_j 满轴，则继续对下一出发列车配流，否则退回上一节点按原有编组方案配流；如此继续，直至所有出发列车配流完毕。

步骤 3　第二级检查所有出发列车的满轴情况，若所有出发列车均满轴，则当前解体方案为该编组方案的有效匹配方案；否则，记录欠轴列车，转步骤 4。

步骤 4　第一级检查欠轴列车的单格链，对构成单格链的欠轴列车调整编组顺序，对调整后的列车单独配流。

步骤 5　第二级继续检查出发列车的满轴情况，若所有出发列车均满轴，则当前解体方案为该编组方案的有效匹配方案，否则记录欠轴列车数最少的方案。

步骤 6　第一级调整欠轴出发列车与其后编组出发列车的编组顺序，重新计算被调整出发列车的 T^{wb}，更新解体序号矩阵 A'，转步骤 7。

步骤 7　第二级继续对调整后的出发列车进行局部单独配流，优化解体方案，转步骤 3。

例 3-4　车流原始数据见文献[231]，利用解编方案协调优化算法进行求解。根据列车的到达时刻和出发时刻计算出的 T^{zj}、T^{wb} 和出发列车的解体特征，列于表 3-6。

表 3-6　出发列车编组方案

到达序号	到达时刻	T^{zj}	出发序号	T^{wb}	结束编组时刻	出发时刻	待发时间/min	解体特征
1	9:00	9:30	1	9:55	10:10	11:00	20	1^2
2	9:10	9:40	2	10:10	10:25	11:10	15	$2^2 1^0$
3	9:30	10:00	3	10:25	10:40	11:35	25	$3^2 2^0 1^1$
4	9:42	10:12	4	10:40	10:55	11:43	18	$4^2 3^0 2^1 1^2$
5	9:50	10:20	5	10:55	11:10	11:55	15	$5^2 4^0 3^1 2^2 1^1$
6	9:58	10:28	6	11:10	11:25	12:15	20	$6^2 5^0 4^1 3^2 2^1 1^1$
7	10:25	10:55	7	11:25	11:40	12:30	20	$7^2 6^0 5^1 4^2 3^1 2^1 1^1$
8	10:30	11:00	8	11:40	11:55	12:40	15	$8^2 7^0 6^1 5^2 4^1 3^1 2^1 1^2$
9	10:44	11:14	9	11:55	12:10	12:55	15	$9^2 8^0 7^1 6^2 5^1 4^1 3^1 2^2 1^1$
10	10:50	11:20	10	12:10	12:25	13:10	15	$10^2 9^0 8^1 7^2 6^1 5^1 4^1 3^2 2^1 1^1$
11	11:00	11:30	11	12:25	12:40	13:25	15	$11^2 10^0 9^1 8^2 7^1 6^1 5^1 4^2 3^1 2^1 1^0$
12	11:15	11:45	12	12:53	13:08	13:38	0	$13^1 12^1 11^1 10^2 9^1 8^0 7^2 6^2 5^1 4^1 3^0 2^0 1^0$

由出发列车的解体特征构造解体序号矩阵 A' 如下：

出发顺序

$$
\begin{array}{r}
1\\ 2\\ 3\\ 4\\ 5\\ 6\\ 7\\ 8\\ 9\\ 10\\ 11\\ 12
\end{array}
\begin{bmatrix}
2 &&&&&&&&&&& \\
2 & 2 &&&&&&&&&& \\
2 & 2 & 3 &&&&&&&&& \\
2 & 2 & 3 & 5 &&&&&&&& \\
2 & 2 & 3 & 5 & 6 &&&&&&& \\
2 & 2 & 3 & 5 & 6 & 7 &&&&&& \\
2 & 2 & 3 & 5 & 6 & 7 & 8 &&&&& \\
2 & 2 & 3 & 5 & 6 & 7 & 8 & 10 &&&& \\
2 & 2 & 3 & 5 & 6 & 7 & 8 & 10 & 11 &&& \\
2 & 2 & 3 & 5 & 6 & 7 & 8 & 10 & 11 & 12 && \\
1 & 2 & 3 & 5 & 6 & 7 & 8 & 10 & 11 & 12 & 12 & \\
1 & 2 & 3 & 5 & 6 & 6 & 8 & 10 & 11 & 12 & 12 & 12
\end{bmatrix}
$$

$$
\text{解体区间}\quad 1\quad 2\quad 3\quad 5\quad 6\quad 6\quad 8\quad 10\quad 11\quad 12\quad 12\quad 12
$$

步骤 1　对出发列车 cf_1 单独配流。

由最大解体原则，第一解体区间只能安排解体到达列车 dd_1，但 dd_1 并不能为

cf_1提供车流，故调整cf_1和cf_2的编组顺序，先编组cf_2。检查cf_2的方案值，cf_2满轴，继续对下一编组列车cf_1单独配流。

步骤 2　依次对后编组出发列车单独配流。

对cf_1配流，第二解体区间只能安排解体到达列车dd_2，检查cf_1的方案值，cf_1能够满轴。按照同样的方法，利用解体序号矩阵控制解体列车的选择，根据车流供求关系，依次对后编组出发列车单独配流，所有出发列车配流完毕时得出的解体方案为（1，2，3，4，6，5，7，8，9，10，11，12），编组方案为（2，1，3，4，5，6，7，8，9，10，11，12）。

步骤 3　检查出发列车的满轴情况。

检查所有出发列车的方案值，均为非负，即运用解编方案协调优化算法得出的解编方案能使所有出发列车满轴，该解体方案即此编组方案的有效匹配方案。此时的解编方案与文献[231]的计算结果是一致的。

事实上，对于本例，若要使出发列车满轴，第 1～6、11、12 位的编组和解体顺序是唯一的，存在多种选择的是第 7～10 位的编组和解体顺序。随着列车编组方案的变化，局部解体方案也会相应变化，第 7～10 位不影响出发列车T^{wb}值的编组方案如下：

$$\begin{bmatrix} 7 & 8 & 9 & 10 \\ 7 & 9 & 8 & 10 \\ 7 & 10 & 8 & 9 \\ 8 & 7 & 9 & 10 \\ 8 & 7 & 10 & 9 \end{bmatrix}$$

采用不同的编组方案，会对应不同的解体方案，配流结果的主要影响在于摘挂列车的编组车数，当采用（7，8，9，10）的编组顺序时，摘挂列车的编组车数最多，同时可以使到达列车的待解时间和出发列车的待发时间均匀合理。

算法 3-7 与 0-1 规划模型法相比，解编顺序需要调整的范围小，可以大幅度减少对不可行方案的搜索，从而缩小编组站配流问题的规模。虽然需要做一些前期工作，但通过计算机能够很快实现。以解体特征为基础，通过构造解体序号矩阵，相对于通过网络模型进行配流更容易利用计算机程序实现，这对于优化配流方案，提高编组站阶段计划编制质量有重要意义。

3.6　本 章 小 结

编组站的主要功能是“生产列车”，这一主要功能决定了编组站的主要作业是解、编列车。因此，本章针对编组站调度指挥工作所要解决的核心问题，考虑解体方案和编组方案的协同优化，主要包括以下内容：

（1）以确定的编组站作业时间标准为依据，分别按调机的台数、调机作业方式、考虑固定作业和调机干扰与否，给出了计算到达列车的最早可能解体时刻和出发列车的最晚必须开始编组时刻的算法；

（2）基于（1）的研究，以方案树模型及回溯算法确定列车的解体顺序，并提出了列车编组顺序的调整方法；

（3）以先编组出发列车的单个配流方案为主线，建立了解编方案同步调整与协调匹配的协同优化模型。

第 4 章　编组站配流的分解与协同优化

目前，在编组站作业优化理论方面，单独讨论某一种作业的优化问题居多，如调机运用优化、到发线运用优化、取送车作业优化等，较少考虑上述问题与列车配流的协同优化以及各作业间的综合协同优化。列车解编方案之间的优化是编组站调度系统综合优化的关键，这一问题在第 3 章进行了详细研究。由于调机、到发线、调车场线群运用和取送车作业等一些相互关联的子问题变量及约束条件较少，并且容易求解，所以首先研究这些子问题与解编作业之间的协同优化，然后在此基础上综合考虑各个子问题之间的关联性，有利于配流模型的综合集成。

4.1　编组站配流优化问题的分解

在编组站，只有解体作业完毕或车列牵出以后才能腾空到发线，到发场接发车线路的安排受解编作业的制约；当调车场线路内集结车辆较多，线路容车能力负荷紧张时，将会对车站的解编作业造成干扰，严重时会造成编组站的堵塞；编组站的本站作业车能够为出发列车提供一定的车流来源，取送车作业亦涉及线路和调机的占用，同样会受解编作业的制约，而解编作业又取决于出发车流的需要，受调机运用的制约。只有合理地运用调机，正确地组织解编作业，才能加速调车场的车流集结过程，完成装卸车任务，缩短车辆在站停留时间，从而实现列车出发计划，可以说调机运用是与列车配流密不可分的。与此同时，列车对到发线的占用（对于到达解体列车，主要是结束占用时间；对于编组始发列车，主要是开始占用时间）和对调机的占用与车流接续也是密切相关的。因此，编组站配流的优化应将解编作业、调机运用、到发线运用以及取送车作业安排联系起来，作为一个整体研究，不应孤立对待。总的来说，编组站的配流优化问题可以分解为以下几个子问题。

1. 解体作业和编组作业协同优化问题

解体作业有一个合理的顺序问题，同样，编组作业也有一个合理的顺序问题。将解体作业和编组作业作为一个整体来考虑，求出合理的解编方案，是这一子问题的研究内容。

2. 调机运用与解编作业协同优化问题

调机是编组站车流分配的动力，调机运用与解编作业密切相关，如何制订一个合理的调机运用计划，使之与列车的解编作业协调，是这一子问题的研究内容。

由于调机运用与解编顺序问题交织在一起，所以第 3 章将前两个问题放在一起进行了研究。

3. 静态配流与动态配流协同优化问题

静态配流与动态配流的区别在于，前者是在解体方案既定条件下的配流，后者是在解体方案未定条件下的配流，需一步步递推计算求解，与动态规划类似。将二者协调统一起来，提出有效的算法，是这一子问题的研究内容。

4. 到发线运用与解编作业协同优化问题

到达场接车线路的安排与车站衔接方向、咽喉布置及列车到达时刻有关，同时要与解体方案相匹配，实行双推单溜（或双推双溜）作业方案的车站对调机作业线路往往还有特殊的要求。同样，出发场发车线路的安排也与多种因素有关。如何在多个约束条件下合理运用到发线，使车站作业与路网列车运行有机衔接起来，是这一子问题的研究内容。

5. 调车线运用与解编作业协同优化问题

在编组站阶段计划中，到发线的运用计划具有相对独立性，而调车场线路的运用则与列车的解编方案以及配流方案紧密相关。在编组站实际工作中，对于调车场线路的使用也仅是坚持“定而不死，活而不乱”的定性原则，缺少理论方法的指导，如何在既定的配流方案以及解编方案下实现调车场线路的灵活运用是这一子问题的研究内容。

6. 取送车作业与解编作业协同优化问题

编组站的装、卸、排空与取送车作业涉及线路和调机的占用，进而影响到车列的解编作业，处理不好会直接导致出发列车的欠轴和晚点，将编组站的取送车作业与解编作业协调起来，综合优化安排，是这一子问题的研究内容。

编组站配流的综合协同优化就是要将上述几个问题综合起来考虑，实现编组站调度系统的整体优化，这实质上是一个多目标优化问题。

4.2　编组站静态配流与动态配流问题的描述

编组站配流时不同的解体方案一般会产生不同的配流结果，尤其当列车密集到达，待解车列较多，各方向车流不均衡时。即使解体方案已经确定，到达列车与出发列车之间的车流接续关系已经明朗化，由于编组去向的多样性及其交错性，仍然存在多种配流方案，需要合理选择。因此，可以将配流问题分成两大类：解体方案已经确定条件下的静态配流和解体方案尚未确定条件下的动态配流。静态配流可以转化为特殊的运输问题，从而用表上作业法求解。动态配流本质上属于不确定的资源分配问题，但可转化为多步确定性问题（静态问题）处理，其关键在于选择有利的解体方案。

4.2.1　编组站静态配流问题

1. 简单配流问题

简单配流问题指的是具有下列特点的配流问题：

（1）所有到达列车和出发列车都只包含一个编组去向的车流。

（2）任一到达列车可以为任一出发列车提供车流来源。

（3）总的车流量供求平衡。

对于这种简单配流问题，可以车辆在站总停留时间最少为目标建立线性规划形式的数学模型。以 x_{ij} 表示第 $i(i=1,2,\cdots,n)$ 号到达列车配入第 $j(j=1,2,\cdots,m)$ 号出发列车中的车数，c_{ij} 表示配入第 i 号出发列车的第 j 号到达列车中的车流每车在站停留时间，则简单配流问题的目标函数可以表示成

$$\min Z=\sum_{i=1}^{n}\sum_{j=1}^{m}c_{ij}x_{ij} \tag{4-1}$$

设第 i 号到达列车的总车流量为 a_i，第 j 号出发列车的需求车流量为 b_j，则简单配流问题的约束条件为

$$\sum_{j=1}^{m}x_{ij}=a_i \tag{4-2}$$

$$\sum_{i=1}^{n}x_{ij}=b_j \tag{4-3}$$

$$x_{ij}\geqslant 0 \tag{4-4}$$

在目标函数式（4-1）中，c_{ij} 的确定比较麻烦，但是对于简单配流问题，任何

一个满足约束条件的配流方案都具有相同的目标函数值，即简单配流问题的最优解与 c_{ij} 无关。

2. 一般配流问题

一般情况下，到达列车和出发列车都可能包含两个或多个去向的车流，总车流量供求也往往不平衡。对于这种一般配流问题，除了考虑约束条件式（4-2）、式（4-3）、式（4-4），还需增加三个附加的约束条件：

（1）编组去向约束——到达列车 dd_i 中只有与出发列车 cf_j 编组去向相符的车流才能成为 cf_j 的车流来源。

（2）接续时间约束——只有到达列车 dd_i 的解体结束时刻不晚于出发列车 cf_j 开始编组时刻，dd_i 中的车流才有可能成为 cf_j 的车流来源。

（3）满轴约束——对于必须满轴出发的列车，其需求车数就等于满轴车数；对于可欠轴出发的列车，其需求车数可小于满轴车数。

一般配流问题比简单配流问题复杂得多。由于简单配流问题与 c_{ij} 无关，求解极为简便，可通过下面的方法将一般配流问题转化为简单配流问题来处理，借助表格的形式来寻找最佳配流方案。

1）总车流量供求不平衡转化为供求平衡

当总车流量供大于求时，可在表上增加一列出发列车，即增加一个虚收点 cf_{m+1}，该收点可以吸收任何一个发点的车流，其需求量等于总供求量之差；反之，当总车流量供小于求时，增加一列到达列车，即增加一个虚发点 dd_{n+1}，它可向每个收点提供车流，其供给量也等于总供求量之差。

2）多个编组去向转化为单一编组去向

（1）到达列车——到达列车中的车流往往不止一个编组去向，将每个编组去向作为一个发点，单独占用表上的一行。这样，每个编组去向就相当于一列单去向的到达列车。

（2）出发列车——若某出发列车可编挂两个或多个去向的车流，其中某个去向的车数必须达到一定数量，则称该去向为基本组。对于基本组，应将其单独作为一个收点看待，其余去向共同作为一个收点；若无基本组要求，则一列出发列车就是一个收点。

3）控制编组去向不符车流和接续时间不够车流

为了满足式（4-2）和式（4-3）的要求，可以利用代价对编组去向不符和接续时间不够的车流进行控制。代价是用以衡量某去向车流配入某出发列车合理程度的量，记作 p_{ij}。如果第 i 号车流分配给第 j 号列车较为合理，则 p_{ij} 取小值，反之，p_{ij} 取大值。按照这一原则，对编组去向不符或接续时间不够的车流，令其相应的 $p_{ij}=M$，M 表示充分大的正数。显然，虚发点（或虚收点）所在行（或列）

的所有车流代价均为M。在具体运算时，优先安排p_{ij}值较小的车流，可使符合条件的车流尽可能配入列车，急需满轴的列车优先获得车流。

4）尽量保证满轴的办法

为了尽量保证出发列车，特别是等级较高的出发列车满轴发车，将一个阶段中的全部出发列车进行等级排序并编号。排序原则是：首先按列车种类排序，直达列车高于直通列车，直通列车高于区段列车，区段列车高于摘挂列车，摘挂列车高于小运转列车，等级高的列车排在前面；然后，对相同种类的列车，按编组去向数排序，去向数少的列车排在前面；最后，列车种类和去向数都相同的列车按出发时刻先后排序，先出发的列车排在前面。很明显，按上述原则排出的顺序是唯一的。以列车等级序号作为相应车流的代价，对代价较小的车流优先安排，即可优先保证等级较高的列车满轴。对于可欠轴列车，其需要车流量具有不确定性，但仍可按满轴车数计算，这样做既不会对等级较高的列车产生不利影响，又有利于可欠轴列车本身增加车流量。

在采取上述方法简化之后，一般配流问题便具备了简单配流问题的总供求量平衡及编组去向单一的特点。同时，通过建立代价的概念，确立总代价最小为追求的目标，一般配流问题便转化成简单配流问题。此时的目标函数为

$$\min Z=\sum_{i=1}^{n}\sum_{j=1}^{m}p_{ij}x_{ij} \tag{4-5}$$

式中，n为发点总数目；m为收点总数目；p_{ij}为发点号为i、收点号为j的车流的代价；x_{ij}为第i号发点供应第j号收点的车流量。

这样就可以把一般配流问题归结为求总代价最小的运输问题，仍然用表上作业法求解。

3. 算法步骤

求解一般配流问题的表上作业法步骤如下。

算法 4-1：

步骤 1　将阶段中的全部出发列车按等级排序并编号。

步骤 2　确定发点总数目n和各发点供应车流量a_i，确定收点总数目m和各收点需求车流量b_j。

步骤 3　计算总的供应车流量和总的需求车流量。若供大于求，则增加一个收点，并令$m=m+1$；若供小于求，则增加一个发点，并令$n=n+1$。

步骤 4　确定代价p_{ij}，凡编组去向不符，或接续时间不够，或由增加的发点（或收点）供应（或吸收）的车流，$p_{ij}=M$，其余车流的p_{ij}等于对应出发列车的等级序号。

步骤 5　编制已知资料平衡表，将发点、收点、供应量、需求量、代价均填入表中，表上发点、收点的排列顺序仍以列车到、发时刻先后为准。

步骤 6　用表上作业法求最优解体方案，并输出结果，算法结束。

4.2.2　编组站动态配流问题

编组站阶段计划的时间跨度通常为 3～4h，在一个阶段中一个调车系统往往要编组多列出发列车。对于每一列出发列车，都可用文献[157]介绍的方法求出它的解体方案集，其方案数与列车密集到达程度有关。将阶段中所有出发列车的解体方案匹配组合起来，便形成整个阶段的解体方案集。动态配流问题所要解决的核心问题就是要以适当的形式把整个阶段的解体方案表示出来，进而从众多的方案中找出有利（或满意）的方案。动态配流树状模型的构建以及有利解体方案的搜索过程详见 3.3 节。

4.3　编组站静态配流与动态配流的协同优化

编组站动态配流主要解决解体方案的选择问题，可以说是初步配流；静态配流解决车流的确切分配问题，可以说是精确配流。经动态配流选出的有利方案是否最终可行或满意，需要静态配流检验，若不可行，还必须返回动态配流阶段继续搜索。这样，配流问题的求解便构成了一个闭环迭代过程（图 4-1）。因此，要实现编组站合理配流，需要提出有效的算法将动态配流和静态配流二者协调统一起来。

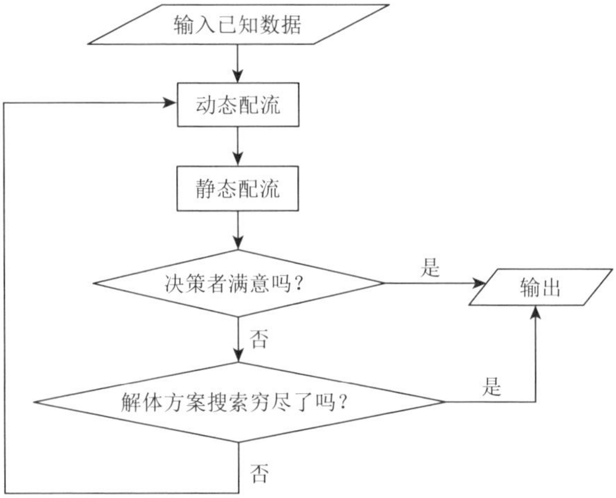

图 4-1　编组站配流问题求解流程图

4.3.1　算法分析

对任一出发列车 $\mathrm{cf}_j(j=1,2,\cdots,m)$，由已知的列车到达时刻、出发时刻、列检技术作业时间、解体时间标准、编组时间标准可以算出它的可解集合、解体区间、解体特征及其各区间的解体量，然后根据相容方案树的构造规则就可以建立动态配流的树状模型。相容方案可以保证出发列车按最大解体原则解体，不相容方案则无法实现一些出发列车的最大解体列数，会使这些出发列车失去部分本可以获得的车流，因此不相容方案一般是不合理的。在大多数组合优化问题中，常常都带有复杂的约束条件，无论是采用传统方法还是现代优化算法，都必须处理约束问题。编组站配流问题的约束条件有三个：满轴（可欠轴列车除外）、正点、不违编。在选取的阶段时间内，可能找不到同时满足三个约束条件的相容方案，但编组站的作业是持续不断的，如果考虑阶段时间的向前滚动，则肯定会存在合理的相容方案。鉴于相容方案的有利性及配流作业的持续性，在搜索解体方案时，可以相容方案为搜索目标。

目前，尽管编组站配流问题的求解规模常常与计算机的运行速度有关，但建立更优的数学模型和选择更合适的求解算法，对求解编组站配流问题效果更显著。其中，遗传算法和蚁群优化算法是两种比较新的启发式搜索算法，具有通用性和鲁棒性，广泛应用于求解各种组合优化问题。但这两种算法各有所长，遗传算法具有快速全局搜索能力，但没有利用系统中的反馈信息，求解效率较低，而蚁群优化算法通过信息素的积累和更新收敛于最优路径，具有全局收敛能力，但初期信息素匮乏，算法速度慢[232]。编组站配流问题本身就属于组合优化问题，虽然理论上可以通过简单枚举法找到最优解，但在实际工作中由于问题的规模大，可行解数量多，难以满足调度指挥时效性强的要求。编组站动态配流与静态配流的协同优化是一个组合优化问题，遗传-蚁群混合算法（genetic algorithm-ant colony algorithm，GAACA）[233]融合了遗传算法与蚁群优化算法的优点，形成了一种集时间效率和求解效率于一体的启发式算法。因此，可以尝试将 GAACA 应用于求解编组站配流问题，通过解体序号矩阵对解体方案进行编码，限制解的生成空间，阻止大量不可行解和非法解的生成，避免不必要的搜索。由遗传算法生成若干组解体方案优化解，为静态配流蚁群优化算法的进一步检验生成初始信息素分布，从而提高算法的收敛速度，并减少参数的调整。

4.3.2　相容方案搜索的遗传算法结构

编组站到发列车的不均衡，往往会出现一些出发列车在某个时间段集中发车的情况，而较先出发的列车由于编组线的使用等，车流集结不足，此时就需要比较轻重缓急来安排一个工作顺序，这就涉及排序问题。

如何将编组站配流问题的解编码成染色体是遗传算法设计中的关键问题，传统的二进制编码会造成计算中出现大量不可行解，从而浪费计算时间。组合优化问题主要是寻找满足约束条件的最佳排列或组合，采用整数和字母排列编码是处理这类问题最有效的方法。对于列车解体方案，最直接的编码方式是采用自然数编码，到达列车编号为基因，一个染色体为一个解体方案。配流列车间的时间及车流接续关系，使得随机生成的解体方案有可能不可行，或者在解体序号矩阵的约束之外，造成大量非法解。为了获得可行的初始群体，必须依据解体序号矩阵，进行有效编码，以加快收敛速度，编码过程如下。

算法 4-2：

步骤 1　根据列车的到达时刻、出发时刻、列检技术作业时间、解体时间标准、编组时间标准计算各出发列车的解体特征 T 。

步骤 2　由解体特征构造解体量矩阵 F ，F 矩阵的元素 f_{ij} 表示出发列车 cf_i 第 j 区间的解体量。遇有零区间，右边的元素依次向左递进。根据解体量矩阵 F ，由公式 $a_{ij}=f_{ij}+j-1$ 计算解体序号矩阵 $a_{ij}=f_{ij}+j-1$ 的元素，并对矩阵 A' 施行最小化列变换。

步骤 3　确定染色体的第一个基因，即安排在第 1 区间解体的列车。位于第 1 区间解体的到达列车序号 β_1 不能大于矩阵 A' 第一列的元素 a_{i1}，将 β_1 从集合 $\beta=\{1,2,\cdots,n\}$ 中移除。

步骤 4　按照步骤 3 的选取规则，即 $\beta_j\leqslant a_{ij}$ ，确定染色体的下一个基因。

步骤 5　若 $\beta=\varnothing$ ，则结束；否则，转步骤 4。

对于任一解体方案 J ，可根据式（3-34）计算出发列车 cf_j 的配流方案值 $F_j(j=1,2,\cdots,m)$ 。按照动态配流方案树的构造规则，解体方案 J 中方案值 F_j 非负个数越多，该解体方案越有利，可以为静态配流提供车流资源保证，说明采用此解体方案可使更多的出发列车满轴。由此，适应函数可取类似式（3-37）的形式。

$$f(x)=\sum_{j=1}^{m}Q_j \tag{4-6}$$

式中，$Q_j=\begin{cases}1, & F_j\geqslant 0\\ 0, & F_j<0\end{cases}, j=1,2,\cdots,m$ 。

根据适应函数，采取轮盘赌的形式选择个体。交配规则采用非常规码常规交配法。随机选择一个交配位，两个后代交配位之前的基因分别继承双亲的交配位之前的基因，交配位之后的基因分别按对方基因顺序选取不重基因。例如：

交配位　　　　交配位

父代 A（134 | 26578）　　子代 A（134 | 25678）

父代 B（234 | 15678）　　子代 B（234 | 16578）

运用遗传算法可以生成若干组解体方案优化解，这些优化解是否能最终形成合理的配流方案，还需要通过静态配流进行筛选。

4.3.3　静态配流的蚁群优化算法结构

为了确保用足用好每一台机车、每一条运行线的能力，特别是在运力紧张的繁忙干线，需要尽可能做到货物列车牵引定数一吨不欠，即要保证出发列车，特别是等级较高的出发列车满轴发车。按照文献[156]的排序原则，可以对出发列车建立主观意识的偏好结构如下：

直达列车＞直通列车＞区段列车＞摘挂列车＞小运转列车

为了计算方便，可以对上述列车赋一定的权值，等级越高的列车权值越大。相同种类列车，去向数少的列车权值较大；同种类同去向的列车，出发时刻较早的列车权值较大。由权值建立的数值大小次序可确定唯一的出发列车偏好结构，偏好结构并不改变出发列车的编组顺序，只是表明获得车流资源的优先权。根据出发列车偏好结构对出发列车集合重新排序，并为每一出发列车 $\mathrm{cf}_j\,(j=1,2,\cdots,m)$ 建立一个包含编组去向号、由解体序号矩阵限制的可配列车、编成辆数及车流来源信息的集合 I_j。

编组站动态配流从众多的解体方案中筛选出有利解体方案，它是到达列车编号的排列，根据优化解生成信息素的初始分布。n 个到达解体列车集合 $\mathrm{DD}=\{\mathrm{dd}_1,\mathrm{dd}_2,\cdots,\mathrm{dd}_n\}$，$L=\{(i_1,i_2)\,|\,i_1,i_2\in \mathrm{DD}\}$，$G=(\mathrm{DD},L)$ 为一个图。静态配流要进一步检验这些解体方案能否对阶段所有出发列车合理配流，即要从图 G 中选择一条能使所有出发列车正点、满轴的全部（或部分）到达列车组成的有序路径。蚁群优化算法初始时刻将所有的蚂蚁置于节点 dd_0，首先对权值最大的出发列车 cf_j 配流，而后每只蚂蚁 k 需要从 cf_j 的由解体序号矩阵限制的可配列车集合 S_k^j 中选择下一个配流列车。对每个节点 $\mathrm{dd}_i\,(i=0,2,\cdots,n)$ 定义一个禁忌表 tabu_k，初始时 $\mathrm{tabu}_k=\varnothing$。以向量 $z_i\,(i=1,2,\cdots,n)$ 表示解体序号矩阵 A' 各列元素的值，则 S_k^j 可表示为

$$S_k^j=\{1,2,\cdots,z_i\}-\mathrm{tabu}_k \tag{4-7}$$

在时刻 t，蚂蚁 k 从列车 i_1 转移到列车 i_2 的概率 $p_{i_1 i_2}^k(t)$ 为

$$p_{i_1 i_2}^k(t)=\begin{cases}\dfrac{[\tau_{i_1 i_2}(t)]^{\alpha}\cdot[\eta_{i_1 i_2}(t)]^{\beta}}{\sum\limits_{s\in S_k^j}[\tau_{i_1 s}(t)]^{\alpha}\cdot[\eta_{i_2 s}(t)]^{\beta}}, & i_2\in S_k^j\\[2ex] 0, & i_2\notin S_k^j\end{cases} \tag{4-8}$$

式中，$\eta_{i_1i_2}$ 为先验知识，表示蚂蚁 k 从节点 i_1 转移到节点 i_2 的期望程度，在编组站静态配流中为在安排完解体列车 i_1 后继续安排列车 i_2 的启发信息，取到达列车 i_2 能为紧后编组列车提供的符合编组去向的车流量与该出发列车编成辆数之比。α、β 分别为信息素和启发信息的相对重要程度。

当某一到达列车 $\mathrm{dd}_i (i = 0,2,\cdots,n)$ 被安排解体时，将该到达列车的编号 i 加入蚂蚁 k 的禁忌表 tabu_k，按式（3-34）检查出发列车 cf_j 是否满轴。若满轴，则继续配流下一个出发列车；否则，从集合 S_k^j 中选择下一个配流列车，直到 $S_k^j = \varnothing$，在集合 I_j 记录 cf_j 的配流方案。重复上述步骤，直到所有出发列车配流完毕，并记录解体方案。取权值较大出发列车满轴个数最多的解体方案为当前最优解体方案 J，按式（4-9）对 J 路径上的边信息素痕迹增强，其他边信息素痕迹挥发。

$$\tau_{i_1i_2}(t+1) = (1-\rho)\tau_{i_1i_2}(t) + \rho\Delta\tau_{i_1i_2} \tag{4-9}$$

$$\Delta\tau_{i_1i_2} = \begin{cases} \dfrac{Q}{m}, & e(i_1,i_2) \in J \\ 0, & e(i_1,i_2) \notin J \end{cases} \tag{4-10}$$

式中，$e(i_1, i_2)$ 为图 G 的一条边；Q 为大权值出发列车满轴列数。

当根据最优解体方案 J 算出的 $Q < m$ 或设置的搜索次数未完，则清空禁忌表，重复上述过程，最后输出最优解体方案 J 以及由信息集合 I_j 记录的出发列车配流方案。

4.4　到发线运用与解编作业的协同优化

4.4.1　到发线运用的描述

到发线运用计划是阶段计划的主要内容之一。到发线主要办理接发列车作业（到达场与调车场呈纵列式排列的，到发线可同时兼作推峰线），到发线按接发列车的种类可分为客车到发线、货车到发线、客货混用到发线。其中，货车到发线又可根据其能否接发超限货物列车分为超限货车到发线和一般货车到发线。客车只能在客车到发线上停留、到发；货车可在客车到发线或货车到发线上停留、到发。超限货车只能在超限货车到发线上停留、到发；一般货车可以在超限货车到发线和一般货车到发线上停留、到发。

到发线运用计划是要确定本阶段内所有到发列车占用的具体到发线股道和时间，合理地、均衡地安排到发线才能保证到发线能力得到充分利用，保证车站接发列车和解编列车作业。这既与列车种类、性质、到发密集程度有关，又与车站设备、设施（调机、到发线分工等）和车流组织方法（编组计划等）有关[119]。到发线运用计划的目标就是要保证到发线不间断地接发列车，充分利用每一条线路的能力，尽量减少空费时间，同时根据到发场咽喉线路的布置情况，以及列车的到发时间、解体作业和编组作业时间合理地安排列车占用的到发线路，减少列车到发与调车作业进路的交叉干扰，因此接发列车时需要尽量按照《铁路行车工作细则》规定的到发线用途及固定方案接发列车。在配流方案以及解编方案生成后，就可以得到列车占用到发线的开始时刻和腾空时刻，主要由列车解体作业时间和编组作业时间决定：对到达解体列车为列车到达到达场时刻至列车开始解体时刻；对编组出发列车为列车专线完毕时刻至列车出发时刻；对无调中转列车为列车到达时刻至列车出发时刻。由于到发线的能力在时间上具有不可储备性，所以合理运用到发线必须通过列车解体、编组计划体现出来。

4.4.2　模型的构造

设到发线集合为 $L=\{l_1,l_2,\cdots,l_w\}$，列车总数为 u，$\alpha[i]$ 表示列车 i 的列车种类，$A[l]$ 表示到发线 l 允许接入列车种类的集合，$\alpha[i]\in A[l]$ 表示列车 i 可以在到发线 l 停留、到发。p_{il} 为布尔变量，若列车 i 占用到发线 $l\in A[l]$，则取 1；否则，取 0。λ_{il} 为由配流方案决定的列车 i 接入到发线 $l\in A[l]$ 的急需程度，为一个权值。对于到达解体列车，若配流方案急需列车 i 中的车流，则 λ_{il} 取较大的值；对于编组出发列车，若需要列车 i 优先发车，则 λ_{il} 取较小的值。根据上述设定，到发线运用与解编作业（配流方案）的协同优化模型为

$$\min Z_1=\sum_{i=1}^{u}\sum_{l=1}^{w}\lambda_{il}p_{il} \tag{4-11}$$

编组站到发线运用的约束条件主要考虑任意两列列车占用同一到发线时在时间和空间上不能交叉。

任一列列车同一时间内只能占用一条到发线：

$$\sum_{l\in A[l]}p_{il}=1,\quad i\in \mathrm{DD},\mathrm{CF} \tag{4-12}$$

任一到发线同时最多只能接发一列列车：

$$\sum_{i\in \mathrm{DD},\mathrm{CF}}p_{il}\leqslant 1,\quad l\in A[l] \tag{4-13}$$

同一到发线相邻列车占用时间间隔满足最小间隔时间：

设 T_i^{jt} 为到达列车 dd_i 的开始解体时刻；T_j^{bz} 为出发列车 cf_j 的开始编组时刻；t_j^{bz} 为出发列车 cf_j 的编组时间；t_{in} 为列车占用同一到发线的最小间隔时间。根据配流方案可以确定到达（或出发）列车 i、j 占用到发线的时刻，要保证到达（或出发）列车间 i、j 占用同一到发线在时间上不冲突，有

对于到达列车：

$$(T_j^{\mathrm{dd}} - T_i^{\mathrm{jt}} - t_{in})p_{jl} \geqslant 0, \quad i,j \in \mathrm{DD,CF} \text{ 且 } T_j^{\mathrm{dd}} \geqslant T_i^{\mathrm{dd}} \tag{4-14}$$

对于出发列车：

$$(T_j^{\mathrm{cf}} + t_j^{\mathrm{bz}} - T_i^{\mathrm{cf}} - t_{in})p_{jl} \geqslant 0, \quad i,j \in \mathrm{DD,CF} \text{ 且 } T_j^{\mathrm{cf}} \geqslant T_i^{\mathrm{cf}} \tag{4-15}$$

对于到达列车和出发列车：

$$(T_j^{\mathrm{bz}} + t_j^{\mathrm{bz}} - T_i^{\mathrm{jt}} - t_{in})p_{jl} \geqslant 0, \quad i \in \mathrm{DD}, \quad j \in \mathrm{CF} \text{ 且 } T_j^{\mathrm{cf}} \geqslant T_i^{\mathrm{dd}} \tag{4-16}$$

当驼峰采用双推单溜作业方式时，解体顺序相邻列车接入连接不同线束的线路，同样编组顺序相邻的出发列车应尽量使用不同的牵出线。

设$B[l]$表示连接不同线束或牵出线的到发线l的集合，列车$i+1$为列车i的紧后解体列车或编组列车，则有

$$p_{il} + p_{(i+1)l} = 1, \quad i \in \mathrm{DD,CF}, \quad l \in B[l] \tag{4-17}$$

交叉干扰疏解：

设y_{ilj}为布尔变量，若列车i在占用到发线时与作业j产生交叉干扰，则取 1；否则，取 0，则避免接发列车时的交叉干扰约束为

$$p_{il} + y_{ilj} \leqslant 1, \quad i,j \in \mathrm{DD,CF} \tag{4-18}$$

编组站到发线的运用归根结底是为配流服务的，以上以配流方案为依据，以急需或优先出发车流为导向构造了数学模型，除此之外，还可以考虑到发线的均衡利用问题。

设列车i占用到发线l的起止时刻分别为T_{il}^{ks}、T_{il}^{js}，则一条到发线平均被占用的时间为

$$\overline{t} = \frac{\sum_{i=1}^{u}\sum_{l=1}^{w}(T_{il}^{\mathrm{js}} - T_{il}^{\mathrm{ks}})p_{il}}{w} \tag{4-19}$$

到发线的均衡利用问题可以转化为如下规划模型：

$$\min Z_2 = \sum_{l=1}^{w}\left|\sum_{i=1}^{u}(T_{il}^{\mathrm{js}} - T_{il}^{\mathrm{ks}})p_{il} - \overline{t}\right|^2 \tag{4-20}$$

多目标规划问题的求解要使所有目标同时实现最优往往是很困难的，可用多目标规划中分层序列法的思想对各个目标的重要程度进行区分。首先对目标Z_1进行求解，然后在Z_1内求第二个目标Z_2的最优解。

4.4.3 模型的求解思路

到发线运用与解编作业的协同优化问题是一个多阶段决策问题，第一阶段首先要找出合理的配流方案，然后在此基础上合理安排到发线的占用，而到发线运

用相对解体、编组和配流问题具有一定的独立性，可转化为指派问题进行求解，指派问题则有比较成熟的分支定界算法。此处，仅给出算法的步骤如下。

算法 4-3：

步骤 1　根据生成的列车配流方案以及解体方案、编组方案确定列车 i 的急需程度权值 λ_{il}。

步骤 2　求解模型 1，生成到发线分类使用的基本方案。

步骤 3　在模型 1 的解集中，求解模型 2，得到到发线运用方案。

步骤 4　若上述方案中所有列车对到发线的占用均安排完毕，则得到可行的到发线运用方案；若存在列车未被安排到发线，则转步骤 2，重新生成一套到发线运用方案。

步骤 5　若依然存在列车未被安排到发线，则重新生成配流方案，转步骤 1，重新求解。

针对求解出的到发线运用方案，若作业过程中需要调整，对于到达解体列车，开始占用时间为定值，不能调整，结束占用时间的调整量为待解时间；对于始发列车，结束占用时间为定值，开始占用时间为可调值，调整量为待发时间；对于取送、转场列车，开始占用时间和结束占用时间都是可调值，具体调整量可视作业情况而定；对于无改编中转列车或客车以及成组换挂中转列车，占用时间不能调整[121]。此外，文献[133]证明了在确定列车占用股道时间的条件下，若列车对其占用股道无特殊要求，则按照列车到达时间先后安排到发线占用能获得一个可行的到发线占用方案。对于大型的路网性编组站，到发线数量比较多，且到发线运用的特殊规定较少，在这种情形下到发线运用算法设计比较简单，采用按列车到达时刻先后安排占用到发线（到发线）运用最大能力方案即可。

4.5　调车场线群的调整运用与解编作业的协同优化

在编组站办理改编列车作业的主要车场中，为进行车列解体、车辆集结和车辆编组而设有驼峰、调车线、牵出线的调车场，是编组站改编作业的中枢。调车场对通过编组站的车流起着“蓄洪”作用，当调车线路内集结车辆较多，线路容车能力负荷紧张时，会对车站的解编作业造成干扰，严重时会造成编组站的堵塞。因此，编组站解编作业的畅通在很大程度上取决于调车场线路的合理运用。一些专家学者[234-236]着重讨论了调车场线路固定使用方案的选优，没有考虑调车场线路的合理调整运用问题。在编组站阶段计划中，到发线的运用计划具有相对独立性，而调车场线路的运用则与列车的解编方案以及配流方案紧密相关。在编组站实际工作中，对于调车场线路的使用也仅是坚持“定而不死，活而不乱”的定性原则，缺少理论方法的指导。

4.5.1 调车场线路运用的描述

编组站货车的集结都是在调车场线路上进行的，调车场的线路按用途可分为以下四类[237]：

（1）供列车编组计划规定的到站或去向的车辆解体、集结、编组用的线路，包括直达列车、直通列车、区段列车、摘挂列车以及小运转列车集结、解编用的线路和编发线；

（2）供空车解体、集结、编组用的线路；

（3）供本站作业车或两调车系统交换车用的线路；

（4）供进行其他专门作业用的车辆停车线路，主要指守车、待整车、倒装车、待修车、超限车或禁止过峰车以及危险品车、易燃品车等的停留线。

其中，第（1）类线路又可以分为单组车流集结线路、分组车流集结线路、摘挂列车和小运转列车车流集结线路。单组车流和分组车流按列车种类主要分为直货车流、区段车流，在编组站实际运营中摘挂列车和小运转列车车流集结线路以及第（3）、（4）类线路一般固定使用，集结直货车流、区段车流以及空车车流的线路可以灵活使用。

定义 4-1　车站调度人员能够灵活运用安排集结直货车流、区段车流以及空车车流的调车场线路统称为一组线群。

从定义 4-1 可知，线群为调度人员能灵活运用的调车线的集合，不包括摘挂列车和小运转列车车流集结线路，以及第（3）、（4）类线路和其他预先固定的线路，直货车流、区段车流、空车车流则可以按调车场线路的分工在线群内调整使用。

定义 4-2　某一到达列车解体后的接续车流能够溜入的空闲线路或合并使用的线路，或者出发列车的车流来源集结的线路集合构成一个线域。

调车场的线域一般按编尾的调车区域划分，即某一去向列车集结满轴后的接续车流能够流入同一线域内的任意其他空闲线路上进行该去向下一列车的集结，同一线域内有效长度最小的线路也能满足前因定数最大去向的集结要求[238]。在编组站调车场，车列是按照车流去向溜入不同的线路进行集结的，而不是单纯地按照每一出发列车的编组内容集结的。当出发列车的编组内容包含多个车流去向时，可能需要从不同的线路上提取多个去向的车流组合成列。因此，在调车场线路按去向集结车流的模式下，出发列车的组合形成相当于二次配流，只是包含同去向车流的先编组出发列车将优先获得车流。

在生成配流方案后，就可知道车流的集结情况。但是由于车列集结的不均衡性，车列在调车场的集结过程中，有可能出现两列以上车列同时集结完毕或在一个车列编组的过程中又有其他车列集结完毕的情况。再者由于调车场尾部牵出线和调机能力的制约，车列集结完毕后不可能都立即进行编组作业，有的车列仍需在调车线上停留一段时间（等待编组和编组过程占用线路的时间）。根据生成的配流方案以及列车的解编顺序方案，以按编组去向集结车流为主，结合配流方案中出发列车的车流来源情况，可以对调车场线路的运用进行实时调整，生成更加灵活的多去向车流的混线运用方案。但调车场线群的合理运用模型需要体现调车场线路的一般固定使用原则，坚持各方向以近摘挂列车流及特定线路严格按规定固定使用，直货列车、区段列车、空车列车车流按分工在线群内调整使用；必要时组织峰尾调机加速列车编组的转线作业，及时腾空调车线路；尽量避免把车流强度相等或接近相等的去向，固定于同一牵出线连接的线束内，以期降低一条牵出线连接的区域内不同去向列车同时集结成列的概率，减少调车作业干扰和车辆待编时间。

4.5.2　模型的构造

1. 参数定义

根据出发列车的配流方案，为每一出发列车 cf_j 建立一个包含车次 dtn_j、出发时刻 dtt_j、车流来源 dts_j、编成辆数 m_j 信息的集合 IN_j。

$$\mathrm{IN}_j=\{\mathrm{dtn}_j,\mathrm{dtt}_j,\mathrm{dts}_j,m_j\} \tag{4-21}$$

式中，

$$\mathrm{dts}_j=\{\mathrm{dts}_{j1},\mathrm{dts}_{j2},\cdots,\mathrm{dts}_{jn},\cdots,\mathrm{dts}_{jN}\} \tag{4-22}$$

其中，

$$\mathrm{dts}_{jn}=\{\mathrm{atn}/\mathrm{atd}/\mathrm{atc}\} \tag{4-23}$$

式中，atn 为到达列车车次；atd 为到达列车车流去向；atc 为 atn 次到达列车中为出发列车 cf_j 提供的 atd 去向的车辆数。

设编组站调车场线群集为 L；到达列车 dd_i 中 k 去向组号车数为 a_{ik}；编组计划规定的出发列车 cf_j 可编入车流去向组号集为 Φ_j，$|\Phi_j|$ 表示 Φ_j 中去向数，显然 $\mathrm{dts}_{jn}[\mathrm{atd}]\in\Phi_j$。设 T_i^{jt} 为到达列车 dd_i 的开始解体时刻；t_i^{jt} 为到达列车 dd_i 的解体时间；T_j^{cf} 为出发列车 cf_j 的开始编组时刻；t_j^{cf} 为出发列车 cf_j 的编组时间。若将式（4-22）中元素按列车的解体先后顺序排列，则出发列车 cf_j 的集结时间区间为 $[T_{j1}^{\mathrm{jt}},T_{jN}^{\mathrm{jt}}+t_{jN}^{\mathrm{jt}}]$，其中若 $\mathrm{dts}_{j1}[\mathrm{atn}]$ 为阶段开始时刻调车场现车，则 $T_{j1}^{\mathrm{jt}}=T_0$。

定义决策变量 α_{jnl}、β_{jnl} 为布尔变量，如下：

$$\alpha_{jnl}=\begin{cases}1, & \text{出发列车 } \mathrm{cf}_j \text{ 的车流来源} \mathrm{dts}_{jn} \text{ 集结占用调车线} l,\ l\in L_j\\ 0, & \text{其他}\end{cases}$$

$$\beta_{jnl}\begin{cases}0, & \text{集结在同一调车线} l \text{ 的车流来源中} \mathrm{dts}_{jn'}[\mathrm{atd}]=\mathrm{dts}_{jn}[\mathrm{atd}],\quad 1\leqslant n'<n\leqslant N\\ 1, & \text{其他}\end{cases}$$

对于出发列车 cf_j，满足 $\alpha_{jnl}=1$ 的调车线构成 cf_j 的编组线域 $Y(jl)$，总占线条数表示为 $\sum_{n=1}^{N}|\alpha_{jnl}|$。

2. 车流集结状态描述

从 T_0 开始，以到达列车 dd_i 的开始解体时刻 T_i^{jt}、解体结束时刻 $T_i^{\mathrm{jt}}+t_i^{\mathrm{jt}}$ 以及出发列车 cf_j 的开始编组时刻 T_j^{cf}、结束编组时刻 $T_j^{\mathrm{cf}}+t_j^{\mathrm{cf}}$ 为基点取 $2(I+J)$ 个时刻（此处，I、J 分别为到、发列车数），按时间先后顺序排列。设 k_{ls} 为调车线 $l(l\in L)$ 集结的编组去向号数；n_{ls} 为调车线 $l(l\in L)$ 集结的车辆数，则调车场线路的初始状态为 k_{l0}，n_{l0} 表示在初始状态 k_{l0} 时，调车线 l 的现车数。

调车场线路 l 在时刻 $s(s=1,2,\cdots,2(I+J))$ 的状态如下：

$$\begin{cases}k_{ls}, & l\in L\\ n_{ls}\end{cases} \tag{4-24}$$

当车流在调车场定编集结时，一般同一到达列车中同去向车流都溜入同一调车线。设 k_{li} 表示到达列车 dd_i 解体溜入调车线 l 的编组去向号数，$[k_{il}]$ 表示取与调车线 l 集结车流中不同编组去向的去向数；n_{li} 表示到达列车 dd_i 解体溜入调车线 l 的车辆数。到达列车 dd_i 中车流溜入的所有调车线 l 构成解体线域 $Y(il)$。令 $s=\min\{T_i^{\mathrm{jt}},T_i^{\mathrm{jt}}+t_i^{\mathrm{jt}},T_j^{\mathrm{cf}},T_j^{\mathrm{cf}}+t_j^{\mathrm{cf}}\}$，则调车场线路在时刻 $s+1$ 的状态为

（1）若 $s=T_i^{\mathrm{jt}}$，则 $l\in Y(il)$ 锁闭。

（2）若 $s=T_i^{\mathrm{jt}}+t_i^{\mathrm{jt}}$，则有

$$\begin{cases}k_{l(s+1)}=k_{ls}+[k_{li}]\\ n_{l(s+1)}=n_{ls}+n_{li}\end{cases} \tag{4-25}$$

（3）若 $s=T_j^{\mathrm{cf}}$，则 $l\in Y(jl)$ 锁闭。

（4）若 $s=T_j^{\mathrm{cf}}+t_j^{\mathrm{cf}}$，则有

$$\begin{cases}k_{l(s+1)}=k_{ls}-k_{lj}\\ n_{l(s+1)}=n_{ls}-n_{lj}\end{cases} \tag{4-26}$$

式中，k_{lj}、n_{lj} 分别为出发列车 cf_j 挂走的编组去向数和车辆数，其中

$$k_{lj}=1+\sum_{n=1}^{N}\beta_{jnl} \tag{4-27}$$

$$n_{lj}=\sum_{n=1}^{N}\mathrm{dts}_{jn}[\mathrm{atc}]\cdot\alpha_{jnl} \tag{4-28}$$

3. 约束条件

（1）股道占用约束。

$$\sum_{n=1}^{N}\alpha_{jnl} \leqslant 1+\sum_{n=1}^{N}\beta_{jnl} \leqslant |\Phi_j|, \quad j\in \mathrm{CF} \tag{4-29}$$

式（4-29）保证出发列车 cf_j 中同去向车流来源尽可能集结在同一股道。

（2）调车线最高集结车数约束。

$$n_{ls} \leqslant l_{\max} \tag{4-30}$$

式中，$l_{\max}$ 为调车线 l 最多所允许集结的车辆数。

（3）解体时间区间与编组时间区间冲突约束。

若 $[T_i^{\mathrm{jt}}, T_i^{\mathrm{jt}}+t_i^{\mathrm{jt}}]\cap[T_j^{\mathrm{cf}}+t_j^{\mathrm{cf}}]\neq\varnothing$，则有

$$Y(il)\cap Y(jl)=\varnothing \tag{4-31}$$

（4）总车流量约束。

$$\sum_{l\in L} n_{li}=\sum_{k=1}^{q} a_{ik} \tag{4-32}$$

$$\sum_{l\in L} n_{lj}=m_j \tag{4-33}$$

4. 目标函数

（1）出发列车 cf_j 集结占线数。

$$\min Z_1=\sum_{n=1}^{N}|\alpha_{jnl}| \tag{4-34}$$

（2）调车线 l 集结车流去向的分散度。

$$\min Z_2=\sum_{s=1}^{2(I+J)}\left(1-\frac{1}{k_{ls}}\right) \tag{4-35}$$

（3）调车线 l 的空闲车数。

$$\min Z_3=\sum_{s=1}^{2(I+J)}(l_{\max}-n_{ls}) \tag{4-36}$$

根据配流方案，结合约束条件式（4-29）～式（4-33）和目标函数式（4-34）～式（4-36）可以确定某一去向或某几个去向的车流集结在同一股道，但是具体集结在哪一股道，还需要考虑调机的分工、均衡牵出线负担、减少越区作业和交叉干扰、照度车辆溜放性能等，而这些因素难以用数学公式表达，可以依据实际情况设定出发列车 cf_j 的车流来源 dts_{jn} 集结占用调车线 l 的权值 γ_{jnl}，γ_{jnl} 值较小者表示优先占用调车线，则有

$$\min Z_4 = \sum_{l \in L} \sum_{n=1}^{N} \alpha_{jnl} \gamma_{jnl} \tag{4-37}$$

4.5.3　模型的求解思路

编组站调车场多去向车流的混线运用问题是一个多阶段决策问题，算法步骤如下。

算法 4-4：

步骤 1　根据生成的列车配流方案以及调车场现车的集结状况确定各车流去向的调车线。

步骤 2　解体第 1 列到达列车，判断调车线的占用情况。

步骤 3　编组第 1 列出发列车，判断调车线的占用情况。

步骤 4　若出现出发列车 cf_j 可利用的空调车线，则根据出发列车的配流方案合理制订解体列车的解体钩计划，尽量使同一出发列车集结在同一调车线。

步骤 5　重复步骤 4，直至到达列车解体和出发列车编组完毕。

4.6　取送车作业与解编作业的协同优化

4.6.1　取送车作业分析及条件设定

我国的铁路编组站，尤其是大、中型路网性编组站，以办理中转车流为主，极少办理货物作业，但地区性编组站的货物作业却是相当繁忙的。由于铁路运输生产活动的特殊性，货车必须编入列车才能输送，而装卸车作业一般在货场或专用线进行，与列车的到达、解编、编组、出发作业不在同一地点，所以在解体与装（卸）车、装（卸）车与集结编组之间必须有取送车作业。取送车作业作为铁路货物运输生产过程中不可缺少的一个环节，它的效率高低直接关系到车辆周转和货物送达的快慢。

编组站的取送车作业涉及线路和调机的占用，必须做到及时取送，尽量减少待送、待取等非生产停留时间，使列车到发与解编、解编与取送、取送与装卸紧密衔接起来，避免不应有的脱节现象。按装卸作业地点（简称专用线）的不同布置形式分为放射形和树枝形两大类（图 4-2）。

专用线的布置形式不同，直接影响到取送车作业组织方法。放射形专用线和树枝形专用线在作业组织方法上的主要区别见表 4-1[223]。

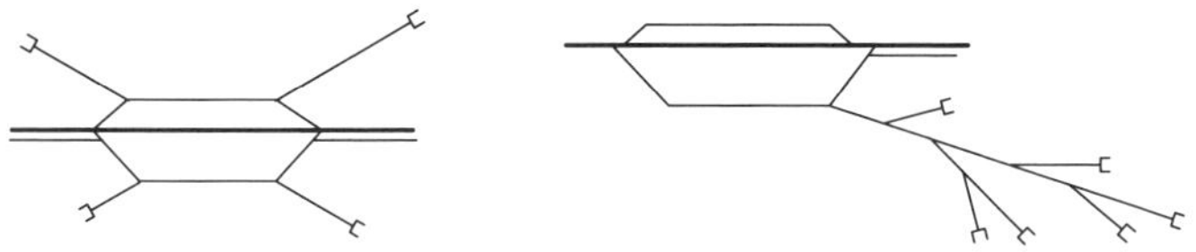

(a) 放射形专用线　(b) 树枝形专用线

图 4-2　专用线布置形式示意图

表 4-1　两种类型专用线在作业组织方法上的主要区别

专用线布置形式	放射形	树枝形
区别 1	向一专用线送（取）完一批车组后必须返回车站，然后才能再去另一专用线送（取）车	在一批取送车作业中间不必返回车站
区别 2	各线车辆入线时刻不同，取回站内时刻也不同	各线车辆入线时刻不同，但取回站内时刻相同

至于既有放射形特征又有树枝形特征的混合型布置形式，可在整体上视作放射形，局部看作树枝形，取送车作业组织方法是两者的综合，没有本质的变化，因而不单独作为一类。各个车站的设备条件、作业组织方法、车流性质等差别很大，难以建立一种通用的模型，只能根据实际可能出现的情况，划分若干种类，有针对性地进行分析研究。我国铁路运输领域的专家学者在 20 世纪 50 年代即开始研究取送车作业问题，至今已取得了一些研究成果。取送车作业与解编作业的协同优化问题本质上属于系统优化的范畴，它主要根据出发列车的配流情况确定合理的取送时机，解决一些车辆何时入线、何时取出的问题，同时包括具体的作业方式（单送、单取、连送带取等）、取送地点和辆数。首先，应根据调机能力（可能的取送时间）、待送和待取车流及其用途，确定本阶段内取送的地点及时间。如果取送时间有限，而需要取送的地点和车辆都较多，则应选择急需取回集结的车辆，以及送入大组车辆和卸后等用的车辆，并据此确定取车和送车的顺序及地点。一般情况下，取车时间应当在允许的时间范围内选择稍后一点的时间，以便取回更多的车辆。送车时间的选择应使车辆等送时间短，并保证不超过装卸后编入列车所容许的时间[223]。这实际上是车站阶段计划的一项内容，应运用系统工程的思想和方法周密部署，统筹安排。

在生成配流方案时，如果通过调整列车的解编顺序仍然存在欠轴的出发列车，则说明该列车的可配车流数本身不足，此时可查看货场专用线是否存在所需去向的车流，考虑取本站货物作业车补充。当根据配流方案取送车时，尽量做到解体照顾送车，取车照顾编组，确定合理的取送时机主要有以下两种情况[93]：

（1）如果货场、专用线有已装卸完毕的本去向车流，则确定取车内容；

（2）如果货场、专用线无本去向的重、空车流，但有承认的装车计划或合适的卸车车种，则确定挂线装（卸）车内容。

由于取送车作业要占用调机能力，所以需要制订合理的取送调机运用计划，安排好本阶段内取送车辆的地点和起止时间。对于情况（1），在时间上要求取回站内分解完毕时刻不迟于最晚开始编组时刻，装卸作业完毕时刻不迟于取车过程中开始收集车辆时刻。此外，还应考虑在取车同时送入一批车。只要解体完毕时刻在送车开始时刻之前，该解体列车中的本站作业车均可送入。对于情况（2），要求反推出挂线装（卸）车的最迟完工时刻和开工时刻，进而反推出前一次的最晚送车（或调移）入线时刻。然后根据工序可移性原理，安排前一次的送车时间。除确定本次送车内容外，还应由挂线装（卸）车内容确定前次送空（重）或调移内容。

为了建模、简化约束等研究问题的方便，结合现场实际取送车作业方法，进行如下设定：

（1）各条专用线待送、待取车数已定，若某线既无车待送，亦无车待取，则视为该线不存在。

（2）各段专用线的距离和调机走行时间已知。

（3）各专用线的货物作业时间已知。

（4）假定各段往返走行时间相等。

（5）对任一专用线，货物作业时间大于取送走行时间。

（6）车组取回解体后配入出发列车。

（7）取送车作业由一台调机完成。

按照实际作业内容的不同，铁路专用线的取送车作业可细分为 6 种情况：单一送车、单一取车、送取结合、送兼调移、取兼调移、送调取结合。按车流到发的不同方式分为车流整列到发、车流分散到发、车流整列到达分散出发、车流分散到达整列出发等。针对车流到发的不同方式，设一次所取送的车组数为 m_{qs}，编入的列车数为 j_{qs}，由此可分为以下两种情况：

（1）$1 \leqslant m_{qs} \leqslant j_{qs}$，车流分散出发；

（2）$1 = j_{qs} \leqslant m_{qs}$，车流整列出发。

工矿企业铁路货运站多采用送取分离的调车作业方式，即调机送（取）完一列已解编的车列后返回调车场，然后送（取）车列到另一股道。另外，我国大多编组站的专用线都采用树枝形的布置形式，因此下面以树枝形专用线为例，借鉴文献[239]～[241]的优化目标，采用送取分离的作业方式，由上述（1）、（2）两种情况并结合车流到发的不同方式分为取车和送车两个过程分别确定合理的取送时机。

4.6.2 取车时机的确定

虽然树枝形专用线各线车辆入线时刻不同，但取回站内时刻是相同的，为了充分利用调机能力，尽管每次应该多取回一些车组，但要求取回站内分解完毕时刻不迟于出发列车的最晚必须开始编组时刻。设 t_i^{zx} 为专用线 i 至车站的调机走行时间；$t_{ii'}^{zx}$ 为专用线 i 至专用线 i' 的调机走行时间；T_i^{zxwb} 为专用线 i 装卸完毕时刻；T^{kszy} 为在解编方案约束下调机的最早可能开始作业时刻；I 为取送车的专用线集合；$Q(I)$ 为集合 I 中的取车顺序；T_I^{qc} 为集合 I 中最后车组的取出时刻。

设 T_i^{sc} 为调机开始去专用线 i 收集车辆时刻，则 T_i^{sc} 由 T^{kszy} 和 T_i^{zxwb} 决定：

$$T_i^{sc} = \max\{T_i^{zxwb} - t_i^{zx}, T^{kszy}\},\quad i \in I, Q(i) = 1 \tag{4-38}$$

$$T_i^{sc} = \max\{T_i^{zxwb} - t_{ii'}^{zx}, T_I^{qc}\},\quad i \in I, Q(i) \neq 1 \tag{4-39}$$

设 T^{qh} 为允许调机从专用线取回车组配入出发列车 cf_j 的最晚时刻，则有

$$T_{ij}^{qh} = T_j^{wb} - t_{jt},\quad j_{qs} = 1 \tag{4-40}$$

$$T_{ij}^{qh} = \min_{1 \leqslant j \leqslant j_{qs}} \{T_j^{wb}\} - t_{jt},\quad j_{qs} \neq 1 \tag{4-41}$$

在进行取车时机的算法设计时，可选 T_i^{sc} 最小的专用线先取，这样可使调机的待取时间尽可能少，对已安排取车的专用线，按调机的走行时间最少的顺序进行取车，可使得此次取车的总时间最少，从而使取车作业与装卸作业相互配合。若所有 T_i^{sc} 为等值，则可按调机总的走行车辆公里数最小的取车顺序，算法步骤如下。

算法 4-5：

步骤 1　由式（4-38）计算 T_i^{sc}，找出 $\min\{T_i^{sc}\}(i \in I)$ 值，由满足 $T_i^{sc} \leqslant \min\{T_i^{sc}\}$ 的专用线构成集合 Q，按调机走行时间由少到多安排取车顺序 $Q(I)$。

步骤 2　按 $Q(I)$ 的取车顺序计算集合 Q 中的 T_I^{qc}。

步骤 3　由式（4-39）计算集合 $I-Q$ 中的 T_i^{sc}，按调机走行时间由少到多安排集合 $I-Q$ 中的取车顺序 $Q(I-Q)$。

步骤 4　计算集合 I 中的 T_I^{qc}，若 $T_I^{qc} \leqslant \min\{T_{ij}^{qh}\}$，则在既定的解编方案约束下的取车时机是可行的；否则，从集合 I 中去除 $\max\{T_{ij}^{qh}\}$ 的专用线，转步骤 1，直至满足条件 $T_I^{qc} \leqslant \min\{T_{ij}^{qh}\}$。

4.6.3 送车时机的确定

1. 车流分散出发时的送车时机

树枝形专用线不同送车顺序的车辆入线时刻是不同的，车流分散出发时的送

车目标是在调机能力限制下，保证大车组和重点车的按时送到基础上最小化不能按时送到的专用线数。设 T_i^{kskx} 为专用线 i 开始空闲时刻；$S(I)$ 为集合 I 中的送车顺序；T_I^{sc} 为集合 I 中最后车组的送完时刻。

设 T_i^{ks} 为调机开始去专用线 i 送车时刻，则 T_i^{ks} 由 T^{kszy}、T_i^{kskx} 以及送去专用线 i 车组所属的到达列车的 T_i^{zj} 决定。

$$T_i^{\text{ks}} = \max\{T_i^{\text{kskx}} - t_i^{\text{zx}}, T^{\text{kszy}}, T_i^{\text{zj}}\},\quad i \in I, S(i) = 1 \tag{4-42}$$

$$T_i^{\text{ks}} = \max\{T_i^{\text{kskx}} - t_{ii'}^{\text{zx}}, T_I^{\text{sc}}\},\quad i \in I, S(i) \neq 1 \tag{4-43}$$

设 T^{sh} 为允许调机送到专用线 i 的最晚时刻，从送车组到专用线 i 作业完毕再取回配入出发列车 cf_j 为止，需要保证必要的货物作业时间 t_{hw}、取车作业时间 t_{qc} 和解体作业时间 t_{jt}，则有

$$T_{ij}^{\text{sh}} = T_j^{\text{wb}} - t_{\text{jt}} - t_{\text{hw}} - t_{\text{qc}},\quad j_{\text{qs}} = 1 \tag{4-44}$$

$$T_{ij}^{\text{sh}} = \min_{1 \leqslant j \leqslant j_{\text{qs}}}\{T_j^{\text{wb}}\} - t_{\text{jt}} - t_{\text{hw}} - t_{\text{qc}},\quad j_{\text{qs}} \neq 1 \tag{4-45}$$

算法步骤如下。

算法 4-6：

步骤 1　由式(4-42)计算 T_i^{ks}，找出 $\min\{T_i^{\text{ks}}\}(i \in I)$ 的值，由满足 $T_i^{\text{ks}} \leqslant \min\{T_i^{\text{ks}}\}$ 的专用线构成集合 S，在集合 S 中找出 $\min\{T_{ij}^{\text{sc}}\}$，若存在相等的 T^{sc}，则选取 t_i^{zx} 最小的专用线先送。

步骤 2　按 $S(I)$ 的送车顺序计算集合 S 中的 T_I^{sc}。

步骤 3　若 $T_I^{\text{sc}} > \min\{T_{ij}^{\text{sh}}\}$，则找出最晚送车时间不能满足挂线装（卸）车最迟开工时刻的专用线 i，从集合 S 中去除，去除的专用线 i 构成集合 $\bar{S}$，重新计算 T_I^{sc}，转步骤 4；否则，结束。

步骤 4　找出集合 $\bar{S}$ 中满足 $T_i^{\text{ks}} \leqslant T_I^{\text{ks}}$ 且 $T_I^{\text{ks}} + t_{(I-1)1}^{\text{zx}} < T_{i1}^{\text{sh}}$ 的专用线 i，若 $t_{I1}^{\text{zx}} \geqslant t_{(I-1)1}^{\text{zx}}$，则转步骤 5；否则，重新计算 T_I^{sc}，转步骤 3。

步骤 5　由式（4-43）重新计算 T_i^{ks}。

2. 车流整列出发时的送车时机

由于车流整列出发，所以只要最后送到的车组能满足出发列车的接续条件即可。送车顺序的不同导致车组的送车时间也不同，但只要反推出前一个专用线的最晚送车（或调移）入线时刻，即可知道其余专用线的送车时间。因此，当车流整列出发时，应先送 T_i^{ks} 最小的专用线，在确定前一个专用线后更新其余专用线的需要送车时刻，然后选择 T_i^{ks} 最小的专用线，直至全部送完为止，算法步骤如下。

算法 4-7：

步骤 1　由式（4-42）计算 T_i^{ks}，若 $T_i^{\text{ks}} \leqslant T^{\text{kszy}}$，按专用线总的入线车小时最少

顺序送车；否则，找出 $\min\{T_i^{\text{ks}}\}$ 最小的专用线送车，若存在 T_i^{ks} 相同的专用线，则选择 t_i^{zx} 最小的专用线送车。

步骤 2　按 $S(I)$ 的送车顺序计算集合 S 中的 T_I^{sc} 。

步骤 3　由式（4-43）重新计算 T_i^{ks} 。

步骤 4　若 $T_I^{\text{sc}} \leqslant \min\{T_{ij}^{\text{sh}}\}$ ，则结束；否则，调整调机的作业顺序，使 T^{kszy} 提前，转步骤 1。

尽管放射形专用线各线车辆入线时刻不同，取回站内时刻也不同，但只要修改 T_i^{sc} 、 T_i^{ks} 值，同样可以用上述算法求得取送时机。对于送取结合的取送车作业方式，需要比较取车和送车的 T_i^{sc} 、T_i^{ks} 以及 T^{qh} 、T^{sh} 值的大小，取 $\max\{T_i^{\text{sc}},T_i^{\text{ks}}\}$ 、$\min\{T^{\text{qh}},T^{\text{sh}}\}$ ，采用专用线总入线车小时最少顺序取送车即可。

4.7　编组站配流的综合协同优化模型

编组站配流的综合协同优化就是要将上述几个问题综合起来考虑，实现编组站调度系统的整体优化。配流的综合协同优化可分解为 5 个子系统，建立如图 4-3 所示的 2 级递阶分解协同优化模型。其中，调车线运用子系统是动态的，其他子系统的优化可视为静态的，所以编组站配流的综合协同优化分为两个阶段。第一阶段是求解配流方案的静态优化阶段；第二阶段是调车场线群的动态调整优化阶段，两个阶段互相关联，存在相互的反馈信息。

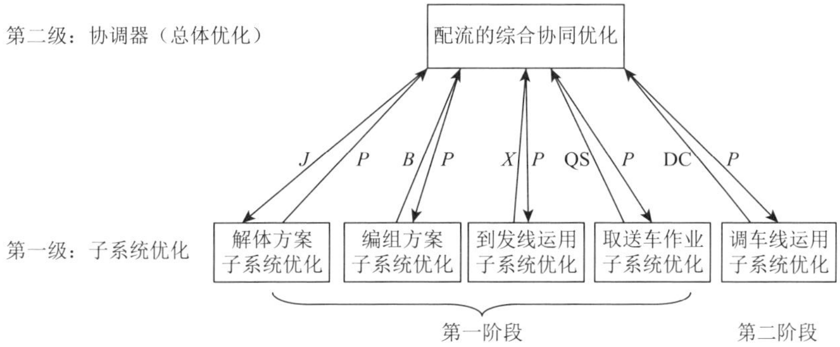

图 4-3　配流的综合协同优化模型

设编组站配流综合协同优化的配流方案为 P ，解体方案为 J ，编组方案为 B ，到发线运用方案为 X ，调车线运用方案为 DC，取送车作业方案为 QS，则 P 为 J 、B 、X 、DC、QS 的函数，记作 $P=f(J,B,X,\text{DC},\text{QS})$ 。由于调机的运用与解编作业交织在一起，所以没有单独构建调机运用方案，调机运用约束与解编作业约束视作一个整体。到达列车按解体方案排序，出发列车按编组方案排序，则到达解体列车之间的车流接续自然满足。

4.7.1　约束条件

1. 解体调机运用约束

设 ϕ_{id} 为布尔变量，若到达列车 dd_i 由调机 $d(d \leqslant D)$ 解体，则取 1，否则，取 0；T_{ds}^{gd} 表示调机 d 的第 s 项作业的开始时刻，t_{ds}^{gd} 表示调机 d 的第 s 项作业的作业时间。

$$\sum_{d=1}^{D}\phi_{id}=1 \tag{4-46}$$

$$\varphi_{id}\varphi_{i'd}(T_i^{\mathrm{jt}}+t_{\mathrm{jt}}-T_{i'}^{\mathrm{jt}})\leqslant 0,\quad i\leqslant i' \tag{4-47}$$

$$T_i^{\mathrm{jt}}+t_{\mathrm{jt}}\leqslant T_{i'}^{\mathrm{jt}},\quad i\leqslant i',\quad \phi_{id}+\phi_{i'd}=1 \tag{4-48}$$

$$\varphi_{id}(T_{ds}^{\mathrm{gd}}-T_i^{\mathrm{jt}}-t_{\mathrm{jt}})(T_{ds}^{\mathrm{gd}}+t_{ds}^{\mathrm{gd}}-T_i^{\mathrm{jt}})\geqslant 0,\quad s=1,2,\cdots,S \tag{4-49}$$

式（4-46）表示任一列到达解体列车只能由一台调机解体；式（4-47）表示若两列到达列车由同一台调机解体，在时间上不能冲突；式（4-48）表示在双推单溜时，只有当前列车解体完毕，另一列车才能开始解体；式（4-49）表示到达列车的解体作业与解体调机的固定作业不冲突。

2. 编组调机运用约束

设 φ_{jd} 为布尔变量，若出发列车 cf_j 由调机 $d(d \leqslant D)$ 编组，则取 1，否则，取 0。

$$\sum_{d=1}^{D}\varphi_{jd}=1 \tag{4-50}$$

$$\varphi_{jd}\varphi_{j'd}(T_j^{\mathrm{bz}}+t_{\mathrm{bz}}-T_{j'}^{\mathrm{bz}})\leqslant 0,\quad j\leqslant j' \tag{4-51}$$

$$T_j^{\mathrm{bz}}+t_{\mathrm{bz}}\leqslant T_{j'}^{\mathrm{bz}},\quad j\leqslant j' \text{ 且 } \varphi_{jd}+\varphi_{j'd}=1 \tag{4-52}$$

$$\varphi_{jd}(T_{ds}^{\mathrm{gd}}-T_j^{\mathrm{bz}}-t_{\mathrm{bz}})(T_{ds}^{\mathrm{gd}}+t_{ds}^{\mathrm{gd}}-T_j^{\mathrm{bz}})\geqslant 0,\quad s=1,2,\cdots,S \tag{4-53}$$

式（4-50）表示任一列出发列车只能由一台调机编组；式（4-51）表示若两列出发列车由同一台调机编组，则在时间上不能冲突；式（4-52）表示两台调机编组时占用同一牵出线不冲突；式（4-53）表示出发列车的编组作业与编组调机的固定作业不冲突。

3. 到发线运用约束

编组站到发线应用主要考虑的是任意两个列车在占用同一到发线时，在时间和空间上不能重叠[163]。

设 p_{il} 为布尔变量，若列车 i 占用到发线 $l(l \leqslant L)$，则取 1，否则，取 0。

若任一列车只能占用一条到发线，则有

$$\sum_{l=1}^{L} p_{il} = 1, \quad i \in \mathrm{DD} \cup \mathrm{CF} \tag{4-54}$$

$$p_{il} p_{i'l}(T_{i'}^{\mathrm{dd}} - T_i^{\mathrm{jt}} - t_{in}) \geqslant 0, \quad i,i' \in \mathrm{DD} \cup \mathrm{CF}, \quad T_{i'}^{\mathrm{dd}} \geqslant T_i^{\mathrm{dd}} \tag{4-55}$$

$$p_{il} p_{i'l}(T_{i'}^{\mathrm{bz}} + t_{i'}^{\mathrm{bz}} - T_i^{\mathrm{cf}} - t_{in}) \geqslant 0, \quad i,i' \in \mathrm{DD} \cup \mathrm{CF}, \quad T_{i'}^{\mathrm{cf}} \geqslant T_i^{\mathrm{cf}} \tag{4-56}$$

$$p_{il} p_{i'l}(T_j^{\mathrm{bz}} + t_j^{\mathrm{bz}} - T_i^{\mathrm{jt}} - t_{in}) \geqslant 0, \quad i,i' \in \mathrm{DD} \cup \mathrm{CF}, \quad T_{i'}^{\mathrm{cf}} \geqslant T_i^{\mathrm{dd}} \tag{4-57}$$

式（4-54）表示任一列车只能占用一条到发线；式（4-55）表示到达列车占用同一到发线，在时间上不冲突；式（4-56）表示出发列车占用同一到发线，在时间上不冲突；式（4-57）表示到达列车和出发列车占用同一到发线，在时间和空间上不冲突。

4. 取送车作业约束

设 T_{iz}^{sc} 为到达列车 dd_i 中去专用线 z 卸本站货物作业车组最晚允许送车结束时刻；T_{iz}^{qc} 为取回本站货物作业车的开始时刻；T_{dz}^{qs} 为调机 d 去专用线 z 取送车的开始时刻；t_z^{qs} 为去专用线 z 的取送车时间。

$$T_i^{\mathrm{jt}} + t_{\mathrm{jt}} + t_z^{\mathrm{qs}} - T_{iz}^{\mathrm{sc}} \leqslant 0 \tag{4-58}$$

$$T_{iz}^{\mathrm{qc}} + t_z^{\mathrm{qs}} - T_i^{\mathrm{jt}} \leqslant 0 \tag{4-59}$$

$$T_{iz}^{\mathrm{qc}} + t_z^{\mathrm{qs}} - T_i^{\mathrm{cf}} \leqslant 0 \tag{4-60}$$

$$\varphi_{id}(T_{dz}^{\mathrm{qs}} - T_i^{\mathrm{jt}} - t_{\mathrm{jt}})(T_{dz}^{\mathrm{qs}} + t_z^{\mathrm{qs}} - T_i^{\mathrm{jt}}) \geqslant 0 \tag{4-61}$$

$$\phi_{jd}(T_{dz}^{\mathrm{qs}} - T_j^{\mathrm{bz}} - t_{\mathrm{bz}})(T_{dz}^{\mathrm{qs}} + t_z^{\mathrm{qs}} - T_j^{\mathrm{bz}}) \geqslant 0 \tag{4-62}$$

式（4-58）表示若到达列车中有需要卸车的本站货物作业车，则其送车最晚时刻必须满足到达列车解体和送车时间要求；式（4-59）表示本站货物作业车需要取回解体时，其取回时刻满足解体方案中解体时刻要求；式（4-60）表示本站货物作业车取回整列直接出发时，其取回时刻满足编组方案中出发时刻要求；式（4-61）表示解体调机兼职取送车作业时，与解体作业不冲突；式（4-62）表示编组调机兼职取送车作业时，与编组作业不冲突。

5. 配流约束

$$\sum_{j=1}^{m} \mathrm{cf}_{ijk} \leqslant \mathrm{dd}_{ik} \tag{4-63}$$

$$\sum_{i=0}^{n} \mathrm{cf}_{ijk} \geqslant \mathrm{cf}_{jk}(1-\beta_j) \tag{4-64}$$

$$\sum_{i=0}^{n}\sum_{k=1}^{q} \mathrm{cf}_{ijk} - m_j \leqslant M(1-\beta_j) \tag{4-65}$$

式（4-63）表示出发列车同一去向的配流上限；式（4-64）表示出发列车的基本去向组辆数约束；式（4-65）表示列车编组辆数约束。符号 β_j 、 m_j 、 M 的意义见 3.5 节。

4.7.2 目标函数

编组站配流方案最主要的目标是保证本阶段所有出发列车都能满轴、正点发车，则有目标函数：

$$\max \quad Z_1 = \sum_{i=0}^{n}\sum_{j=1}^{m}\sum_{k=1}^{q} \mathrm{cf}_{ijk} \tag{4-66}$$

式（4-66）表示使所配的总车流量最大，并尽量使所有出发列车都能满轴。

在出发列车中，由于摘挂列车和小运转列车并不要求满轴，所以在目标 Z_1 一定的情况下，应按照直达列车＞直通列车＞区段列车＞摘挂列车＞小运转列车的优先顺序配流，于是

$$\max \quad Z_2 = \sum_{j=1}^{m} \beta_j \tag{4-67}$$

式（4-67）表示尽量使满轴出发的列车最多。

在模型能满足目标 Z_1 和 Z_2 的情况下，可考虑压缩车辆在站停留时间，即

$$\min \quad Z_3 = \sum_{i=0}^{n}\sum_{j=1}^{m} (T_j^{\mathrm{cf}} - T_i^{\mathrm{dd}}) x_{ij} \tag{4-68}$$

上述约束条件和目标函数将实现配流综合协同优化的静态目标，在得出可行的配流方案后可转而寻求调车场线群的调整运用。即使所求解出的配流方案非常合理，但也不是绝对不变的，需要根据作业进度的情况随时调整，此时需要考虑调车线的运用情况，二者的调整需要同步进行。总之，编组站配流的综合协同优化模型是一个大规模混合 0-1 线性优化模型，模型中既有 0-1 变量，也有整数变量，并且这两种变量密切相关。它不仅具有多目标、多层次、多关联、非线性等特点，而且具有优化目标多、约束条件多、约束条件和变量之间的关系复杂等大

系统特性。编组站配流方案的搜索是一个多目标寻优过程，其关键是确定一个合理的列车解编顺序，但由于其复杂性为 NP-complete 问题，用经典的算法根本无法求解，即使常规的现代优化算法，其求解效率也非常有限，需要根据问题的性质利用现代优化算法进行特殊设计。

4.8　本 章 小 结

本章针对目前编组站配流问题研究中存在的问题，结合我国主流编组站车流组织的实际情况，借鉴大系统优化理论以及协同论的有关观点和方法，以理论研究为主，进行编组站调度系统配流协同优化理论与方法研究，主要包括以下内容：

（1）将编组站的配流优化问题分解为以下几个子问题：解体作业与编组作业协同优化问题、调机运用与解编作业协同优化问题、静态配流与动态配流协同优化问题、到发线运用与解编作业协同优化问题、调车线运用与解编作业协同优化问题以及取送车作业与解编作业协同优化问题。

（2）在 4.2～4.6 节中，综合考虑编组站列车编组顺序的调整方法、解体方案与编组方案的协同优化、静态配流与动态配流的协同优化，并整合调机运用、到发线运用以及取送车作业等子问题，以出发列车最优配流（配流车辆数最多，使每一出发列车尽可能满轴，在衔接线路能力足够的情况下尽可能向区间多发列车）为目标，实现编组站配流整体优化。

第 5 章　双向编组站配流的协同优化

5.1　交换车的分析处理

5.1.1　交换车的转场方式

交换车的转场方式由于车站设备配置和作业组织形式不同而各有差异，常见的交换作业方式有 5 种形式[242]：①利用交换场；②利用回转线；③组织场间小运转；④两个系统共同组织列车；⑤按系统级别组织发车。

组织场间小运转、两个系统共同组织列车和按系统级别组织发车三种方式都不存在列车的重复解体作业，若采用这三种方式进行折角车流的转场交换，则到达列车无论接入哪一系统的到达场，其中的折角车流都不会成为另一系统的直接车流来源，而利用交换场或回转线两种方式进行折角车流的交换作业（图 5-1），一般都需要将折角车流分解到系统调车场固定的交换线上进行交换车列的集结，然后用调机送至另一系统的到达场，进行重复解体作业，从而成为该系统的实在车流来源。这时包含折角车流的到达列车因接入场别的不同，产生的交换车数量也有所不同，解决不好会使重复改编的车流量增加，从而增加车辆在编组站的停留时间。因此，下面所提到的交换车转场仅指采用前两种方式进行的转场交换作业。

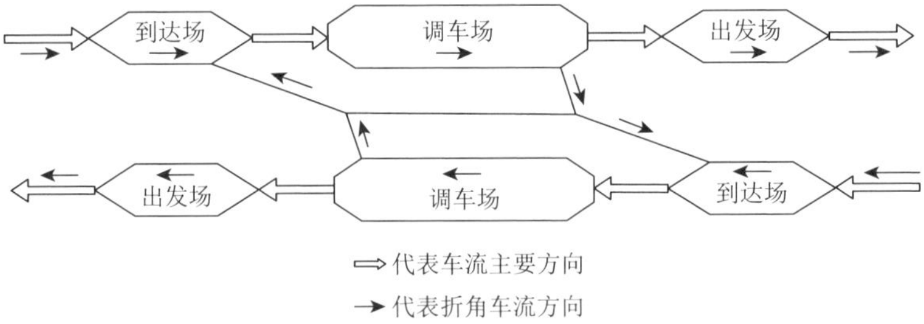

图 5-1　双向编组站折角车流走行路径示意图

当到达解体列车只包含一个系统编组去向的列车时，毫无疑问这一列车应接入此系统进行解体，此时亦不会有交换车的出现。这里所要讨论的是同时包含上、下行两个系统编组去向车辆的到达列车，称为多方向列车。文献[2]提出了此类列车应接入哪个系统到达场的总体思路，此处将其归纳为下面两条原则：

（1）接续优先原则，若多方向列车接入某系统到达场解体后经交换场（或回转线）进入另一系统重复解体后对该系统出发列车时间上仍可接续，反之无效，则此列车应接入前一系统到达场。

（2）辆数最少原则，若多方向列车对两个系统都满足接续优先原则，则取产生交换车辆量最少的系统作为接入系统。

5.1.2　交换车处理的数学方法

以 dd_{ik} 表示到达列车 dd_i 中具有本站编组去向号 k 的车数，cf_{jk} 表示出发列车 cf_j 中具有编组去向号 k 的车数（$i=0,1,\cdots,n$；$j=1,2,\cdots,m$；$k=1,2,\cdots,q$）。

1. 接续时间约束

为了更好地利用多方向列车带来的折角车流，应根据接续优先原则判断此类列车接入哪个系统的到达场合理，也就是说另一系统的出发列车 cf_j 最晚必须开始编组时刻 t_j^{wb} 与本系统的到达列车 dd_i 最早可能解体时刻 t_i^{zj} 之间的时间差要能够保证交换车的重复解体和交换作业所必需的时间，即到达列车 dd_i 必须满足下列关系式方能在时间上接续另一系统的出发列车 cf_j：

$$t_j^{\mathrm{wb}}-t_i^{\mathrm{zj}}\geqslant 2t_{\mathrm{jt}}+t_{\mathrm{jh}} \tag{5-1}$$

式中，t_{jh} 为交换车转场作业时间。

定义 5-1　出发列车 cf_j 的最晚必须开始编组时刻 t_j^{wb} 与到达列车 dd_i 最早可能解体时刻 t_i^{zj} 之间的时间差 $t_j^{\mathrm{wb}}-t_i^{\mathrm{zj}}$ 称为 dd_i 与 cf_j 之间的配流时间距。

定义 5-2　若配流时间距满足关系式 $t_j^{\mathrm{wb}}-t_i^{\mathrm{zj}}\geqslant t_{\mathrm{jt}}$，则称 dd_i 为 cf_j 的有效配流列车；若满足关系式（5-1)，则进一步称 dd_i 为 cf_j 的有效交换配流列车。

从定义 5-2 可以看出，若 dd_i 为 cf_j 的有效交换配流列车，则 dd_i 肯定可以作为 cf_j 的有效配流列车。无论是有效配流列车，还是有效交换配流列车，dd_i 中都不一定有符合编组去向的车流配入 cf_j，但只要 dd_i 能够成为 cf_j 的有效配流列车或有效交换配流列车，则认为 dd_i 与 cf_j 之间存在有效配流关系。此时，dd_i 与 cf_j 之间的配流时间距必须保证必要的解体和转场交换作业时间。

设

$$U_i=\begin{cases}1, & \text{到达列车 } \mathrm{dd}_i \text{ 中的车辆配入另一系统的出发列车}\\ 0, & \text{其他}\end{cases}$$

则到达列车 dd_i 满足下列关系式才能在时间上接续出发列车 cf_j：

$$t_j^{\mathrm{wb}}-t_i^{\mathrm{zj}}\geqslant t_{\mathrm{jt}}+(t_{\mathrm{jt}}+t_{\mathrm{jh}})U_i \tag{5-2}$$

2. 编组去向约束

设双向编组站的两个解编系统编号分别为 s 、 s' 。

设上、下行系统出发列车编组去向号标记向量分别为

$$C=\begin{bmatrix} C_{1s} \\ C_{2s} \\ \vdots \\ C_{qs} \end{bmatrix}, \quad C'=\begin{bmatrix} C_{1s'} \\ C_{2s'} \\ \vdots \\ C_{qs'} \end{bmatrix} \tag{5-3}$$

其中，

$$C_{ks}=\begin{cases} 1, & \text{系统 } s \text{ 出发列车可以编挂去向 } k \text{ 的车辆} \\ 0, & \text{其他} \end{cases}$$

$$C_{ks'}=\begin{cases} 1, & \text{系统 } s' \text{ 出发列车可以编挂去向 } k \text{ 的车辆} \\ 0, & \text{其他} \end{cases}$$

$$k=1,2,\cdots,q$$

设到达列车接入上、下行系统产生的交换车辆数分别为 N_s 和 $N_{s'}$，则

$$N_s=\sum_{i=1}^{n}\sum_{k=1}^{q}\mathrm{dd}_{ik}C_{ks'} \tag{5-4}$$

$$N_{s'}=\sum_{i=1}^{n}\sum_{k=1}^{q}\mathrm{dd}_{ik}C_{ks} \tag{5-5}$$

对于同一到达列车 dd_i，若 $N_s < N_{s'}$，则说明该列车接入 s 系统比接入 s' 系统产生的交换车辆数少。根据辆数最少原则，该到达列车应接入 s 系统到达场，反之，应接入 s' 系统到达场。

3. 交换车的代价设定

对于折角车流，无论是调车场现车、集结线上的交换车，还是多方向到达列车中的交换车，都不符合本系统出发列车编组去向，故可令其 $p_{ij}=M$ 。为了优先保证等级较高的出发列车满轴发车，以列车等级序号为相应车流的代价，对代价较小的车流优先安排。

利用代价和列车等级可控制配流导向，使必须满轴出发的等级较高的列车优先获得车流，同时可防止将去向不符或接续时间不够的车流配入列车。

以总代价最小为目标，配流的目标函数可表示为

$$\min Z=\sum_{i=0}^{n}\sum_{j=1}^{m}p_{ij}x_{ij} \tag{5-6}$$

$$\text{s.t.} \quad \sum_{j=1}^{m} x_{ij} = \sum_{i=0}^{n}\sum_{k=1}^{q} \mathrm{dd}_{ik} \tag{5-7}$$

$$\sum_{i=0}^{n} x_{ij} = \sum_{j=1}^{m}\sum_{k=1}^{q} \mathrm{cf}_{jk}, \quad x_{ij} \geqslant 0, i=0,1,\cdots,n; j=1,2,\cdots,m; k=1,2,\cdots,q \tag{5-8}$$

5.1.3　算法步骤

双向编组站的到达车流中往往包含多个编组去向的车流，其中一些车流对某一解编系统来说必成为折角车流，这些车流一般需要重复解体作业，增加车辆在站停留时间。一般情况下，双向编组站折角车流越小，作业组织的效率也越高，但这往往又和其他因素相矛盾。在一个阶段时间内进行列车配流，有时难以保证所有出发列车均满轴，这时只能减少可欠轴出发列车的配流量。如果在一个阶段时间内，仍找不到满意的配流方案，势必有出发列车晚点发车或欠轴发车。因此，应合理利用多方向到达列车带来的车流，使其尽快编组出发，尽可能地减少折角车流给编组站带来的能力损耗。求解多方向到达列车静态配流算法步骤[243]（图 5-2）如下。

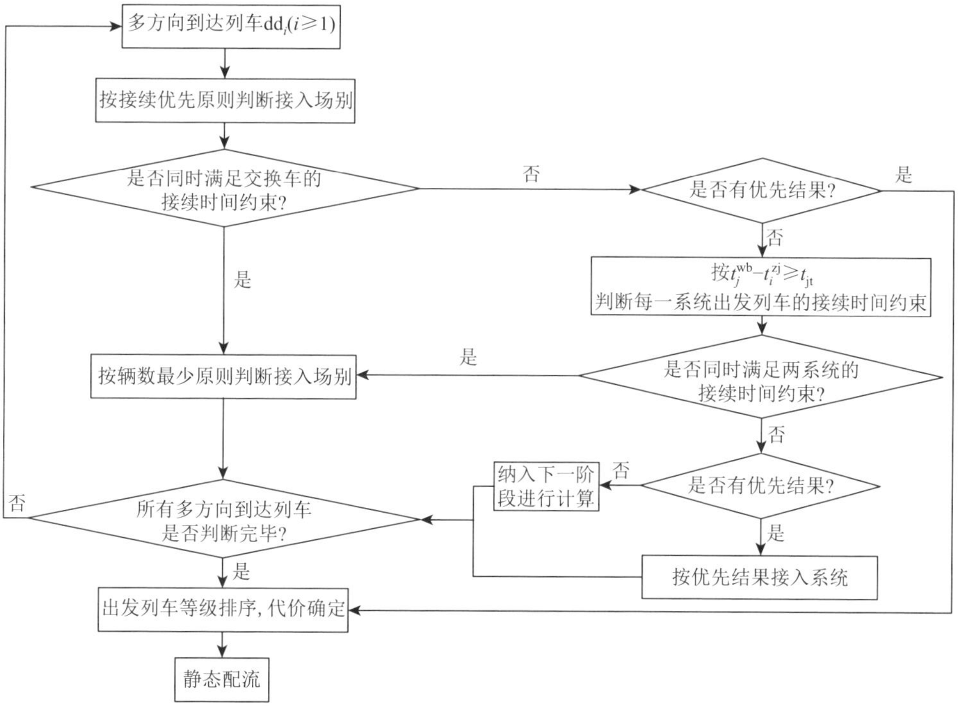

图 5-2　多方向到达列车静态配流算法流程图

算法 5-1：

步骤 1　按接续优先原则判断多方向列车的接入场别，若有优先结果，则进入步骤 3；若同时满足交换车的接续时间约束，则进入步骤 2；若两系统出发列车均不满足，则按 $t_j^{\text{wb}} - t_i^{\text{zj}} \geqslant t_{\text{jt}}$ 判断两系统出发列车的接续时间约束，若有一个系统满足该条件，则接入该系统到达场；若两系统同时满足该条件，则由交换车辆数最少原则判断接入场别；若都不满足该条件，则将该到达列车纳入下一阶段进行计算。

步骤 2　按辆数最少原则判断多方向列车的接入场别，产生交换车较少的系统为接入系统。

步骤 3　将计算时间范围内的两系统出发列车各自按等级排序编号，并确定配入车流的代价。

步骤 4　用表上作业法进行静态配流，求出最优配流方案。

5.2　到达列车的接入场选择优化

在双向编组站，虽然对具有两个系统编组去向车辆的到达列车是接入上行系统还是下行系统有相关规定，但车流构成的多样性往往导致两系统间出现大量的交换车，含有交换车的到达列车对上、下行系统的出发列车来说既有接续时间上的不同，又有数量上的相对差异，这使编组站的配流方案变得更为复杂，故此时需要合理决策。此外，即使此种列车的接入场别已经确定，如何合理配流也要合理决策。因此，双向编组站配流问题可以看作具有双层结构的决策系统，决策的目标是车辆在站总停留时间最短，并且产生的交换车辆数最少。

5.2.1　条件设定

对于双向编组站，假定编组站的解编和转场交换能力足够大，不考虑整场、送禁、取送车作业及调车作业计划的临时变更对调机走行的交叉干扰。

T_{ij} 表示配入出发列车 cf_j 中的到达列车 dd_i 车流每辆车在站停留时间，则

$$T_{ij} = T_j^{\text{cf}} - T_i^{\text{dd}} \tag{5-9}$$

若以 x_{ij} 表示到达列车 dd_i 配入出发列车 cf_j 中的数量，则以车辆在站停留时间最小为优先目标的目标函数表示为

$$\min Z_1 = \sum_{i=0}^{n} \sum_{j=1}^{m} T_{ij} x_{ij} \tag{5-10}$$

设 $Q_i=\begin{cases}1, & \text{到达列车}\mathrm{dd}_i\text{接入系统}s\\ 0, & \text{到达列车}\mathrm{dd}_i\text{接入系统}s'\end{cases}(i=1,2,\cdots,n)$，则以产生交换车辆数最少为次要目标的目标函数为

$$\min Z_2=\sum_{i=1}^{n}\sum_{k=1}^{q}\mathrm{dd}_{ik}Q_iC_{ks'}+\sum_{i=1}^{n}\sum_{k=1}^{q}\mathrm{dd}_{ik}(1-Q_i)C_{ks} \tag{5-11}$$

5.2.2　双层多目标决策模型

调度人员在进行解编作业配流决策时，一方面希望输入车站的车流尽快地从车站输出，加速车辆周转；另一方面希望尽可能减少交换车的数量，节省调机能力。这时需要考虑两个目标 Z_1 和 Z_2。在一些情况下这两个目标不相容，往往压缩了车辆在站总停留时间的同时却又增加了交换车辆数，即不存在最优解使两个目标函数同时达到最优[125]。在这种情况下，需要找出有效配流方案。

定义 5-3　只考虑到达列车的总供给车流量和出发列车的总需求车流量的约束下所有可行的配流方案集记作 G；在不增加交换车数量的前提下，不可能减少全部车辆在站停留时间的可行配流方案，称为有效配流方案 g^*；全部有效配流方案组成的集合称为有效配流方案集，记作 G^*，$G^*\subseteq G$。

对于任何有效配流方案 g^*，不可能存在 $g\in(G-G^*)$，使得

$$Z_\beta(g)\leqslant Z_\beta(g^*),\quad \beta=1,2 \tag{5-12}$$

式中，β 为目标函数的个数。

使由目标函数构成的二维决策向量（$Z_1(\mathrm{g})$，$Z_2(\mathrm{g})$）到理想向量（Z_1^*，Z_2^*）的距离函数极小，其中 $Z_\beta^*(\beta=1,2)$ 是第 β 个目标在不考虑另一目标时的最优值，则可以建立考虑到达列车接入场方案的上层配流决策模型为

$$\min Z(g)=\left(\sum_{\beta=1}^{2}\lambda_\beta\|Z_\beta(g)-Z_\beta^*\|^e\right)^{\frac{1}{e}} \tag{5-13}$$

s.t.　式（5-2）

式中，g 为下层决策模型的解，即为一个配流方案；e 为距离指数，$1\leqslant e<\infty$；λ_β 为凸组合系数，取 $\lambda_\beta=1/2$。

若以总代价最小为目标，则下层配流决策模型为

$$\min z=\sum_{i=0}^{n}\sum_{j=1}^{m}p_{ij}x_{ij} \tag{5-14}$$

$$\text{s.t.}\quad \sum_{j=1}^{m}x_{ij}=\sum_{i=0}^{n}\sum_{k=1}^{q}\mathrm{dd}_{ik} \tag{5-15}$$

$$\sum_{i=0}^{n} x_{ij} = \sum_{j=1}^{m}\sum_{k=1}^{q} \mathrm{cf}_{jk} \tag{5-16}$$

式中，$x_{ij} \geqslant 0(i=0,1,\cdots,n; j=1,2,\cdots,m)$；$k=1,2,\cdots,q$。

5.2.3　模型算法

多层规划是困难型非确定性多项式问题（non-deterministic polynomial-hard，NP-hard）[244]，只能用数值方法计算。双向编组站静态配流首先要解决到达列车的接入场别问题，接入场仅有两种选择，因此可采用禁忌搜索策略，将解的形式表示为$x=(x_1,x_2,\cdots,x_n)$，$x_i \in (0,1)(i=1,2,\cdots,n)$。邻域定义为

$$N: x_i \to N(x) = \left\{ y \left| \sum_{i=1}^{n} |y_i - x_i| \leqslant 1 \right. \right\} \tag{5-17}$$

式中，$y_i \in N(x)$，为x的一个邻居。

这样就能保证最多只能有一个变量发生变化，从0变为1或是从1变为0，也就是到达列车$\mathrm{dd}_i(1 \leqslant i \leqslant n)$要么接入系统$s$到达场，要么接入系统$s'$到达场。评价值可选取目标值$Z_1$。在计算的每个迭代过程中，需要验证车辆在站停留时间的可行性，当出发列车均满轴时，总停留时间小于Z_1^*时为不可行解。除了目标值Z_1，还要考虑另一个有影响力的指标——产生的交换车数量。假设一到达列车接入系统s在阶段时间内可接续多列出发列车，所产生的交换车数量不会大幅度增加，此时接入系统s'为禁忌的。综合考虑，在具体计算时评价值定义为Z，在取得最优解的同时找出有效配流方案g^*。

为了求解配流方案和目标函数值，可采用直观的网络结构。上、下行系统s和s'作为源，出发列车$\mathrm{cf}_j(1 \leqslant j \leqslant m)$作为汇。在其间设立3排节点，即发点$u_i$（到达列车节点）、中间点$z_k$（到达列车车流去向节点）、收点$v_j$（出发列车车流去向节点）。其中，到达列车及其去向均按到达先后时刻自上而下排列，出发列车按列车等级自上而下排列，需要优先照顾的出发车流排在上面。在运用增广路算法求最大流时，增广路的搜寻一律依自上而下次序进行。

算法5-2：

步骤1　用表上作业法精确配流，从配流方案集G中分别找出使理想向量Z_1^*和Z_2^*取得最优值的配流方案g，并记录Z_1^*和Z_2^*的最优值。

步骤2　包含到达列车dd_i车流去向较多的场作为初始接入场，选定一个初始可行解x_f作为迭代的基础解，禁忌表$H=\varnothing$。

步骤3　记录当前最优解$x_\mathrm{b}=x_\mathrm{f}$。

步骤4　构造网络模型进行静态配流，当满足终止规则时，输出当前最优解x_b和有效配流方案g^*，算法结束，否则转步骤5。

步骤 5　从 $N(x_{\mathrm{f}})$ 中选出满足禁忌要求的候选集 $N'(x_{\mathrm{f}})$，从中选出目标值 Z 最好的解 x_{n} 作为新的基础解，更新禁忌表。

步骤 6　令 $x_{\mathrm{f}}=x_{\mathrm{n}}$，若 $Z(x_{\mathrm{f}})<Z(x_{\mathrm{b}})$，则转步骤 3，否则，转步骤 4。

到达列车接入场的不同会改变列车配流的时间接续关系，通过调整列车的接入场方案，可使到达车流在全站范围内实现合理配流。当配流问题的规模不大时，可用禁忌搜索算法求解；但当配流问题的规模较大时，其搜索时间仍不理想，需要采取措施加快算法的收敛速度。

5.3　出发列车的出发场变更及出发股道调整优化

双向编组站一般都衔接 3 个以上线路方向，每个线路方向出发列车的出发场都有基本的规定（按上行或下行出发），相对于到达列车的接入场选择，出发列车的出发场需要变更的情况较少，所以出发列车出发场的确定应尽可能符合基本的使用方案，然后在此基础上再考虑出发股道的调整优化。

设出发场股道集合为 $L=\{l_1,l_2,\cdots,l_w\}$，矩阵 $C=(c_{ij})$ 表示出发列车 cf_i 选择出发场 j 的权值，若 cf_i 使用出发场 j 且符合基本的使用方案，则 c_{ij} 取较小的值。p_{ij} 为布尔变量，若出发列车 cf_i 使用出发场 j，则取 1；否则，取 0。如此，调度人员在确定出发列车的出发场和出发股道时可以考虑如下目标：

$$\min Z(g)=\sum_{i=1}^{m}\sum_{j=1}^{2}c_{ij}p_{ij} \tag{5-18}$$

$$\text{s.t.}\quad c_{i1}+c_{i2}=1 \tag{5-19}$$

式中，每一个 g 是下列规划的解：

$$\min Z(g^*)=\sum_{i=0}^{m}\sum_{l=1}^{w}\lambda_{il}p_{il} \tag{5-20}$$

$$\text{s.t.}\quad \sum_{l=1}^{w}p_{il}=1 \tag{5-21}$$

$$\sum_{i=1}^{m}p_{il}\leqslant 1 \tag{5-22}$$

$$(T_i^{\mathrm{sc}}+t_i^c-T_{i'}^{\mathrm{cf}}-t_{in})p_{il}\geqslant 0 \tag{5-23}$$

$$i=1,2,\cdots,m;j=1,2;l=1,2,\cdots,w$$

式（5-18）和式（5-20）中，g 为只考虑出发列车的出发场选择方案，g^* 为在此基础上的出发场股道使用方案。式（5-19）表示一列列车在同一时间内只能选择一个出发场，其他符号同前。

出发列车的出发场变更及出发股道调整优化的基本思路是：首先确定出发列车的出发场，然后在此基础上调整出发股道。

算法 5-3：

步骤 1　根据列车的出发计划读取所有出发列车的出发车次、出发时间，然后删除已编组确定出发场和出发股道的列车以及占用的出发股道。

步骤 2　求解模型 $Z(g)$，生成出发场选择的基本方案。

步骤 3　在模型 $Z(g)$ 的解集中，求解模型 $Z(g^*)$，得到两个改编系统出发场的股道占用方案。

步骤 4　若上述方案中所有列车均已安排完毕，则得到可行的出发场选择及出发股道运用方案；若存在列车未被安排到发线，则变更未安排列车的出发场，转步骤 3。

步骤 5　调整出发列车的出发股道，直至所有出发列车安排完毕。

一般情况下，区域性双向编组站两系统间联络线较少，且存在较多的交叉干扰，出发列车的出发场别按照基本的使用方案选择即能满足作业需要。在一些路网性双向编组站，两系统间一般设有交换场和更多的联络线，出发列车的集结地点选择的空间较大，可根据到发列车的车流状况以及两系统的作业能力变更出发场，调整出发股道，以使双向编组站的两个改编系统作业均衡。

5.4　双向编组站配流的协同优化模型

双向编组站系统作业分工方案虽然规定了基本的列车到发作业场方案，但由于车流到发的复杂性，当某些情况发生时，仍然需要对到发列车的作业地点进行调整，文献[172]总结了需要调整的 4 种特殊情况，这为本书的研究提供了新的思路。

（1）列车到发不均衡，导致一段时间内双向编组站各系统的作业负荷差异较大，即一个系统能力紧张，而另一个系统相对空闲，此时需要对到达列车的接入地点和出发列车的编组地点进行调整。

（2）由于车流结构的动态随机性，对于输送同一支到达车流的列车，其编组内容也会有较大的差异，将这些列车全部接入同一个系统，可能会对接续出发列车不利，或产生过多的折角车流，有必要对这些到达列车的接入地点进行调整。

（3）当某些出发车流可以在两个系统同时集结时，以这些车流组号为编组内容的出发列车有必要选择最有利的编组地点。

（4）当某些出发列车的集结过程接近结束时，需要将接续这些出发列车的个别到达列车改变接入地点，以及时实现列车编组的满重或满轴要求。

本节从阶段计划的角度出发，不考虑编组站作业能力的约束，以列车配流为最终目标，探讨到发列车的场别选择问题。由大系统优化理论，将双向编组站配流问题从到发列车的作业地点选择角度分解为两个子系统，建立如图 5-3 所示的两级递阶分解协同优化模型。

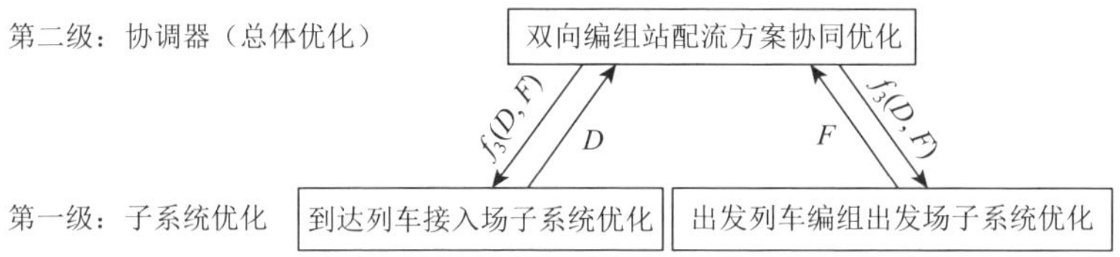

图 5-3　双向编组站配流的协同优化模型

设配流方案为 P，到达列车接入场方案为 D，出发列车编组出发场方案为 F（D 与 F 是两个变量，分别是一个一维数组），则 P 为 D、F 的函数，记作 $P=f(D,F)$。

设 Q_i^s、$Q_i^{s'}$ 为 0-1 变量，若到达列车 dd_i 接入系统 s，则 Q_i^s 为 1，否则，为 0；若到达列车 dd_i 接入系统 s'，则 $Q_i^{s'}$ 为 1，否则，为 0。在选择到达列车的接入场时，仅考虑产生的交换车数量，由此得

$$\min Z_1=\sum_{i=1}^{n}\sum_{k=1}^{q}\mathrm{dd}_{ik}Q_i^s C_{ks'}+\sum_{i=1}^{n}\sum_{k=1}^{q}\mathrm{dd}_{ik}Q_i^{s'}C_{ks} \tag{5-24}$$

$$\text{s.t.}\quad Q_i^s+Q_i^{s'}=1 \tag{5-25}$$

式（5-25）表示一列列车只能选择一个到达场。

出发列车编组出发场子系统的选择采用式（5-18）和式（5-19）分别作为目标函数 Z_2 和约束条件。

双向编组站配流方案模型在全站范围内协调到达列车接入场和出发列车编组出发场，并尽可能保证出发系统选择的稳定性，否则有

$$\min Z_3=\frac{1}{\sum_{j=1}^{m}\beta_j} \tag{5-26}$$

$$\text{s.t.}\quad \sum_{i=0}^{n}\sum_{k=1}^{q}\mathrm{dd}_{ik}=\sum_{i=0}^{n}\sum_{j=1}^{m}\sum_{k=1}^{q}\mathrm{cf}_{ijk} \tag{5-27}$$

式（5-26）中，

$$\beta_j=\begin{cases}1, & \sum_{i=0}^{n}\sum_{k=1}^{q}\mathrm{cf}_{ijk}-m_j\geqslant 0,\quad j=1,2,\cdots,m\\ 0, & 其他\end{cases}$$

式（5-27）为所配车流平衡约束。

在到达列车的接入场和出发列车的编组出发场确定后，由目标 Z_3 实现车流在全站两系统间的合理分配，当上述模型所得的配流方案不能满足现场的实际需要时，由车站调度人员根据实际的现场情况对已生成的到发列车接发场方案进行人工调整。

5.5 本章小结

双向编组站一般都有两套独立的调车系统，它们之间会产生转场交换车流，由此造成改编能力的浪费。故本章针对与单一系统相比，双向编组站配流优化需要考虑如何减少交换车的数量以及某些情况发生时列车接入和出发地点的调整等问题进行了探讨，主要内容包括以下两点：

（1）针对双向编组站衔接方向较多、易产生折角车流的特点，利用数学方法对交换车进行处理，同时考虑到达列车的接入场、出发列车的出发场以及股道调整等问题；

（2）在既有双向编组站系统作业分工方案的基础上，对于到发列车需要调整作业地点的情况，建立协同优化模型进行优化，尽可能地减少折角车流给编组站带来的能力损耗，实现到达车流在全站范围内的合理配流。

第 6 章　基于集群资源的编组站作业优化

6.1　编组站集群资源分析

6.1.1　编组站调度资源构成分析

无论是 CIPS 还是 SAM 系统，并没有改变传统编组站的基本作业流程和设备使用方法，但有效地整合了编组站的信息资源，极大地提高了设备的利用程度。综合自动化编组站调度系统除了大量的传统实体资源（驼峰、调机、到发线、列检组等），还蕴含了大量实时、准确的信息资源，并且这两大类资源都呈现明显的集群性。因此，更好地利用这些资源是保证编组站作业高效、顺利进行的前提。为了更好地分析现代化编组站资源，将编组站的调度资源简单分为实体资源和信息资源两大类。

1. 编组站的实体资源

编组站的实体资源包括设备资源和人力资源，二者的配置数量多少直接影响车站的作业能力，也会对调度计划的执行效率产生影响。

编组站的设备资源包括调车设备、行车设备、机务设备。调车设备是编组站的核心设备，包括调车驼峰、调车场、牵出线、辅助调车场等。调车驼峰主要由推送部分、峰顶平台、溜放部分组成，配套设备包括调速工具、相应的信号和通信设备。调车场通常有比较多的线路股道，供车列（重车按去向、空车按车种）集结使用。牵出线是供调机牵出车列进行解体、编组等调车作业的线路，一般按尽头式布置。辅助调车场为辅助列车解编作业或办理地区车流的车场，主要负责摘挂列车和小运转列车的编组作业。行车设备主要有到达场、出发场等车场的线路。到达场主要接入改编列车、无改编列车或部分改编列车，办理列车的到达技术作业；出发场则办理列车的出发技术作业。有些车站将到发线路放在一个车场，供货物列车到发作业。机务设备指调机、本务机以及对机车进行各项装备和修理作业的线路与设备。其中，调机是专门用于编组站或调车场进行列车解体、编组作业的机车，本务机是主要担当牵引任务的机车。

编组站的人力资源主要包括列检员、车站值班员、调度人员、调车长、调车员等。其中，列检员负责对列车技术状态进行例行检查；车站值班员统一组织编组站接发列车工作，并负责组织管理、行车指挥协调的任务；调度人员的主要工作是，在值班站长的指挥下进行有关资料的收集，并参与编制班计划等。综上所述，合理地分配不同人员负责不同的作业，可以保证编组站作业的高效进行。

在上述实体资源中，驼峰、车场、股道等属于固定实体资源，在一定时期内处于稳定的状态，而调机、人力资源等可根据运输组织的需要进行调配。

2. 编组站的信息资源

1）编组站信息资源的内容

编组站综合自动化系统的核心就是数据整合、信息集成，能够实现信息资源的充分利用，增强作业的预见性，提高计划的兑现率。这些信息资源包括基础信息、列车信息、车流与现车信息、车号信息、技术作业信息、调度计划信息、调机信息、本务机信息、线路与进路信息。

（1）基础信息。基础信息包括车站的实体资源数量、使用方案、作业组织要求、规章制度等。

（2）列车信息。列车信息主要用于车站内的接发车业务，包括接发车计划（列车在本站的车次、到发时刻及接发车方向）、列车图定时刻、接发车报点、行车日志等。

（3）车辆与现车信息。车辆与现车信息主要包括车站内各车场及线路现有的货车车辆数据。

（4）车号信息。车号信息包括机车、车辆车号识别信息、确报（列车编组顺序表）等，这与编组站内阶段计划配流密切相关。

（5）技术作业信息。技术作业信息主要是到达技术作业与出发技术作业的执行和反馈信息，包括列车车次、停留线路、辆数、要求的技术作业顺序等。

（6）调度计划信息。编组站的调度计划包括日班计划、阶段计划、调车作业计划、调机工作计划、本务机调度计划、站内施工计划等，其中包含到发场、调车场股道等资源的合理使用计划。上述计划的编制及执行过程，也是编组站综合自动化系统信息化管理的对象。

（7）调机信息。调机是编组站的重要实体资源，除了调机工作计划，还包括调机的跟踪、车载、走行径路等信息。

（8）本务机信息。本务机信息包括本务机与接发列车的匹配信息、本务机折返信息、径路信息、识别径路信息等，主要用于管理本务机在站内及机务段（或折返段）的作业，使之与列车的到发计划相匹配。

（9）线路与进路信息。线路与进路信息包括线路的使用信息、接发列车及调车作业在站内的走行径路信息等。

除了上述信息，还有大量的辅助生产信息，包括电务监测信息、环境监控信息、电源监测及图像监视信息、车辆超偏载检测信息、有线/无线通信信息、信号设备检测信息等。

2）编组站信息资源的特点

（1）全面性。凡是编组站运输生产所需的信息，特别是各种计划信息，都需要明确相互间的逻辑关系，纳入编组站综合自动化系统的信息管理范畴，避免发生信息断链，出现信息黑洞的现象。

（2）实时性。在综合自动化条件背景下，编组站的作业计划不再是以前静态的计划，而是动态的、具有实时性的计划。在计划的编制方面，以及需要计划改变的情况下，整个过程包括计划的决策、优化、调整等必须在一个很短的时间范围内完成，相反则会丧失计划的实效性，而且影响执行效率。

（3）动态性。编组站的车流是信息的重要载体，一般处在运动状态，而调机、车辆、线路及驼峰的使用等也往往处于变化之中，这些信息在管理系统中有明显的流动性。

（4）共享性。编组站综合自动化系统建立了一个统一的共享信息平台，车站内的各种信息在经过采集、处理、变更后，在车站的信息输入及输出过程中，会被各岗位、各种作业所使用。

6.1.2　编组站资源节点分析

1. 编组站资源节点划分

在编组站子系统分析的基础上，为了更好地利用各个系统资源，将编组站内五个子系统按照作业分类，分为 5 个大资源节点，即到达作业资源节点、解体作业资源节点、集结作业资源节点、编组作业资源节点、出发作业资源节点。在这些资源节点内有不同的作业设备，资源节点内具有的资源即指这些设备。每项作业会利用对应资源节点内的资源，各个资源节点间的各个作业存在衔接关系，因此作业资源均具有相互制约、相互影响的关系。将编组站内所有设备资源进行节点分类，利用分析调度的合理性，以及作业过程资源利用的情况，为后面从考虑资源的角度，建立到解系统作业调度模型及求解奠定理论基础。

2. 编组站资源节点特征

当列车在编组站每个资源节点内进行作业时，都需要利用资源节点内的设备，每个设备称作资源节点内的一个资源，其决定了资源节点的利用率，因此资源节点的作业能力会受这些设备资源因素的影响。为了更好地研究资源节点的作业能力，下面定义各个资源节点的特征。

1）到达作业资源节点特征[245]

（1）到达场股道数量。

到达场股道是接入到达车站列车的主要设备资源，在车流量一定的情况下，到达场股道数量过少将造成到达解体列车无法接入，严重时甚至会造成正线拥堵。到达场股道数量越多，到达作业能力越强。

（2）到达场股道长度。

当列车接入到达场时，会在到达场股道上进行到达技术作业，其股道越长，能接入列车的能力越强。

（3）列检资源。

列检组数量决定了到达作业子系统内到达列车是一个一个进行列检作业，还是可以多辆列车同时进行列检作业；列检时间标准及列检组数量直接影响到达场作业能力，进而影响驼峰作业效率。

2）解体作业资源节点特征

（1）驼峰个数及作业方案。

大型编组站有两个车场，划分为两个独立的调车系统，可以同时进行两个方向的分解列车作业，占用驼峰的平均时间大为缩短，驼峰解体能力成倍增强。在只有一个驼峰的编组站，又由于作业方案不同（单推单溜、双推单溜）而解体作业效率不同，本书在三级六场编组站的背景下进行研究，因此本书驼峰资源为两个，可以独立进行作业。

（2）调机台数的影响。

当调机台数过少时，会降低驼峰作业效率，当某个方向的调机进行整场作业时，将占用调机能力，若有多余调机接续作业，则会减少由于该方向只有一个调机而导致的列车过长的等待时间。因此，要合理使用驼峰调车。在驼峰调车作业中，如果调机下峰推车和整场的次数过多，将过多占用调机时间，导致解体作业时间缩短以及解体作业数减少。在调机数量充足的情况下，为充分发挥每台调机的能力，又达到不浪费调机资源的目标，应合理安排调机工作任务，以及相互之间的联系配合。

（3）推送线资源。

推送线资源也是影响驼峰解体作业的资源因素，如推送线过少或其固定使用计划设定不合理都会影响驼峰解体作业的顺利高效进行。合理有效地使用这些到解资源，是提高编组站到达子系统和解体子系统作业效率的保障。

3）集结作业资源节点特征

（1）调车场股道数量。

列车在驼峰调车场尾部进行车辆集结，车站先到的有调中转车和货物作业车需要在调车场尾部股道上等待后到列车集结满轴。占用调车场股道资源，其调车场股道数量直接影响其集结作业的能力。股道数量越多，调车场的集结能力越强。

（2）调车场股道长度。

同上分析，调车场的股道长度越长，能够用来集结车辆的能力越强。

（3）可进行编组的本站作业车。

集结过程除了特殊情况下可以不满轴，实际上就是等待列车满轴的过程。能编入同一列车的车辆集结完毕即可进行编组出发。若编组站的本站货车可以编入集结列车，则可相应减少集结时间。

4）编组作业资源节点特征

（1）牵出线。

编组站牵出线是供调机牵出车列进行编组等调车作业的线路，一般按尽头式布置。牵出线个数越多，其编组作业子系统能力越强。

（2）调机。

调机是用于编组站进行列车编组作业的机车，在同样条件下，调机越多，可以在同一段时间内编组更多车辆，合理使用调机也是提高编组站编组能力的保障。

（3）辅助调车场。

辅助调车场是为辅助列车解编作业或办理地区车流的车场，一般主要负责摘挂列车和小运转列车的编组作业；编组站的辅助调车场能力越强，其编组站的编组作业子系统能力也越强。

5）出发作业资源节点特征

（1）出发场股道数量。

在车流量一定的情况下，出发场股道数量过少将造成出发列车在编组站等待出发现象。出发场股道数量越多，出发作业能力越强。

（2）出发场股道长度。

当列车在出发场进行出发准备作业时，会在出发场股道上进行出发技术作业，其股道越长，能办理列车出发的能力越强。

（3）列检资源。

列检组数量决定了出发场作业子系统在同一时间内是可以提供单个作业服务，或可以同时进行多列车的列检作业服务；列检时间标准及列检组数量直接影响出发场作业能力。

6.2　编组站集群资源调度策略

6.2.1　编组站集群资源调度优化随机因素

传统的编组站因为没有信息化作为支撑，人工在进行调度计划编制时，往往会被各种因素限制，常常不得不分时段静态编制，这样的计划无法满足实时性，所以准确性不高，兑现率有限，但采用综合自动化系统，可以实现任意时刻动态管理其后 3h 阶段计划，从而提高计划的适应性和鲁棒性[246]。然而，编组站的作业存在较多的随机因素影响，主要体现在以下方面：

（1）编组站是为货运服务的，近几年受客运优先影响，货运列车呈现密集到达，到发车流不均衡性日趋严重。

（2）编组站作业使用的实体资源很多，且到达、解体、编组、出发线路及作业过程复杂，更有可能因为施工或其他原因被暂停使用。

（3）编组站到发车辆的装载、类型及状态等具有一定随机性，并且存在突发技术性扣车的可能性。

（4）编组站的作业计划对区域路网呈发散性影响，在全局控制和调配过程中，某些局部调配具有随机性、多样性。

上述随机因素在一定程度上可以集成到编组站综合自动化系统中，由计算机依照相关规则对调度计划编制和作业安排进行随机伺服处理。必要时能快速进行计划调整，充分发挥综合自动化系统快速优化反应、整体协调及计划自动执行的优越性。

6.2.2　编组站集群调度策略优化

在编组站综合自动化系统提供的可靠信息资源的基础上，系统在随机过程中，仍能灵活随机地进行调度，是提高车站作业效率及准确率的保障[247]。在综合自动化系统的基础上，由于编组站具有实时的信息资源和大量实体资源，所以可将集群调度的理念应用到调度优化中。集群调度，是指从全局优化的角度，以维护列车在运行图中的正常秩序为目的，在尽可能长的时间范围和尽可能广的物理空间内，挖掘集群化的信息资源，通过高效的资源管理和调度优化技术，对集群化的实体资源进行有效的主动控制，使得所有作业和任务在各资源节点上的分配更加科学合理，实现列车、计划、机车调度三位一体的高度集中、统一指挥的集群调度模式。这是编组站综合自动化的发展趋势之一，也是其作业流程及车流组织模式的变革。

集群调度与传统的调度相比，其时空特点更为显著。在编组站集群调度中，各种信息资源集群协同，实体资源整体联动。虽然编组站作业的随机因素在某种程度上会直接影响调度决策的有效性和可靠性，但在编组站综合自动化的平台上，由于其广阔的时空特点，随机性并不是完全随机的，而是在一定范围内的随机，从而呈现一定的可控性，这种随机性可称为有条件、有边界的随机。新一代编组站技术的成功实施，实现了数据实时采集、整合、信息集成，提高了编组站各个作业的预见性和协调性。这为编组站到达更高层次的智能化提供了基础。因此，集群化的调度策略就是指在研究编组站作业流程、作业方法、考虑资源特点的基础上，建立集群调度优化模型，利用集群化的信息资源，将编组站内各个作业结合起来，使各个作业所需要的资源在更大程度上实现相互协调，即对编组站各个资源进行更大时间、空间上的统一协调控制，使编组站资源得到充分利用及合理配置，从而提高编组站作业效率与作业完成率。在采用集群的调度策略基础上，运用现代化理论和方法建立编组站集群调度优化模型，以指导编组站的调度作业，合理控制各种实体资源。

6.3　基于集群资源的编组站驼峰解体作业优化

6.3.1　不考虑集群资源的编组站驼峰解体作业模型

1. 条件分析与假设

在到达场进行接入列车作业时，其关键环节是咽喉进路的排列和到发线的使用，在到达场咽喉处常发生进路交叉干扰，需要进行疏解，而疏解实际上针对的是有时间冲突的作业（接发车作业、调车作业等），这通常是指到发线占用问题。为这些时间上有冲突的作业配给无冲突的空间资源（股道或进路）就是疏解的过程。为了作业安全及列检组作业方便，很多车站到达场股道采用按方向接入列车，且按照用途分成几组。例如，设置顺驼峰方向接车线 3～5 条，1 条反驼峰方向的改编列车接车线，调机走行线 1 条或 2 条，无改编中转列车接车线 1 条或 2 条，本务机入段线 1 条等。显然，线路分组的多少与编组站站型以及到达场衔接的线路数等有关。在到解系统中，为避免不必要的进路交叉，到达场各个线路的固定方案使用需要与接车进路及具体推峰作业相配合。

考虑到达场的线路分组与固定使用限制，本书基于双向三级六场编组站探讨列车的推峰解体顺序问题，为便于研究，进行以下设定：

（1）不考虑无改编列车，假定到达场内全部为到达解体列车；

（2）每个驼峰配备 2 台调机；

（3）研究的阶段时间设定为 6h。

2. 参数定义

设到达场的待解列车集合记作 A，按照到达时间顺序分别记作 $a_1,a_2,\cdots,a_i,\cdots,a_I$；解体调机为 g（$g=1$ 或 2）；解体时间段为 $k(1\leqslant k\leqslant K)$；$s$ 为到达场按方向固定使用到达场股道区域，即定义接入某一相同方向到达列车的所有股道属于同一个股道区域；s' 为某股道区域 s 中的股道；w 为推送线集合，在双推单溜驼峰解体条件下，$w=1$ 或 2，分别代表一条推送线或两条推送线。其他相关参数定义如下：

（1）t_i 为列车 a_i 解体所用的时间；

（2）T_i^{d} 为列车 a_i 接入到达场时刻；

（3） T_i^{j} 为列车 a_i 开始解体时刻；

（4） T_{ki}^g 为由调机 g 在阶段 k 解体列车 a_i 时的最早开始作业时刻；

（5） t_{ki}^g 为列车 a_i 在阶段 k 由调机 g 解体后至下一列车解体前的驼峰空闲时间；

（6） x_{ki}^g 为在第 k 时间段，列车 a_i 是否由调机 g 解体的 0-1 变量，若由 g 解体，则 $x_{ki}^g=1$，否则，$x_{ki}^g=0$；

（7） $q_{ii'}^s$ 为 0-1 变量，若列车 a_i 与列车 $a_{i'}$（$a_{i'}$ 在 a_i 之后）同时占用一个到达场股道区域 s，则 $q_{ii'}^s=1$，否则，$q_{ii'}^s=0$；

（8） $P_{is'}$ 为 0-1 变量，若列车 a_i 接入到达场股道 s'，则 $P_{is'}=1$，否则，$P_{is'}=0$；

（9） f_{ie}^k 为 0-1 变量，若列检组 e 在阶段 k 内优先对接入到达场的列车 a_i 进行技术作业，则 $f_{ie}^k=1$，否则，$f_{ie}^k=0$。

3. 约束条件

（1）在一个时间段内同一列车只由一台调机进行解体作业。

$$\sum_{i=1}^{I}\sum_{g=1}^{2}x_{ki}^g \leqslant 1, \quad k=1,2,\cdots,n \tag{6-1}$$

（2）当前后两列车 a_i 与列车 $a_{i'}$ 由相同一台调机解体时，在作业时间上不能冲突。

$$x_{ki}^g x_{ki'}^g (T_i^{\mathrm{j}}+t_i-T_{i'}^{\mathrm{j}}) \leqslant 0 \tag{6-2}$$

（3）两列车 a_i 与 $a_{i'}$ 能且只能最多同时占用一个到达场股道区域。

$$\sum_{s=1}^{S} q_{ii'}^s \leqslant 1, \quad s=1,2,\cdots,S \tag{6-3}$$

（4）前后两列接入到达场的列车 a_i 与列车 $a_{i'}$，在前一列车 a_i 的到达技术作业未完成，该车没有推峰解体前，后续列车 $a_{i'}$ 不能与其占用同一股道。

$$T_{ki}^g + t_i x_{ki}^g - T_{i'}^{\mathrm{d}} \leqslant M\left(2-\sum_{s=1}^{S} q_{ii'}^s - x_{ki}^g\right) \tag{6-4}$$

式中，M 为充分大的正数。

（5）任一列车最多能且必须只接入一个固定方向的到达场股道。

$$\sum_{s'=1}^{S'} p_{is'} = 1, \quad s'=1,2,\cdots,S' \tag{6-5}$$

（6）当到达的列车占用相同一条到发线时，在时间上不冲突，其中 t_{in} 为列车占用相同到发线的最小间隔时间。

$$p_{is'} p_{i's'} (T_{i'}^{\mathrm{d}} - T_i^{\mathrm{j}} - t_{in}) \geqslant 0 \tag{6-6}$$

（7）列车 $i+1$ 为列车 i 的紧后解体列车，当驼峰采用双推单溜方式时，解体顺序相邻列车需接入到达场的不同股道区域，于是有

$$s_i + s_{(i+1)} = 1 \tag{6-7}$$

（8）在时间段 k，对于本阶段第一列开始解体的到达列车，如果其到达技术作业在本阶段开始时刻 T_0 之前已经完毕，则该列车在 T_0 时刻就可以进行解体，否则需要在其技术作业完毕后才能开始解体；对于后续解体列车，必须在到达技术作业完毕且前一列车解体作业完毕后才能开始解体。

$$T_{k(i+1)}^{g}-T_{ki}^{g}-\sum_{i=1}^{I}t_i x_{ki}^{g}\geqslant 0 \tag{6-8}$$

（9）驼峰作业时间与空闲时间之和不超过 6h，即 360min。

$$\sum_{g=1}^{2}\sum_{k=1}^{K}\sum_{i=1}^{I}(t_i x_{ki}^{g}+t_{ki}^{g})\leqslant 360 \tag{6-9}$$

（10）到达场每一列待解车列的等待时间是不同的，其大小受驼峰作业负荷及解体作业量的影响。通常来说，驼峰的解体时间越短，待解列车的等待时间越短。所以，每列列车解体之前的等待时间可以作为一个衡量指标，因为本部分是从考虑到达场股道固定使用的角度来确定驼峰的解体顺序问题。因此，在此设定一个目标，满足任一接入方向列车的最大等待时间不影响该方向的后续接车，即

$$t_i x_{ki}^{g}+t_{ki}^{g}-T_{i+1}^{\mathrm{d}}\leqslant t_{\max} \tag{6-10}$$

式中，$t_{\max}$ 为任何一列待解列车的等待时间都不超过的最大等待时间。

4. 目标函数

对于大型编组站，到达场一般都有两条推送线推送车列进行驼峰解体作业，以两条推送线路的解体列车数最大为目标，则有

$$\max z_1=\sum_{g=1}^{2}\sum_{k=1}^{K}\sum_{i=1}^{I}x_{ki}^{g} \tag{6-11}$$

式（6-11）对大型编组站的任一单个作业系统均适用。在考虑到达场股道固定使用的情况下，通过对待解列车的解体顺序进行合理排序，可以减少车列的等待时间，进而达到在同样多的时间内增加列车解体数量的目的。

在到达场列检组数量有限的情况下，当某固定接入方向的列车密集到达时，列检组应集中办理该接入方向股道上列车的到达技术作业，以免影响该方向后续列车的接入，$\lambda_{is'}$ 为固定使用股道 s' 接入的紧张程度，为一个权值。当某方向接入列车密集到达时，$\lambda_{is'}$ 取较大的值，否则，取较小的值。于是，为了更快解体密集到达方向的列车，需要列检组优先对该方向的列车进行技术作业。

$$\max z_2=\sum_{k=1}^{K}\sum_{i=1}^{I}\sum_{s'=1}^{S'}\lambda_{is'}f_{ie}^{k} \tag{6-12}$$

同理，当某固定接入方向的列车密集到达时，也应优先解体该接入方向的列车，设 $w_{is'}$ 为占用固定使用股道 s' 的列车推峰解体的紧张程度，为一个权值。当列车密集到达时，$w_{is'}$ 取较大的值，否则，取较小的值。于是，同样有

$$\max z_3 = \sum_{g=1}^{2}\sum_{k=1}^{K}\sum_{i=1}^{I}\sum_{s'=1}^{S'} w_{is'} x_{ki}^{g} \tag{6-13}$$

目标函数式（6-12）、式（6-13）可以转化为约束条件：

$$\lambda_{is'} f_{ie}^{k} \geqslant \bar{\lambda} \tag{6-14}$$

$$w_{is'} x_{ki}^{g} \geqslant \bar{w} \tag{6-15}$$

式（6-14）、式（6-15）表示在任意时刻列检组、调机都要选择占用紧张的股道进行作业，$\bar{\lambda}$、$\bar{w}$ 表示权值的算术平均值。

综上所述，以两条推送线路的解体列车数最大为目标，建立编组站到达场股道固定使用为前提的，在未考虑机车资源利用率的驼峰到解系统优化模型为

$$\max z_1 = \sum_{g=1}^{2}\sum_{k=1}^{K}\sum_{i=1}^{I} x_{ki}^{g} \tag{6-16}$$

$$\text{s.t.}\quad \sum_{i=1}^{I}\sum_{g=1}^{2} x_{ki}^{g} \leqslant 1,\quad k=1,2,\cdots,n$$

$$x_{ki}^{g} x_{ki'}^{g}(T_i^{\mathrm{j}} + t_i - T_{i'}^{\mathrm{j}}) \leqslant 0$$

$$\sum_{s=1}^{S} q_{ii'}^{s} \leqslant 1,\quad s=1,2,\cdots,S$$

$$T_{ki}^{g} + t_i x_{ki}^{g} - T_{i'}^{\mathrm{d}} \leqslant M\left(2 - \sum_{s=1}^{S} q_{ii'}^{s} - x_{ki}^{g}\right)$$

$$\sum_{s'=1}^{S'} p_{is'} = 1,\quad s'=1,2,\cdots,S'$$

$$p_{is'} p_{i's'}(T_{i'}^{\mathrm{d}} - T_i^{\mathrm{j}} - t_{in}) \geqslant 0$$

$$s_i + s_{(i+1)} = 1$$

$$T_{k(i+1)}^{g} - T_{ki}^{g} - \sum_{i=1}^{I} t_i x_{ki}^{g} \geqslant 0$$

$$\sum_{g=1}^{2}\sum_{k=1}^{K}\sum_{i=1}^{I} (t_i x_{ki}^{g} + t_{ki}^{g}) \leqslant 360$$

$$t_i x_{ki}^{g} + t_{ki}^{g} - T_{i+1}^{\mathrm{d}} \leqslant t_{\max}$$

$$\lambda_{is'} f_{ie}^{k} \geqslant \bar{\lambda}$$

$$w_{is'} x_{ki}^{g} \geqslant \bar{w}$$

6.3.2　基于集群资源的编组站驼峰解体作业优化模型

在考虑编组站资源的前提下，对上述的传统模型进行修正。上述模型只以驼峰完成作业量最大为目标，以具体的股道、列检组等资源在时间和空间的分配为

约束。但是未从编组站自身到解系统资源角度出发，将编组站资源与驼峰解体作业优化模型融合。这不符合现代化编组站发展对资源合理利用的原则，在整个作业调度过程中，更看重的是解体作业的完成质量。因此，下面将编组站资源的利用考虑在调度模型中，实现编组站资源利用与调度模型相融合的目的，即基于集群资源的编组站驼峰解体作业优化研究。

1. 资源的考虑

在本书所研究的编组站到解系统背景下，可以看到在到解系统进行的编组站作业，所利用的资源分别是到达场股道、列检组、驼峰、调机等。因此，下面将调机资源利用与调度模型进行融合，建立考虑调机资源利用的编组站到解系统优化模型。

合理地安排调机，除了指尽可能高效地完成编组站驼峰解体作业，也应考虑调机本身的利用是否合理得当，是否被高效地利用。调机是一种资源，并且是编组站的重要资源，其高效利用能体现编组站资源配备的合理性，也是对编组站资源的节省。在作业过程中调机的合理利用，体现了双赢，即作业的高效完成和编组站资源的节省利用。例如，很多编组站配备过多的调机进行解体作业，就是一种资源浪费现象，在作业过程中合理地观察编组站资源的利用情况，形成反馈，在今后的作业中，可以更好地利用资源及合理分配资源。还有一种情形是，在编组站作业过程中，在对几个调机进行前方作业分配时，往往只考虑作业的完成，而没有合理地安排调机这种编组站重要资源。如果在编制自动化编组站调度计划时，能将调机资源的合理利用考虑在内，那么在编组站按照调度计划实施作业时，便能实时地观察编组站调机资源的利用情况。这对提高资源利用率具有重大意义，这也为从考虑编组站资源角度建立调度计划模型奠定了理论基础。

2. 模型的调整

调机在驼峰解体作业过程中，其状态除了在进行作业的状态，如推峰、解体峰顶平台的列车，以及下驼峰进行整场作业等，还有等待作业的状态。等待作业时间越长，意味着调机资源的利用率越低，因此将调机作业等待时间看作考量调机资源利用率的有效指标是合情合理的。

在本书所研究的编组站背景下，将两台调机为一个驼峰服务下的总作业等待时间最小为目标，建立驼峰解体作业优化模型。在前面所建立模型、参数和约束条件不变的基础上，加一个参数以及一个目标函数。

（1）参数变化。设 $t_{走}$ 为机车在进行解体作业之外的必须走行时间，本书规定机车固定走行时间为 4min。

（2）目标函数变化。将机车作业等待时间看作模型的另一个目标：

$$\min z_2 = 360 - \sum_{g=1}^{2}\sum_{k=1}^{K}\sum_{i=1}^{I} x_{ki}^{g} t_i - \sum_{g=1}^{2}\sum_{k=1}^{K}\sum_{i=1}^{I} x_{ki}^{g} t_{走}, \quad t_{走} = 4 \tag{6-17}$$

3. 模型的建立

综上所述，在前面所建立模型的基础上，考虑了调机资源的利用情况，即将调机总作业等待时间也作为模型的目标函数进行模型构建。基于集群资源的编组站驼峰解体作业优化模型如下：

$$\max z_1 = \sum_{g=1}^{2}\sum_{k=1}^{K}\sum_{i=1}^{I} x_{ki}^{g} \tag{6-18}$$

$$\min z_2 = 360 - \sum_{g=1}^{2}\sum_{k=1}^{K}\sum_{i=1}^{I} x_{ki}^{g} t_i - \sum_{g=1}^{2}\sum_{k=1}^{K}\sum_{i=1}^{I} x_{ki}^{g} t_{走}$$

$$\text{s.t.} \quad \sum_{i=1}^{I}\sum_{g=1}^{2} x_{ki}^{g} \leqslant 1, \quad k = 1,2,\cdots,n$$

$$x_{ki}^{g} x_{ki'}^{g} (T_i^{\mathrm{j}} + t_i - T_{i'}^{\mathrm{j}}) \leqslant 0$$

$$\sum_{s=1}^{S} q_{ii'}^{s} \leqslant 1$$

$$T_{ki}^{g} + t_i x_{ki}^{g} - T_{i'}^{\mathrm{d}} \leqslant M\left(2 - \sum_{s=1}^{S} q_{ii'}^{s} - x_{ki}^{g}\right)$$

$$\sum_{s'=1}^{S'} p_{is'} = 1, \quad s' = 1,2,\cdots,S'$$

$$p_{i's'}(T_{i'}^{\mathrm{d}} T_{i'}^{\mathrm{d}} - T_i^{\mathrm{j}} T_i^{\mathrm{j}} - t_{in} t_{in}) \geqslant 0$$

$$s_i + s_{(i+1)} = 1$$

$$T_{k(i+1)}^{g} - T_{ki}^{g} - \sum_{i=1}^{I} t_i x_{ki}^{g} \geqslant 0$$

$$\sum_{g=1}^{2}\sum_{k=1}^{K}\sum_{i=1}^{I} (t_i x_{ki}^{g} + t_{ki}^{g}) \leqslant 360$$

$$t_i x_{ki}^{g} + t_{ki}^{g} - T_{i+1}^{\mathrm{d}} \leqslant t_{\max}$$

$$\lambda_{is'} f_{ie}^{k} \geqslant \overline{\lambda}$$

6.3.3 模型的求解算法

1. 多目标问题的概述与算法

1）多目标问题概述

6.3.2 节中所研究模型的目标函数有两个：一个是到达场两条推送线路的解体

列车数最大化；另一个是两调机总作业等待时间最小化。显然，目标函数是一个多目标优化（multi-objective optimization，MO）问题。通常，普遍常用的 MO 问题的形式是由多个不等式及等式构成[248]的。

给出 n 元函数 $f_i(x)(i=1,2,\cdots,m)$、$g_j(x)(j=1,2,\cdots,p)$、$h_k(x)(k=p+1,p+2,\cdots,q)$。其中，$x\in\mathbb{R}^n$。求最优化问题，即在满足 $g_j(x)\leqslant 0(j=1,2,\cdots,p)$ 和 $h_k(x)=0$ $(k=p+1,p+2,\cdots,q)$ 的条件下，得到使目标函数 $F(x)$ 最大或最小的向量 x。在多目标函数 $F(x)=[f_1(x),f_2(x),\cdots,f_m(x)]^{\mathrm{T}}(m\geqslant 2)$ 中，有多个目标函数，有不等式约束 $g_j(x)\leqslant 0$，以及等式约束 $h_k(x)=0$ 和模型中的决策变量 $x=(x_1,x_2,\cdots,x_n)^{\mathrm{T}}$。综上，多目标函数表示为

$$\begin{aligned}&\min F(x)=\min[f_1(x),f_2(x),\cdots,f_m(x)]\\&\text{s.t.}\quad g_j(x)\leqslant 0,\quad j=1,2,\cdots,p\\&h_k(x)=0,\quad k=p+1,p+2,\cdots,q\end{aligned}\tag{6-19}$$

在本书根据到解系统具体情况所建立的模型中，两个目标函数分别为求驼峰解体数最大和调机作业等待时间最小，并且两个目标函数具有相同的约束条件，因此为了便于计算，将本书调机作业等待时间目标函数 z 求最小转化为求 $-z$ 最大化，则有

$$\min z_2=\max(-z_2)=\max-\left[360-\sum_{g=1}^{2}\sum_{k=1}^{K}\sum_{i=1}^{I}(x_{ki}^{g}t_i+x_{ki}^{g}t_{走})\right]\tag{6-20}$$

故目标函数可从左式变为右式：

$$\min z_1+\min z_2=\max z_1-\max z_2\tag{6-21}$$

求解此类多目标问题可以应用帕累托最优化理论，进行最优解的选择。帕累托最优化理论的原理是：在整个系统中，不存在其他解使得整个系统的目标值比现在好，这样就可以认为已求解为可以接受的，是满足帕累托最优化理论的。

为了更好地理解帕累托最优解的含义，下面给出数学定义[248]：

定义 6-1　设多目标问题模型的约束为 $X\in\mathbb{R}^n$，目标函数是 $f(x)\in\mathbb{R}^m$。若 $\bar{x}\in X$，并且 $f(\bar{x})\leqslant f(x)(x\in X)$，则 $\bar{x}$ 是多目标问题求得最小值的决策变量。

定义 6-2　设多目标问题模型的约束为 $X\in\mathbb{R}^n$，目标函数则是 $f(x)\in\mathbb{R}^m$，$x^{(1)}\in X$、$x^{(2)}\in X$。当 $x^{(1)}$、$x^{(2)}$ 同时满足下面的条件，便称前者比后者更好。

（1）对于所有的目标，$x^{(1)}$ 不比 $x^{(2)}$ 差，即 $f_j(x^{(1)})\leqslant f_j(x^{(2)})$，其中，$j=\{1,2,\cdots,p\}$。

（2）有一个或多于一个 $x^{(1)}$ 严格上比 $x^{(2)}$ 更优，即 $f_j(x^{(1)}) < f_j(x^{(2)})$，其中，$j = \{1,2,\cdots,m\}$。

如果以上一个条件都没有被满足，那么解 $x^{(1)}$ 与解 $x^{(2)}$ 一样好，或者比 $x^{(2)}$ 差。

定义 6-3 多目标优化问题在给定约束条件，以及目标函数后，如果已经求得一个符合条件的解，并且不存在比该解更好的其他解，则该多目标优化问题已经求得帕累托最优解。

综上所述，多目标函数的最优解是求得总体可以接受的、不差的解，使得子目标函数都求得相对最优解，并且可以看出多目标函数的帕累托最优解可能有很多，尤其是当子目标函数互相冲突时，所求得的解可能都满足总目标函数“最优”。

2）多目标问题算法

本书将多目标问题转化为单目标问题。其具体做法是：首先，运用数学手段将多目标问题转化为单目标问题；其次，运用相关算法求解转化过来的单目标函数；最后，所求得的最优解就是多目标规划问题的帕累托最优解。

3）目标函数的处理

本节基于集群资源的编组站到解系统模型的目标函数是多目标函数，即解体列车数最大和调机作业等待时间最小两个目标。根据多目标问题的概述与处理方法，将模型的多目标问题转化为单目标函数，处理结果如下：

$$\min z_2 = \max(-z_2) = \max\left\{-\left[360 - \sum_{g=1}^{2}\sum_{k=1}^{K}\sum_{i=1}^{I}(x_{ki}^{g}t_i + x_{ki}^{g}t_{走})\right]\right\} \tag{6-22}$$

$$\max z = \max z_1 - \max z_2 = \max\sum_{g=1}^{2}\sum_{k=1}^{K}\sum_{i=1}^{I}x_{ki}^{g} - \max\left[360 - \sum_{g=1}^{2}\sum_{k=1}^{K}\sum_{i=1}^{I}(x_{ki}^{g}t_i + x_{ki}^{g}t_{走})\right] \tag{6-23}$$

可知式（6-23）是由两个目标函数构成的，而且特殊的是，它们分别是离散型和连续型的，因此对目标函数做相应变形处理，处理结果为

$$\max z = \max z_1 \cdot (-\max z_2) = \max\sum_{g=1}^{2}\sum_{k=1}^{K}\sum_{i=1}^{I}x_{ki}^{g} - \max\left[\sum_{g=1}^{2}\sum_{k=1}^{K}\sum_{i=1}^{I}(x_{ki}^{g}t_i + x_{ki}^{g}t_{走}) - 360\right] \tag{6-24}$$

即做乘法处理，经过以上对模型的数学变形处理，可以更好地描述实际问题。由于数学表达方法的特殊性，也可以省略对目标函数的权值处理，省去对权值的评估环节等，从而更易求解目标函数。

2. 基于遗传算法的模型求解

1）遗传算法

遗传算法是模拟生物进化理论所发展的算法。该算法在寻找最优解时，像模

拟生物“物竞天择”一样，即每一步迭代过程都会保留更优解。遗传算法主要包括以下几个步骤，主要步骤如表6-1所示。

表6-1 遗传算法主要步骤

步骤1	步骤2	步骤3
种群初始化	种群迭代循环	得出最优解
设置种群规模大小为M,K则设为每个自变量的二进制长度,当变量个数为N时,生成一个$N\times K$的随机矩阵,该矩阵称为初始种群	对初始种群中的每个染色体执行解码、适应度计算、选择、交叉、变异操作,直至循环到达之前设定的迭代步数或者满足其他停止条件	经过前面的步骤和操作以及不断迭代，最后得出一个最优解

下面对步骤进行详细介绍[249]。

步骤1 解码（Decoding）。

假设种群中自变量的编码为b_i，其中b_i的取值为0或1，则对应的解码公式为

$$X = U_1 + \left(\sum_{i=1}^{k} b_i \cdot 2^{i-1} \right) \frac{U_2 - U_1}{2^k - 1} \tag{6-25}$$

式中，U_1为自变量的下界；U_2为自变量的上界。

二进制编码转化为十进制数值如表6-2所示

表6-2 二进制编码和十进制数值

二进制编码	0000	0001	0010	0011	0100	0101
十进制数值	0	1	2	3	4	5

步骤2 计算适应度。

适应度表示种群中每个个体的优劣程度，计算适应度即评价各个解，其解被选择的可能概率与其适应度呈正相关。

步骤3 选择。

选择是选择适应度高的个体进入下一代，即选择适应度高的解进入下一次算法迭代循环中。

常用的选择算子是轮盘赌选择（roulette wheel selection）方法。轮盘不同扇形区域对应不同解的适应度，适应度越高，对应的圆盘扇形面积越大，则转动轮盘时该解被选择的可能性越大。

步骤4 交叉。

将两个染色体进行配对，使得相互交换各自的一部分基因，通过该步骤得到

两个新的染色体。这样交换信息的结果是使得各自优秀的基因可以被重新组合，得到更优秀的子代，即更好的解。交叉过程如图 6-1 和图 6-2 所示。

图 6-1　单点交叉示意图

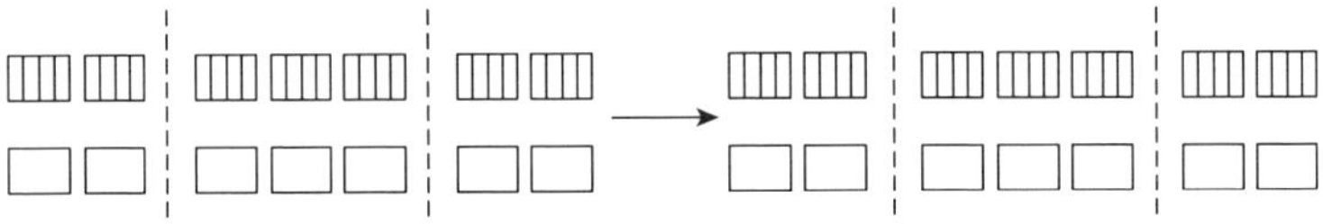

图 6-2　多点交叉示意图

步骤 5　变异。

变异在生物学中是由基因突变导致的染色体基因突然变化，在遗传算法中与此类似，即将某个染色体的小部分编码从“0”变为“1”，或从“1”变为“0”，用该方法可以得到新的染色体。变异过程示意图如图 6-3 所示。

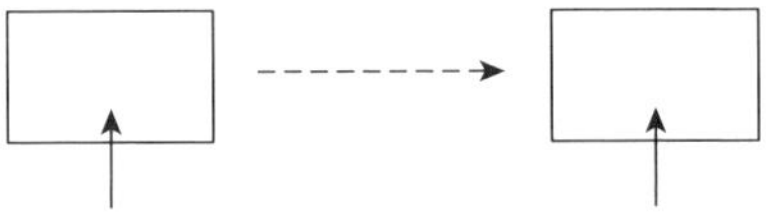

图 6-3　变异过程示意图

2）模型的遗传算法设计

本节基于集群资源的编组站到解系统优化模型有两个目标函数，对目标函数进行数学处理，然后采用遗传算法进行求解。

本节模型算法实现的具体步骤如下。

步骤 1　初始种群的生成。

先初始生成一个符合列车到达顺序的初始种群，且将每个染色体对应一个时间片段，这里时间片段是指，在同一个时间范围内，有作业冲突的几列车所处的时间范围。这样做是为了满足相邻到达或者可能有作业冲突的几列车，在一个时间范围内，有且只有一个列车被选择先进行作业。每段染色体的基因位数为该时间片段内列车可能的解体方式，解体为 1，不解体为 0，顺序方案不同，染色体也对应不同。其编码示意图如图 6-4 所示。

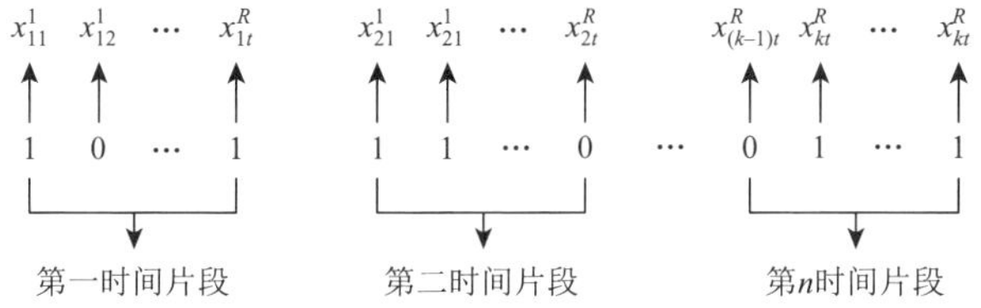

图 6-4 相同时间片段内车流解体方案在染色体中的编码示意图

设置初始种群 Chrom 中的个体数量为 $M = 30$，根据相关约束条件以及机车运用初始方案来修正初始种群，选择部分处理后的种群个体如图 6-5 所示。

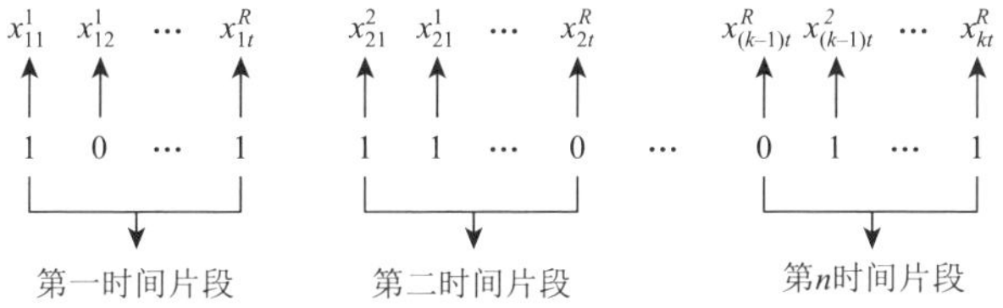

图 6-5 根据模型约束与机车运用方案修改后的解体方案编码示意图

步骤 2 个体选择。

计算个体适应度（解体方案对应的目标函数值），按照适应度高低排序是个体选择原则，选择具有高适应度的个体，然后进行下一步操作。

步骤 3 交叉算子。

每次交叉时要控制交叉范围，这样可以使每次交叉都发生在相同时间片段内有作业冲突的列车中。防止出现随意交叉，导致不满足约束条件或不符合实际的情况，约束交叉方式示意图如图 6-6 所示。

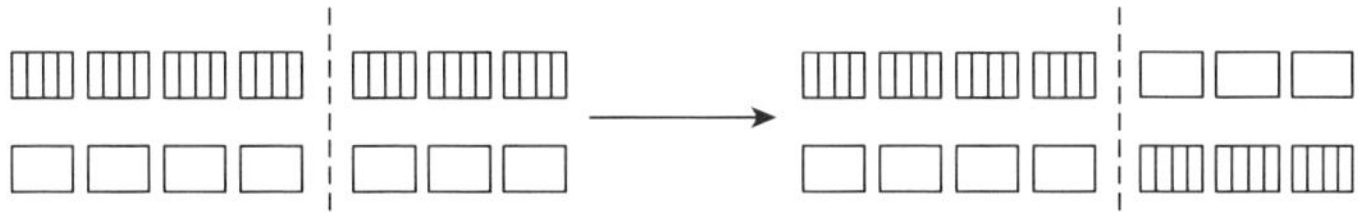

图 6-6 约束交叉方式示意图

步骤 4 变异。

变异方案要发生在每个相邻的时间片段内，即每个时间范围内代表的基因片段中，依然有且只有一个基因位点为 1。

步骤 5 循环。

在执行完选择、交叉、变异算子各一次后，继续执行算法进行多次迭代，迭代到设定的次数，算法终止，得出最优解及对应目标函数值。

遗传算法示意图如图 6-7 所示，其中，P_c 为交叉概率，P_m 为变异概率。

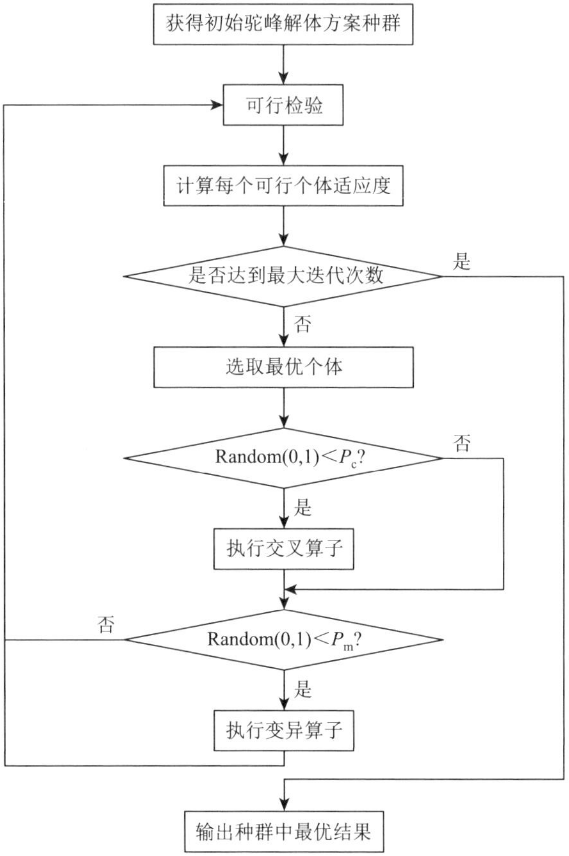

图 6-7　遗传算法示意图

6.4　本 章 小 结

本章运用集群资源思想，提出了新的基于考虑资源利用角度的调度优化模型并进行求解分析，主要做了如下工作：

（1）分析编组站作业流程、作业方法等因综合自动化的实施而产生的变化，总结其特点及作业规律。分析各个环节作业所用资源及其资源特点，在此基础上对编组站各个作业过程所用的资源进行系统分析研究，基于编组站作业队列划分资源节点。

（2）分析每个资源节点中决定不同作业资源的影响因素，即对编组站资源进行了深入挖掘，并提出集群资源概念，进而分析铁路编组站中的集群资源。目的是将编组站作业调度与其资源利用相结合。

（3）针对大型编组站的到解系统，在考虑到达场股道固定使用条件以及其他约束的前提下，建立了传统调度模型，并应用蚁群优化算法设计了模型的求解。然后在此基础上，从资源分配的角度探讨如何确定列车的解体顺序。模型以两条推送线路的解体列车数最大且调机总作业等待时间最小为目标，并应用遗传算法进行求解，验证了模型正确性。从所求解中分析对比两次不同模型的结果，分析作业情况及资源利用情况，来说明基于资源角度的模型建立所具有的优势，从而为提高各资源节点利用率奠定了基础，即实现了将编组站资源与调度模型相结合。

第 7 章　基于资源可用度的编组站调度优化

7.1　编组站资源可用度的描述

7.1.1　编组站资源可用度的影响因素

编组站的资源包括到发线股道、调机、解体和编组设施设备等，凡是与编组站技术作业相关的一切实体设备设施都属于编组站资源。实体资源按照编组站流水作业的顺序包括到发线资源、驼峰资源、调车线资源、牵出线资源、调机资源等[250]，按照实体服务区域和服务作业过程的不同，又可将编组站实体资源划分为到达系统资源、解体系统资源、车流集结系统资源、编组系统资源和发车系统资源。

根据编组站作业流程和实体资源的分布可知，在到达、解体、车流集结等系统内部，各实体资源组成的作业序列处于并联状态，具有一定的容错能力和较强的平行作业能力。由于编组站技术作业的前后次序关系，编组站不同系统之间通常处于串联状态，不同的技术作业在各系统之间需严格按照规定的流程进行，作业次序不可打乱。

编组站的作业由排队系统负责，与之相对应，编组站各资源的调用由集群调度系统执行，集群调度系统根据各当前任务的执行状况和各预定任务的执行计划，利用相应的调度优化算法，在分析各资源目前状态和预约状态的基础上，将各资源与相应的作业任务进行匹配。在集群调度模式中，可以实现作业信息流与实体资源信息流的相互连接和共享，有利于实现资源与任务的合理搭配。

在编组站的作业过程中，不同的作业资源在不同时段具有不同的繁忙程度，为了均衡各资源的作业量，提高编组站资源的整体利用率，降低编组站的运作成本，需要充分掌握编组站各资源在不同时段的资源可用度情况。

编组站资源可用度的含义为编组站内某资源在某个时间段可以开始某项工作并能够在一定时间约束条件下完成这项工作的概率。它是一个与时间相关的变量，该资源在某个时间段的可用度由资源的空闲度和可信度组成。根据编组站的资源特性和基本计算公式，给出如下定义。

定义 7-1　编组站资源空闲度，编组站某类资源在某个时间段还能够处理的任务频次与理论最大使用频次的比值。在具体计算时，其通常用 1 减去该资源实际使用频次与理论最大使用频次的比值而得到。

定义 7-2　编组站资源可信度，编组站某类资源能够在某个时间段完成作业计划的概率，是一个随时间变化的量。对于特定的某类资源，其资源可信度与历史作业完成情况相关。

编组站某类资源的可用度的基本计算公式[251]如下：

$$A(x)_t = \alpha_t A'(x)_t + (1-\alpha_t)_t A''(x)_t \tag{7-1}$$

式中，$A(x)_t$ 为在时间段 t 内资源 x 的可用度；$A'(x)_t$ 为在时间段 t 内资源 x 由历史数据统计得出的可信度指标；$A''(x)_t$ 为时间段 t 内资源 x 相对空闲度指标；α_t 为资源可信度在计算资源可用度过程中所占比重，此处时间段 t 的长短可根据不同精度的可用度需求确定。

由式（7-1）可知，在集群调度的周期内，编组站某类资源的可用度是在集群调度过程中对该类资源信任度的表征，随着历史作业的完成情况而改变，并不是固定值。

编组站某类资源的可用度可以在较大程度上反映该资源的使用情况，如果要得到编组站各作业系统的整体可用度，就需要根据该系统内部各资源的串并联状态，在得到各资源可用度的基础上，整合计算编组站各系统，乃至整个编组站作业系统的资源可用度情况。

根据文献[252]的研究可知，当编组站子系统内部各资源处于完全并联状态时，该子系统的资源可用度为

$$A_i = 1 - \prod_{j=1}^{n} \overline{A}_{ij} = 1 - \prod_{j=1}^{n}(1 - A_{ij}) \tag{7-2}$$

式中，A_i 为由 n 个单项资源并联组成的系统 i 的可用度；$\overline{A}_{ij}$ 为第 i 个系统中第 j 个资源的不可用度。

编组站到达、解体、集结、编组、出发等系统处于并联关系，当任意系统出现故障时，都会严重影响编组站整体资源的可用度，编组站整体资源可用度 A 的衡量可按照式（7-3）思路进行。

$$A = \prod_{i=1}^{m} A_i = \prod_{i=1}^{m}\left[1 - \prod_{j=1}^{n}(1 - A_{ij})\right] \tag{7-3}$$

式（7-3）中符号表示的含义与前面相同。

通过上面的阐述不难看出，编组站资源可用度是时变函数，随着时间的改变而不断变化。根据目前研究，编组站资源可用度的更新策略有两种：一种是时间驱动机制；另一种是事件驱动机制。

时间驱动机制就是根据对资源可用度精度的要求不同，划定相应的时间尺度，每隔一段时间更新一次资源的可用度，该种更新策略的优点是更新时段可按照精度要求进行调整，且更新可用度的成本较少，不需要对资源进行实时监测。其缺点是不能实现资源可用度的动态显示，具有一定的时间延迟。

事件驱动机制是指每次资源状态改变，就启动一次资源可用度的计算流程。该情况下资源可用度处于实时动态变化中，不存在时间延迟，但是事件驱动机制成本较高，计算频次繁杂，对数据系统和计算系统的要求较高。

7.1.2 编组站资源可用度的计算方法

根据前面所阐述的编组站资源可用度的计算公式，可知某项编组站资源在 t 时段的资源可用度 $A(x)_t$ 可按照式（7-4）进行计算。

$$A(x)_t = \alpha_t A'(x)_t + (1-\alpha_t)_t A''(x)_t \tag{7-4}$$

式中，$A'(x)_t$ 为在时间段 t 内资源 x 的可信度指标，由统计得到的资源各项作业预计用时、实际用时、车站按照施工计划进行维修施工的时间等进行计算[253, 254]。

1. 基于韦布尔分布的编组站资源可信度计算

$$A'(x)_t = \varepsilon_t \times \left(\left\{ \left[\left. \frac{\sum_{i=1}^{n_{t-1}} (D_x^{is} - D_x^{iy})}{\sum_{i=1}^{n_{t-1}} \partial D_x^{is}} \right| D_x^{is} > D_x^{iy} \right] \times \frac{\partial(D_x^{is}) \times \sum_{i=1}^{n_{t-1}} D_x^{is} \Big/ \sum_{i=1}^{n_{t-1}} \partial D_x^{iy}}{\partial(D_x^{is} > D_x^{iy})} + 1 \right\} + \frac{T_t^{yw}}{t \times (1-\theta_t^{yw})} + \frac{T_t^{xw}}{T_x} \right)^{-1} + (1-\varepsilon_t) \times A''(x)_{t-1} \tag{7-5}$$

式中，D_x^{is} 为在进行作业 i 时资源 x 实际被占用的时间；D_x^{iy} 为在进行作业 i 时资源 x 按计划被占用的时间；$\partial(D_x^{is} > D_x^{iy})$ 为进行作业 i 时资源 x 实际被占用时间大于计划被占用时间的次数；n_{t-1} 为在时间段 $t-1$ 内资源 x 执行的作业总数；T_t^{yw} 为在时间段 t 内资源 x 由于车站按照施工计划进行施工被占用的时间；θ_t^{yw} 为资源 x 被车站施工所占用的概率；T_t^{xw} 为在时间段 t 内资源 x 由于故障而进行紧急维修施工所占用的时间；T_x 为资源 x 的预计使用年限；ε_t 为在时间段 t 内资源使用情况在计算可信度时所占的比重；$A''(x)_{t-1}$ 为在时间段 $t-1$ 内资源 x 的可信度。

$$T_x = \int_0^{\infty} [1 - F(t)] \mathrm{d}t \tag{7-6}$$

式中，$F(t)$ 为资源在时间段 t 内出现故障而无法完成任务的概率，表示资源的累积失效概率。在可靠性研究中，采用的模型较多，通常有指数分布、正态分布、对数正态分布、韦布尔分布、超几何分布、二项分布、泊松分布等，其中韦布尔分布是根据最弱环节模型或串联模型而得到的，能较好地反映材料缺陷及应力集中源对材料疲劳寿命的影响，具有递增的失效率，较好地适用于机电类产品的磨损累积失效的分布模式。韦布尔分布的累积分布函数为扩展的指数分布函数，且其能够转化为指数分布、瑞利分布和近似正态分布等，与其他统计分布相比，韦布尔分布具有较强的适用性[255]。编组站设施和设备资源多为机械和电气类设备，该类设备在使用前已进行检测试验，其最小寿命大于 0，且寿命为连续型随机变量，根据其数值分布特征可选用二参数韦布尔分布进行处理，二参数韦布尔分布的累积失效概率函数表达式为

$$F(t') = 1 - \exp\left[-\left(\frac{t'}{\lambda}\right)^{\gamma}\right] \tag{7-7}$$

分布的概率密度为

$$f(t', \lambda, \gamma) = \begin{cases} \dfrac{\gamma}{\lambda} \times \left(\dfrac{t'}{\lambda}\right)^{\gamma-1} \times \mathrm{e}^{-\left(\frac{t'}{\lambda}\right)^{\gamma}}, & t' \geqslant 0 \\ 0, & t' < 0 \end{cases} \tag{7-8}$$

式中，γ 为形状参数；t' 为资源自上次维护或更换开始累计工作的时间；λ 为尺度参数，表示资源寿命分布曲线的峰值情况。根据实际情况，编组站资源的最短可工作时间不可能小于 0，故在计算编组站某资源的累积失效概率时，只需考虑 $t' \geqslant 0$ 的情况。

对某类资源的历史故障数据进行分析，可以得到各道岔组设备资源的寿命时序，当历史数据较为全面时，可选取 n 个资源的历史故障数据进行分析，采用极大似然估计进行韦布尔分布的参数估计[256]。

设某类资源的无故障运行时间序列为 $T' = [t'_1, t'_2, \cdots, t'_n]$，已知的韦布尔分布密度函数为 $x \geqslant 0$，可得似然函数：

$$L(\lambda, \gamma) = \prod_{i=1}^{n} f(t'_i, \lambda, \gamma) = \prod_{i=1}^{n} \frac{\gamma}{\lambda} \times \left(\frac{t'_i}{\lambda}\right)^{\gamma-1} \times \mathrm{e}^{-\left(\frac{t'_i}{\lambda}\right)^{\gamma}} = \left(\frac{\gamma}{\lambda}\right)^{n} \times \prod_{i=1}^{n} \left(\frac{t'_i}{\lambda}\right)^{\gamma-1} \times \mathrm{e}^{-\sum_{i=1}^{n}\left(\frac{t'_i}{\lambda}\right)^{\gamma}} \tag{7-9}$$

取对数函数为

$$\ln L(\lambda, \gamma) = n \times \ln \frac{\gamma}{\lambda} + (\gamma - 1) \times \sum_{i=1}^{n} \ln \frac{t'_i}{\lambda} - \sum_{i=1}^{n} \left(\frac{t'_i}{\lambda}\right)^{\gamma} \tag{7-10}$$

对 λ、γ 求偏导，并令 $\dfrac{\partial[\ln L(\lambda, \gamma)]}{\partial \lambda} = 0$、$\dfrac{\partial[\ln L(\lambda, \gamma)]}{\partial \gamma} = 0$，可得

$$\begin{cases} \hat{\gamma} = n \times \sum_{i=1}^{n} (t_i'^{\hat{\gamma}} \times \ln t_i') - \sum_{i=1}^{n} t_i'^{\hat{\gamma}} \times \sum_{i=1}^{n} \ln t_i' \\ \hat{\lambda} = \left[\frac{1}{n} \times \sum_{i=1}^{n} t_i'^{\hat{\gamma}} \right]^{1/\hat{\gamma}} \end{cases} \tag{7-11}$$

当该资源的历史寿命数据较多，但数据不太全面时，根据文献[257]所示方法进行数据处理和参数预测，可在某类设备中随机选取 n 个样本，当其中第 w 个设备故障时，认为试验结束。

根据韦布尔分布的性质可知，当 $T' \sim F(\lambda,\gamma)$ 时，$Y = \ln T'$ 服从极值分布，且存在 $\gamma = 1/\sigma$ 、$\lambda = \mathrm{e}^u$ 。由此可得，韦布尔分布中未知参数的估计 $\hat{\gamma} = 1/\hat{\sigma}$、$\hat{\lambda} = \mathrm{e}^{\hat{u}}$，其中，$\hat{u} = \sum_{i=1}^{w} \tilde{D}(n,w,i) y_i$，$\hat{\sigma} = \sum_{i=1}^{w} \tilde{C}(n,w,i) y_i$ ，$\tilde{D}(n,w,i)$ 和 $\tilde{C}(n,w,i)$ 为 u 和 σ 的最优线性不变估计系数。可得资源的累积失效函数为

$$F'(t') = 1 - \exp\left[-\left(\frac{t'}{\hat{\lambda}} \right)^{\hat{\gamma}} \right] \tag{7-12}$$

当数据量进一步缩小时，在数据采集阶段并没有得到设备出现失效的时刻信息，此时无法通过上述方法进行资源累积失效函数的计算，可运用文献[258]和[259]所示方法进行估算。采集一组无失效数据 $T'' = [t_1'', t_2'', \cdots, t_n'']$，资源可靠寿命 T 的置信度 α 的置信下限为

$$T = \sqrt[\gamma_0]{\left(\frac{\ln(1-F_0)}{\ln(1-\alpha)} \right) \times \sum_{i=1}^{n} t_i''^{\gamma_0}} \tag{7-13}$$

式中，置信度取值一般为 85%；F_0 为预期资源原始失效概率；γ_0 为最小预计形状参数，取值为其他数据较全车站的该类资源形状参数的最小值。

资源累积失效概率的置信度为 α 的单侧置信上限为

$$F(t') = 1 - \exp\left[\frac{T^{\gamma_0} \times \ln(1-\alpha)}{\sum_{i=1}^{n} t_i''^{\gamma_0}} \right] \tag{7-14}$$

式（7-4）与式（7-5）中参数 α_t 与 ε_t 为时变参数，它们随着前一时间段资源可用度的变化而变化，α_t 与 ε_t 的计算方法如下所示：

$$\alpha_t = \alpha_{t-1} \times \left[\frac{A(x)_{t-1} - A(x)_{t-2}}{A(x)_{t-2}} + 1 \right], \quad \alpha_0 = 0.5 \tag{7-15}$$

$$\varepsilon_t = 0.5 \tag{7-16}$$

2. 编组站资源空闲度计算

资源空闲度 $A''(x)_t$ 表示资源在时间段 t 内处于空闲状态的时间比例，其计算公式为

$$A''(x)_t = \frac{f'(t)_x^y - f'(t)_x^s}{f'(t)_x^y} \tag{7-17}$$

式中，$f'(t)_x^s$ 为资源在时间段 t 内被实际使用的工作曲线边际效用值；$f'(t)_x^y$ 为资源在时间段 t 内预计使用的工作曲线边际效用值。此处的工作曲线边际效用为：当每增加一单位时间时，设备或设施工作量的增加值。在统计已知设备或设施在一定连续时间内的工作强度的基础上，绘制设备或设施的工作量-时间曲线 $f(t)_x$，T 时刻设备或设施的工作曲线边际效用值在数值上等于工作量-时间曲线在 T 时刻所对应的点的切线斜率。

在实际计算过程中通常使用单位时段内实际工作强度与最大单位工作强度之差除以单位时段最大工作强度而得到。为了简化计算流程，$A''(x)_t$ 可按照式（7-18）进行计算。

$$A''(x)_t = \frac{n_t}{N_t} \tag{7-18}$$

式中，n_t 为时间段 t 内实际执行的作业量；N_t 为时间段 t 内资源的理论最大作业能力。

N_t 为理论计算得到的最大作业能力，在编组站资源可用度计算的过程中，按照文献[260]中所述的利用率计算法计算编组站到发场通过能力、驼峰解体能力和峰尾编组能力。

编组站到达场的到发线通过能力的计算需要依据编组站驼峰解体能力、到达技术作业时间、列车到达频次等要素，在以上条件一定的情况下，到达场到发线一昼夜所能办理的最大货物列车数称为编组站到达场到发线最大通过能力；与到达场到发线通过能力的计算相类似，编组站出发场到发线的通过能力计算也需要依据较多因素，如区间通过能力利用率、出发列车技术作业时间、同时发车进路数等，在上述条件一定的情况下，编组站出发场到发线一昼夜能办理的最多货物列车数称为编组站出发场到发线最大通过能力。

编组站到发场的最大通过能力的计算过程主要考虑的影响因素如下所示。

（1）到发场一昼夜内无调中转列车、部分改编中转列车、到达解体列车、自编始发列车和单机作业占用的次数，以及其占用时间；

（2）固定作业占用到发线的时间；

（3）其他技术作业占用到发线的时间；

（4）到发线空费系数。

具体计算过程如下所示。

首先，计算到发场线路一昼夜占用总时间 T_{dfx}。

$$T_{\text{dfx}} = n_{\text{无调}} \times t_{\text{无调}} + n_{\text{部分改编}} \times t_{\text{部分改编}} + n_{\text{到解}} \times t_{\text{到解}} + n_{\text{自编始发}} \times t_{\text{自编始发}} + n_{\text{机}} \times t_{\text{机}} + \sum t_{\text{固定}} + \sum t_{\text{其他}} \tag{7-19}$$

式中，$n_{\text{无调}}$ 为一昼夜内在该到发场进行各项技术作业的无调中转列车数；$t_{\text{无调}}$ 为在该到发场进行各项技术作业的无调中转列车平均占用到发线时间；$n_{\text{部分改编}}$ 为一昼夜内在该到发场进行各项技术作业的部分改编中转列车数；$t_{\text{部分改编}}$ 为在该到发场进行各项技术作业的部分改编中转列车平均占用到发线时间；$n_{\text{到解}}$ 为一昼夜内在该到发场进行各项技术作业的到达解体列车数；$t_{\text{到解}}$ 为在该到发场进行各项技术作业的到达解体列车平均占用到发线时间；$n_{\text{自编始发}}$ 为一昼夜内在该到发场进行各项技术作业的自编始发列车数；$t_{\text{自编始发}}$ 为在该到发场进行各项技术作业的自编始发列车平均占用到发线时间；$n_{\text{机}}$ 为一昼夜内在该到发场进行各项技术作业的机车数；$t_{\text{机}}$ 为在该到发场进行各项技术作业的机车平均占用到发线时间；$\sum t_{\text{固定}}$ 为一昼夜内固定作业占用到发线总时间；$\sum t_{\text{其他}}$ 为一昼夜内其他作业占用到发线总时间。

其次，可以计算编组站到发场到发线利用率 K_{dfx}。

$$K_{\text{dfx}} = \frac{T_{\text{dfx}} - \sum t_{\text{固定}} - \sum t_{\text{其他}}}{\left(1440 \times L - \sum t_{\text{固定}} - \sum t_{\text{其他}}\right) \times (1 - \gamma_{\text{空}})} \tag{7-20}$$

式中，L 为到发场到发线数；$\gamma_{\text{空}}$ 为编组站到发场到发线空费系数，一般取为0.15～0.2。

通过利用率计算法可得到编组站到发场到发线通过能力 N_{dfx}。

$$N_{\text{dfx}} = \frac{n_{\text{dfx}}}{K_{\text{dfx}}} \tag{7-21}$$

式中，n_{dfx} 为该到发场一昼夜办理的货物列车数量。

驼峰最大解体能力是指在一定的技术设备、作业组织方法和解体调车数量等情况下，驼峰一昼夜能够解体的到发解体列车数。在使用利用率计算法计算编组站驼峰最大解体能力时需要掌握以下因素：

（1）驼峰一昼夜内解体的直达列车、直通列车、区段列车、摘挂列车和小运转列车的数量及其平均解体耗时；

（2）交换场交换车、重复作业及禁溜车作业等其他作业占用驼峰的次数和平均占用时间；

（3）由于列车或机车进路存在敌对情况不能进行解体作业的妨碍时间，整场作业期间驼峰必须停止作业的时间，以及取送车等作业占用驼峰的时间。

驼峰解体能力具体计算过程如下所示。

首先，计算驼峰一昼夜占用总时间 T_{tf} 。

$$T_{\mathrm{tf}} = n_{调}^{驼} \times t_{调}^{驼} + n_{解体} \times t_{解体} + \sum t_{冲突}^{驼} + \sum t_{其他}^{驼} \tag{7-22}$$

式中，$n_{调}^{驼}$ 为驼峰一昼夜被取送车等解体作业以外的调车作业占用的时间；$t_{调}^{驼}$ 为取送车等与解体作业无关的调车作业的平均占用时间；$n_{解体}$ 为一昼夜内解体列车的数量；$t_{解体}$ 为解体列车的平均占用驼峰时间；$\sum t_{冲突}^{驼}$ 为存在进路冲突的驼峰不可作业时间；$\sum t_{其他}^{驼}$ 为因调机下峰整场导致的驼峰不可作业时间。

在计算得到驼峰占用总时间后，计算驼峰利用率 K_{tf} ：

$$K_{\mathrm{tf}} = \frac{T_{\mathrm{tf}} - \sum t_{固定}}{1440 - \sum t_{固定}} \tag{7-23}$$

式中，$\sum t_{固定}$ 为驼峰被各种固定作业占用的时间。

最终，可得驼峰解体能力 $N_{解}$ 为

$$N_{解} = \frac{n_{解体}}{K_{\mathrm{tf}}} \tag{7-24}$$

峰尾最大编组能力是指在一定的技术设备、作业组织方法和解体调车数量等情况下，利用峰尾牵出线一昼夜能够编组的列车数。在采用利用率计算法计算调车场尾部编组能力 $N_{编}$ 时，可按式（7-25）计算：

$$N_{编} = \frac{n_{编}}{K} + N_{摘} \tag{7-25}$$

式中，$n_{编}$ 为平均一昼夜编组直通列车、区段列车、小运转列车、交换列车数总和。

其中，峰尾牵出线利用率 K_{fw} 计算方法如下：

$$K_{\mathrm{fw}} = \frac{T_{\mathrm{fw}} - \sum t_{固}}{(1-\alpha) \times \left(1440 - \sum t_{固}\right)} \tag{7-26}$$

$$T_{\mathrm{fw}} = n_{调}^{牵} \times t_{调}^{牵} + n_{编组} \times t_{编组} + \sum t_{冲突}^{牵} + \sum t_{其他}^{牵} \tag{7-27}$$

式中，$n_{调}^{牵}$ 为峰尾牵出线一昼夜编组作业以外的调车作业占用的时间；$t_{调}^{牵}$ 为与编组作业无关的调车作业的平均占用时间；$n_{编组}$ 为一昼夜内编组列车的数量；$t_{编组}$ 表示编组列车的平均占用牵出线时间；$\sum t_{冲突}^{牵}$ 为存在进路冲突的牵出线不可作业时间；$\sum t_{其他}^{牵}$ 表示因调机整场导致的驼峰不可作业时间。

3. 编组站资源可用度计算步骤

根据上述研究，可以看出计算设备设施资源的可用度需要掌握资源所执行的历史作业完成情况、资源的最大使用能力、资源自身的其他属性等资料，综上所述，编组站资源可用度的计算步骤如下所示。

步骤 1 根据式（7-5）计算解体系统和编组系统各资源的可信度 $A'(x)_t$。

步骤 2 根据编组站能力利用率计算法计算编组站到发线能力、驼峰解体能力、峰尾编组能力等，并将该能力分配到阶段内，为资源空闲度的计算提供准备。

步骤 3 根据车站阶段内各时期各资源作业预约情况和维修保障计划等，按照式（7-18）计算解编系统各时期的空闲度 $A''(x)_t$。

步骤 4 按照式（7-4）整合资源可信度 $A'(x)_t$ 和资源空闲度 $A''(x)_t$，得到资源不同时段的可用度。

7.2 编组站作业计划与车流动态分析

编组站作业计划按照管理时段和管理层次的不同，分为班计划、阶段计划和调车作业计划，其中班计划是车站作业的基本指导计划，班计划一般为 12h，其内容主要包括列车到达计划和列车出发计划、装车计划和卸车计划、中转车停留时间、一次货物作业平均停留时间和列车正点率等班计划指标，以及其他重点注意事项等。阶段计划的时长一般为 3～4h，通常将一个班计划细化为 3 或 4 个阶段计划，用于细化车站作业的过程，阶段计划的主要内容包括到达列车在到达场的股道占用情况，到达列车的技术作业所占用的技检作业资源等情况，到达待解列车的解体作业实施时间及解体作业占用资源的安排，车站自编始发列车的车流来源以及编组内容，自编始发列车的编组作业时间及作业占用资源的安排，出发列车出发场股道占用的安排等，阶段计划是班计划的具体安排，是班计划完成的保障，只有阶段计划顺利实施，班计划才能保质、保量地完成。调车作业计划是车站解体和编组作业等实施的具体作业方案，规定了车站各到发列车的解体作业或编组作业，以及车辆取送等作业时段，占用股道和调机等资源的详细情况[261, 262]。

综上所述，阶段计划是车站班计划的细化，也是车站调车作业计划制订的依据，具有承上启下的重要作用。阶段计划的合理编制，对车站预定计划的顺利实施和车站作业的良性运转具有极其重要的意义。

7.2.1 编组站车流的动态性分析

编组站车流随着到达列车到达编组站，随着自编始发列车离开编组站，在此过程中，车流与编组站的到达、解体、集结、编组、出发等作业紧紧连接在一起，车流随着作业的推进而前进。

车流随着到达列车到达车站，待列车到达技检作业进行完毕后，随着到达解体列车的解体，车流汇集于车站调车场，集结完毕后，随自编始发列车完成编组和技术检查、出发作业等作业后离开车站，在这一系列过程中，实现了车流在车站的有序到达状态、组织集结状态与有序出发状态之间的转变，车流在编组站内的推进流程如图 7-1 所示。

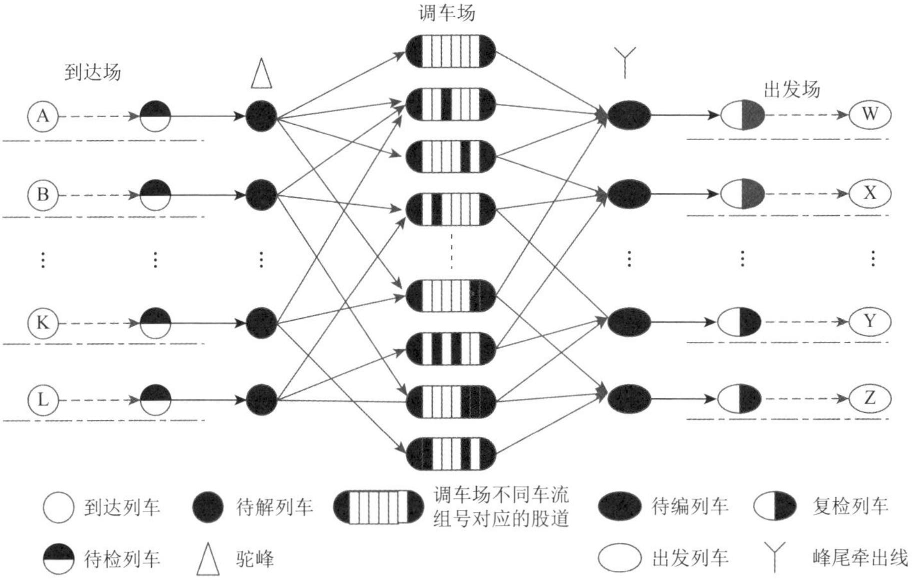

图 7-1　车流在编组站内的推进流程

推动车流状态在车站不同状态之间转变的不只依靠车站各项作业的顺利进行，还取决于车站到发车流和车站内部流动车流的状态，这里所指的状态，既包括车流的数量，还包括车流去向和车况等属性。无论是车流数量还是车流状态与预确报内容出现误差，都会对编组站阶段计划的实施产生一定的影响。

导致编组站车流波动的原因较多，可以划分为两方面：①编组站到达列车车流信息误差；②车站技术作业导致的车流信息变化。

到达列车的车流信息误差分为时间误差和车流内容误差，到达列车车流时间误差通常源于到达列车的晚点，作为阶段计划的编制依据之一是车站预确报存在一定的不确定性，列车的到达时间受到多项因素的影响，列车在前方车站的作业延误过多、列车在区间运行延误、列车前序列车的运行晚点状态都会导致列车晚点情况的出现；到达列车的车流内容误差来自到达列车编组内容与预确报不相符、到达列车中车辆出现故障扣修、无法完成原定车流接续作业等原因。

出发列车的车流信息误差与到达列车车流信息误差的情况较为相似，出发列车编组信息改变，或出发列车中的车辆出现故障或与原定计划不相符等情况，都会导致出发列车车流信息的改变。

在车站技术作业过程中，列车解体时间和列车编组时间、列检作业时间等都是车站工作人员在工作经验的基础上给出的估计，并不是准确的时间。列车解体时间受待解列车解体作业钩数、禁溜车数量和位置，以及调车人员的工作水平等多方面因素影响；编组作业时间亦受到作业钩数和作业车流位置等的影响；到发列车的列检作业等的时间也受到列车车流和作业人员作业熟练程度等因素的影响。

7.2.2 到达列车的信息波动范围

1. 到达列车容许晚点时间

在到达列车的解体作业计划及负责其解体的调机、驼峰等资源安排已确定的情况下，当有列车出现晚点，由于车站作业的流水性，其作业只能使用原定计划安排的调车设备时，为了不对其他列车的作业产生干扰，其作业时间不能与其他列车的作业时间产生冲突，其作业前后关系如图 7-2 所示。

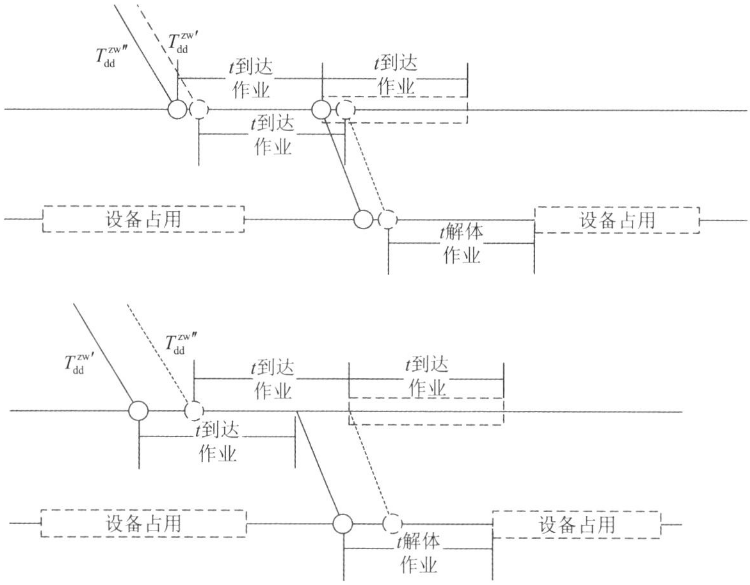

图 7-2 列车最晚到达时间示意图

图 7-3 所示 $T_{i,j}$ 为与作业 i 可能存在资源冲突的其他作业，T^{ks} 为冲突计时起点，T^{end} 为计时终点，$T_{i,1}^{ks}$ 与 $T_{i,k}^{ks}$ 表示该时段内第一项其他作业与最后一项其他作业的开始时间，$T_{i,1}^{end}$ 与 $T_{i,k}^{end}$ 表示该时段内第一项其他作业与最后一项其他作业的

结束时间，设作业 i 的预计用时为 t_i， T_1^{qtzy} 与 T_2^{qtzy} 为根据资源冲突所计算的作业 i 的最晚结束时间和作业 i 的最早开始时间，计算规则如下所示。

$$T_1^{\text{qtzy}}=\begin{cases}\max\{T_{i,j}^{\text{ks}} \mid T_{i,j}^{\text{ks}}-T_{i,j-1}^{\text{end}}\geqslant t_i, j=1,2,\cdots,k\}, & T^{\text{end}}-T_{i,k}^{\text{end}}<t_i\\ T^{\text{end}}, T^{\text{end}}-T_{i,k}^{\text{end}}\geqslant t_i\end{cases} \tag{7-28}$$

$$T_2^{\text{qtzy}}=\begin{cases}\min\{T_{i,j}^{\text{ks}} \mid T_{i,j}^{\text{ks}}-T_{i,j-1}^{\text{end}}\geqslant t_i, j=1,2,\cdots,k\}, & T_{i,1}^{\text{ks}}-T^{\text{ks}}<t_i\\ T^{\text{ks}}, T_{i,1}^{\text{ks}}-T^{\text{ks}}\geqslant t_i\end{cases} \tag{7-29}$$

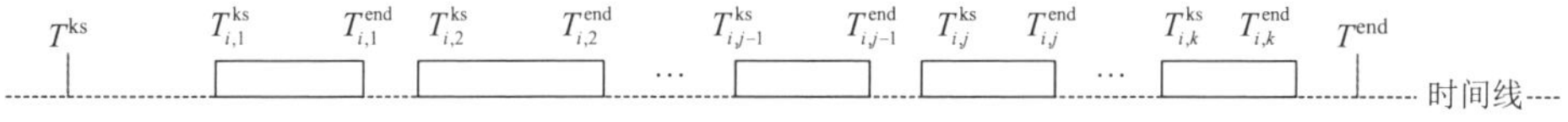

图 7-3　作业资源占用示意图

图 7-2 中 $T_{\text{dd}}^{\text{zw}\prime}$ 为根据晚点列车原定使用的解体资源空闲时间推算的列车最晚到达时间， $T_{\text{dd}}^{\text{zw}\prime}=\min\{T_1^{\text{qtzy}},T_{\text{wjt}}^{\text{dd}}\}-t_{\text{解体作业}}-T_{\text{dd}}$ ，在进行 $T_{\text{dd}}^{\text{zw}\prime}$ 计算时，所指其他作业包括调机整场作业和解体设备设施维护作业等，T_1^{qtzy} 中 T^{ks} 为晚点列车原定解体时间，T^{end} 为晚点列车最晚解体时间， $t_i=t_{\text{解体作业}}$， $t_{\text{解体作业}}$ 为列车解体作业时间， $T_{\text{wjt}}^{\text{dd}}$ 为列车最晚解体结束时间， T_{dd} 为列车到达技术作业时间。

$T_{\text{dd}}^{\text{zw}\prime\prime}$ 为根据原定计划占用的股道及其列检等作业资源冲突情况推算的列车最晚到达时间，$T_{\text{dd}}^{\text{zw}\prime\prime}=\min\{T_{\text{dd+1}},T_1^{\text{qtzy}}\}-T_{\text{dd}}-t_{\text{安全间隔}}$，此处 T_1^{qtzy} 中所指其他作业包括到发线检修作业和到发线行车作业等， T_1^{qtzy} 中 T^{ks} 为晚点列车计划到达时间， $T^{\text{end}}=T^{\text{dd+1}}$， $t_i=T_{\text{dd}}$， $T^{\text{dd+1}}$ 表示与晚点列车占用相同股道及列检等作业资源的后续列车的到达时间，$t_{\text{安全间隔}}$ 为两列列车之间预留时间，取列车待解时间的均值。由图 7-1 可知，列车最晚到达时间为

$$T_{\text{dd}}^{\text{zw}}=\min\{T_{\text{dd}}^{\text{zw}\prime},T_{\text{dd}}^{\text{zw}\prime\prime}\} \tag{7-30}$$

2. 到达列车车流容许波动范围

当列车到达时间晚于最晚到达时间时，原定与该到达列车车流衔接的出发列车定然会受到一些影响，调度人员需要通过合理调控将这种不利因素造成的影响控制在最小的范围内，列车晚于最晚到达时间时出发列车受影响的计算方法如下。

在列车 i 到达晚于容许最晚到达时间的情况下，列车 i 中的车流已经不能用于本阶段原与之匹配的接续车列中。设 cf_j 表示由于列车 i 的晚点将可能受到影响的第一列自编始发列车，其在该阶段计划中为第 j 列出发的列车。K 表示该车站全部的车流组号， $\{k',k,\cdots,k''\}\in K$ 为列车 cf_j 中所包含的车流组号的集合。

当存在

$$\sum_{k'_j}^{k''_j} x_{T^0}^k + \sum_1^i \sum_{k'_j}^{k''_j} x_{\text{dd}}^k - \sum_1^{j-1} \sum_{k'_j}^{k''_j} x_{\text{cf}}^k \geqslant m_j \tag{7-31}$$

时，列车 j 的出发可能不会受到影响，否则，列车 j 的出发必然会受到影响。其中，m_j 为列车 cf_j 的编成辆数，$x_{T^0}^k$ 表示阶段开始时车流组号 k 的车辆数，x_{dd}^k 表示到达列车中车流组号 k 的车辆数，x_{cf}^k 表示出发列车中车流组号 k 的车辆数。

当存在

$$\sum_{k'_{j+1}}^{k''_{j+1}} x_{T^0}^k + \sum_1^{n'_j} \sum_{k'_{j+1}}^{k''_{j+1}} x_{\text{dd}}^k - \sum_1^{j} \sum_{k'_{j+1}}^{k''_{j+1}} x_{\text{cf}}^k \geqslant m_{j+1} \tag{7-32}$$

时，列车 cf_{j+1} 的出发也可能不会受到影响，否则，列车 cf_{j+1} 的出发必会受到影响。其中，n'_j 表示在第 j 列开始编组之后，在第 $j+1$ 列车开始编组之前增加的已经解体完成的列车。

设

$$G_j = \sum_{k'_j}^{k''_j} x_{T^0}^k + \sum_1^{n'_j} \sum_{k'_j}^{k''_j} x_{\text{dd}}^k - \sum_1^{j-1} \sum_{k'_j}^{k''_j} x_{\text{cf}}^k \tag{7-33}$$

当存在 $G_j \geqslant m_j$ 对于 $j \in 1,2,3,\cdots$ 均成立时，所有列车的编组作业和出发作业都有可能实施。反之，肯定会有一列或几列自编列车的编组和出发受到影响。

7.2.3　解编作业时间的容许波动范围

1. 解体作业时间容许范围

1）到达列车最早开始解体时间

当不存在资源占用冲突时，可以在进行完到达作业之后立即开始解体作业，按照原定列车到达计划，当存在资源占用冲突时，需待之前占用资源的作业执行完毕，且存在的剩余时间窗大于预估解体时间，才可以开始列车的解体作业。当存在的剩余时间窗大于预估解体时间时，到达列车最早开始解体时间需向后推移，直到出现大于预估解体所用时间的空闲时间窗为止。对上阶段到达的列车，最早开始解体时间 $T_{\text{zjt}}^{\text{dd}} = \max\{\lambda T^0, (1-\lambda)\times(T^0+T_{\text{dd}}), T_2^{\text{qtzy}} - t_{\text{解体作业}}\}$，此处 T_2^{qtzy} 中所指其他作业包括调机整场作业和解体设施设备维护作业等，T^{ks} 为 $(1-\lambda)\times(T^0+T_{\text{dd}})$，$T^{\text{end}}$ 为后续列车计划开始解体时间，$t_i = \lambda T_{\text{dd}} + t_{\text{解体作业}}$，$T^0$ 为阶段开始时间，λ 为 0-1 变量，当列车在本阶段开始时未完成到达作业时，λ 取 0，反之，λ 取 1。对于本阶段到达的列车，最早开始解体时间 $T_{\text{zjt}}^{\text{dd}} = \max\{T^{\text{dd}} + T_{\text{dd}}, T_2^{\text{qtzy}}\}$，$T_2^{\text{qtzy}}$ 中 t_i 修改为 $T_{\text{dd}} + t_{\text{解体作业}}$，其他符号与前面意义相同。

2）到达列车最晚解体结束时间

根据车站阶段计划可知，每列到达列车中的车流预计去向，在与之接续的列车中最早编组的一列列车开始编组前，该到达列车必须解体完毕，否则就无法实现预定车流的接续过程，于是有列车最晚解体结束时间 $T_{\text{wjt}}^{\text{dd}}=\min\{T_{\text{wjt}}^{\text{cf}},T_1^{\text{qtzy}}\}$，在计算 T_1^{qtzy} 时，取 T^{ks} 为阶段开始时间，$T^{\text{end}}=T_{\text{wjt}}^{\text{cf}}$，$t_i=t_{\text{编组作业}}$，$T_{\text{wjt}}^{\text{cf}}$ 表示与到达列车有车流接续关系的第一列出发列车的最晚解体结束时间。

2. 编组作业时间容许范围

1）出发列车最早开始编组时间

在阶段计划中预定衔接的所有车流在车站作业完毕以后，就可以开始出发列车的编组作业，这些作业包括到达列车的解体作业和货车的取送车作业等。在进行出发列车最早编组时间的推算时，也要考虑出发列车编组作业与其占用相同设备、设施资源的其他作业在时空上的冲突。出发列车最早开始编组时间为 $T_{\text{zbz}}^{\text{cf}}=\max\{T_{\text{wjt}}^{\text{dd}},T_{\text{qs}},T_2^{\text{qtzy}}-t_{\text{编组作业}}\}$，$T_{\text{qs}}$ 表示取送车作业结束时间，此处 T_2^{qtzy} 所指其他作业包括调机设备作业和编组设施设备的维护作业等，$T^{\text{ks}}=\max\{T_{\text{wjt}}^{\text{dd}},T_{\text{qs}}\}$，$T^{\text{end}}$ 为阶段结束时间，$t_i=t_{\text{编组作业}}$，其他符号表示与前面相同。

2）出发列车最晚编组完成时间

列车的编组作业需最晚于列车出发时间限制约束之前完成，与上述时间推算一样，也需考虑其与其他作业的冲突情况，出发列车最晚编组完成时间 $T_{\text{wbz}}^{\text{cf}}=\min\{T^{\text{cf}},T_1^{\text{qtzy}}\}-T_{\text{cf}}$，$T^{\text{cf}}$ 表示列车预定出发时间，此处计算 T_1^{qtzy} 时，取 T^{ks} 为阶段开始时间，$T^{\text{end}}=T^{\text{cf}}-T_{\text{cf}}$，$t_i=t_{\text{编组作业}}$，$T_{\text{cf}}$ 表示列车出发技术作业时间，其他符号表示与前面相同。取送车等作业的时间限制由最早开始解体时间、最晚编组完成时间和其他占用作业资源的作业时间、空间关系决定。

7.3　编组站作业计划与车流的耦合优化

7.3.1　编组站作业计划与车流的耦合度计算

编组站作业计划包括日班计划、阶段计划以及调车作业计划。其中，阶段计划较为精细，起着承上启下的关键作用。以准时发车为目标，研究编组站阶段计划与车流之间的耦合关系，并在此基础上计算其耦合度，用以度量编制阶段计划时不确切的时间估计对调度的影响程度，能够为阶段计划的实时调整提供依据。

编组站系统存在前后的耦合作业关系，按照车流输入与输出的方向主要分为到解系统与编发系统[263]，如图 7-4 所示。

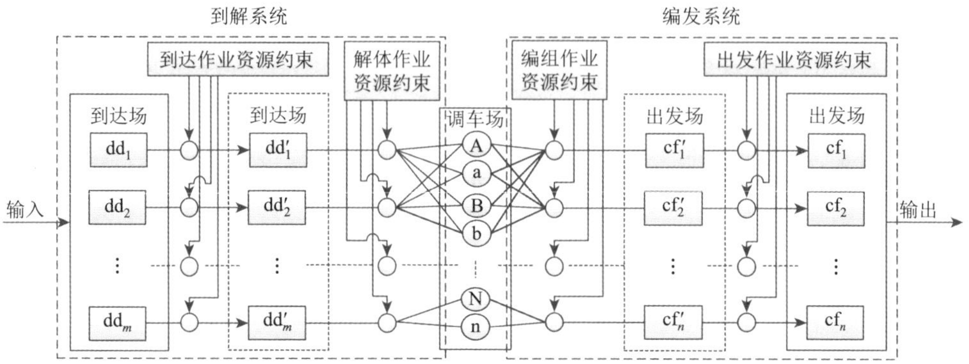

图 7-4　到解系统与编发系统示意图

在编制编组站阶段计划时，站调需考虑各项作业的执行时间、作业地点、作业对象和作业执行者这四个要素，其中作业时间及作业对象存在不确定性。编制阶段计划的目标是将编组站车流波动控制在合理范围内，通过阶段计划控制站内车流的移动及输出。阶段计划的执行需要车流的支持，当车流方向、数量不能满足车站相关约束要求时，阶段计划就无法正常实施。这种车站阶段计划与车流间的不吻合情况，会对车站调度产生不利影响，为度量不确切估计对车站调度作业的影响程度，需确定车站阶段计划与车流间耦合度的计算方法。

每个系统协调工作情况有若干个指标组成，设为$s_1,s_2,\cdots,s_n$，在到解系统中相关指标有晚点到达列车数、列车解体未完成数、实际车流内容与预计车流不吻合的列车数，这些为负向指标；按计划时段完成解体的列车数，为正向指标。编发系统的相关指标包括按原定计划发出的列车数，为正向指标；在规定时段内编组未完成列车数、未正点发车列车数，为负向指标。以 1h 为单位，进行累加统计，系统α指标β的功效可以通过式（7-34）计算：

$$f_{\alpha\beta}=\begin{cases}(s_{\alpha\beta}-s_{\alpha\beta}^{\min})/(s_{\alpha\beta}^{\max}-s_{\alpha\beta}^{\min}), & \text{正向指标}\\(s_{\alpha\beta}^{\max}-s_{\alpha\beta})/(s_{\alpha\beta}^{\max}-s_{\alpha\beta}^{\min}), & \text{负向指标}\end{cases}\tag{7-34}$$

式中，$f_{\alpha\beta}$为系统α指标β的功效值；$s_{\alpha\beta}^{\max}$为系统α指标β的最大值；$s_{\alpha\beta}^{\min}$为系统α指标β的最小值。$f_{\alpha\beta}\in[0,1]$，$f_{\alpha\beta}$值越大，功效越好[264-266]。

编组站单个系统的总功效的计算公式为

$$U_\alpha=\sum_{\beta=1}^{m}w_{\alpha\beta}\times f_{\alpha\beta}\tag{7-35}$$

式中，$w_{\alpha\beta}$为各指标所占权重。计算步骤如下：

步骤 1　根据系统α指标β的不同重要程度，设置[1,3,7,9]的重要度指标，将指标β与其他指标q对比，同等重要时取值，$d_{q\beta}=5$，其他指标明显重要时，

$d_{q\beta}=1$，其他指标较为重要时，$d_{q\beta}=3$，指标 β 较为重要时，取 $d_{q\beta}=7$，指标 β 明显重要时取，$d_{q\beta}=9$。

步骤 2　$\beta=\beta+1$，转步骤 1，设存在 v 个指标，当 $\beta=v$ 时，转步骤 3。

步骤 3　取 $\max\{d_\beta\}$、$\min\{d_\beta\},\beta=1,2,3,\cdots,v$，记为 $\max\beta$ 与 $\min\beta$，计算向量 $D_\beta=(d_{1\beta},d_{2\beta},\cdots,d_{v\beta})$ 与 $\max\beta$、$\min\beta$ 间欧氏距离为 $d(\min\beta,D_\beta)$。

步骤 4　记 $r_\beta=d(\min\beta,D_\beta)/[d(\max\beta,D_\beta)+d(\min\beta,D_\beta)]$。

步骤 5　计算指标权重 $w_{\alpha\beta}=r_\beta\Big/\sum_1^v r_\beta$。

若存在 n 个系统组成，则编组站阶段计划与车流间耦合度 C 为

$$C=\left[\frac{\prod_{\alpha=1}^{n}U_\alpha}{\dfrac{\prod\limits_{\alpha=1,2,\cdots,n-1;\delta=i+1,i+2,\cdots,n}^{n}}{(U_\alpha+U_\delta)}}\right]^{1/n} \tag{7-36}$$

阶段计划与车流间的耦合度是实际到达车流内容波动对车站调度影响程度的量化，当实际车流内容波动较大时，若仍按原定的列车车流来源计划执行编组作业，将对车站原定的列车出发计划产生较大影响，进而导致阶段计划与车流间的耦合度过低。

7.3.2　编组站解编计划耦合优化模型

根据列车车流波动与作业计划关系的分析可知，当出现列车晚于最晚容许到达时间的情况时，可以判断其接续列车及其后续列车能否正常编组。图 7-5 所示为编组站自编始发列车的车流来源示意图。

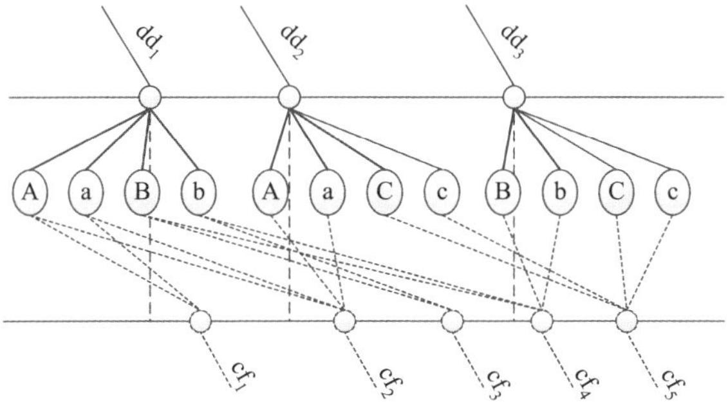

图 7-5　编组站自编始发列车车流来源示意图

从图 7-5 可知，如果随列车 dd_2 中到达的方向为 A、a 的车流不足以满足列车

cf_2 的满轴约束，则列车 cf_2 与 cf_1 间存在车流竞争。根据车站原定解编计划，当出现大范围列车晚点或实际车流信息与预定车流信息不符时，会出现严重的车流不足情况，各列车间的车流竞争激烈。需要对自编始发列车的车流来源进行调整，在不改变自编始发列车出发顺序的情况下，若放弃部分低等级列车的编组，释放其中的车流，以满足与之具备车流竞争关系的高等级列车的车流需求，则可能会使得到达列车晚点或到达车流信息不匹配对车站作业计划的影响程度相对降低。

设列车 cf_j 最晚编组时间为 T_j^{cf} ，车站在 T_j^{cf} 时现存车情况为 $K_{T_j^{cf}}=[x_{k_1}, x_{k_2},\cdots,x_{k_l}]$ 。根据已定的出发列车车流组号，列车 cf_j 的车流组成内容为 $[0,x_{k_2}^j,\cdots,0,0,x_{k_l}^j]=K_{cf_j}$ ，当 $K_{T_j^{cf}}-K_{cf_j}\geqslant 0$ 时，表示按照原定计划或通过车流来源调整，列车 cf_j 的编组和出发将不会受到达列车晚点的影响。

在出现列车晚于最晚到达时间时，其中所待车流出现接续中断，本阶段计划无法按照原定计划发出，考虑车站的整体作业，为了使得阶段计划自编始发列车兑现率最高，根据直达列车高于直通列车、直通列车高于区段列车、区段列车高于摘挂列车、摘挂列车高于小运转列车的顺序对出发列车划分等级[246]，赋予不同权重，根据出发列车的等级排序优先满足高等级列车的车流需求，在相同等级情况下，优先满足先出发列车的车流需求，以出发列车的权重之和最大为目标，建立车流变动时调整列车编组内容的优化模型。

设变量：

$$\theta_j=\begin{cases}1, & \text{列车}cf_j\text{可以按原计划发出}\\0, & \text{列车}cf_j\text{不可以按原计划发出}\end{cases} \tag{7-37}$$

记 $fcc_j=\theta_j\times[0,x_{k_2}^j,\cdots,0,0,x_{k_l}^j]=\theta_j\times K_{cf_j}$ ，若存在 $K_{T_j^{cf}}-K_{cf_j}\geqslant 0$ ，则 fcc_j 中 $\theta_j=1$ 的必要条件成立，列车 cf_j 可以按时出发，反之不能按时出发。zjc_{j+1} 表示在列车 cf_j 编组开始至列车 cf_{j+1} 编组开始之间解体完毕或者装车完毕取回调车线的车辆数，该车流可以用于列车 cf_{j+1} 的编组。

记 syc_j 为列车 cf_j 编组后的车站可继续为后续列车编组所用的剩余车流总和，$syc_j=K_{T_j^{cf}}-fcc_j$ ，可根据 $syc_j+zjc_{j+1}-\theta_{j+1}\times K_{cf_{j+1}}$ 判断列车 cf_{j+1} 是否可按照原计划编组完毕。

出发列车的车流来源调整模型如下：

$$F_{MAX}=\theta_j\times\varepsilon_j \tag{7-38}$$

$$
\begin{aligned}
&\mathrm{syc}_0-\theta_1\times K_{\mathrm{cf}_1}\geqslant 0\\
&\mathrm{syc}_0=\mathrm{syc}_{T_0}+\sum_{i=1}^{n'}K_{\mathrm{dd}_i}\mid T_{\mathrm{dd}_i}\in(T_0,T_{\mathrm{cf}_1})\\
&j\in\{1,m-1\},\quad \mathrm{syc}_j=\mathrm{syc}_{j-1}-\theta_j\times K_{\mathrm{cf}_{j-1}}\\
&j\in\{1,m-1\},\quad \mathrm{zjc}_{j+1}=\sum_{i=1}^{n''}K_{\mathrm{dd}_i}\mid T_{\mathrm{dd}_i}\in(T_{\mathrm{cf}_j},T_{\mathrm{cf}_{j+1}})\\
&j\in\{1,m-1\},\quad \mathrm{syc}_j+\mathrm{zjc}_{j+1}-\theta_{j+1}\times K_{\mathrm{cf}_{j+1}}\geqslant 0\\
&\mathrm{syc}_j+\mathrm{zjc}_{j+1}\leqslant \mathrm{rcs}
\end{aligned}
\tag{7-39}
$$

$$\sum_{j=1}^{n}w_k^{ij}\leqslant\lambda_{d_i}\times w_k^{d_i}\tag{7-40}$$

$$w_k^{ij}\leqslant w_k^{d_i}\times\varphi_k^{\mathrm{cf}_j}\tag{7-41}$$

$$w_k^{ij}\leqslant\lambda_{d_i}\times w_k^{d_i}\times\varphi_{ij}\tag{7-42}$$

$$\varphi_{ij}\leqslant[\,|t_{d_i}^{\mathrm{jt}''}-t_{f_j}^{\mathrm{bz}'}|+(t_{d_i}^{\mathrm{jt}''}-t_{f_j}^{\mathrm{bz}'})]/2(t_{d_i}^{\mathrm{jt}''}-t_{f_j}^{\mathrm{bz}'})\tag{7-43}$$

$$\sum_{j=1}^{n}w_k^{ij}=\theta_j\times w_j\tag{7-44}$$

式（7-38）～式（7-44）中，syc_0 为第一列自编始发列车编组前，编组站调车场存车情况；n' 为在第一列自编始发列车开始编组前，到解完毕的列车数；n'' 为在第 j 列自编始发列车开始编组时起，至第 $j+1$ 列自编始发列车开始编组时止的时段内的到达解体列车数；syc_{T_0} 为阶段开始时的调车场存车情况；T_{dd_i} 为到达解体列车 dd_i 的解体完毕时间；rcs 为调车场股道的容车数上限；w_k^{ij} 为出发列车 j 使用到达列车 i 中车流组号为 k 的车数；λ_{d_i} 为布尔变量，表示到达列车 i 是否按原定计划完成解体，若完成解体，取 $\lambda_{d_i}=1$，反之，取 $\lambda_{d_i}=0$；$w_k^{d_i}$ 为到达列车 i 中车流组号为 k 的车辆数；φ_{ij} 为车流接续条件的判决变量；$\varphi_k^{\mathrm{cf}_j}$ 为车流组号为 k 的车流能否编入出发列车 j 的布尔变量，由编组计划得到；$t_{d_i}^{\mathrm{jt}''}$ 为到达列车 i 的解体作业结束时间；$t_{f_j}^{\mathrm{bz}'}$ 为出发列车 j 的编组作业开始时间；w_j 为出发列车 j 的编成辆数。

在上述模型中，目标函数为出发列车的权重之和，约束关系为各自编始发列车之间的车流关系，决策变量为控制自编始发列车编组与否的布尔变量 θ_j。

根据上述思路对出发列车车流来源进行适当调整，以最大限度地保障原定列车出发计划的执行。列车的调整步骤如下：

步骤 1　统计出现过度晚点列车时车站各车组车流情况，按照车流组号顺序表示为行向量 K。

步骤 2　出现晚点后的第一列车 cf_j，其车流组号序列为 $K_{\mathrm{cf}_j}=[0,x_{k_2}^j,\cdots,0,0,x_{k_l}^j]$，并将其中大于 0 的元素转化为 1，转换 K_{cf_j} 为列车 cf_j 的车组号序列 $K'_{\mathrm{cf}_j}=[0,1,\cdots,0,0,1]$，并统计列车 cf_j 开始编组以后，至下列出发列车到达之前随着到达列车解体或者其他情况引起的车流增加 zjc_{j+1}。

步骤 3　$j=j+1$。

步骤 4　最大出发列车序号为 m，当 $j=m$ 时，转步骤 5，否则，转步骤 2。

步骤 5　按照模型 7.3-1 进行优化调整，对约束问题 $K_{T_j^{\mathrm{cf}}}-\theta_j\times K_{\mathrm{cf}_j}\geqslant 0$ 处理如下：

记 $D_j=K_{T_j^{\mathrm{cf}}}\times K'_{\mathrm{cf}_j}-\theta_j\times K_{\mathrm{cf}_j}$，设车站车流组号共有 l 个，$D_j(i)$ 为 D_j 中第 i 个元素，当 $D_j(i)\geqslant 0$ 对于所有 $i\in[1,l]$ 均成立时，$K_{T_j^{\mathrm{cf}}}-\theta_j\times K_{\mathrm{cf}_j}\geqslant 0$ 成立，反之，不成立。

同理，$\mathrm{syc}_j+\mathrm{zjc}_{j+1}-\theta_{j+1}\times K_{\mathrm{cf}_{j+1}}\geqslant 0$ 处理如下：

记 $D_{j+1}=(\mathrm{syc}_j+\mathrm{zjc}_{j+1})\times K'_{\mathrm{cf}_{j+1}}-\theta_{j+1}\times K_{\mathrm{cf}_{j+1}}$，其判断原理与 $K_{T_j^{\mathrm{cf}}}-\theta_j\times K_{\mathrm{cf}_j}\geqslant 0$ 时相同。

步骤 6　上述问题属于整数线性优化问题，首先使用 MATLAB 整数优化工具箱确定出发列车的编组序列，再利用遗传算法，以 $\min F=-\theta_j\times\varepsilon_j$ 为适应度，对自编始发列车的车流来源问题进行求解[267, 268]，通过上述步骤，确定出发列车序列和出发列车的编组内容及车流来源。

当车流波动幅度过大，或通过调整，编组站阶段计划与车流之间的协调程度仍然较差，阶段计划的实现率过低时，就需要在考虑编组站各资源可用度的基础上，建立编组站阶段计划编制模型，重新进行阶段计划的编制，以减少车流波动对车站造成的损失。

7.3.3　基于资源可用度的编组站阶段计划优化模型

1. 基于资源可用度的编组站阶段计划动态配流模型

在传统的动态配流问题中，考虑的因素包括自编始发列车等级权重总和、车辆在车站的停留时间、编组站设施设备等资源的作业效率等因素，以上三类因素中，自编始发列车等级权重总和与编组站设施设备等资源的作业效率属于正向要素，在动态配流问题中，追求最大化目标，车辆在车站的停留时间为负向指标，追求最小化目标[269, 270]，传统动态配流结果在出现到达列车过度晚点，或者到达列车车流信息不匹配等情况下，很有可能会出现车流衔接中断，自编始发列车无法获取车流的情况。基于以上思路，在编组站阶段计划动态配流和到发线运用方案确定的过程中，充分考虑编组站到发线、驼峰、调机等各种设施设备资源在不同时段的工作强度，通过 7.1.2 节中编组站资源可用度计算的方法，得到各设施设备在不同时段的动态可用度，并在此基础上，进行编组站阶段计划动态配流及到发线运用方案的确定。总体动态配流思路如下：

（1）动态配流涉及编组站相同作业或不同作业之间的优先级问题，需考虑各作业与其前序作业和后序作业之间的连接关系，例如：在不同等级列车同时满足编组条件时，优先进行较高等级列车的编组作业；在列车到达作业进行完毕之后才能进行解体作业；某列车解体作业的实施可行条件必须建立在该列车已完成到达作业这一前序作业的基础上。针对上述情况，需设计相应的约束条件。

（2）编组站各到发场、驼峰、调车场以及调机都是总量不可变的资源，属于总量静态资源，在动态配流的过程中，只有在某作业需要占用的各资源都处于空闲状态的基础上，才能进行该作业，例如：只有在编组站到达场股道存在空闲的情况下，才进行接车作业；只有在解体调机、驼峰和调车场存在资源空闲的情况下，才进行解体作业；该类资源可参照研究较多的有限资源的调度问题建立相应的约束。

（3）编组站的车流随着到达解体列车的解体完毕而汇入编组站的车流集合，随着编发列车的编组完毕而离开车流集合，且车流资源的总量未知，属于总量动态资源。针对该类资源，需建立随配流进程而变化的动态总量资源约束条件。

（4）在动态配流过程中，除上述情况外，还存在一些与编组站作业流程相关的其他约束，例如：在不同作业时段，编组站各项设施设备资源的可用度约束；每列到达列车不同车流组号的车流资源约束；各车流组号的车流能否编入某列列车的约束；出发列车的正点、满轴等约束。

根据上述分析，建立基于资源可用度的编组站阶段计划配流模型，模型的参变量定义如下：

（1）t' 表示阶段的开始时间；

（2）t'' 表示阶段的结束时间；

（3）d_i 表示阶段内到达的第 i 列车（$i=1,2,\cdots,m$），m 表示该阶段内到达列车的最大数，其中包括上阶段到达的待解列车，货场以及专用线、交换场等待取的列车等；

（4）t_{d_i} 表示列车 d_i 的到达时间，其中上阶段到达的待解列车，货场以及专用线、交换场等待取的列车的到达时间设为 t'；

（5）$t_{d_i}^{\mathrm{js}'}$ 表示到达列车 d_i 的技术作业开始时间；

（6）$t_{d_i}^{\mathrm{js}}$ 表示到达列车 d_i 的技术作业时间；

（7）$t_{d_i}^{\text{js}''}$ 表示到达列车 d_i 的技术作业结束时间，其中上阶段已经完成技术作业的到达接车，以及在货场以及专用线、交换场等待取的列车的技术作业时间设为0，对于该类车列，有 $t_{d_i}^{\text{js}''}=t_{d_i}^{\text{js}'}$；

（8）$t_{d_i}^{\text{jt}'}$ 表示到达列车 d_i 的解体作业开始时间；

（9）$t_{d_i}^{\text{jt}}$ 表示到达列车 d_i 的解体作业时间；

（10）$t_{d_i}^{\text{jt}''}$ 表示到达列车 d_i 的解体作业结束时间；

（11）f_j 表示阶段内出发的第 j 列车（$j=1,2,\cdots,n$），n 表示该阶段内自编始发列车的最大数；

（12）δ_{f_j} 表示出发列车 f_j 的优先级，对于不同种类的列车，直通列车＞区段列车＞摘挂列车＞小运转列车，对于相同种类的列车，去向数目较少的列车＞去向数目较多的列车[271]；

（13）z_{f_j} 表示出发列车 f_j 的换长或轴重要求，当列车存在不同轴重或换长情况时，存在区间 $[z'_{f_j},z''_{f_j}]$，分别表示轴重或换长的上、下限；

（14）t_{f_j} 表示列车 f_j 的出发时间；

（15）$t_{f_j}^{\text{js}'}$ 表示出发列车 f_j 的技术作业开始时间；

（16）$t_{f_j}^{\text{js}}$ 表示出发列车 f_j 的技术作业时间；

（17）$t_{f_j}^{\text{js}''}$ 表示出发列车 f_j 的技术作业结束时间；

（18）$t_{f_j}^{\text{bz}'}$ 表示自编始发列车 f_j 的编组作业开始时间；

（19）$t_{f_j}^{\text{bz}}$ 表示自编始发列车 f_j 的编组作业时间；

（20）$t_{f_j}^{\text{bz}''}$ 表示自编始发列车 f_j 的编组作业结束时间；

（21）R_k 表示车流组号为 k 的车流资源的存储上限；

（22）w_k^t 表示站内 t 时车流组号为 k 的车流资源的存量；

（23）w_k' 表示阶段开始时站内车流组号为 k 的车流资源的存量；

（24）$w_k^{d_i}$ 表示到达列车 d_i 中所包含的车流组号为 k 的车流资源量；

（25）w_k^{ij} 表示到达列车 d_i 提供给出发列车 f_j 的车流组号为 k 的车流资源量；

（26）$\lambda_k^{f_j}$ 表示出发列车能否编入车流组号为 k 的车流资源的编组特征约束，若出发列车 f_j 可编入车流组号为 k 的车流资源，取 $\lambda_k^{f_j}=1$，否则，取 $\lambda_k^{f_j}=0$；

（27）$\gamma_{d_i}^{\text{js}}$ 为布尔变量，表示到达列车 d_i 的技术作业是否执行，若执行，$\gamma_{d_i}^{\text{js}}=1$，否则，取 $\gamma_{d_i}^{\text{js}}=0$；

（28）$\gamma_{d_i}^{\mathrm{jt}_{\mathrm{jt}i}}$ 为布尔变量，表示解体系统 $\mathrm{jt}_{\mathrm{jt}i}$ 是否执行到达列车 d_i 的解体作业，若执行，$\gamma_{d_i}^{\mathrm{jt}_{\mathrm{jt}i}}=1$，否则，$\gamma_{d_i}^{\mathrm{jt}_{\mathrm{jt}i}}=0$；

（29）$\gamma_{d_i}^{\mathrm{jd}_{\mathrm{dc}i}}$ 为布尔变量，表示解体调机 $\mathrm{jd}_{\mathrm{dc}i}$ 是否执行到达列车 d_i 的解体作业，若执行，$\gamma_{d_i}^{\mathrm{jd}_{\mathrm{dc}i}}=1$，否则，$\gamma_{d_i}^{\mathrm{jd}_{\mathrm{dc}i}}=0$；

（30）$\gamma_{f_j}^{\mathrm{bd}_{\mathrm{dc}j}}$ 为布尔变量，表示编组调机 $\mathrm{bd}_{\mathrm{dc}j}$ 是否执行出发列车 f_j 的编组作业，若执行，$\gamma_{f_j}^{\mathrm{bd}_{\mathrm{dc}j}}=1$，否则，$\gamma_{f_j}^{\mathrm{bd}_{\mathrm{dc}j}}=0$；

（31）$\gamma_{f_j}^{\mathrm{bz}_{\mathrm{bz}j}}$ 为布尔变量，表示编组系统 $\mathrm{bz}_{\mathrm{bz}j}$ 是否执行出发列车 f_j 的编组作业，若执行，$\gamma_{f_j}^{\mathrm{bz}_{\mathrm{bz}j}}=1$，否则，$\gamma_{f_j}^{\mathrm{bz}_{\mathrm{bz}j}}=0$；

（32）$\gamma_{f_j}^{\mathrm{js}}$ 为布尔变量，表示出发列车 f_j 的技术作业是否执行，若执行，$\gamma_{f_j}^{\mathrm{js}}=1$，否则，$\gamma_{f_j}^{\mathrm{js}}=0$；

（33）ζ_{ij} 为布尔变量，表示车流的接续条件，当第 i 列车的解体完毕时间小于第 j 列车的编组开始时间时，$\zeta_{ij}=1$，反之，$\zeta_{ij}=0$；

（34）A_t^q 表示资源 q 在 t 时刻的可用度，当某项作业存在多个资源备选时，优先使用可用度较高的资源，按照资源的不同，q 包括解体系统资源、解体调机资源、编组调机资源等。

1）模型目标函数

根据编组站实际作业需求，充分考虑实际情况，在综合考虑保证配流成功的自编始发列车数量，以及缩短车流在节点的停留时间的基础上，还需要考虑各类资源的使用效率和使用效果，基于以上思路，从以下 3 个方面给出基于资源可用度的编组站动态配流的目标函数。

（1）配流成功的自编始发列车等级权重之和最大。

在动态配流的过程中，首要目标是实现自编始发列车配流成功率最高，在此基础上，也需要优先确保高等级列车的配流成功[271]。因此，确定配流成功的自编始发列车等级权重之和最大的目标函数见式（7-45）：

$$\max f_1=\sum_{j=1}^{n}\sum_{\mathrm{dc}j=1}^{n_{\mathrm{dc}j}}\gamma_{f_j}^{\mathrm{bd}_{\mathrm{dc}j}}\times\delta_{f_j} \tag{7-45}$$

式中，$\sum_{\mathrm{dc}j=1}^{n_{\mathrm{dc}j}}\gamma_{f_j}^{\mathrm{bd}_{\mathrm{dc}j}}$ 为出发列车 f_j 是否编组的布尔变量；δ_{f_j} 为出发列车 f_j 的等级。

（2）车流在编组站的平均停留时间最短。

缩短车列在车站节点的停留时间，能够在很大程度上加速车列的运转，对提高货车周转效率具有较大的影响，在以往的研究中，当考虑车流在车站平均停留时间最短这一目标时，通常使用的目标函数为[272, 273]

$$\min f_2 = \sum_{i=1}^{m}\sum_{j=1}^{n}\sum_{k=1}^{n_k} w_k^{ij} \times (t_{f_j} - t_{d_i}) \tag{7-46}$$

式中，w_k^{ij} 为到达列车 d_i 提供给出发列车 f_j 的车流组号为 k 的车流资源量；t_{d_i} 为列车 d_i 的到达时间，其中上阶段到达的待解列车，货场以及专用线、交换场等待取的列车的到达时间取阶段开始时间；t_{f_j} 为列车 f_j 的出发时间。

（3）优先使用编组站可用度较大的资源。

资源在不同时段的可用度由于其自身或者外部因素的影响，存在一定的差异，在分配某项作业所占用的设施设备资源时，应优先调配该作业可使用的资源中具有较高可用度的资源，该问题目标函数在国内外研究中尚未提及，从单个资源角度出发，在度量单个资源在阶段内平均可用度的基础上，根据复杂系统可用度计算方法和编组站实际情况，建立目标函数，使得在阶段计划内编组站协调使用可用度较大的资源的情况最多。

单个资源 j 在阶段内的可用度 A^j 按照式（7-47）进行计算：

$$A^j = \frac{A_{t_v}^j \times \gamma_v^j}{\sum_{v=1}^{n_v} \gamma_v^j} \tag{7-47}$$

式中，$A_{t_v}^j$ 为资源 j 在作业 v 的开始时间 t_v 的可用度；γ_v^j 为资源 j 是否执行作业 v，为布尔变量，若执行，$\gamma_v^j = 1$，否则，$\gamma_v^j = 0$；n_v 为作业的集合。

编组站作业系统相互关系较为复杂，解体系统或编组系统等内部为并联关系，而各系统之间为串联关系，已知可用度为某项设施设备资源能够在规定时间内完成某种作业的概率度量，在解体或编组等系统内部，各可替换资源的可用度互不干扰，各系统的可用度也不受其他系统的影响。根据概率论随机独立性相关知识，可得优先使用编组站可用度较大资源的目标函数为

$$\max f_3 = \prod_{i=1}^{n_Q}\left(1 - \prod_{j=1}^{n_i}(1 - A^{ij})\right) \tag{7-48}$$

式中，A^{ij} 为系统 i 内并联资源 j 在阶段内的可用度；n_i 为阶段内系统 i 中可用度最小的一类资源的总量；n_Q 为各属于串联关系的系统，在编组站阶段计划动态配流过程中表示解体系统和编组系统。

2）模型约束关系

在编组站阶段计划动态配流的过程中，需要考虑的约束关系主要包括作业间的先后次序、作业规定、作业时间、作业流程、资源的占用与空闲等，具体包括以下内容。

（1）作业次序约束。

到达列车的作业次序为列车到达实施到达列车技术作业，到达列车技术作业

完毕后，才可进行列车的解体作业；出发列车需先完成编组作业，再进行出发技术作业，最终实现列车的出发，下面将基于动态配流结果进行到发线及技术作业资源的配置，故在此处暂未考虑技术作业资源约束，根据以上思路，存在以下约束条件。

到达列车技术作业与解体作业和解体调机之间的占用关系约束为

$$\gamma_{d_i}^{\text{js}} \geqslant \sum_{\text{jt}i=1}^{n_{\text{jt}i}} \gamma_{d_i}^{\text{jt}_{\text{jt}i}} = \sum_{\text{dc}i=1}^{n_{\text{dc}i}} \gamma_{d_i}^{\text{jd}_{\text{dc}i}}, \quad i=1,2,\cdots,m \tag{7-49}$$

式中，$n_{\text{jt}i}$ 为解体系统资源的总数；$n_{\text{dc}i}$ 为解体调机资源的总数。

出发列车技术作业与编组作业及编组调机之间的占用关系约束为

$$\gamma_{f_j}^{\text{js}} \leqslant \sum_{\text{bz}j=1}^{n_{\text{bz}j}} \gamma_{f_j}^{\text{bz}_{\text{bz}j}} = \sum_{\text{dc}j=1}^{n_{\text{dc}j}} \gamma_{f_j}^{\text{bd}_{\text{dc}j}} \leqslant 1, \quad j=1,2,\cdots,m \tag{7-50}$$

式中，$n_{\text{bz}j}$ 为编组系统资源的总数；$n_{\text{dc}j}$ 为编组调机资源的总数。

（2）作业时间约束。

作业时间约束主要包括各作业的开始时间和结束时间的约束关系，如技术作业开始时间、解体作业开始时间和结束时间、编组作业开始时间和结束时间等。

到达列车技术作业开始时间应晚于列车到达时间，约束条件为

$$t_{d_i}^{\text{js}'} \geqslant t_{d_i}, \quad i=1,2,\cdots,m \tag{7-51}$$

到达列车的解体作业开始时间应晚于到达列车的技术作业结束时间，此处将转线时间纳入解体作业时间中，约束条件为

$$t_{d_i}^{\text{jt}'} \geqslant t_{d_i}^{\text{js}''}, \quad i=1,2,\cdots,m \tag{7-52}$$

列车的出发时间应晚于出发列车的技术作业结束时间，约束条件为

$$t_{f_j} \geqslant t_{f_j}^{\text{js}''}, \quad j=1,2,\cdots,n \tag{7-53}$$

出发列车的技术作业开始时间应晚于出发列车的编组作业结束时间，此处将转线时间纳入编组作业时间中，约束条件为

$$t_{f_j}^{\text{js}'} \geqslant t_{f_j}^{\text{bz}''}, \quad j=1,2,\cdots,n \tag{7-54}$$

到达列车技术作业结束时间应至少大于到达列车技术作业开始时间加技术作业时间，约束条件为

$$t_{d_i}^{\text{js}''} \geqslant t_{d_i}^{\text{js}'} + t_{d_i}^{\text{js}} \tag{7-55}$$

到达列车解体作业结束时间应至少大于解体作业开始时间加解体作业时间，约束条件为

$$t_{d_i}^{\text{jt}''} \geqslant t_{d_i}^{\text{jt}'} + t_{d_i}^{\text{jt}} \tag{7-56}$$

同理，出发列车编组作业结束时间和出发列车技术作业时间的约束分别为

$$t_{f_j}^{\mathrm{bz}''} \geqslant t_{f_j}^{\mathrm{bz}'} + t_{f_j}^{\mathrm{bz}} \tag{7-57}$$

$$t_{f_j}^{\mathrm{js}''} \geqslant t_{f_j}^{\mathrm{js}'} + t_{f_j}^{\mathrm{js}} \tag{7-58}$$

（3）各类资源的约束。

编组站调机资源、解体系统和编组系统的资源都是有限的，动态配流属于资源限制的动态调度问题。在这些资源中，存在调机和技术作业等总量固定资源，也存在车流等总量未知的动态资源。

在同一时段，单一的资源只能被单个作业所占用，则存在解体调机、编组调机、解体系统和编组系统等的资源约束为

$$\begin{cases} t_{d_i \neq d_I}^{\mathrm{js}'} \text{或} t_{d_i \neq d_I}^{\mathrm{js}''} \in [t_{d_I}^{\mathrm{js}'}, t_{d_I}^{\mathrm{js}''}]: \gamma_{d_I}^{\mathrm{js}} + \sum\limits_{i=1, i \neq I}^{m} \gamma_{d_i}^{\mathrm{js}} \leqslant n_{d_i}^{\mathrm{js}} \\ t_{d_i \neq d_I}^{\mathrm{jt}'} \text{或} t_{d_i \neq d_I}^{\mathrm{jt}''} \in [t_{d_I}^{\mathrm{jt}'}, t_{d_I}^{\mathrm{jt}''}]: \gamma_{d_I}^{\mathrm{jt}_{\mathrm{jt}i}} + \sum\limits_{i=1, i \neq I}^{m} \gamma_{d_i}^{\mathrm{jt}_{\mathrm{jt}i}} \leqslant 1 \\ t_{d_i \neq d_I}^{\mathrm{jt}'} \text{或} t_{d_i \neq d_I}^{\mathrm{jt}''} \in [t_{d_I}^{\mathrm{jt}'}, t_{d_I}^{\mathrm{jt}''}]: \gamma_{d_I}^{\mathrm{jd}_{\mathrm{dc}i}} + \sum\limits_{i=1, i \neq I}^{m} \gamma_{d_i}^{\mathrm{jd}_{\mathrm{dc}i}} \leqslant 1 \\ t_{f_j \neq d_J}^{\mathrm{js}'} \text{或} t_{f_j \neq d_J}^{\mathrm{js}''} \in [t_{f_J}^{\mathrm{js}'}, t_{f_J}^{\mathrm{js}''}]: \gamma_{f_J}^{\mathrm{js}} + \sum\limits_{j=1, j \neq J}^{n} \gamma_{f_j}^{\mathrm{js}} \leqslant n_{f_j}^{\mathrm{js}} \\ t_{f_j \neq d_J}^{\mathrm{bz}'} \text{或} t_{f_j \neq d_J}^{\mathrm{bz}''} \in [t_{f_J}^{\mathrm{bz}'}, t_{f_J}^{\mathrm{bz}''}]: \gamma_{f_J}^{\mathrm{bz}_{\mathrm{bz}j}} + \sum\limits_{j=1, j \neq J}^{n} \gamma_{f_j}^{\mathrm{bz}_{\mathrm{bz}j}} \leqslant 1 \\ t_{f_j \neq d_J}^{\mathrm{bz}'} \text{或} t_{f_j \neq d_J}^{\mathrm{bz}''} \in [t_{f_J}^{\mathrm{bz}'}, t_{f_J}^{\mathrm{bz}''}]: \gamma_{f_J}^{\mathrm{bd}_{\mathrm{dc}j}} + \sum\limits_{j=1, j \neq J}^{n} \gamma_{f_j}^{\mathrm{bd}_{\mathrm{dc}j}} \leqslant 1 \end{cases} \tag{7-59}$$

式（7-59）是调机作业排序的相关约束，其中第 1 个式子表示在任意时间，被作业占用的解体系统数不超过解体系统的总量；第 2 个式子表示在任意时间，单个解体系统只能最多被一项作业占用；第 3 个式子表示在任意时间，单个解体调机最多只能被一项作业占用；第 4 个式子表示在任意时间，被作业占用的编组系统数不超过编组系统的总量；第 5 个式子表示在任意时间，单个编组系统资源最多被一项作业占用；第 6 个式子表示在任意时间，单个编组调机最多被一项作业占用。为了简化模型，在该模型中假设解编调机资源数等于解编系统数，且解编调机的占用情况与解编系统的占用情况同步。

在任何时刻某个车流组号的车流的需求量不能超过该时刻调车场中该组号车流的总量，且任何时刻任一车流组号的车流存量不能大于调车场该组号车流的存量上限，存在约束条件为

$$\begin{cases} i \in \{1,2,\cdots,m\}: \sum_{j=1}^{n} w_k^{ij} \leqslant w_k^{d_i} \\ i \in \{1,2,\cdots,m\}: w_k^{ij} \leqslant w_k^{d_i} \times \zeta_{ij} \end{cases} \tag{7-60}$$

$$t \in [t', t'']: w_k^t \leqslant R_k$$

$$w_k^t = \sum_{i=1|t_{d_i}^{\mathrm{jt}''} \leqslant t}^{m} w_k^{d_i} - \sum_{j=1|t_{f_j}^{\mathrm{bz}''} \leqslant t}^{n} w_k^{ij} \tag{7-61}$$

（4）其他逻辑约束。

只有当到达列车解体作业实施，出发列车编组作业实施，且满足车站编组的车流去向规定时，才能实现车流的接续，存在约束条件为

$$\sum_{j=1}^{n} w_k^{ij} \leqslant w_k^{d_i} \times \sum_{\mathrm{jt}i=1}^{n_{\mathrm{jt}i}} \gamma_{d_i}^{\mathrm{jt}_{\mathrm{jt}i}} \times \sum_{\mathrm{bz}j=1}^{n_{\mathrm{bz}j}} \gamma_{f_j}^{\mathrm{bz}_{\mathrm{bz}j}} \tag{7-62}$$

$$\sum_{j=1}^{n} w_k^{ij} \leqslant w_k^{d_i} \times \lambda_k^{f_j} \tag{7-63}$$

列车轴重或换长应在《铁路行车工作细则》规定的范围内，存在约束条件为

$$\sum_{\mathrm{bz}j=1}^{n_{\mathrm{bz}j}} \gamma_{f_j}^{\mathrm{bz}_{\mathrm{bz}j}} \leqslant \frac{\left| \sum_{i=1}^{m} \sum_{k=1}^{n_k} w_k^{ij} - z'_{f_j} \right| - \left(\sum_{i=1}^{m} \sum_{k=1}^{n_k} w_k^{ij} - z'_{f_j} \right)}{2\left(\sum_{i=1}^{m} \sum_{k=1}^{n_k} w_k^{ij} - z'_{f_j} \right)} \tag{7-64}$$

$$\sum_{\mathrm{bz}j=1}^{n_{\mathrm{bz}j}} \gamma_{f_j}^{\mathrm{bz}_{\mathrm{bz}j}} \leqslant \frac{\left| z''_{f_j} - \sum_{i=1}^{m} \sum_{k=1}^{n_k} w_k^{ij} \right| - \left(z''_{f_j} - \sum_{i=1}^{m} \sum_{k=1}^{n_k} w_k^{ij} \right)}{2\left(z''_{f_j} - \sum_{i=1}^{m} \sum_{k=1}^{n_k} w_k^{ij} \right)} \tag{7-65}$$

综上所述，基于资源可用度的编组站阶段计划动态配流模型如下所示。

动态配流模型 7.3-2 的目标函数为

$$\max f_1 = \sum_{j=1}^{n} \sum_{\mathrm{dc}j=1}^{n_{\mathrm{dc}j}} \gamma_{f_j}^{\mathrm{bd}_{\mathrm{dc}j}} \times \delta_{f_j} \tag{7-66}$$

$$\min f_2 = \sum_{i=1}^{m} \sum_{j=1}^{n} \sum_{k=1}^{n_k} w_k^{ij} \times \lambda_k^{f_j} \times (t_{f_j} - t_{d_i}) \tag{7-67}$$

$$\max f_3 = \prod_{Q=1}^{n_Q} \prod_{q=1}^{n_q} (1 - A_{t_v}^q) \tag{7-68}$$

约束条件如式（7-49）～式（7-65）所示。

2. 编组站阶段计划动态配流模型求解

基于资源可用度的编组站阶段计划动态配流模型 7.3-2 为多目标非线性规划问题，对于该问题的求解，本书采用分解模型、分层求解方法来降低求解难度，对模型 7.3-2 中的部分困难约束进行处理，再使用 LINGO.17 软件编程，给出初始车流接续方案，并使用遗传算法，对动态配流模型中的解编作业次序和调机安排问题进行求解，具体求解思路如下。

1）困难约束的处理

在模型 7.3-2 中，存在部分时间窗约束，如约束条件式（7-49），该约束条件为解编系统资源在相同时段内的资源使用冲突的控制策略，存在时间区段判断问题，对该约束条件的转换思路如下：

以列车解体作业占用某解体调机为例，设第 i 列待解列车的解体作业开始时间为 T_i，第 j 列待解列车的解体作业开始时间为 T_j，设存在 0-1 变量 μ_{ij}，当列车 i 与列车 j 的解体作业开始时间相差至少为 T_{ij} 时，判定两列车的解体作业开始时间不存在重叠，两列车可以占用同一解体调机资源，此时 $\mu_{ij}=1$，反之，$\mu_{ij}=0$，两列车不能占用同一解体调机资源。设第 i 列待解体列车占用该调机表示为 γ_i，当列车占用该调机时，$\gamma_i=1$，反之，$\gamma_i=0$，同理，对于第 j 列待解列车是否占用该调机资源，可以表示为 γ_j。根据约束条件式（7-49）的含义，需存在以下关系：

$$\begin{cases}\mu_{ij}=1 \mid \gamma_i+\gamma_j \leqslant 2 \\ \mu_{ij}=0 \mid \gamma_i+\gamma_j \leqslant 1\end{cases} \tag{7-69}$$

根据以上思路，为了便于求解，将约束条件式（7-49）做如下转换：

$$\{[\gamma_i \times (T_i+T_{ij})-\gamma_j \times (T_j+T_{ij})]^2-{T_{ij}}^2\} \times (\gamma_i+\gamma_j)^2 \geqslant 0 \tag{7-70}$$

通过转换，当 γ_i 与 γ_j 取值都为 1 时，T_i 与 T_j 需要至少相差 T_{ij}；当 γ_i 与 γ_j 取值不都为 1 时，T_i 与 T_j 之差无要求。

对于时间窗重叠问题采用上述方式进行转换，在一定程度上降低了模型的求解难度。

类似地，对于车流接续条件的判断变量 ζ_{ij} 做如下处理：

$$\zeta_{ij}=\frac{|t_{f_j}^{\mathrm{bz}\prime}-t_{d_i}^{\mathrm{jt}\prime\prime}|+(t_{f_j}^{\mathrm{bz}\prime}-t_{d_i}^{\mathrm{jt}\prime\prime})}{2(t_{f_j}^{\mathrm{bz}\prime}-t_{d_i}^{\mathrm{jt}\prime\prime})} \tag{7-71}$$

式（7-71）为变量 ζ_{ij} 的替换，当到达解体列车 d_i 的编组完成时间 $t_{d_i}^{\mathrm{jt}\prime\prime}$ 早于自编始发列车 f_j 的编组开始时间 $t_{f_j}^{\mathrm{bz}\prime}$ 时，通过式（7-71）计算可得 $\zeta_{ij}=1$；当到达解

体列车 d_i 的编组完成时间 $t_{d_i}^{\text{jt}''}$ 晚于自编始发列车 f_j 的编组开始时间 $t_{f_j}^{\text{bz}'}$ 时，$\zeta_{ij}=0$，符合约束要求。

2）模型的求解思路

通过上述模型分解和约束的转化，可以在一定程度上降低模型的求解难度，模型具体求解步骤如下。

步骤1　对模型7.3-2中目标函数采用分层优化，记模型7.3-2中目标函数（7-66）与目标函数（7-67）分别为 $\max f_1$ 与 $\min f_2$；运用LINGO.17软件以 $\max f_1$ 为目标，对取消解编调机资源约束后的模型7.3-2求解，得到一个初始配流解 X_0，记此时目标函数 $f_1(X_0)=\text{obj}(f_0)$。

步骤2　采用带初始解的迭代算法求解思想，以 X_0 为第二层优化的初始解，以 $\min f_2$ 为目标，并增加约束 $f_1(X)\geqslant \text{obj}(f_0)$，对取消解编调机资源约束后的模型7.3-2求解得到 X_1，更新初始配流方案 $X_0=X_1$。

步骤3　根据步骤2求解得到初始配流方案 X_0，以 $\min f_2$ 为适应度函数，调用遗传算法求解完整的模型7.3-2，确定可行调机使用方案 X_0'，记由 X_0' 确定的目标函数值 $f_1(X_0')=\text{obj}(f_1)$。

步骤4　如果 $\text{obj}(f_0)=\text{obj}(f_1)$，则由配流方案和调用运用方案组成模型的初始可行解为 $[X_0,X_0']$；否则，转步骤1求解一个新的配流初始解 X_0，再重复步骤2～步骤4，直至得到初始可行解 $[X_0,X_0']$。

步骤5　根据步骤4给出的初始可行解 $[X_0,X_0']$，锁定调机作业时间，采用枚举法搜索全部可行的调机使用方案，为了缩减计算时间，采用分割检验方法进行可行域的确定，设检验解区域为 $X'=[X_1,X_2,X_3,\cdots,X_k,\cdots,X_{n-1},X_n]$，具体步骤如下。

（1）根据约束函数中所包含的变量，将部分约束分为 $\text{St}_1,\text{St}_2,\cdots,\text{St}_m$ 等约束组，将待检验解区域分为 $X_1'=[X_1,X_2,\cdots]$，$X_2'=[X_5,\cdots,X_k,\cdots]$，…，$X_m'=[\cdots,X_{n-1},X_n]$ 等分区。

（2）将约束组与待检验解分区一一对应验证，各解分区验证完毕后的解集合设为 $X''=[X_1',X_2',\cdots,X_m']$，根据未检验约束中所包含的变量，对部分剩余约束进行分组，设 $X'=X''$，再依据与（1）相同的思路，对新的解区域 X' 进行验证，得到新的解区域 X''。

（3）重复以上步骤，直到不存在未检验约束，得到最终解区域为 X''。

步骤6　将最终解区域 X'' 代入目标函数 $\max f_3$，从中选取最优解为 X'''，得到调整后模型的最终解。

3. 编组站到发线运用模型

根据动态配流模型，可以得知编组站车流调配和调机运用等情况，然而车站对于到发列车在到发场哪条到发线进行技术作业和到发作业的问题，暂未给出解决方案，需要根据动态配流模型求解所得的不同列车占用到发线的时间，以及车站关于到发线的相关规定建立基于动态配流结果的编组站到发线运用方案。

在车站到发线运用方案的确定过程中，应该尽量使得所有的到发列车都得到对应的到发线安排，不对动态配流的结果产生影响。在到发线运用方案确定时，需考虑的主要约束有[274-276]：

（1）在任何时刻，车站某条到发线只能同时被最多一列出发列车或到达列车所占用，存在占用时间窗口重叠的列车，不能安排在同一条到发线。

（2）在阶段计划中，列车只能在某一条到发线上进行相应的技术作业，即单一列车只能占用一条股道。

（3）出发或者到发列车到发场股道的安排需要考虑车站相关规定，以及列车接发车时是否存在进路的交叉，存在交叉进路且接发车作业时间存在重叠的列车不能安排在到发场同一分区中。

（4）按照车站《铁路行车工作细则》的规定，某些方向的列车只能使用到发场的某些到发线，对到发线具有特殊的要求。

综上所述，可得编组站到发线运用方案模型 7.3-3 如下所示。

目标函数：

$$\max f_4 = \sum_{i=1}^{m}\sum_{\mathrm{lj}=1}^{n_{\mathrm{lj}}} l_i^{\mathrm{lj}} \tag{7-72}$$

式（7-72）为编组站到发线运用方案模型的目标函数，到发线运用模型以完成股道占用安排的列车数最大为目标。

约束函数：

$$\sum_{\mathrm{lj}=1}^{n_{\mathrm{lj}}} l_i^{\mathrm{lj}} \leqslant 1 \tag{7-73}$$

$$\sum_{\mathrm{Lj}=1}^{n_{\mathrm{Lj}}} L_i^{\mathrm{Lj}} \leqslant 1 \tag{7-74}$$

$$l_i^{\mathrm{Lj}} = L_i^{\mathrm{Lj}} \tag{7-75}$$

$$l_k^{\mathrm{Lj}} + l_{k'}^{\mathrm{Lj}} \leqslant 1 \tag{7-76}$$

$$L_i^{\mathrm{Lj}'} + L_i^{\mathrm{Lj}''} + \cdots = 0 \tag{7-77}$$

$$l_i^{\mathrm{lj}'} + l_i^{\mathrm{lj}''} + \cdots = 0 \tag{7-78}$$

在上述模型目标和约束中：

l_i^{lj} 为布尔变量，表示股道 lj 是否被列车 i 所占用，若占用，$l_i^{\mathrm{lj}}=1$，若未占用，$l_i^{\mathrm{lj}}=0$。

L_i^{Lj}为布尔变量，表示分区 Lj 是否被列车i所占用，若占用，$L_i^{\mathrm{Lj}}=1$，若未占用，$L_i^{\mathrm{Lj}}=0$。

k与k'表示任两列存在到发线占用时间窗重叠的列车，任意两到发线占用时间窗重叠的列车不能占用同一条股道。

式（7-73）表示单一到发列车只能占用一条股道；式（7-74）表示单一到发列车同一时间只能占用一个股道分区；式（7-75）表示列车占用某条到发线，则必定占用某个股道分区；式（7-76）表示存在占用时间冲突的任两列车不能占用同一股道；式（7-77）表示列车不能占用 Lj′ 与 Lj″ 等股道分区的约束；式（7-78）表示列车不能占用 lj′ 与 lj″ 等股道的约束。

在确定到发列车的解编作业起止时间后，就可以相应地推算到发列车占用股道的时间，设出发列车i与j占用股道的时间起止时段分别为$[T_i',T_i'']$与$[T_j',T_j'']$，对约束（7-76）处理如下：

$$l_i^{\mathrm{Lj}}+l_j^{\mathrm{Lj}}\leqslant\frac{3}{2}-\frac{|(T_j''-T_i')\times(T_i''-T_j')|}{2\times(T_j''-T_i')\times(T_i''-T_j')}\tag{7-79}$$

处理完毕后到发线运用的模型为 0-1 规划模型，求解可采用 LINGO.17 软件进行编程求解。

7.3.4　基于资源可用度的编组站阶段计划优化步骤

编组站阶段计划与车流间的耦合度是一个随时间变化的量，耦合度是对编组站作业情况的定量评价，当耦合度较低时，说明原定编组站阶段计划与实际车流严重失调，阶段计划不能实现对编组站车流资源调配的预期效果，原定的车流接续过程可能已经不能完成，此时，就需要及时对阶段计划配流过程进行一定的调整，在调整完毕后，阶段计划与车流耦合度到达最低要求时，按照调整后的计划组织车站各项作业，若调整之后阶段计划与车流之间的耦合度仍无法满足要求，就需要在充分考虑编组站各资源可用度的基础上，重新对编组站阶段计划进行整体编制，实现编组站阶段计划优化，具体操作步骤如下。

步骤 1　按照 7.3.1 节中耦合度计算方法，计算时间段t阶段计划与车流之间的耦合度C。

步骤 2　若$C\geqslant 0.6$，则原阶段计划有效，不进行更新操作；若$C<0.6$，则转步骤 3。

步骤 3　按照模型 7.3-1，对原阶段计划出发列车车流来源进行适当调整。

步骤 4　计算调整后时间段t的阶段计划与车流的耦合度C'，若$C'\geqslant 0.6$，则算法终止，反之，如果存在$C'<0.6$，则调整后的阶段计划无法满足车站需要，转步骤 5。

步骤 5　按照 7.3.3 节中基于资源可用度的作业计划与车流耦合优化模型 7.3-2 对阶段计划进行重新编制。

阶段计划与车流之间存在一定的柔性约束，虽然计划内的车流可以在一定范围内波动，但是一旦当车流波动超过允许范围，就会导致车站阶段计划与车流之间的协调程度较差，通过耦合度定量反映出来。所以，在该模型中，需要定期对阶段计划与车流耦合度进行测算，一旦出现耦合度过低的情况，就启动阶段计划与车流的耦合优化流程。

7.4　本 章 小 结

本章给出了编组站阶段计划与车流耦合度的计算方法，并构建了编组站解编计划耦合优化模型及编组站阶段计划车流耦合优化模型，具体内容如下：

（1）根据编组站作业流程，结合车流动态性选取相应的指标，确定编组站阶段计划和车流耦合度计算方法，并给出相应的步骤；

（2）根据解体作业与编组作业流程，以及由（1）所确定的阶段计划与车流的耦合度计算方法，对出发列车的车流来源进行适当调整，以阶段计划与车流耦合度最大为目标函数，建立编组站阶段解编计划耦合优化模型；

（3）在研究（2）的基础上，首先建立编组站阶段计划动态配流模型，然后根据编组站各资源在阶段计划内各时期的资源可用度情况，以将作业交于高可用度资源为目标，建立编组站阶段计划与车流耦合优化模型。

第 8 章　基于能力区间的编组站系统优化

8.1　编组站能力利用的时空特征

8.1.1　编组站能力利用的分析

1. 技术站作业系统分析

技术站根据其各车场功能及其设施配备情况的不同，承担多种技术作业任务。车站技术作业过程进行得流畅与否，直接关系到流水作业效率的高低，影响整个车站的能力利用，最大限度地保持各项作业的不间断性，保证整个技术站在空间和时间上畅通，是车站生产不可忽视的环节[277]。

技术站技术作业可分为列车技术作业和车辆技术作业。列车技术作业，即列车到达技术站或列车编组完毕后，在到达场、出发场上办理的一系列技术作业；车辆技术作业是指以车辆为移动单元，分析其在站内的作业过程，以有调车中转车为例，其在到达场进行必要的到达作业后，经由驼峰解体溜放至调车场集结，牵出线上的调机按计划对其编组，最后转至出发场进行出发作业，即一系列到达、解体、集结、编组、出发流水作业。可见，技术站的技术作业有其固定流向，因此车辆的走行径路也有其方向性和传递性，以二级三场编组站为例，其车辆位置变化见图 8-1。

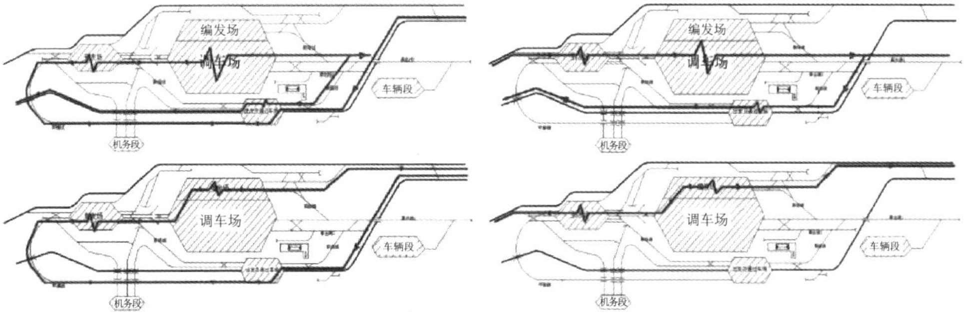

图 8-1　技术站车辆作业位移图

从排队论的研究角度来说，技术站可以分成若干独立的子系统，根据车辆在站上的作业过程，这些子系统都可以看作独立的排队服务系统[278]。为了将模型简化，本章将技术站分为到达解体系统和编组出发系统两个子系统，因此技术站的排队系统可用图 8-2 表示。

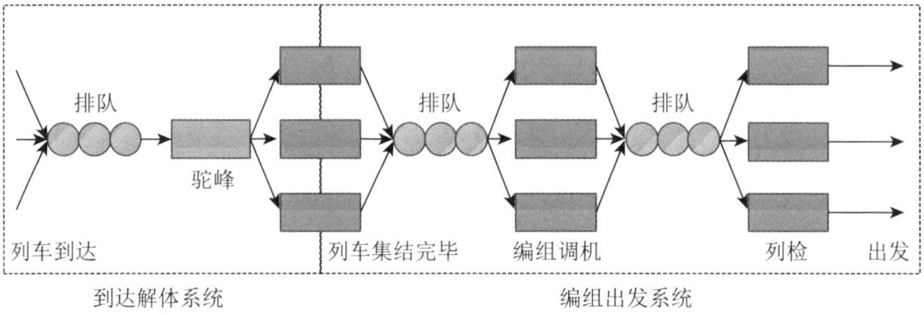

图 8-2　技术站排队系统图

由图 8-2 可知，对于技术站到达解体系统，其输入流为各方向接入到达场解体的列车，服务机构为驼峰，服务时间为列车解体时间；对于编组出发系统，其输入流为编组线上集结成的新的车列，服务机构是编尾牵出线和调机，服务时间为列车编组时间，一般的技术站内编尾都会设几条牵出线，此时可以看作几个独立的单通道排队服务模型。

要构建排队系统模型，首先要确定输入流的分布规律，即要对统计对象进行多次重复测定，并将统计的样本进行分组，进而求得这组样本的均值、方差、标准差、变异系数等数字特征[279]。一般地，根据变异系数可推测样本的分布规律，最后可以用到皮尔逊 χ^2 检验法对统计分布进行适度检验，用到的统计量为

$$\chi^2 = \sum_{i=1}^{K} \frac{(f_i^* - N_{p_i})^2}{N_{p_i}} \tag{8-1}$$

式中，f_i^* 为第 i 组的样本频数；N 为测定或统计的数据总数；p_i 为第 i 组的理论频率；N_{p_i} 为第 i 组的理论频数；K 为经过分组后的组数。

需要说明的是，在经典的排队系统中无论顾客何时到达都能够得到服务机构的服务，但是在现实生活中会出现这样的情况，服务机构会利用闲期进行调整维修，或者服务员在闲期去休假，或从事辅助工作的排队系统，称为休假排队系统[280]。在技术站排队系统中，不管是解体调机还是编组调机都会存在整备、交接班等技术中断时间，在此期间待解或待编的列车，只有等到调机可用时才能被服务，因此技术站的排队系统也可以视作一个服务机构可休假的排队模型，相关计算公式如下：

$$\rho = \frac{\lambda}{C\mu^*} \tag{8-2}$$

式中，λ 为输入流强度；μ^* 为服务强度；C 为设备数量。当系统内存在服务机构休假现象时，服务强度 $\mu^* = p_b\mu$，其中，μ 为输出流强度，p_b 为服务机构不休假的概率。其他指标，如排队时间、逗留时间等根据排队模型的不同有相应的计算方法，在遇到实际问题时应当实际分析。

2. 技术站作业系统的堵塞原因及类型

技术站是一个复杂的生产系统，它在保证自身内部安全正常运营的前提下，还需要与外部区间线路、车站等进行信息交换，一个环节发生问题，就会影响到邻接的环节，甚至导致整个系统的平衡被打破。把技术站视为一个封闭系统，系统堵塞将会造成能力利用的极大损耗，因此能力利用情况与技术站作业畅通与否息息相关，造成其堵塞的原因不外乎两种：内部因素（内部系统）和外部因素（外部系统）。外部系统不断与其进行信息交换，内部系统本身的作业过程都会对技术站的堵塞形成一定影响；而站在人的角度分析，造成技术站堵塞的原因也可分为主观因素和客观因素，具体情况如表 8-1 所示。

表 8-1　技术站堵塞因素

堵塞因素	内容	种类
外部因素	车流到达不均衡 车流组成不规整（待卸车、禁溜车、折角车等） 车流中断（区间事故、灾害、施工等） 车站改编任务量增加 站场设计不合理	客观因素
内部因素	设施设备故障或发生事故 调车场解编作业不合理（编组、解体优先级选择等） 货场装卸作业不协调（空、重车方向混乱） 运营组织方法不当	主观因素

由表 8-1 可知技术站堵塞的成因，与此类似，技术站堵塞的特征按其成因不同表现为空间上局部性堵塞、时间上阶段性堵塞。技术站的作业一般可分为到达、解体、集结、编组、出发等过程，因此技术站堵塞便易发生在这五个环节，即到达场能力紧张、驼峰调机能力紧张、调车场线路能力紧张、集结时间过长、牵出线调机能力紧张以及出发场能力紧张。

3. 技术站能力利用程度评估的相关参数

技术站能力利用程度大小与很多因素相关，包括各车场股道数、车站一昼夜的改编车数、各项技术作业时间、待发时间、待解时间、技术中断时间等，总体上可以在空间和时间上对其进行分类。由此，分析技术站能力利用程度，或者说技术站堵塞程度，可以从空间和时间两个方面进行，常用的参数包括堵塞面积率和堵塞时间。堵塞面积率表示技术站内当前占用资源数与总资源数的比值关系；堵塞时间表示由于某种原因未能对车辆进行技术作业所延迟的时间。在堵塞参数的作用下，最终造成空间上的负荷和时间上的延误，具体层次关系如图 8-3 所示。

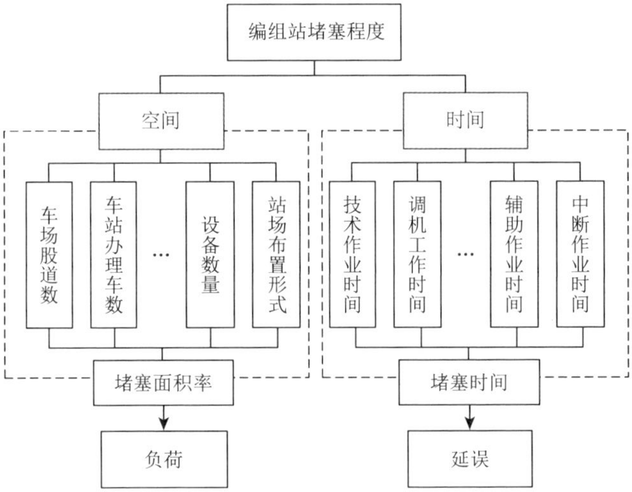

图 8-3　技术站堵塞程度参数图

8.1.2　编组站能力利用的空间特征

1. 空间上负荷的确定

（1）区间接入的列车进入到达场，占用相应固定使用方案的股道，由列检组对其进行技术作业，随后进入待解阶段。由于列车到达间隔时间的不均衡性，到达解体系统可能会在某一时间段内出现较大程度的堵塞，而在其他时间段内形成设备的空闲，从而引起后续工作的延误以及资源的浪费。到达解体系统是技术站作业过程的第一个环节，因此分析其负荷的规律对研究整个车站的堵塞情况具有重要意义。到达场负荷计算公式如下：

$$\rho_{到}=\frac{\sum_{i=1}^{o}m_{i到}}{\sum_{i=1}^{o}m_{i到容}} \tag{8-3}$$

式中，o 为到达场的股道数；$m_{i到}$ 为到达场第 i 股道占用列车的车辆数；$m_{i到容}$ 为到达场第 i 股道的容车数。

应该注意，若到达场与调车场为纵列布置，则列车占用到达场的时间持续到列车解体结束。

（2）解体过后的车辆通过驼峰溜入调车场，进行集结、编组等一系列作业，这也是列车在车站进行技术作业的中心环节，周转时间的大部分消耗也都来自调车场，所以计算并分析调车场的负荷情况，对研究整个车站的堵塞状况是必要的。调车场负荷计算公式如下：

$$\rho_{调}=\frac{\sum_{j=1}^{p}m_{j调}}{\sum_{j=1}^{p}m_{j调容}} \tag{8-4}$$

式中，p 为调车场的股道数；$m_{j调}$ 为调车场占用第 j 股道的车辆数；$m_{j调容}$ 为调车场第 j 股道的容车数。

（3）由调车场集结完毕的车辆，通过牵出线编组转线进入出发场，在完成一系列出发作业后，由出发场发往相应方向。出发场负荷计算公式如下：

$$\rho_{出}=\frac{\sum_{k=1}^{q}m_{k出}}{\sum_{k=1}^{q}m_{k出容}} \tag{8-5}$$

式中，q 为出发场的股道数；$m_{k出}$ 为出发场第 k 股道占用列车的车辆数；$m_{k出容}$ 为出发场第 k 股道的容车数。

应该注意，若调车场与出发场为纵列布置，则列车占用出发场的时间包括编组时间。

2. 系统间负荷的推拉效应分析

推拉效应是由 Bague 为解决社区经济发展问题而提出的，广泛应用于经济学相关领域。而技术站作业系统间的协调性，体现在一定时空范围的各个车场之间的相互作用关系，其基本原理也可以用到达场、调车场和出发场之间的推拉效应表示，主要体现在以下两个方面：

（1）调车场相关工作是以到达场预备车流为基础的，到达场的车流聚集，势必会对调车场的作业负荷产生推动效应，同时随着调车场作业量的增大，也会对到达场的相关作业产生影响，即对到达场的作业负荷产生拉动效应；

（2）出发场所需要的列车需要调车场的供给，因此调车场对出发场的作业会产生推动效应，出发场的负荷增大也会对调车场形成反馈，产生拉动效应。

到达场、调车场与出发场之间的推拉效应是一种动态平衡关系，保持稳定有序的互动关系有利于促进技术站作业系统的整体协调性。

到达场与调车场、调车场与出发场之间的推拉模型，一般以交叉弹性系数来反映其平衡状态及协调程度。以技术站到达解体系统为例，传统的推拉效应交叉弹性系数为

$$\beta_{交叉}=\frac{\Delta\rho_{调}/\rho_{调}}{\Delta\rho_{到}/\rho_{到}} \tag{8-6}$$

式中，$\rho_{调}$、$\Delta\rho_{调}$分别为调车场负荷量及其增量；$\rho_{到}$、$\Delta\rho_{到}$分别为到达场负荷量及其增量；$\beta_{交叉}$为交叉弹性系数。

在交叉弹性系数的基础上，建立推拉效应模型为

$$\ln\rho_{调}=\alpha_{推拉}+\beta_{推动}\ln\rho_{到} \tag{8-7}$$

$$\ln\rho_{到}=\delta_{推拉}+\gamma_{拉动}\ln\rho_{调} \tag{8-8}$$

式中，$\alpha_{推拉}$、$\delta_{推拉}$为推拉效应模型中的常参数项；$\beta_{推动}$为推动效应系数；$\gamma_{拉动}$为拉动效应系数。

在推拉模型中，可对原始数据$\rho_{调}$和$\rho_{到}$分别求取自然对数，对模型进行改进。改进后的推拉效应模型可消除异方差影响，提高模型的精确度，同时可保证模型中的基本关系不变[281]，则有

$$\beta_{推动}=\frac{\mathrm{d}\ln\rho_{调}}{\mathrm{d}\ln\rho_{到}}=\frac{\mathrm{d}\rho_{调}/\rho_{调}}{\mathrm{d}\rho_{到}/\rho_{到}}=\frac{1}{\gamma_{拉动}} \tag{8-9}$$

由式（8-9）分析可知：当$\beta_{推动}>\gamma_{拉动}$时，表明到达场负荷对调车场负荷增长的推动效应更为显著；当$\beta_{推动}<\gamma_{拉动}$时，表明调车场负荷对到达场负荷的拉动效应更为显著；当$\beta_{推动}\approx\gamma_{拉动}$时，表示到达解体系统负荷基本平衡。

考虑技术站作业的阶段性，以日班计划为划分节点，将一昼夜技术站各系统负荷变化情况分为两部分进行研究，以到达解体系统为例，推拉效应模型的具体算法步骤如下：

步骤 1　对到发场负荷及调车场负荷进行数据预处理，分别求得自然对数。

步骤 2　借助 SPSS 相关软件，以回归方程的形式构建技术站到达解体系统推拉效应模型。

步骤 3　求出各期推动效应系数$\beta_{推动}$与拉动效应系数$\gamma_{拉动}$。

步骤 4　通过对比推拉效应相关系数，分析到达场与调车场负荷的作用关系。

8.1.3　编组站能力利用的时间特征

1. 技术站各系统相继堵塞的特征

由于列车到达时间的不均衡性，所以到达场可能会在一定时间段内出现堵塞现象，又因为列车在到达场的技术作业时间相对固定，加之驼峰解体调机的能力限制，列车经驼峰溜放至调车场后也会在不同程度上发生阶段性堵塞，同理，车辆在调车场集结后转由牵出线编组也会出现类似情况。整个技术站的堵塞具有传递蔓延的特点，一个环节的作业发生延误就会影响到邻接环节的作业过程，分析技术站堵塞的时间特征，了解其延误机理，对把控整个车站的运营生产，提高作业效率具有重要意义。

2. 时间上延误的确定

各子系统求出的负荷含义不同，量纲不同，存在一定的不可公度性，为了便于统一计算和比较，对各个数据进行标准化处理，此处采取极值差法对子系统负荷进行标准化处理。设变量 U_{ij} 为时刻 i 时第 j 个系统的负荷，其计算公式为

$$U_{ij}=\frac{X_{ij}-X_{\min}}{X_{\max}-X_{\min}} \tag{8-10}$$

式中，$X_{\min}$ 为系统 j 负荷的最小值；$X_{\max}$ 为系统 j 负荷的最大值；U_{ij} 为目标达到的拥挤程度，$0\leqslant U_{ij}\leqslant 1$，当 $U_{ij}=0$ 时，负荷最小，当 $U_{ij}=1$ 时，负荷最大。

进行标准化之后，可以对相关数据进行分析，通过排队论相关知识中的系统停留时间可以对到达解体以及编组出发系统的延误时间进行定量的分析，但其需要进行大量的数据变换以及公式计算，这在一定程度上增加了工作量，本章提出借用最近点迭代（iterative closest point，ICP）算法的思想，通过对到达场、调车场以及出发场的负荷变化曲线进行图像分析，最终得出各子系统的延误时间，相比于排队论方法更加直观、便捷。

3. ICP 算法思想及其应用

1）ICP 算法的基本原理

在近些年的研究中，关于图形配准的方法有很多，如 ICP 算法、绝对误差法、普氏分析法、随机抽样一致性算法、动态归整算法等。其中，ICP 算法适用性较强，基本思想是：根据某种几何特性对数据进行匹配，并设这些匹配点为假想的对应点，然后根据这种对应关系求解运动参数，再利用这些运动参数对数据进行变换，利用同一几何特征，确定新的对应关系，不断重复上述过程，直到满足条

件[282]。ICP 算法主要应用于三维空间的两个点集的配准，并用欧氏距离表示两点之间的相互关系[283]。本章将 ICP 算法的思想应用到技术站堵塞问题的分析中，在二维空间上，通过对各子系统随时间变化的负荷曲线进行平移变换，最终确定曲线相关度最高时的平移量，作为两系统之间的延误时间，以此可以更加直观地了解技术站堵塞程度。曲线相关度用皮尔逊相关系数来表示，具体计算公式如下，在本章中，X、Y 分别为相邻两车场的负荷程度，N 为平移次数：

$$\rho_{X,Y}=\frac{N\sum XY-\sum X\sum Y}{\sqrt{N\sum X^2-\left(\sum X\right)^2}\sqrt{N\sum Y^2-\left(\sum Y\right)^2}} \tag{8-11}$$

2）ICP 算法判定堵塞程度的应用步骤

ICP 算法判断堵塞程度基本思路为：通过各车场当前占用资源数与总资源数的比值求得各子系统的堵塞面积率，进而得到各子系统的负荷变化曲线，由技术站的作业过程可以确定负荷的传递方向，通过将后一个子系统的负荷变化曲线向前进行单位平移变换，得到两个子系统负荷变化曲线相关度最高的平移量，即前一个子系统到后一个子系统的延误时间。其具体步骤如下：

步骤 1　确定技术站各子系统负荷的各项参数，并收集整理相应指标（到达场、调车场、出发场每一时刻的瞬时负荷情况等）进行分析。

步骤 2　以到达场和调车场的负荷变化曲线为基准，对调车场和出发场的负荷变化曲线向前进行平移变换。

步骤 3　在步骤 2 的基础上，每一次平移变换得到一个相关度，确定两条负荷变化曲线相关度最高时的平移量。

步骤 4　利用 MATLAB 对上述问题进行求解，并确定延误时间。

8.2　编组站能力的表示方法

8.2.1　三参数区间泛灰数概述

考虑技术站列车作业占用时间由列车晚点、子系统间的干扰、设备故障以及行车事故等引起的不确定性，技术站作业系统会出现空间上局部性、时间上阶段性的堵塞现象，而技术站能力也会在有构成条件、有边界的范围内呈现出某幅度的摆动，称为有界随机性。上极限能力和下极限能力对通过能力限定了一个范围，它的数学本质是区间。一般地，区间有如表 8-2 所示的两种表现形式。

表 8-2　区间表现形式

区间表现形式	示例
$X^I=[\underline{x},\overline{x}]$	[30, 70]
$X^I=\tilde{x}\pm x^w$	50±20

其中，$[\underline{x},\overline{x}]=\{x\in\mathbb{R}\mid\underline{x}\leqslant x\leqslant\overline{x}\}$ 称为有界闭区间，是有界实数集合的端点表现形式，通常用 X^I 来表示，$\overline{x}$ 为区间的上界，$\underline{x}$ 为区间的下界，当 $\overline{x}=\underline{x}$ 时，区间退化为一个点。$\tilde{x}$ 为区间中点，x^w 为区间半径，$\tilde{x}\pm x^w$ 是有界实数集合的半径表现形式，同样，当 $x^w=0$ 时，区间退化为一个点。在本章将三参数区间引入技术站能力表示中，三参数区间，是指将取值可能性最大的中心点加入区间数中，在本书中，为计算方便，以区间的中值点 $\tilde{x}$ 作为三参数区间的中心点，则三参数区间可以表示为

$$X(\otimes)\in[\overline{x},\tilde{x},\underline{x}] \tag{8-12}$$

式中，$\tilde{x}$ 为区间 $X(\otimes)$ 取值可能性最大的点，当 $\tilde{x}$ 未知时，三参数区间退化为一般区间。引入三参数区间数，不仅保证了区间上、下界所限定的取值范围，而且突出表示了能力取值可能性最大的“重心”点，使结果更加科学化、规范化。

当然，三参数区间有着类似普通区间的运算法则，其本质是集合的计算，例如，两个区间之间的运算就相当于两个集合中元素相运算的集合，由此区间的四则运算定义如下：

$$X^I+Y^I=[\underline{x}+\underline{y},\overline{x}+\overline{y}] \tag{8-13}$$

$$X^I-Y^I=[\underline{x}-\overline{y},\overline{x}-\underline{y}] \tag{8-14}$$

$$X^I\times Y^I=[\min(Q),\max(Q)],\quad Q=(\underline{x}\underline{y},\underline{x}\overline{y},\overline{x}\underline{y},\overline{x}\overline{y}) \tag{8-15}$$

$$X^I/Y^I=[\min(P),\max(P)],\quad P=(\underline{x}/\underline{y},\underline{x}/\overline{y},\overline{x}/\underline{y},\overline{x}/\overline{y}) \tag{8-16}$$

相应地，三参数区间的四则运算定义如下：

$$X(\otimes)+Y(\otimes)=[\underline{x}+\underline{y},\tilde{x}+\tilde{y},\overline{x}+\overline{y}] \tag{8-17}$$

$$X(\otimes)-Y(\otimes)=[\underline{x}-\underline{y},\tilde{x}-\tilde{y},\overline{x}-\overline{y}] \tag{8-18}$$

$$X(\otimes)\times Y(\otimes)=[\min(Q),\tilde{x}\tilde{y},\max(Q)],\quad Q=(\underline{x}\underline{y},\underline{x}\overline{y},\overline{x}\underline{y},\overline{x}\overline{y}) \tag{8-19}$$

$$X(\otimes)\div Y(\otimes)=[\min(P),\tilde{x}/\tilde{y},\max(P)],\quad P=(\underline{x}/\underline{y},\underline{x}/\overline{y},\overline{x}/\underline{y},\overline{x}/\overline{y}) \tag{8-20}$$

区间的运算法则和实数运算有相似之处，也存在一定的差别，区间分析能够很好地表示信息不完备、不确定的问题，这是实数所不能体现的，但同时它也有本质上的缺陷，由于区间参数间的相关性，当函数表达式不同时，会得到不同的计算结果，函数表达式复杂程度越低，区间参数出现的次数越少，计算结果越精确。

例如，证明 $f(x)=x(x-2)-5-\dfrac{1}{x(x-3)-4}$ 在 x 的三参数区间[5, 7, 10]上没有根。

由三参数区间四则运算法则可知， $f([5,7,10])=\left[9\dfrac{5}{6},29\dfrac{23}{24},74\dfrac{65}{66}\right]$，函数在[5,7,10]范围内为单调递增函数，因此函数在区间[5,7,10]上没有根。但如果将原函数转化为 $f(x)=x^2-2x-5-\dfrac{1}{x(x-3)-4}$ 再进行计算，结果就有区别，再转化为 $f(x)=\dfrac{x^4-5x^3-3x^2+23x+19}{x^2-3x-4}$ 的形式，结果又有不同。

鉴于此，本书提出泛灰数的概念，并将泛灰数应用于三参数区间的表达，形成三参数区间泛灰数。泛灰数作为灰数运算的补充，在灰色系统理论中起着重要作用，灰色系统理论最早是由我国邓聚龙教授在 1982 年提出的，对内涵不明确的“小样本，贫信息”问题有着广泛应用，随后在国际上引起了高度重视。王清印教授基于泛灰数集的概念，提出了适应性更强、应用更加广泛的泛灰数运算性质，为灰色系统建模及区间分析等相关领域的研究打开了新的思路。

在本书中，因为研究对象为技术站能力，所以设论域为非负数，三参数区间泛灰数的公式定义如下：

$$g(\otimes)=(x,[\underline{\mu},\tilde{\mu},\overline{\mu}]) \tag{8-21}$$

式中， x 为观测值； $[\underline{\mu},\tilde{\mu},\overline{\mu}]$ 为 x 的灰信息部，可以理解为对 x 的最低（最高）的可信度，例如，泛灰数 $(x,[0.4,0.6,0.8])$ 表示 x 的可信值在 $0.4x$～$0.8x$。特殊地， $g^{(0)}(\otimes)=(0,[0,0,0])$ 和 $g^{(1)}(\otimes)=(1,[1,1,1])$ 分别称为泛灰数中的零元和单位元； $-g(\otimes)=(-x,[\underline{\mu},\tilde{\mu},\overline{\mu}])$ 和 $g^{-1}(\otimes)=(x^{-1},[\underline{\mu}^{-1},\tilde{\mu}^{-1},\overline{\mu}^{-1}])$ 分别称为泛灰数中的负元和逆元。泛灰数能够更精准地表达技术站能力的测定值之和及其可信度之和的有界波动范围。三参数区间泛灰数相关四则运算的定义如下：

$$g_1(\otimes)+g_2(\otimes)=\left(x_1+x_2,\left[\frac{x_1\underline{\mu_1}+x_2\underline{\mu_2}}{x_1+x_2},\frac{x_1\tilde{\mu}_1+x_2\tilde{\mu}_2}{x_1+x_2},\frac{x_1\overline{\mu}_1+x_2\overline{\mu}_2}{x_1+x_2}\right]\right) \tag{8-22}$$

$$g_1(\otimes)-g_2(\otimes)=\left(x_1-x_2,\left[\frac{x_1\underline{\mu_1}-x_2\underline{\mu_2}}{x_1-x_2},\frac{x_1\tilde{\mu}_1-x_2\tilde{\mu}_2}{x_1-x_2},\frac{x_1\overline{\mu}_1-x_2\overline{\mu}_2}{x_1-x_2}\right]\right) \tag{8-23}$$

$$g_1(\otimes)\times g_2(\otimes)=(x_1x_2,[\min(Q),\tilde{\mu}_1\tilde{\mu}_2,\max(Q)]),Q=(\underline{\mu_1}\underline{\mu_2},\underline{\mu_1}\overline{\mu}_2,\overline{\mu}_1\underline{\mu_2},\overline{\mu}_1\overline{\mu}_2) \tag{8-24}$$

$$g_1(\otimes)/g_2(\otimes)=(x_1/x_2,[\min(P),\tilde{\mu}_1/\tilde{\mu}_2,\max(P)]),P=(\underline{\mu_1}/\underline{\mu_2},\underline{\mu_1}/\overline{\mu}_2,\overline{\mu}_1/\underline{\mu_2},\overline{\mu}_1/\overline{\mu}_2) \tag{8-25}$$

可以看出，在泛灰数之间的运算中，削减了两个泛灰数的上界与下界之间的运算关系，因此得出的计算结果是函数的区间端点值；而在区间之间的运算中上界与下界之间是有相互作用关系的，因此在计算值域时会有范围扩大的结果，也就是区间扩张，泛灰数可以较为有效地避免这一点。在上述证明中，将三参数区间[5,7,10]转化为泛灰数 10[0.5,0.7,1]，再进行运算，可知，无论将原函数转化为 $f(x)=x^2-2x-5-\dfrac{1}{x(x-3)-4}$ 的形式，还是转化为 $f(x)=\dfrac{x^4-5x^3-3x^2+23x+19}{x^2-3x-4}$ 的形式，都有 $f([5,7,10])=\left[9\dfrac{5}{6},29\dfrac{23}{24},74\dfrac{65}{66}\right]$，这里体现了泛灰数比区间更优的运算适应性。

8.2.2　编组站能力的三参数区间泛灰数表示

虽然泛灰数与区间数的表现形式不同，但是究其本质是相同的，因此是可以相互转化的，任意三参数区间向泛灰数转化的形式可以表示为

$$[\underline{\mu}x,\tilde{\mu}x,\bar{\mu}x]=(x,[\underline{\mu},\tilde{\mu},\bar{\mu}]) \tag{8-26}$$

在技术站系统中，将能力区间数 $[\underline{N},\tilde{N},\bar{N}]$ 转化为三参数区间泛灰数形式后再进行相关运算，可以最大限度地保持计算结果的客观性和科学性，具体转化方式如下：

$$[\underline{N},\tilde{N},\bar{N}]=\left(\tilde{N},\left[\frac{\underline{N}}{\tilde{N}},1,\frac{\bar{N}}{\tilde{N}}\right]\right) \tag{8-27}$$

式中，$\underline{N}$ 为松弛能力，表示技术站作业系统在松弛状态下所具备的能力；$\tilde{N}$ 为平衡能力，表示技术站作业系统在平衡状态下所具备的能力，也是技术站的能力区间中心；$\bar{N}$ 为收缩能力，表示技术站作业系统在收缩状态下所具备的能力。相对应地，$\dfrac{\underline{N}}{\tilde{N}}$ 为松弛度，是小于 1 的数，$\dfrac{\bar{N}}{\tilde{N}}$ 为收缩度，是大于 1 的数。

文献[284]指出，泛灰数具备区间分析的功能，此外还可以有效避免区间数运算的缺陷，对于解决区间扩张和不同表达式区间分析结果不同的问题有更好的效果。因此，在计算技术站能力时，利用泛灰数相对于区间数运算的优势，首先将区间数转化为泛灰数，再进行对应的能力计算，可以得到更准确的计算结果。

8.2.3　编组站能力的区间估计算法

在确定技术站能力的区间表示形式后，要进一步对区间估计算法进行选择，区间估计算法有很多种，包括但不限于经典算法、3σ 法、考虑偏度的分布区间修正法、经验似然算法、Delta 分析法、Bayes（贝叶斯）区间估计、Bootstrap 法（自举法）、Jackknife 法（刀切法）等，在本章中，主要介绍 Bootstrap 法（自举

法）、Jackknife 法（刀切法）及采用混合 Jackknife 法与 Bootstrap 法的估计算法（Jackknife-after-Bootstrap，JAB）。

1. Bootstrap 法基本思想和步骤

Bootstrap 法实质为通过随机抽取扩大样本容量，Bootstrap 法只依赖给定的数据，不需要其他的假设，也不需要增加新的信息。它是在原始数据的基础上进行有放回的再抽样，进而对参数进行估计，原始数据中任意个体每次被抽到的概率相等，为 $1/n$，所得样本为 Bootstrap 样本，重复抽样 B 次，得到 B 个 Bootstrap 样本，以 Bootstrap 样本为对象再进行统计分析。Bootstrap 法可以提高小样本下对总体均值区间估计的精度，设随机变量 $X \sim N(\mu,\sigma^2)$，$(X_1,X_2,\cdots,X_n)$ 为来自 X 的独立同分布（independent and identically distributed，IID）样本，σ^2 未知，则计算 μ 的置信区间具体步骤如下：

步骤 1　X 中有放回地抽取 n 次，得到一个 Bootstrap 样本 $X^*=(X_1^*,X_2^*,\cdots,X_n^*)$，重复抽样 B 次，得到 B 个 Bootstrap 样本 $\{X_b^*\}$。

步骤 2　针对每个新样本计算参数 $\mu_{(b)}^*$，得到 $\mu_{(1)}^*,\mu_{(2)}^*,\cdots,\mu_{(b)}^*$ 和估计值的均值 $\bar{\mu}^*=\frac{1}{B}\sum_{b=1}^{B}\mu_{(b)}^*$。

步骤 3　计算样本方差 $S_B^2=\frac{1}{B-1}\sum_{b=1}^{B}(\mu_{(b)}^*-\bar{\mu}^*)^2$，Tibshirani 建议 Bootstrap 方差取为 $\tilde{S}_B^2=\left(1+\frac{1}{B}\right)S_B^2$ [285]。

步骤 4　计算参数 μ 在置信水平 $1-\alpha$ 下的置信区间，即

$$\left[\bar{\mu}^*-t_{\frac{\alpha}{2}}(B-1)\times\sqrt{\frac{\tilde{S}_B^2}{B}},\bar{\mu}^*+t_{\left(1-\frac{\alpha}{2}\right)}(B-1)\times\sqrt{\frac{\tilde{S}_B^2}{B}}\right]$$

2. Jackknife 法基本思想和步骤

Jackknife 法是 Quenouille 为了减少估计值的偏差提出的建立在再抽样理论上的统计方法，它类似于“leave-one-out”的交叉验证法，从原样本中切去第 i 个个体后，得到新的子样本（剩余样本），由于新的剩余样本及其统计量是原样本及其统计量的一个缩影，所以可作为原样本的一个替代，设随机变量 $X \sim N(\mu,\sigma^2)$，$(X_1,X_2,\cdots,X_n)$ 为来自 X 的 IID 样本，样本均值为 μ_n，Jackknife 法的具体计算步骤如下：

步骤 1　从原样本中切去第 i 个个体后得到新的剩余样本：$X_{(i)}=(X_1,X_2,\cdots,X_{i-1},X_{i+1},\cdots,X_n)$，计算得到样本均值 μ_i。

步骤 2　定义切去第 i 个个体后的虚拟均值为 μ_i'，计算公式为

$$\mu_i' = n\mu_n - (n-1)\mu_i \tag{8-28}$$

步骤 3　用虚拟均值的均值作为原样本均值的估计，计算公式为

$$\overline{\mu}_i' = \frac{1}{n}\sum_{i=1}^{n}\mu_i' = n\mu_n - \frac{n-1}{n}\sum_{i=1}^{n}\mu_i \tag{8-29}$$

步骤 4　计算样本方差 $S_J^2 = \dfrac{1}{n-1}\sum_{i=1}^{n}(\mu_i' - \overline{\mu}_i')^2$ 。

3. Jackknife 法与 Bootstrap 法混合估计的基本思想和步骤

通过前面对 Jackknife 法和 Bootstrap 法的分析可知，Jackknife 法和 Bootstrap 法的本质都是对原样本的抽样重组、复制扩展，两种算法无论在原理还是计算方法上都不是互相排斥的，Efron 在 1992 年提出了混合 Jackknife 与 Bootstrap 估计的方法 JAB，其基本思想是：先应用 Jackknife 法，从样本中切去一个个体，然后采用 Bootstrap 法，对样本统计量进行估计。设随机变量 $X \sim N(\mu,\sigma^2)$，$(X_1, X_2, \cdots, X_n)$ 为来自 T 的 IID 样本，样本均值为 μ_n，其具体计算步骤如下：

步骤 1　利用 Jackknife 法思想，从原样本中切去第 i 个个体后得到新的剩余样本：$X_{(i)} = (X_1, X_2, \cdots, X_{i-1}, X_{i+1}, \cdots, X_n)$。

步骤 2　对 $X_{(i)}$ 的剩余样本进行 Bootstrap 抽样，重复进行 B 次，每个 $X_{(i)}$ 剩余样本都会得到 B 个容量为 n–1 的 Bootstrap 样本，这样共得到 nB 个新的剩余样本，计算剩余样本的均值估计 $\overline{\mu}_{B(i)}'$ 及方差 S_{JAB}^2。

步骤 3　计算参数 μ 在置信水平 $1-\alpha$ 下的置信区间，即

$$\left[\overline{\mu}_{B(i)}' - t_{\frac{\alpha}{2}}(B-1)\times\sqrt{\frac{S_{\text{JAB}}^2}{B}}, \overline{\mu}_{B(i)}', \overline{\mu}_{B(i)}' + t_{\left(1-\frac{\alpha}{2}\right)}(B-1)\times\sqrt{\frac{S_{\text{JAB}}^2}{B}}\right]$$

为了验证 JAB 法的有效性，分别对文献[285]及文献[286]中的算例进行模拟计算，所得结果分别见表 8-3、表 8-4。

表 8-3　文献[285]方法与本章方法的比较

方法	置信水平 95%		置信水平 90%	
	置信区间	区间宽度	置信区间	区间宽度
经典方法	[9.5947,10.3104]	0.7157	[9.6523,10.2529]	0.6006
文献[285]方法	[8.5501,11.4716]	2.9261	[8.7143,11.1650]	2.4507
本章方法	[9.6933,10.2043]	0.5110	[9.7358,10.1653]	0.4295

表 8-4　文献[286]方法与本章方法的比较

方法	估计值	置信区间	区间宽度
文献[287]方法	50.383	[50.150,50.678]	0.528
文献[288]方法	50.500	[50.050,50.950]	0.900
文献[286]方法一	50.376	[50.263,50.453]	0.190
文献[288]方法二	50.376	[50.227,50.524]	0.297
文献[286]方法三	50.376	[50.287,50.464]	0.177
本章方法	50.373	[50.339,50.407]	0.068

通过比较可知，无论在区间位置还是区间宽度上，本章提出的 JAB 法均优于文献[285]和文献[286]中所采用的方法，证明了 JAB 法在区间估计领域的使用范围更加广泛，计算结果更加精确，将其应用于技术站能力研究是可行和有效的。

4. 基于 JAB 区间估计的编组站能力计算方法

以咽喉通过能力为例，对 JAB 法应用于技术站能力表示的适用性进行说明，具体计算步骤如下：

步骤 1　从原始数据中提取列车占用咽喉区道岔组时间数据，包括$t_{固咽}$、$t_{接咽}$、$t_{发咽}$、$t_{牵咽}$、$t_{转咽}$、$t_{取（送）咽}$、$t_{机咽}$、$t_{妨咽}$等。

步骤 2　设某占用时间$T \sim N(\mu,\sigma^2)$，$(T_1,T_2,\cdots,T_n)$为来自T的 IID 样本，样本均值为μ_n，利用 Jackknife 法思想，从原样本中切去第i个个体后得到新的剩余样本：$T_{(i)}=(T_1,T_2,\cdots,T_{i-1},T_{i+1},\cdots,T_n)$。

步骤 3　对$T_{(i)}$的剩余样本进行 Bootstrap 抽样，重复进行B次，得到nB个新的剩余样本，计算剩余样本的均值估计$\overline{\mu}'_{B(i)}$及方差S^2_{JAB}。

步骤 4　计算各咽喉区道岔组占用时间在置信水平$1-\alpha$下的三参数置信区间，即

$$\left[\overline{\mu}'_{B(i)}-t_{\frac{\alpha}{2}}(B-1)\times\sqrt{\frac{S^2_{\mathrm{JAB}}}{B}},\overline{\mu}'_{B(i)},\overline{\mu}'_{B(i)}+t_{\left(1-\frac{\alpha}{2}\right)}(B-1)\times\sqrt{\frac{S^2_{\mathrm{JAB}}}{B}}\right]$$

按照占用时间类别分别记为$[\underline{t}_{固咽},\tilde{t}_{固咽},\overline{t}_{固咽}]$，$[\underline{t}_{接咽},\tilde{t}_{接咽},\overline{t}_{接咽}]$，$[\underline{t}_{发咽},\tilde{t}_{发咽},\overline{t}_{发咽}]$，$[\underline{t}_{牵咽},\tilde{t}_{牵咽},\overline{t}_{牵咽}]$，$[\underline{t}_{转咽},\tilde{t}_{转咽},\overline{t}_{转咽}]$，$[\underline{t}_{取（送）咽},\tilde{t}_{取（送）咽},\overline{t}_{取（送）咽}]$，$[\underline{t}_{机咽},\tilde{t}_{机咽},\overline{t}_{机咽}]$，$[\underline{t}_{妨咽},\tilde{t}_{妨咽},\overline{t}_{妨咽}]$。

步骤 5　将各类占用时间区间数形式转化为泛灰数形式，即$\left(\tilde{t}_{固咽}\left[\frac{\underline{t}_{固咽}}{\tilde{t}_{固咽}},1,\frac{\overline{t}_{固咽}}{\tilde{t}_{固咽}}\right]\right)$，

$\left(\tilde{t}_{\text{接咽}}\left[\frac{\underline{t}_{\text{接咽}}}{\tilde{t}_{\text{接咽}}},1,\frac{\overline{t}_{\text{接咽}}}{\tilde{t}_{\text{接咽}}}\right]\right)$，$\left(\tilde{t}_{\text{发咽}}\left[\frac{\underline{t}_{\text{发咽}}}{\tilde{t}_{\text{发咽}}},1,\frac{\overline{t}_{\text{发咽}}}{\tilde{t}_{\text{发咽}}}\right]\right)$，$\left(\tilde{t}_{\text{牵咽}}\left[\frac{\underline{t}_{\text{牵咽}}}{\tilde{t}_{\text{牵咽}}},1,\frac{\overline{t}_{\text{牵咽}}}{\tilde{t}_{\text{牵咽}}}\right]\right)$，$\left(\tilde{t}_{\text{转咽}}\left[\frac{\underline{t}_{\text{转咽}}}{\tilde{t}_{\text{转咽}}},1,\frac{\overline{t}_{\text{转咽}}}{\tilde{t}_{\text{转咽}}}\right]\right)$，$\left(\tilde{t}_{\text{取（送）咽}}\left[\frac{\underline{t}_{\text{取（送）咽}}}{\tilde{t}_{\text{取（送）咽}}},1,\frac{\overline{t}_{\text{取（送）咽}}}{\tilde{t}_{\text{取（送）咽}}}\right]\right)$，$\left(\tilde{t}_{\text{机咽}}\left[\frac{\underline{t}_{\text{机咽}}}{\tilde{t}_{\text{机咽}}},1,\frac{\overline{t}_{\text{机咽}}}{\tilde{t}_{\text{机咽}}}\right]\right)$，$\left(\tilde{t}_{\text{妨咽}}\left[\frac{\underline{t}_{\text{妨咽}}}{\tilde{t}_{\text{妨咽}}},1,\frac{\overline{t}_{\text{妨咽}}}{\tilde{t}_{\text{妨咽}}}\right]\right)$，分别记为 $g_{t_{\text{固咽}}}(\otimes)$，$g_{t_{\text{接咽}}}(\otimes)$，$g_{t_{\text{发咽}}}(\otimes)$，$g_{t_{\text{牵咽}}}(\otimes)$，$g_{t_{\text{转咽}}}(\otimes)$，$g_{t_{\text{取（送）咽}}}(\otimes)$，$g_{t_{\text{机咽}}}(\otimes)$，$g_{t_{\text{妨咽}}}(\otimes)$。

步骤 6　按照相关式子计算咽喉区各道岔组总占用时间 $T_{\text{咽}}$ 为

$$T_{\text{咽}}=n_{\text{接咽}}g_{t_{\text{接咽}}}(\otimes)+n_{\text{发咽}}g_{t_{\text{发咽}}}(\otimes)+n_{\text{牵咽}}g_{t_{\text{牵咽}}}(\otimes)+n_{\text{转咽}}g_{t_{\text{转咽}}}(\otimes)+n_{\text{取（送）咽}}g_{t_{\text{取（送）咽}}}(\otimes)$$
$$+n_{\text{机咽}}g_{t_{\text{机咽}}}(\otimes)+\sum g_{t_{\text{固咽}}}(\otimes)+\sum g_{t_{\text{妨咽}}}(\otimes)$$

令

$$\underline{T}_{\text{咽}}=n_{\text{接咽}}\tilde{t}_{\text{接咽}}\frac{\underline{t}_{\text{接咽}}}{\tilde{t}_{\text{接咽}}}+n_{\text{发咽}}\tilde{t}_{\text{发咽}}\frac{\underline{t}_{\text{发咽}}}{\tilde{t}_{\text{发咽}}}+n_{\text{牵咽}}\tilde{t}_{\text{牵咽}}\frac{\underline{t}_{\text{牵咽}}}{\tilde{t}_{\text{牵咽}}}+n_{\text{转咽}}\tilde{t}_{\text{转咽}}\frac{\underline{t}_{\text{转咽}}}{\tilde{t}_{\text{转咽}}}$$
$$+n_{\text{取（送）咽}}\tilde{t}_{\text{取（送）咽}}\frac{\underline{t}_{\text{取（送）咽}}}{\tilde{t}_{\text{取（送）咽}}}+n_{\text{机咽}}\tilde{t}_{\text{机咽}}\frac{\underline{t}_{\text{机咽}}}{\tilde{t}_{\text{机咽}}}+\sum\tilde{t}_{\text{固咽}}\frac{\underline{t}_{\text{固咽}}}{\tilde{t}_{\text{固咽}}}+\sum\tilde{t}_{\text{妨咽}}\frac{\underline{t}_{\text{妨咽}}}{\tilde{t}_{\text{妨咽}}}$$

$$\tilde{T}_{\text{咽}}=n_{\text{接咽}}\tilde{t}_{\text{接咽}}+n_{\text{发咽}}\tilde{t}_{\text{发咽}}+n_{\text{牵咽}}\tilde{t}_{\text{牵咽}}+n_{\text{转咽}}\tilde{t}_{\text{转咽}}+n_{\text{取（送）咽}}\tilde{t}_{\text{取（送）咽}}+n_{\text{机咽}}\tilde{t}_{\text{机咽}}$$
$$+\sum\tilde{t}_{\text{固咽}}+\sum\tilde{t}_{\text{妨咽}}$$

$$\overline{T}_{\text{咽}}=n_{\text{接咽}}\tilde{t}_{\text{接咽}}\frac{\overline{t}_{\text{接咽}}}{\tilde{t}_{\text{接咽}}}+n_{\text{发咽}}\tilde{t}_{\text{发咽}}\frac{\overline{t}_{\text{发咽}}}{\tilde{t}_{\text{发咽}}}+n_{\text{牵咽}}\tilde{t}_{\text{牵咽}}\frac{\overline{t}_{\text{牵咽}}}{\tilde{t}_{\text{牵咽}}}+n_{\text{转咽}}\tilde{t}_{\text{转咽}}\frac{\overline{t}_{\text{转咽}}}{\tilde{t}_{\text{转咽}}}$$
$$+n_{\text{取（送）咽}}\tilde{t}_{\text{取（送）咽}}\frac{\overline{t}_{\text{取（送）咽}}}{\tilde{t}_{\text{取（送）咽}}}+n_{\text{机咽}}\tilde{t}_{\text{机咽}}\frac{\overline{t}_{\text{机咽}}}{\tilde{t}_{\text{机咽}}}+\sum\tilde{t}_{\text{固咽}}\frac{\overline{t}_{\text{固咽}}}{\tilde{t}_{\text{固咽}}}+\sum\tilde{t}_{\text{妨咽}}\frac{\overline{t}_{\text{妨咽}}}{\tilde{t}_{\text{妨咽}}}$$

则原等式可记为 $T_{\text{咽}}=g_{T_{\text{咽}}}(\otimes)=\left(\tilde{T}_{\text{咽}}\left[\frac{\underline{T}_{\text{咽}}}{\tilde{T}_{\text{咽}}},1,\frac{\overline{T}_{\text{咽}}}{\tilde{T}_{\text{咽}}}\right]\right)$。

步骤 7　应用文献[289]提出的 NSG 可信度排序计数法，对咽喉区各道岔组总占用时间 $g_{T_{\text{咽}}}(\otimes)$ 进行比较。用 NSG 可信度计算公式计算咽喉区任意两个道岔组占用时间区间大于等于另一个的可信度，得到可信度矩阵 $(p_{ij})_{N\times N}$，其中 $p_{ij}=p(g_{T_{\text{咽}i}}(\otimes)\geqslant g_{T_{\text{咽}j}}(\otimes))$。然后统计第 a 行大于 0.5 的元素个数，记为 $n_a(a=1,2,\cdots,N)$。最后对 n_a 进行排序，若有 $n_{a1}\geqslant n_{a2}\geqslant\cdots\geqslant n_{aN}$，则可得排序结果 $g_{T_{\text{咽}1}}(\otimes)\geqslant g_{T_{\text{咽}2}}(\otimes)\geqslant\cdots\geqslant g_{T_{\text{咽}N}}(\otimes)$。

$$p(g_{T_{咽i}}(\otimes) \geqslant g_{T_{咽j}}(\otimes)) = \begin{cases} 1, & \underline{T}_{咽i} \geqslant \overline{T}_{咽j} \\ \dfrac{\overline{T}_{咽i} - \underline{T}_{咽j}}{(\overline{T}_{咽i} - \underline{T}_{咽i}) + (\overline{T}_{咽j} - \underline{T}_{咽j})}, & \overline{T}_{咽i} > \underline{T}_{咽j} \text{且} \underline{T}_{咽i} < \overline{T}_{咽j} \\ 0, & \overline{T}_{咽i} \leqslant \underline{T}_{咽j} \end{cases}$$

步骤 8　占用时间 $T_{咽}$ 最长的道岔组即为咽喉道岔组，将咽喉道岔组占用时间 $T_{咽}$ 代入公式计算咽喉道岔组通过能力利用率得

$$K_{咽} = \frac{g_{T_{咽}}(\otimes) - \sum g_{t_{固咽}}(\otimes)}{\left\{1440 - \sum [g_{t_{固咽}}(\otimes)]\right\}(1 - r_{咽})} = \frac{\left(\tilde{T}_{咽}\left[\dfrac{\underline{T}_{咽}}{\tilde{T}_{咽}}, 1, \dfrac{\overline{T}_{咽}}{\tilde{T}_{咽}}\right]\right) - \sum\left(\tilde{t}_{固咽}\left[\dfrac{\underline{t}_{固咽}}{\tilde{t}_{固咽}}, 1, \dfrac{\overline{t}_{固咽}}{\tilde{t}_{固咽}}\right]\right)}{\left[1440 - \sum\left(\tilde{t}_{固咽}\left[\dfrac{\underline{t}_{固咽}}{\tilde{t}_{固咽}}, 1, \dfrac{\overline{t}_{固咽}}{\tilde{t}_{固咽}}\right]\right)\right](1 - r_{咽})}$$

记为

$$g_{K_{咽}}(\otimes) = \left(\tilde{K}_{咽}\left[\frac{\underline{K}_{咽}}{\tilde{K}_{咽}}, 1, \frac{\overline{K}_{咽}}{\tilde{K}_{咽}}\right]\right)$$

步骤 9　将咽喉道岔组通过能力利用率代入咽喉通过能力计算公式，得到三参数区间表示的最终咽喉通过能力。

接车能力：

$$N_{咽接}^{i} = \frac{n_{咽接}^{i}}{\left(\tilde{K}_{咽}\left[\dfrac{\underline{K}_{咽}}{\tilde{K}_{咽}}, 1, \dfrac{\overline{K}_{咽}}{\tilde{K}_{咽}}\right]\right)}$$

发车能力：

$$N_{咽发}^{i} = \frac{n_{咽发}^{i}}{\left(\tilde{K}_{咽}\left[\dfrac{\underline{K}_{咽}}{\tilde{K}_{咽}}, 1, \dfrac{\overline{K}_{咽}}{\tilde{K}_{咽}}\right]\right)}$$

将基于 JAB 区间估计的技术站能力计算方法与进行过能力不确定性描述的文献方法对比，可得以下对比结果，如表 8-5 所示。

表 8-5　能力不确定性描述方法的比较

方法	能力区间	区间宽度
方惠等[291]	[9.88,10.47]	0.59
本章方法	[10.02,10.35]	0.33
李东[292]	[25.18,29.87]	4.69
本章方法	[26.99,27.82]	0.83
王月[293]	[8.70,13.30]	4.60
本章方法	[10.81,11.21]	0.40

在与前面提到的进行过能力不确定性描述的文献方法对比后得知，杨运贵[294]所采用的贝叶斯区间估计法需要对累计总体信息、先验信息、样本信息等有严格要求，在实际运算时并不易操作，而谢迎春等[295]概率密度法在本质上还是将能力转化为一个定值，其余各人，如方惠等[291]、李东[292]、王月[293]所采用方法计算出的“区间”能力，在区间位置和区间宽度上也均劣于本章方法，体现了本章所提出的基于 JAB 区间估计的技术站能力计算方法的良好适用性。

8.3　基于区间分析法的编组站子系统能力协调及改造模型

8.3.1　基于区间泛灰数的协调度计算

不论是在自然界还是在人类社会中，事物状态皆存在或有序或无序的现象，在一定条件下，有序和无序之间会相互转化，无序就是混沌，有序就是协调，这是一个普遍规律。协调，顾名思义：协，众之同和也；调，合顺也。协调是指元素对元素的相干能力，是主动与受动之间的交互作用，表现了元素在整体发展运行过程中的合作状态，共同向积极方向发展的性质。

对于技术站，如果把它看成一个复杂大系统，在其内部按照作业性质又可分为若干子系统，子系统间相互协作，各自有序，共同完成整个列车流水线作业，执行这些作业的各项技术设备便是构成各子系统的元素。到发系统和解编系统都是技术站列车作业系统的子系统，它们相互独立却又不可割裂开来单独分析，其中任何一个子系统内作业环节的遗漏都会对另一子系统，甚至是整个技术站日常作业造成连锁影响。从列车由衔接区间接入车站开始，到由出发场发出为止，列车的任何状态变化都与车站的通过能力和改编能力息息相关，同时到发系统和解编系统间、通过能力与改编能力间也存在一定的协调关系，本节从以下两个方面对其进行描述。

1. 从独立到整体

不管是到发系统还是解编系统都是以独立的子系统形式存在为前提的，技术站大系统的协调，需要把各个子系统通过某种方式结合到一起。通过将到发系统和解编系统进行分割研究，悉知各子系统的作业内涵及列车周转过程，确定其通过能力与改编能力的影响因素，再从整体的视角，将它们关联起来分析，以获得作为一个整体的最大生产效率。

2. 从静态到动态

在最初技术站大系统设计的过程中，就确定了车站的最大通过能力和改编能力，能力在一定的运输组织模式下，又可以通过负反馈进行调节，最终达到相对稳定的状态，前者是静态协调，实质上是对技术站系统布局的最优设计，后者属于动态协调，是对技术站系统作业的最优控制。

静态协调属于设计规划阶段的协调，需要考虑诸多因素，如投资费用、建设成本、资源利用、设备配置、更新改造等，涉及的门类专业较为复杂。关于动态协调，其对象是技术站各作业子系统，其中到发系统和解编系统是最重要的组成部分，当技术站到发系统与解编系统列车技术作业不协调时，便会引发一系列连锁反应，当通过能力小于改编能力时，技术站发车系统不能有效疏解解编系统处理的列车，严重时会造成技术站发车系统的局部堵塞，当通过能力大于改编能力时，从区间进入技术站的列车完成接车作业后不能顺畅进入解编系统进行调车作业，进而造成车流在接车系统的积压，同时会引起发车系统技术设备的资源浪费。技术站通过能力与改编能力协调作用热力图如图 8-4 所示。

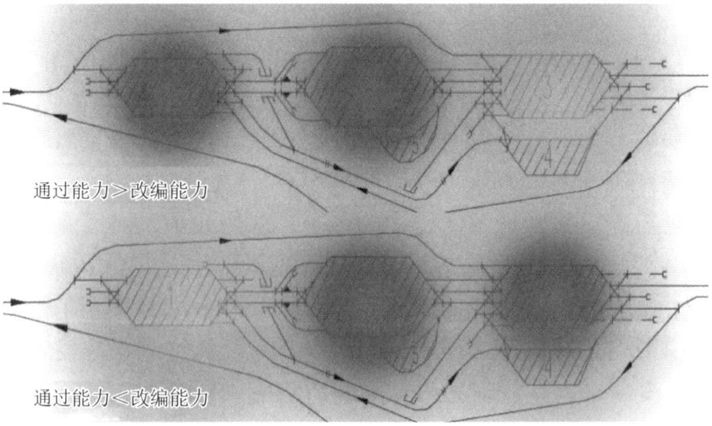

图 8-4　技术站通过能力与改编能力协调作用热力图

如何对到发系统与解编系统之间的协调关系进行有效表征，以直观了解技术站车流状态和空间使用效率，对于提高整个技术站系统的生产效率，改进运输组织方式尤为重要。可以使用通过能力与改编能力间的协调度来量化表示这种关系，具体公式如下：

$$C=\left[\frac{\prod_{\alpha=1}^{n}N_\alpha}{\prod_{\alpha=1,2,\cdots,n-1;\delta=i+1,i+2,\cdots,n}^{n}(N_\alpha+N_\delta)}\right]^{\frac{1}{n}} \tag{8-30}$$

当然，在本书中的研究对象仅限于通过能力与改编能力间、发车能力与接车能力间以及解体能力与编组能力间的相互关系，因此 n 可取 2，上述各式即可简化为

$$\begin{aligned}
C&=\sqrt{(N_\alpha\times N_\delta)/(N_\alpha+N_\delta)^2}\\
&=\sqrt{[g_{N_\alpha}(\otimes)\times g_{N_\delta}(\otimes)]/[g_{N_\alpha}(\otimes)+g_{N_\delta}(\otimes)]^2}\\
&=\sqrt{\left(\tilde{N}_\alpha\tilde{N}_\delta\left[\frac{\underline{N}_\alpha}{\tilde{N}_\alpha}\cdot\frac{\underline{N}_\delta}{\tilde{N}_\delta},1,\frac{\bar{N}_\alpha}{\tilde{N}_\alpha}\cdot\frac{\bar{N}_\delta}{\tilde{N}_\delta}\right]\right)\Bigg/\left[\left((\tilde{N}_\alpha+\tilde{N}_\delta)\left[\frac{\underline{N}_\alpha+\underline{N}_\delta}{\tilde{N}_\alpha+\tilde{N}_\delta},1,\frac{\bar{N}_\alpha+\bar{N}_\delta}{\tilde{N}_\alpha+\tilde{N}_\delta}\right]\right)\right]^2}
\end{aligned} \tag{8-31}$$

8.3.2　编组站子系统能力协调及改造模型

目前，国内对于技术站作业优化的研究大多停留在配流计划或车流组织等层面，系统协调方面的研究也仅针对技术站与衔接区间、到达系统与解体系统、阶段计划与动态车流等对象，将到达系统与出发系统结合表征技术站的通过能力，解体系统与编组系统结合表征技术站的改编能力，如果把解编系统看作一个点，则到发系统就是与点的两端相衔接的线，所以到发系统与解编系统的协调，可以看作文献[290]的变形、文献[291]的延伸。到发系统与解编系统都是流量在一定范围波动的容器，当通过能力大于改编能力时，容器呈哑铃状，当解编能力大于通过能力时，容器呈糖果状，分别如图 8-5 和图 8-6 所示。

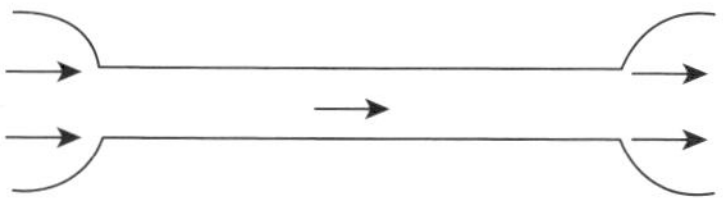

图 8-5　哑铃状

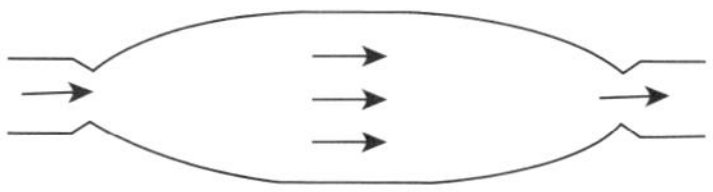

图 8-6　糖果状

前面提到，技术站系统的协调分为静态协调和动态协调，静态协调属于车站场型设计、更新改造范畴；动态协调属于车站日常运营、作业优化范畴。技术站

到发系统与解编系统的协调，则是指技术站系统在枢纽或路网间的通过能力能够满足技术站实际改编能力的需要，同时技术站解编系统的改编能力也要能够满足到发车流作业量的需要，只有当到发系统和解编系统皆处于合理的利用状态时，才能达到技术站系统的整体协调。保证技术站改扩建的经济性的同时实现作业子系统的高效性，在“协调生产”中求得“可持续生产”，在“可持续生产”中达到更高层次的“协调生产”，提出技术站子系统能力协调及改造模型（technical station subsystem capability coordination and configuration model，TSSCCCM），其各变量设置如下：

（1）f_s、f_x 为技术站上、下行系统的列流量，单位：列。

（2）$\Delta n_{改s}$、$\Delta n_{改x}$ 为技术站上、下行系统的改编能力的扩充量，单位：车。

（3）$\Delta n_{通s}$、$\Delta n_{通x}$ 为技术站上、下行系统的通过能力的扩充量，单位：列。

共计六个设计变量，即

$$X=[f_s,f_x,\Delta n_{改s},\Delta n_{改x},\Delta n_{通s},\Delta n_{通x}]$$

在建立目标函数时，考虑技术站通过系统和改编系统的协调程度最大和改扩建投资费用最少，即

目标函数 1：技术站上、下行通过系统和改编系统的协调程度最大。

$$\max Z_1=\max\left(\sum_{m=s}^{x}D_m\right)=\sum_{m=s}^{x}\left[\sqrt{(\rho_{改m}\times\rho_{通m})/(\rho_{改m}+\rho_{通m})^2}\times\frac{\rho_{改m}+\rho_{通m}}{2}\right]^{\frac{1}{2}} \tag{8-32}$$

式中，D_m 为技术站上、下行系统的协调度；$\rho_{改m}$ 为技术站上、下行系统改编系统的负荷程度：

$$\rho_{改m}=\frac{2f_mM_m\beta_m+f_{交m}}{g_{N_{改m}}(\otimes)+\Delta n_{改m}},\quad m=s,x \tag{8-33}$$

$\rho_{通m}$ 为技术站上、下行系统通过系统的负荷程度：

$$\rho_{通m}=\frac{f_m}{g_{N_{通m}}(\otimes)+\Delta n_{通m}},\quad m=s,x \tag{8-34}$$

目标函数 2：技术站改扩建投资费用最少。

$$\min Z_2=Q_t+Q_{gt} \tag{8-35}$$

式中，Q_t 为技术站能力改造扩充的投资费用：

$$Q_t=q_{改}\sum_{m=s}^{x}\Delta n_{改m}+q_{通}\sum_{m=s}^{x}\Delta n_{通m} \tag{8-36}$$

其中，$q_{改}$ 为单位改编能力扩充量对应的投资费用，单位：元/车；$q_{通}$ 为单位通过能力扩充量对应的投资费用，单位：元/列。

$$Q_{gt}=365\delta q\left\{\sum_{m=s}^{x}[T_{gm}(f_m M_m\beta_m+f_{交m})]+\sum_{m=s}^{x}T_{tm}f_m\right\} \tag{8-37}$$

式中，Q_{gt} 为技术站车流的通过费用和改编费用；δ 为贴现系数，由于技术站扩能的建设费用为一次性投资，而车流改编费用为日均值，所以需要将改扩建期间的全部支出费用均贴现到投资年，即

$$\delta=\sum_{\tau=1}^{Y}\frac{1}{(1+\psi)^{\tau}} \tag{8-38}$$

其中，ψ 为贴现率；Y 为建设年数；q 为单位车小时费率，单位：元/车小时；T_{gm}、T_{tm} 为上、下行系统改编作业参数、到达作业参数，用来表示技术站上、下行系统改编能力和通过能力扩充后，单位车辆（列）的改编作业时间和到达作业时间。技术站改编能力和通过能力的扩充对车辆（列）的影响并不仅仅是量上的，可能会对车辆的改编作业和到达作业过程产生影响，从而引起质的改变。设改编作业参数和到达作业参数分别是关于改编能力扩充量和通过能力扩充量的函数，如下所示：

$$\begin{cases}T_{gm}=t_{gm}+F(\Delta n_{改m})\\ T_{tm}=t_{tm}+F(\Delta n_{通m})\end{cases} \tag{8-39}$$

进一步地，模型 TSSCCCM 的各常量设置如下。

$g_{N_{通s}}(\otimes)$、$g_{N_{通x}}(\otimes)$，技术站上、下行系统的通过能力，形式为三参数区间数：$[\underline{N}_{通s},\tilde{N}_{通s},\bar{N}_{通s}]$、$[\underline{N}_{通x},\tilde{N}_{通x},\bar{N}_{通x}]$，单位：列。

$g_{N_{改s}}(\otimes)$、$g_{N_{改x}}(\otimes)$，技术站上、下行系统的改编能力，形式为三参数区间数：$[\underline{N}_{改s},\tilde{N}_{改s},\bar{N}_{改s}]$、$[\underline{N}_{改x},\tilde{N}_{改x},\bar{N}_{改x}]$，单位：车。

λ_s、λ_x，技术站上、下行系统的列车流不均衡系数。

$f_{交s}$、$f_{交x}$，技术站上、下行系统交换车数量，单位：车。

M_s、M_x，技术站上、下行系统中列车的编成辆数，单位：车/列。

β_s、β_x，技术站上、下行系统到达车流中改编车所占比例。

r_s、r_x，技术站上、下行系统中为了满足货物运输计划所需要的最小车流量，单位：车。

$E_{通s}^{\max}$、$E_{通x}^{\max}$，技术站上、下行系统中通过能力的最大扩充量，单位：列。

$E_{通s}^{\min}$、$E_{通x}^{\min}$，技术站上、下行系统中通过能力的最小扩充量，单位：列。

$E_{改s}^{\max}$、$E_{改x}^{\max}$，技术站上、下行系统中改编能力的最大扩充量，单位：车。

$E_{改s}^{\min}$、$E_{改x}^{\min}$，技术站上、下行系统中改编能力的最小扩充量，单位：车。

综合考虑技术站上、下行系统通过能力、改编能力、扩能限制等约束条件，建立 TSSCCCM。

约束条件 1：技术站上、下行系统的通过能力约束。

技术站到发系统实际办理的总列流量不超过技术站的实际通过能力：

$$f_s\lambda_s \leqslant g_{N_{通s}}(\otimes)+\Delta n_{通s} \tag{8-40}$$

$$f_x\lambda_x \leqslant g_{N_{通x}}(\otimes)+\Delta n_{通x} \tag{8-41}$$

约束条件 2：技术站上、下行系统的改编能力约束。

技术站解编系统实际办理的总车流量不超过技术站的实际改编能力：

$$2f_sM_s\beta_s\lambda_s+f_{交s} \leqslant g_{N_{改s}}(\otimes)+\Delta n_{改s} \tag{8-42}$$

$$2f_xM_x\beta_x\lambda_x+f_{交x} \leqslant g_{N_{改x}}(\otimes)+\Delta n_{改x} \tag{8-43}$$

约束条件 3：货运运输需求量约束。

技术站办理的实际车流量不应小于货物运输计划的需求：

$$f_sM_s \geqslant r_s \tag{8-44}$$

$$f_xM_x \geqslant r_x \tag{8-45}$$

约束条件 4：技术站改编能力扩充量约束。

由于地形、成本等因素，技术站改编能力扩充量存在一定的扩充上限，而在实际中，技术站改编能力都是呈规模进行扩充的，所以也存在一定的扩能下限，技术站改编能力扩充量约束如下：

$$E_{改s}^{\min} \leqslant \Delta n_{改s} \leqslant E_{改s}^{\max} \tag{8-46}$$

$$E_{改x}^{\min} \leqslant \Delta n_{改x} \leqslant E_{改x}^{\max} \tag{8-47}$$

约束条件 5：技术站通过能力扩充量约束。

与改编能力类似，技术站通过能力扩充量约束如下：

$$E_{通s}^{\min} \leqslant \Delta n_{通s} \leqslant E_{通s}^{\max} \tag{8-48}$$

$$E_{通x}^{\min} \leqslant \Delta n_{通x} \leqslant E_{通x}^{\max} \tag{8-49}$$

综上所述，技术站子系统能力协调及改造模型如下所示：

$$\max Z_1=\max\left(\sum_{m=s}^{x}D_m\right)=\sum_{m=s}^{x}\left[\sqrt{(\rho_{改m}\times\rho_{通m})/(\rho_{改m}+\rho_{通m})^2}\times\frac{\rho_{改m}+\rho_{通m}}{2}\right]^{\frac{1}{2}}$$

$$\min Z_2=Q_t+Q_{gt}$$

$$\begin{aligned}
\text{s.t.}\quad & f_s\lambda_s \leqslant g_{N_{通s}}(\otimes)+\Delta n_{通s} \\
& f_x\lambda_x \leqslant g_{N_{通x}}(\otimes)+\Delta n_{通x} \\
& 2f_sM_s\beta_s\lambda_s+f_{交s} \leqslant g_{N_{改s}}(\otimes)+\Delta n_{改s} \\
& 2f_xM_x\beta_x\lambda_x+f_{交x} \leqslant g_{N_{改x}}(\otimes)+\Delta n_{改x} \\
& f_sM_s \geqslant r_s \\
& f_xM_x \geqslant r_x \\
& E_{改s}^{\min} \leqslant \Delta n_{改s} \leqslant E_{改s}^{\max} \\
& E_{改x}^{\min} \leqslant \Delta n_{改x} \leqslant E_{改x}^{\max}
\end{aligned}$$

$$E_{通s}^{\min} \leqslant \Delta n_{通s} \leqslant E_{通s}^{\max}$$
$$E_{通x}^{\min} \leqslant \Delta n_{通x} \leqslant E_{通x}^{\max}$$
$$\Delta n_{改s}, \Delta n_{改x}, \Delta n_{通s}, \Delta n_{通x} \in \mathbb{N}$$

8.3.3　模型的求解算法

1. 多目标函数问题的处理

从 TSSCCCM 可以看出，该模型属于多目标优化问题，而一般多目标优化问题的各目标间都具有矛盾性，如何在各个子目标之间进行协调权衡和折中处理是解决多目标优化问题的关键，一般地，首先需要将多目标优化问题转化为单目标优化问题，通过求出单目标优化问题的最优解作为多目标优化问题的解，将多目标优化问题转化为单目标优化问题的方法一般有以下几种：

（1）约束条件法，基本思想是留下一个主要目标作为目标函数，将多目标函数中的其他目标处理为合适的约束条件。

（2）评价函数法，基本思想是引入一个与多目标函数中各个目标相关的评价函数，以此评价函数作为多目标优化问题的单一目标函数。

（3）分层求解法，基本思想是按照各个目标函数的重要度依次求单目标函数的最优解，直到求出最后一层函数的最优解。

采用不同的多目标优化问题求解方法可能得到不同的解值，需要根据实际问题选择合适的处理方法，评价函数法处理步骤相对简单，应用合适的评价函数模型对解决实际问题有事半功倍的效果，评价函数的构建一般有理想点法、线性加权法、极小-极大法、功效系数法等。TSSCCCM 中的两个目标量纲并不统一，采用功效系数法先对目标函数进行标准化处理再进行求解往往能够避免目标数量级差异引起的结果误差，因此能够起到较好的效果。

功效系数法的基本思想为：将多目标函数中的各个目标 $f_i(x)$ 用功效系数 d_i 表示，即 $d_i = d_i(f_i(x))$，d_i 为 $f_i(x)$ 的函数且在域上严格单调，最满意时，$d_i = 1$，最不满意时，$d_i = 0$。

当目标函数为 $\min f_i(x)$ 时，令 $d_i = \begin{cases} 1, & f_i = f_i^{\min} \\ 0, & f_i = f_i^{\max} \end{cases}$，功效系数可以表示为 $d_i = 1 - C_i(f_i(x) - f_i^{\min}) / (f_i^{\max} - f_i^{\min})$，根据各目标函数数量级的不同，取合适的缓冲算子对结果的影响进行弱化，用 C_i 表示；

当目标函数为 $\max f_i(x)$ 时，令 $d_i = \begin{cases} 1, & f_i = f_i^{\max} \\ 0, & f_i = f_i^{\min} \end{cases}$，功效系数可以表示为 $d_i = C_i(f_i(x) - f_i^{\min}) / (f_i^{\max} - f_i^{\min})$。

这样就可以将多目标优化问题转化为单目标优化问题：

$$\begin{cases} \max h(F(x)) = \left[\prod_{i=1}^{z} d_i(f_i(x)) \right]^{\frac{1}{z}} \\ g_i(x) \leqslant (=, \geqslant) b \end{cases} \tag{8-50}$$

对于 TSSCCCM，目标函数 Z_1 为 max 型，Z_2 为 min 型，将其按照功效系数法进行如下转化：

$$\max h(F(x)) = (d_1(Z_1) \times d_2(Z_2))^{\frac{1}{2}} \tag{8-51}$$

由于 Z_2 的数量级远远大于 Z_1，在选择缓冲算子的时候采取 $C_1 = 0.8$、$C_2 = 0.2$ 对目标函数的功效系数进行均衡弱化，所以有

$$d_1(Z_1) = 0.8(Z_1 - Z_1^{\min}) / (Z_1^{\max} - Z_1^{\min}) \tag{8-52}$$

$$d_2(Z_2) = 1 - 0.2(Z_2 - Z_2^{\min}) / (Z_2^{\max} - Z_2^{\min}) \tag{8-53}$$

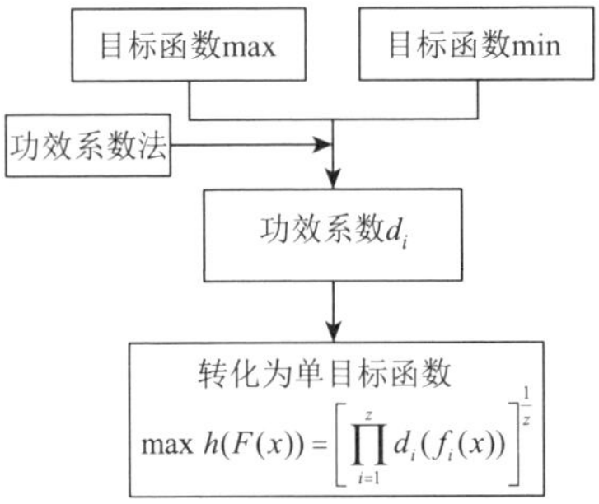

图 8-7　多目标优化问题目标函数转化流程图

综上可知，单目标优化问题目标函数 $h(F(x))$ 的最优解可作为多目标模型 TSSCCCM 的最优解。多目标优化问题目标函数转化流程图如图 8-7 所示。

2. 目标函数与困难约束中区间参数的处理

当目标函数和约束条件中的参数均为确定值时，目标函数的结果也为确定值，通过控制变量就可以得出目标函数的最优解，但是在 TSSCCCM 中，存在部分不确定性参数，例如，目标函数与约束条件 1、2 中，通过能力 $g_{N_{通}}(\otimes)$ 和改编能力 $g_{N_{改}}(\otimes)$ 本身就是三参数区间数的表现形式，同时不均衡系数 λ 的取值也是不确定的，因此约束条件 1、2 实质上为区间数的比较，要解决含有区间参数的模型优化问题，就需要引入区间占优和区间分析的相关理论。

1）区间数比较排序问题

两个区间数 X^I、Y^I，其中 $X^I = [\overline{x}, \tilde{x}, \underline{x}]$、$Y^I = [\overline{y}, \tilde{y}, \underline{y}]$，以 X^I 为例，$\tilde{x}$ 为它的区间中点，$\tilde{x} = \dfrac{\overline{x} + \underline{x}}{2}$，$x^w$ 为它的区间半径，$x^w = \dfrac{\overline{x} - \underline{x}}{2}$。在进行区间数的比较排序之前，首先要对区间数之间的关系位置有一个直观的了解：

（1）若 $\underline{x} \leqslant \underline{y}$ 且 $\underline{x} \geqslant \underline{y}$，则称 Y^I 包含于 X^I，或 X^I 包含 Y^I，如图 8-8 所示。

（2）若 $\overline{x} < \underline{y}$ 或 $\overline{y} < \underline{x}$，则称 X^I 相离于 Y^I，如图 8-9 所示。

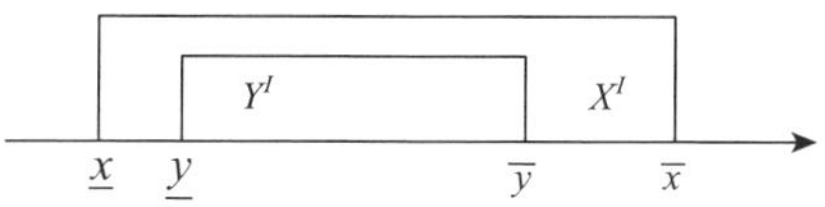

图 8-8　Y^I 包含于 X^I

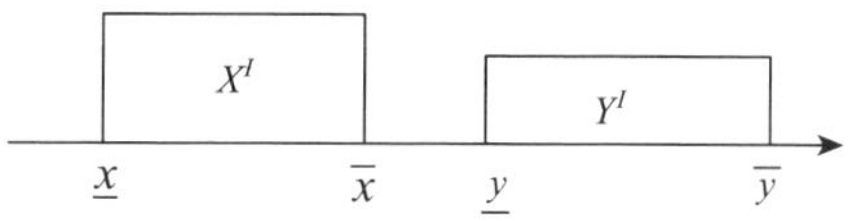

图 8-9　X^I 相离于 Y^I

（3）除上述两种情况外，称 X^I 相交于 Y^I，如图 8-10 所示。

2）区间占优

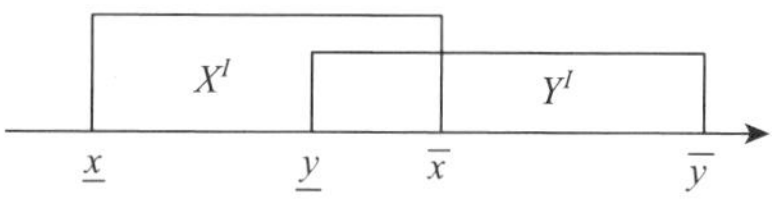

图 8-10　X^I 相交于 Y^I

在区间规划中，区间占优常常用于区间数之间的排序，表示一个区间优于另一个区间的关系。国内外许多专家学者对区间占优关系进行过定义。

（1）Moore[296]最早对区间占优关系进行过表述：

$$\begin{cases} X^I < Y^I, & \overline{x} < \underline{y} \\ X^I \subseteq Y^I, & \underline{y} \leqslant \underline{x} \text{且} \overline{y} \geqslant \overline{x} \end{cases}$$

由于当时认知水平的限制，区间占优关系的定义并不成熟，并未对区间数相交的情况进行说明，所以意义大于内容。

（2）Nakahara 等[297]提出了可信度的概念，并用以表示两个区间数之间大小关系的可信度：

$$P(X^I \leqslant Y^I) = \min\left\{\max\left[\frac{\overline{y} - \underline{x}}{(\overline{x} - \underline{x}) + (\overline{y} - \underline{y})}, 0\right], 1\right\}$$

可信度方法也可用于求解模糊数学规划问题，并获得了广泛扩展和应用。

（3）曾文艺等[298]在 1997 年提出了通过比较区间中点来对区间数进行比较的方法，这种方法计算简便，可在特定的条件下使用来直观判断区间的优劣：

$$X^I < Y^I, \quad \tilde{x} < \tilde{y}$$

（4）许叶军等[299]等通过对两个区间数间的可信度进行比较，得出了一个可信度的矩阵 $P = (p_{ij}(a_j \leqslant a_i))_{n \times n}$，利用模糊互补判断矩阵给出的排序方法可以得到若干区间数的可信度排序结果。

（5）张兴芳等[300]通过定义心态指标 T，对两个区间数的优劣程度进行了判定：

$$F_T = \tilde{x} + (2^T - 1)x^w$$

$$X^I < Y^I, \quad F_T(X^I) < F_T(Y^I)$$

（6）郭春香等[301]提出了一种不确定格序决策方法，通过构造 X^I 和 Y^I 的上确界 $\alpha = [\max(\underline{x}, \underline{y}), \max(\overline{x}, \overline{y})]$，以及下确界 $\beta = [\min(\underline{x}, \underline{y}), \min(\overline{x}, \overline{y})]$，在偏序集内始终有 $\alpha > \beta$，利用偏好距离可以对区间数进行优劣排序。

（7）许瑞丽等[302]提出了一种相似度方法，定义 $S(X^I,Y^I)$ 为区间数 X^I 、Y^I 的相似度，有

$$S(X^I,Y^I)=\begin{cases}0, & \overline{y}\leqslant \underline{x} \text{ 或 } \overline{x}\leqslant \underline{y}\\ \dfrac{\overline{x}-\underline{y}}{\overline{y}-\underline{x}}, & \underline{x}<\underline{y}\leqslant \overline{x}<\overline{y}\\ \dfrac{\overline{y}-\underline{y}}{\overline{x}-\underline{x}}, & \underline{x}\leqslant \underline{y}<\overline{y}<\overline{x}\\ \dfrac{\overline{y}-\underline{x}}{\overline{x}-\underline{y}}, & \underline{y}<\underline{x}\leqslant \overline{y}<\overline{x}\\ \dfrac{\overline{x}-\underline{x}}{\overline{y}-\underline{y}}, & \underline{y}\leqslant \underline{x}<\overline{x}\leqslant \overline{y}\end{cases}$$

对于区间占优决策方法，国内外相关学者典型方法总结见表 8-6。

表 8-6　区间占优判定典型方法总结

姓名	Moore	Nakahara 等	曾文艺等	许叶军等	张兴芳等	郭春香等	许瑞丽等
方法	定义	可信度	区间中点	可信度矩阵	心态指标	不确定格序	相似度

3. 区间分析

对于不确定性多目标优化问题的一般模型 GM（grey model），其形式表示如下：

$$\min\{f_1(X,U),f_2(X,U),\cdots,f_n(X,U)\}$$

$$\text{s.t.}\quad\begin{cases}g(X,U)\leqslant(=,\geqslant)b^I, \quad b^I\in[\underline{b},\overline{b}]\\ U^I\in[\underline{U},\tilde{U},\overline{U}]\end{cases}$$

式中，$f_i(X,U)(i=1,2,\cdots,n)$ 和 $g(X,U)$ 分别为含有不确定参数的目标函数和约束；$\underline{U}$ 、$\overline{U}$ 分别为不确定区间变量 U^I 的上、下界；$\tilde{U}$ 为不确定区间变量 U^I 的区间中点；b^I 为不确定约束的允许区间。

对于模型 GM 中目标函数的区间参数，本节采用曾文艺等提出的区间中点法，直接将区间参数转化为确定性的区间中点 $\tilde{U}$ ，对于区间约束，本节采用区间可信度的方法进行处理，定义区间 $X^I<Y^I$ 的可信度为 $P(X^I\leqslant Y^I)=\dfrac{\overline{y}-\underline{x}}{2(x^w+y^w)}$ ，由此，$g(X)\leqslant b^I$ 可以转化为

$$P(g^I(X,U)\leqslant b^I)\geqslant\varepsilon \tag{8-54}$$

式中，ε 为预先给定的可信度水平。

由不确定性造成的约束边界 $\underline{g}(X,U)=\min g(X,U)$ 、 $\overline{g}(X,U)=\max g(X,U)$ ，通过上述处理，模型 GM 可转化为如下确定性的多目标问题：

$$\min\{f_1^c(X,U),f_2^c(X,U),\cdots,f_n^c(X,U)\}$$

$$\text{s.t.}\quad\begin{cases}P(g^I(X,U)\leqslant b^I)\geqslant\lambda, & b^I\in[\underline{b},\overline{b}]\\U^I\in[\underline{U},\tilde{U},\overline{U}]\end{cases}$$

上述模型为典型的多层嵌套优化问题，外层优化属于目标函数的寻优，内层优化则属于不确定目标函数和约束区间上下界的确定，相对于原模型求解复杂度并未降低，为提高求解效率，采用区间分析法[292]对约束条件的区间参数进行求解，具体方法为，将约束条件在不确定区间变量 U 中点 $\tilde{U}$ 附近进行泰勒级数展开并保留一次项，有

$$g(X,U)=g(X,\tilde{U})+\frac{\partial g(X,\tilde{U})}{\partial U}(U-\tilde{U})\tag{8-55}$$

根据自然区间扩展[293]可得到约束条件的区间如下所示：

$$\underline{g}(X,U)=g(X,\tilde{U})-\left|\frac{\partial g(X,\tilde{U})}{\partial U}\right|U^w\tag{8-56}$$

$$\overline{g}(X,U)=g(X,\tilde{U})+\left|\frac{\partial g(X,\tilde{U})}{\partial U}\right|U^w\tag{8-57}$$

因此，对 TSSCCCM 来说，其目标函数 1 可以转化为

$$\max Z_1=\max\left(\sum_{m=s}^{x}D_m\right)$$

$$=\sum_{m=s}^{x}\left[\sqrt{\frac{\dfrac{2f_mM_m\beta_m+f_{交m}}{\tilde{N}_{改m}+\Delta n_{改m}}\times\dfrac{f_m}{\tilde{N}_{通m}+\Delta n_{通m}}}{\left(\dfrac{2f_mM_m\beta_m+f_{交m}}{\tilde{N}_{改m}+\Delta n_{改m}}+\dfrac{f_m}{\tilde{N}_{通m}+\Delta n_{通m}}\right)^2}}\times\frac{\dfrac{2f_mM_m\beta_m+f_{交m}}{\tilde{N}_{改m}+\Delta n_{改m}}+\dfrac{f_m}{\tilde{N}_{通m}+\Delta n_{通m}}}{2}\right]^{\frac{1}{2}}$$

其约束条件 1、2 可以转化为

$$P((f_s\lambda_s-\Delta n_{通s})\leqslant g_{N_{通s}}(\otimes))\geqslant\varepsilon\tag{8-58}$$

$$P((f_x\lambda_x-\Delta n_{通x})\leqslant g_{N_{通x}}(\otimes))\geqslant\varepsilon\tag{8-59}$$

$$P((2f_sM_s\beta_s\lambda_s+f_{交s}-\Delta n_{改s})\leqslant g_{N_{改s}}(\otimes))\geqslant\varepsilon\tag{8-60}$$

$$P((2f_xM_x\beta_x\lambda_x+f_{交x}-\Delta n_{改x})\leqslant g_{N_{改x}}(\otimes))\geqslant\varepsilon\tag{8-61}$$

通过区间分析法进一步展开可得

$$\frac{\overline{N}_{通s}-[(f_s\tilde{\lambda}_s-\Delta n_{通s})-f_s\lambda_s^w]}{2f_s\lambda_s^w+\overline{N}_{通s}-\underline{N}_{通s}}\geqslant\varepsilon\tag{8-62}$$

$$\frac{\bar{N}_{通x} - [(f_x\tilde{\lambda}_x - \Delta n_{通x}) - f_x\lambda_x^w]}{2f_x\lambda_x^w + \bar{N}_{通x} - \underline{N}_{通x}} \geqslant \varepsilon \tag{8-63}$$

$$\frac{\bar{N}_{改s} - [(2f_sM_s\beta_s\tilde{\lambda}_s + f_{交s} - \Delta n_{改s}) - 2f_sM_s\beta_s\lambda_s^w]}{4f_sM_s\beta_s\lambda_s^w + \bar{N}_{改s} - \underline{N}_{改s}} \geqslant \varepsilon \tag{8-64}$$

$$\frac{\bar{N}_{改x} - [(2f_xM_x\beta_x\tilde{\lambda}_x + f_{交x} - \Delta n_{改x}) - 2f_xM_x\beta_x\lambda_x^w]}{4f_xM_x\beta_x\lambda_x^w + \bar{N}_{改x} - \underline{N}_{改x}} \geqslant \varepsilon \tag{8-65}$$

由此，TSSCCCM 可转化为确定性参数优化问题，具体转化步骤如图 8-11 所示。

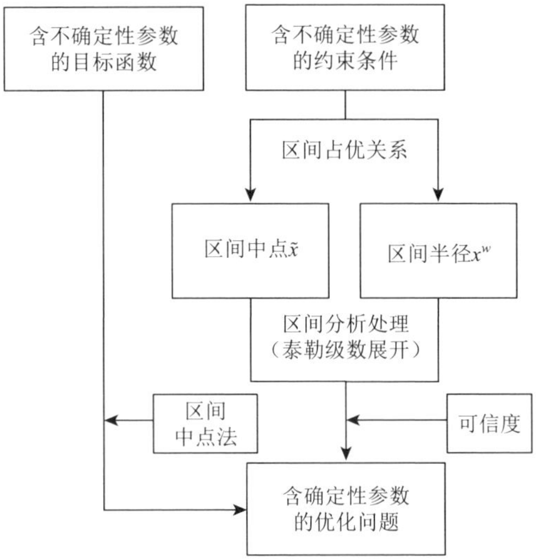

图 8-11　含不确定性参数的约束条件优化流程图

按流程转化后得到的最终结果如下：

$$\max Z_1 = \max\left(\sum_{m=s}^{x} D_m\right)$$

$$= \sum_{m=s}^{x}\left[\sqrt{\frac{\dfrac{2f_mM_m\beta_m + f_{交m}}{\tilde{N}_{改m} + \Delta n_{改m}} \times \dfrac{f_m}{\tilde{N}_{通m} + \Delta n_{通m}}}{\left(\dfrac{2f_mM_m\beta_m + f_{交m}}{\tilde{N}_{改m} + \Delta n_{改m}} + \dfrac{f_m}{\tilde{N}_{通m} + \Delta n_{通m}}\right)^2}} \times \frac{\dfrac{2f_mM_m\beta_m + f_{交m}}{\tilde{N}_{改m} + \Delta n_{改m}} + \dfrac{f_m}{\tilde{N}_{通m} + \Delta n_{通m}}}{2}\right]^{\frac{1}{2}}$$

（8-66）

$$\min Z_2 = q_{改}\sum_{m=s}^{x}\Delta n_{改m} + q_{通}\sum_{m=s}^{x}\Delta n_{通m} + 365\delta q\left\{\sum_{m=s}^{x}[T_{gm}(f_m M_m \beta_m + f_{交m})] + \sum_{m=s}^{x}T_{tm}f_m\right\} \tag{8-67}$$

s.t.

$$\frac{\bar{N}_{通s} - [(f_s\tilde{\lambda}_s - \Delta n_{通s}) - f_s\lambda_s^w]}{2f_s\lambda_s^w + \bar{N}_{通s} - \underline{N}_{通s}} \geqslant \varepsilon$$

$$\frac{\bar{N}_{通x} - [(f_x\tilde{\lambda}_x - \Delta n_{通x}) - f_x\lambda_x^w]}{2f_x\lambda_x^w + \bar{N}_{通x} - \underline{N}_{通x}} \geqslant \varepsilon$$

$$\frac{\bar{N}_{改s} - [(2f_s M_s\beta_s\tilde{\lambda}_s + f_{交s} - \Delta n_{改s}) - 2f_s M_s\beta_s\lambda_s^w]}{4f_s M_s\beta_s\lambda_s^w + \bar{N}_{改s} - \underline{N}_{改s}} \geqslant \varepsilon$$

$$\frac{\bar{N}_{改x} - [(2f_x M_x\beta_x\tilde{\lambda}_x + f_{交x} - \Delta n_{改x}) - 2f_x M_x\beta_x\lambda_x^w]}{4f_x M_x\beta_x\lambda_x^w + \bar{N}_{改x} - \underline{N}_{改x}} \geqslant \varepsilon$$

$$f_s M_s \geqslant r_s$$

$$f_x M_x \geqslant r_x$$

$$E_{改s}^{\min} \leqslant \Delta n_{改s} \leqslant E_{改s}^{\max}$$

$$E_{改x}^{\min} \leqslant \Delta n_{改x} \leqslant E_{改x}^{\max}$$

$$E_{通s}^{\min} \leqslant \Delta n_{通s} \leqslant E_{通s}^{\max}$$

$$E_{通x}^{\min} \leqslant \Delta n_{通x} \leqslant E_{通x}^{\max}$$

$$\Delta n_{改s}, \Delta n_{改x}, \Delta n_{通s}, \Delta n_{通x} \in \mathbb{N}$$

8.4 本章小结

随着高速铁路的快速发展，普速铁路的货物运输能力得到极大释放，而技术站作为铁路网络中的关键节点，成为制约运输能力的重要一环，原有的技术站能力定值表示与静态协调方法已经难以适应新的运输环境。鉴于此，本章在对技术站列车作业过程和能力影响因素进行分析的基础上，做了如下工作：

（1）将三参数区间应用于技术站能力的表示中，并通过引入泛灰数，有效避免了区间运算时引起的区间扩张，进一步定义了松弛能力、平衡能力和收缩能力的概念，为技术站能力的不确定性表示提供了参考。

（2）对比了几种区间估计算法，最终形成了基于 JAB 区间估计算法的三参数区间泛灰数的技术站能力表示形式，以动态能力为参考，可以为技术站通过能力与改编能力的协调性研究奠定基础。

（3）将三参数区间通过能力和改编能力应用于模型的目标函数和约束条件中，形成能力动态约束的技术站子系统能力协调及改造模型，提高了模型的适用性和灵活性。

（4）通过功效系数法对多目标函数进行了处理，并引入了缓冲算子对结果影响进行了弱化，使得静态协调和动态协调的两个目标相统一。

（5）应用区间占优及区间分析理论对目标函数和困难约束中的不确定区间参数进行了处理，得到皆为确定性参数的优化问题，为之后模型的求解提供了便利条件。

第 9 章　编组站调度系统优化算法设计

9.1　遗传算法与蚁群优化算法的融合

9.1.1　遗传算法

遗传算法是由美国 Michigan 大学的 Holland 教授[294-298]在 20 世纪 70 年代创建的，它基于达尔文的进化论和孟德尔的群体遗传学说，主要应用生物进化“适者生存”“优胜劣汰”的思想，借用生物遗传学的若干概念（如染色体、基因、种群、复制、杂交或交配、变异、父代、子代、适应性等），模拟自然界遗传机制和生物遗传过程而形成的一种过程搜索最优解的算法。遗传算法作为一种实用、高效、鲁棒性强的优化技术，发展极为迅速。近年来，遗传算法在理论和应用上都取得了长足的发展[299-320]。遗传算法能有效地求解属于 NP 类型的组合优化问题和非线性多模型、多目标的函数优化问题，因而受到广泛的重视，已被成功应用于交通运输、经济管理、工业设计等不同的领域。

1. 遗传算法的基本原理

遗传算法是将生物进化过程中“适者生存”规则与种群内部染色体的随机信息交换机制相结合，并利用随机化技术对一个被编码的参数空间进行高效搜索的算法，具有很强的全局优化搜索能力。它在搜索之前，先将变量以某种形式进行编码（编码后的变量称为染色体），不同的染色体构成一个种群。初始种群产生之后，按照“适者生存”和“优胜劣汰”的思想，以某种方法评估出其适应度，并借助遗传算子进行交叉和变异，产生新一代种群。最终搜索到的末代最优个体经过解码，作为问题的最优解或满意解。在基本遗传算法中，选择、交叉和变异构成了遗传算法的遗传操作，参数编码、初始种群的设定、适应度函数的设计、遗传操作设计、控制参数设定五个要素组成了遗传算法的核心内容[321]。

1）参数编码

遗传算法一般不直接处理问题空间的参数而是将问题的解（方案）表示成数字的序列，这个过程称为编码。遗传算法中常用的编码方法是二进制编码（常规码），即将问题空间的参数集编码成由 0 或 1 组成的有限长度的字符串；其他的编码称为非常规码。在具体的算法设计中，采用常规码还是非常规码，需要根据实际问题而定。

2）初始种群的设定

随机地产生 n 个个体组成一个种群，该种群代表一些可能解的集合。遗传算法的任务是从这些种群出发，模拟进化过程进行“优胜劣汰”，最后选出优秀的种群和个体。

3）适应度函数的设计

适应度函数是评价个体适应环境能力的，可以是目标函数值，也可以是替代函数值。不同的问题，适应度函数的定义方式也不同。遗传算法在运行中基本上不需要外部信息，只需依据适应度函数来控制种群的更新。适应度的尺度变换是对目标函数值域的某种映射变换，可克服未成熟收敛和随机漫游现象。常用的适应度函数尺度变换方法主要有线性变换、幂函数变换和指数变换。

4）遗传操作设计

遗传操作设计包括选择、交叉、变异。

（1）选择（复制）。

选择按一定概率从种群中选择 M 对个体，作为双亲用于繁殖后代，产生新的个体加入下一代种群。其主要思想是：个体的复制概率正比于其适应度，即适应于生存环境的优良个体将有更多繁殖后代的机会，从而使优良特性得以遗传。选择操作从早期的轮盘赌选择发展到现在的最佳个体保存法、排序选择法、联赛选择法、随机遍历抽样法、局部选择法、柔性分段复制、稳态复制、最优串复制、最优串保留等。选择是遗传算法的关键，它体现了自然界中“适者生存”的原则。

（2）交叉（杂交）。

交叉是从种群中随机选取一对染色体（双亲），通过交换基因等方式产生新的个体，体现了自然界中信息交换的思想。各种交叉算子均包含两个基本内容：确定交叉点的位置和进行部分基因的交换。常用的交叉操作方法有单点交叉、双点交叉、一致交叉、均匀交叉、算术交叉、二维交叉、树结构交叉、部分匹配交叉、顺序交叉和周期交叉等。

（3）变异。

变异是按一定的概率从种群中选择若干个体，对于选中的个体，以一定的概率随机地改变串结构数据中某个串的值，然后对产生的新一代种群进行重新评价、选择、交叉和变异，如此循环往复使种群中最优个体的适应度和平均适应度不断提高，直至最优个体的适应度达到某一界限或最优个体的适应度和平均适应度不再提高。遗传算法中的变异运算是产生新个体的辅助方法，起到增强种群多样性的作用。变异包括确定变异点的位置和进行基因值替换。常见的变异有基本位变异、均匀变异、高斯变异、二元变异、逆转变异、自适应变异等。

遗传算法的搜索能力主要是由选择和杂交赋予的，变异算子则保证了算法能搜索到问题解空间的每一点，从而使算法达到全局最优。

5）控制参数设定

遗传算法中需要选择的参数主要有个体编码串长度 l、种群大小 n、交叉概率 p_c、变异概率 p_m 等，这些参数对遗传算法性能的影响很大。

基本遗传算法的步骤如下。

算法 9-1：

步骤 1　随机产生一个初始种群。

步骤 2　若满足终止规则，则算法终止，把在任一代中出现的最好的染色体作为算法的执行结果，并通过解码得出问题的最终解。

步骤 3　对当前种群，计算每个染色体的适应度。

步骤 4　应用复制、杂交、变异算子产生下一代种群。

步骤 5　若达到规定的最大代数，则转步骤 2，否则转步骤 3。

2. 遗传算法的参数选择

遗传算法参数的取值对最终优化性能和效率影响比较大，需要认真选取，目前对参数根据情况进行调整变化的研究也比较多。

1）编码串长度

当使用二进制编码表示个体时，编码串长度的选取取决于特定问题解的精度；对于具有浮点数的编码，其编码串长度 l 与决策变量的个数 n 相等；当使用符号编码来表示个体时，编码串长度 l 由问题的编码方式来确定。问题所要求的求解精度越高，位串越长，需要越多的计算时间，为了提高运算效率，可使用变长度的编码来表示个体。

2）种群规模

在遗传算法中，当种群规模较小时，可提高遗传算法的运算速度，但降低了种群的多样性，容易导致算法早熟收敛；当种群规模较大时，可防止早熟收敛的发生，但会增加计算量，降低运行效率。因此，选择适当的种群规模尤为重要，一般种群规模的取值为 20～200。此外，在优化过程中种群规模是允许变化的，可以将较大规模的种群分解成若干子种群进行进化。

3）交叉概率

交叉概率是遗传算法中的主要算子，一般应取较大的值。但交叉概率太大，种群中适应度高的个体容易被破坏，遗传算法盲目搜索；交叉概率太小，则产生新个体的速度比较慢，遗传算法搜索停滞不前。交叉概率一般取值为 0.5～1.0。此外，可以使用自适应的思想来确定交叉概率。

4）变异概率

变异概率能维护种群多样性。若变异概率太大，虽然能产生较多的新个体，但有可能破坏种群中适应度高的个体，遗传算法近似于随机搜索；若变异概率太小，则难以产生新个体，抑制早熟现象的能力也较差。变异概率一般取值为0.0001～0.05。

5）终止规则

终止规则是表示遗传算法运行结束条件的一个参数，可以采取给定一个最大迭代步数（遗传代数），当迭代步数达到时，停止运算；给定问题的下界和一个偏差度，当当前最优解与下界的差不大于偏差度时，停止运算；给定一个整数，当经过这个整数代仍未找到更好的解时，停止运算。当然也可以采用其他的组合规则，当采用最大迭代步数时，一般取为100～10000。

6）选择策略

通常有两种选择策略：纯选择和精英选择。纯选择是种群中每个个体根据其适应度按比例进行选择的；精英选择是找到的最优个体加入下一代种群，它可以防止最优个体的丢失，但也可能会使算法陷入局部最优解，可将该方法与其他选择方法结合使用。

3. 遗传算法的特点及应用

遗传算法是解决搜索问题的一种通用算法，与传统的优化算法相比，主要有以下几个特点：

（1）传统的优化算法往往直接利用决策变量的实际值来进行优化设计，但遗传算法的处理对象不是参数本身，而是对参数集进行某种形式编码的个体，这使得遗传算法可直接对结构对象进行操作，不存在求导和函数连续性的限定。特别是对一些只有代码概念而无数值概念或很难有数值概念的优化问题，编码处理方式更显示出了其独特的优越性。

（2）传统的优化算法都是单点搜索算法，搜索效率不高，且容易使搜索过程陷入局部最优解而停滞不前。遗传算法同时使用多个搜索点的搜索信息，即对搜索空间中的多个解进行评估，降低了陷入局部最优解的风险，同时算法本身易于实现并行化。

（3）传统的优化算法不仅需要利用目标函数数值，而且往往需要目标函数的导数值等其他一些辅助信息才能确定搜索方向，而遗传算法仅用适应度函数值来评估个体，就可确定进一步的搜索方向和搜索范围。实际应用中很多函数无法求导或很难求导，甚至根本不存在导数，对于这类目标函数的优化以及组合优化问题，遗传算法就显示出了其高度的优越性。同时，直接利用目标函数值或个体适应度，可以把搜索范围集中到适应度较高的部分搜索空间，从而提高了搜索效率。

（4）传统的优化算法往往使用的是确定性的搜索算法，限制了算法的应用范围，而遗传算法采用概率的变迁规则来指导它的搜索方向，增加了搜索过程的灵活性。实践和理论都已证明在一定条件下遗传算法总是以概率 1 收敛于问题的最优解。

遗传算法作为一种新的优化技术，采用了许多独特的方法和技术，它在解优化问题时有以下几个优点：

（1）具有大范围全局搜索能力，与问题领域无关，对于各种特殊问题可以提供极大的灵活性来混合构造领域独立的启发式，从而保证算法的有效性。

（2）运算过程简单，对所解的优化问题没有太多的数学要求，不要求有很强的技巧和对问题本身有深入的了解。

（3）搜索从一个种群迭代到（变换到）一个新的种群，而不是从一个解迭代到下一个解，具有潜在的并行性，并且使用评价函数启发，过程简单。

（4）迭代中利用概率转移规则，而非确定性规则，具有随机性。

（5）具有可扩展性，且易于与其他优化技术相结合。

（6）能以很大概率找到整体最优解，特别适用于大规模并行计算，求解多参数、多变量、多目标以及非线性的优化问题。

遗传算法作为一种搜索算法，在各种问题的求解和应用中展现出了它的特点与魅力，同时暴露出了一些不足和缺陷。其主要缺点如下：

（1）没有充分利用系统的反馈信息，搜索具有盲目性。当求解到一定范围时，往往做大量冗余迭代，向最优解收敛的速度大大降低，导致求最优解效率较低。

（2）编码无规范的方法，需要对问题有透彻的了解，并具有较强的编码技巧。单一的编码不能将约束条件表示出来，对不可行解采用罚函数又导致了计算时间增加。

（3）构造适应度函数较难，有时需要丰富的实践经验。

（4）可能存在遗传欺骗问题，有时产生的一些超常个体因竞争力太突出会控制选择运算过程，从而影响算法的全局优化。

遗传算法提供了一种求解复杂系统优化问题的通用框架，具有比较完善的理论基础，无论在离散优化问题还是连续优化问题方面都表现出良好的优化性能。实践证明它对组合优化问题中的 NP-complete 问题求解也非常有效。随着问题规模的扩大，组合优化问题的搜索空间也急剧扩大，有时在目前条件下用枚举法很难或者甚至不可能求出精确最优解，但遗传算法通常可找到满意解。遗传算法以它不依赖问题本身领域的特性在编组站作业优化领域得到了比较成功的运用[322-324]。遗传算法虽不断有各种新策略和新方案被提出，但它们几乎都是针对特定问题求解而言的。尽管遗传算法比其他传统搜索算法有更强的鲁棒性，但就某一特殊领域的组合优化问题而言，遗传算法一般不是最成功的最优化算法，它们往往比不上专门处理该问题的原有算法。为此，需要采取混合的策略，把遗传算法与原有优化算法或其他优化算法有效地结合起来，设计一个新的混合算法，使其在性能上超过遗传算法和原有优化算法。

9.1.2 蚁群优化算法

蚁群优化（ant colony optimization，ACO）算法是由意大利学者 Dorigo 等[325, 326]在 20 世纪 90 年代提出的一种分布式智能模拟算法。它来源于对自然界蚂蚁寻找从蚁巢到食物的最短路径并找到回巢路径方法的研究，其基本思想是：模仿蚂蚁依赖信息素进行通信而显示出的社会性行为，在智能体定义的基础上，由一个贪心法指导下的自催化过程引导每个智能体的行动[327]。蚁群优化算法是一种随机的通用试探法，具有正反馈、较强的鲁棒性、分布式的特点。蚁群优化算法创立以来，无论在算法理论还是在算法应用方面都取得了很多突破性研究进展[328-353]。自蚁群优化算法产生起，它便被大量用于组合优化问题，如图着色问题、二次分配问题、工件排序问题、车辆路径问题、车间作业调度问题、网络路由问题、大规模集成电路设计问题等。尽管蚁群优化算法的研究时间不长，但初步的研究结果已显示出蚁群优化算法在求解复杂优化问题，特别是离散优化问题方面的优越性。虽然严格的理论基础尚未奠定，但从当前的应用效果来看，蚁群优化算法是一种很有发展前景的仿生算法。

1. 蚁群优化算法的基本原理

蚁群优化算法是对自然界蚂蚁的寻径方式进行模拟而得出的一种仿生算法。生物学研究表明，一群互相协作的蚂蚁能够找到食物源和蚁巢之间的最短路径，而单只蚂蚁则不能。真实蚁群在觅食过程中具有一些显著的特征，例如，蚂蚁在移动过程中会释放信息素；释放的信息素会随着时间的推移而逐步减少；在一定的范围内蚂蚁能觉察出是否有同类的信息素轨迹存在；蚂蚁会沿着信息素轨迹多的路径移动等[354]。蚁群优化算法正是受以下真实蚁群的自组织行为特征的启发而提出的：

（1）高度结构化的组织。虽然蚂蚁的个体行为极其简单，但由个体组成的蚁群却构成高度结构化的社会组织，蚂蚁社会的成员有分工，有相互的信息传递。

（2）自然优化。蚁群在觅食过程中，在没有任何提示下总能找到从蚁巢到食物源之间的最短路径；当经过的路线上出现障碍物时，还能迅速找到新的最优路径。

（3）信息正反馈。蚂蚁在寻找食物时，在其经过的路径上释放信息素（外激素）。蚂蚁基本没有视觉，但能在小范围内察觉同类散发的信息素的轨迹，由此来决定何去何从，并倾向于朝着信息素强度高的方向移动。

（4）自催化行为。某条路径上走过的蚂蚁越多，留下的信息素也越多（随时间蒸发一部分），后来蚂蚁选择该路径的概率也越高。

作为与遗传算法同属一类的通用型随机优化算法，蚁群优化算法具有与遗传算法相似的迭代搜索过程。它不需要任何先验知识，最初只是随机地选择搜索路径，在每一次迭代（相当于遗传算法的进化代）中，每只蚂蚁均产生一个关于所优化问题的解。所有蚂蚁在解搜索过程中所获得的信息全部存储在信息素矩阵中，随着搜索的进行信息素矩阵又反过来指导以后蚂蚁进行解空间的搜索，从而使得算法在一种正反馈过程中逐步逼近直至最终达到全局最优解。蚁群优化算法对搜索空间的“了解”机制主要包括以下三个方面[355]：

（1）蚂蚁的记忆。一只蚂蚁搜索过的路径在下次搜索时就不会再被选择，由此在蚁群优化算法中建立禁忌表来进行模拟。

（2）蚂蚁利用信息素进行相互通信。蚂蚁在所选择的路径上会释放一种称为信息素的物质，当同伴进行路径选择时，会根据路径上的信息素进行选择，这样信息素就成为蚂蚁之间进行通信的媒介。

（3）蚂蚁的集群活动。通过一只蚂蚁的运动很难到达食物源，但整个蚁群进行搜索就完全不同。当某些路径上通过的蚂蚁越来越多时，在路径上留下的信息素也越来越多，导致信息素强度增大，蚂蚁选择该路径的概率随之增加，从而进一步增加该路径的信息素强度；当某些路径上通过的蚂蚁较少时，路径上的信息素就会随时间的推移而蒸发。因此，模拟这种现象即可利用群体智能建立路径选择机制，使蚁群优化算法的搜索向最优解推进。蚁群优化算法所利用的搜索机制呈现出一种自催化或正反馈的特征，因此可将蚁群优化算法模型理解成增强型学习系统。

蚁群优化算法首先被成功应用于旅行商问题，下面以旅行商问题为例简单介绍其基本的算法思想。首先，根据具体问题设置多只蚂蚁，分头并行搜索。每只蚂蚁完成一次周游后，在行进的路上释放信息素，信息素量与解的质量成正比。蚂蚁根据信息素强度大小（初始信息素量设为相等），同时考虑两点之间的距离，采用随机的局部搜索策略进行路径的选择。这会使得距离较短的边，其上的信息素量较大，后来的蚂蚁选择该边的概率也较大，并且每只蚂蚁只能走合法路线（经过每个城市 1 次且仅 1 次），为此设置禁忌表来控制。所有蚂蚁都搜索完一次，即迭代一次，就对所有的边进行一次信息素更新，原来的蚂蚁死掉，新的蚂蚁进行新一轮搜索，更新信息素（包括原有信息素的蒸发和经过的路径上信息素的增加）。当达到预定的迭代步数，或出现停滞现象（所有蚂蚁都选择同样的路径，解不再变化）时，算法结束，以当前最优解作为问题的最优解。具体的算法步骤如下。

算法 9-2：

步骤 1　初始化参数，开始时每条边的信息素量都相等。

步骤 2　将各只蚂蚁放置各顶点，禁忌表为对应的顶点。

步骤 3　取 1 只蚂蚁，计算转移概率，按轮盘赌的方式选择下一个顶点，更新禁忌表，再计算概率，再选择顶点，再更新禁忌表，直至遍历所有顶点 1 次。

步骤 4　计算该只蚂蚁留在各边的信息素量，该蚂蚁死去。

步骤 5　重复步骤 3、步骤 4，直至所有蚂蚁都周游完毕。

步骤 6　计算各边的信息素增量和信息素量。

步骤 7　记录本次迭代的路径，更新当前的最优路径，清空禁忌表。

步骤 8　判断是否达到预定的迭代步数，或者是否出现停滞现象，若是，则算法结束，输出当前最优路径；否则，转步骤 2，进行下一次迭代。

2. 蚁群优化算法的参数选择

对蚁群优化算法性能影响比较大的参数主要有信息素启发因子α、期望启发因子β、信息素挥发系数ρ、蚂蚁释放的信息素常量Q、蚂蚁数量m。

（1）信息素启发因子α。参数α是表示残留信息相对重要程度的参数，其大小反映了蚁群在路径搜索中随机性因素作用的强度。α的取值越大，蚂蚁在以后的循环中选择之前循环走过的路径的可能性越大，实现自催化过程，但搜索的随机性减弱，并且α取值过大还会导致蚁群的搜索过早陷入局部最优解；α的取值越小，虽然可以提高随机搜索能力，但算法的收敛速度会受到影响。

（2）期望启发因子β。参数β是反映能见度相对重要程度的参数，它的大小反映了蚁群在路径搜索中先验性、确定性因素作用的强度。β取值越大，蚂蚁选择局部最短路径的可能性越大，虽然搜索的收敛速度得以加快，但蚁群在最优路径搜索过程中的随机性减弱，同样容易陷入局部最优解而停滞。β取值过小，将导致蚁群陷入完全的随机搜索，在此情况下很难找到最优解。

（3）信息素挥发系数ρ。参数ρ表示信息素的消逝程度，$1-\rho$为信息素残留系数，反映蚂蚁个体相互影响的程度。信息素挥发系数ρ直接影响着蚁群优化算法的全局搜索能力和收敛速度。当ρ取值较大时，信息正反馈的作用占优，可以提高算法的随机性能和全局搜索能力，收敛速度比较快，但容易陷入局部最优状态，降低解的质量，即过快的信息素挥发可能忽略个体之间发生的相互影响，使算法远离了问题的最优解。当ρ取值较小时，路径上的残留信息占优，信息正反馈的作用极其微弱，会影响算法的随机性能和全局搜索能力。同时，ρ的值越小，各条路径上的信息素浓度就越接近，突现行为就更难以发生，使得算法收敛速度很慢。

（4）蚂蚁释放的信息素常量Q。参数Q为蚂蚁循环一周或一个过程时释放在所经过路径上的信息素总量，在基本蚁群优化算法中它是一个常量。一般理解为Q的取值越大，蚂蚁所走过路径上信息素的累积越快，蚁群搜索时的正反馈性能加强，这有助于算法的快速收敛，但容易陷入局部最优解而停滞。总的来说，参

数 Q 对算法的性能影响有限，远没有 α 、β 、ρ 的影响大，但它的灵活选取有助于上述三个参数的配置。

（5）蚂蚁数量 m 。文献[328]的研究表明，当蚁群的数量远远大于问题规模时，继续增加蚂蚁数对算法性能虽有所改善，但改善不是特别明显。文献[356]以 TSP 为研究对象所进行的仿真试验结果显示：蚂蚁数量 m 对蚁群优化算法循环次数（收敛性能）有较大影响；当 $m<15$ 时，m 对蚁群优化算法的影响基本呈线性规律变化；当 $m\approx 15$ 时，搜索次数和最优解发生突变，随着蚂蚁数量增大（如接近问题的规模），虽然算法中搜索的稳定性和全局性提高，但同时存在搜索的随机性差、算法的收敛速度慢等不足；在实例中，当 $m=20$ 时，算法的综合性能较为平稳。

蚁群优化算法中各个参数的作用是紧密耦合的，特别是对基本蚁群优化算法起关键作用的三个参数：信息素启发因子 α 、期望启发因子 β 、信息素挥发系数 ρ 。如果上述三个参数配置不当，会导致求解速度很慢且所得解的质量较差。因此，对于不同的优化问题，合理地设置参数组合对于求解的速度和精度非常重要。此外，蚁群优化算法中蚂蚁的初始分布和协同作用也对算法的性能有影响。

3. 蚁群优化算法的特点及应用

蚁群优化算法作为一种基于总体优化的算法，算法本身采用了正反馈原理，加快了进化过程。单个个体容易收敛于局部最优，但个体之间不断地进行信息交流和传递，多个个体相互合作，可很快收敛于解空间的某一子集，有利于对解空间的进一步搜索，从而发现较优解。蚁群优化算法的主要特点概括如下：

（1）是一种基于多主体的智能算法，不是单个蚂蚁行动，而是多个蚂蚁同时搜索，各主体间通过相互协作来更好地适应环境，具有分布式的协同优化机制。

（2）是一种分布式的优化算法，不仅适合目前的串行计算机，而且适合未来的并行计算机。

（3）本质上属于随机搜索算法（概率算法），具有概率搜索的特征。

（4）是一种全局搜索算法，能够有效地避免局部最优，既可求解单目标优化问题，也可求解多目标优化问题。

（5）不依赖优化问题本身的严格数学性质，如连续性、可导性以及目标函数和约束函数的精确数学描述。

蚁群优化算法是一种基于种群的鲁棒性较强的随机搜索算法，其优化过程的本质在于选择、更新以及协同机制，这些机制使得蚁群优化算法具有强大的发现较优解的能力。因此，蚁群优化算法具有以下许多优良的性质，为求解复杂的组合优化问题提供了一种新思路。

（1）自组织性。算法初期，单个人工蚂蚁无序地寻找解，经过一段时间的演化，人工蚂蚁间通过信息素的作用，自发地趋向于寻找最优解，这是一个从无序到有序的过程。

（2）并行性。每只蚂蚁搜索的过程相互独立，仅通过信息素进行通信，所以蚁群优化算法可以看作一个分布式的多代理系统。蚁群在问题空间的多点同时开始进行独立解的搜索，增强了算法的全局搜索能力。

（3）正反馈性。蚁群通过信息素的不断更新收敛于最优路径，而信息素的更新是一个正反馈的过程。正是这个正反馈的过程使得解出现了优劣，最终引导整个系统向最优解的方向进化。

（4）鲁棒性。蚁群优化算法对初始路线要求不高，并且在搜索过程中不需要进行人工调整，对蚁群优化算法模型稍加修改，便可以应用于其他问题。

（5）扩展性。蚁群优化算法易与其他多种启发式算法相结合，使算法的性能得到改善。

虽然蚁群优化算法是一种非常好的分布式、启发式搜索算法，具有如上的优点，但它毕竟是一种新兴的算法，也存在着以下不足：

（1）需要较长的搜索时间。蚁群优化算法初期信息素匮乏，导致搜索初期积累信息素占用的时间较长，加之算法本身比较复杂，随着问题规模的扩大，算法的搜索时间增长较快。

（2）容易出现停滞现象。蚁群优化算法搜索进行到一定程度后，容易导致所有的蚂蚁都集中到局部最优解上，出现停滞现象。这不利于对解空间进一步搜索，以发现更好的解。

虽然计算机计算速度的提高和蚁群优化算法的本质并行性在一定程度上可以缓解计算时间长的问题，但对于大规模组合优化问题，这还是一个很大的障碍。若想从根本上予以解决，还必须深入研究蚁群优化算法的基本原理和本质特征，以及其搜索和进化的内部机制，加以改进，以期望提高算法的收敛速度。

蚁群优化算法从其实现机理来看是一种天然的解决组合优化问题的算法，其主要特征是正反馈、分布计算以及结构性的贪心启发[357]。正反馈使得它能很快搜索到比较好的解；分布计算避免了算法陷入局部收敛而不能继续优化；而贪心启发机制使它能在寻优的早期阶段就搜索到可接受的解。这些特征使蚁群优化算法成为解决 NP-hard 组合优化问题的有力工具。由于蚁群优化算法在解决复杂组合优化问题方面表现突出，所以很多致力于运输研究的专家学者将其应用于车站作业优化领域[358-361]，并取得了良好的效果。

9.1.3 遗传算法与蚁群优化算法的融合策略

遗传算法和蚁群优化算法作为两种模拟生物进化的最优化智能算法，二者都具有本质并行性、自组织性和较强的鲁棒性，都不依赖优化问题本身的严格数学性质，都是依靠种群的能力来搜索最优解。遗传算法依赖种群之间的交叉、变异、选择、进化获得最优解，蚁群优化算法则是依赖种群的协同通信寻找最优解。遗传算法与蚁群优化算法之间这些类似的特性为二者的融合提供了良好的基础，但两种算法又各有自己的特点，如何扬长避短，充分发挥它们各自的优势，是二者融合为混合算法的关键。遗传算法与蚁群优化算法的融合通常有以下 3 种方式：

（1）两种算法独立求解，其中一方利用对方的计算结果，但并不直接进入对方的搜索过程中。

（2）一方作为附加成分被加入到另一方的搜索中。

（3）两种算法融合在一起共同求解，一方作为另一方的必要组成部分，直接参与另一方的搜索。

自 Abbattista 等[362]提出将遗传算法和蚁群优化算法相融合改进的策略，又陆续有专家学者[363-367]将二者相融合来解决各种优化问题，提高了算法的收敛速度和全局搜索能力，取得了良好的应用效果。根据遗传算法与蚁群优化算法的融合方式，其具体实现策略可分为三大类：第一类用遗传算法优化蚁群优化算法中的一些参数；第二类用遗传算法来产生蚁群优化算法所需的初始信息素；第三类在蚁群优化算法若干次进化终止时，引入一些遗传算子来进行优化。在将遗传算法与蚁群优化算法相融合设计的混合算法中，也有很多是将简单遗传算法和蚁群优化算法相结合，存在着一些不足。简单遗传算法在进化代数不够大或初始种群选取覆盖空间不足的情况下，种群多样性差，容易陷入局部最优，蚁群优化算法在此基础上进行搜索，算法的全局收敛性不能得到保证；而增大简单遗传算法的进化代数是以牺牲算法运行时间为代价的，混合算法的时间优势又难以体现[368]。本书 4.3 节所采用的 GAACA 就是简单地先后运用了遗传算法和蚁群优化算法这两种算法，没有达到实质性的融合，因而效果并不是很理想。要求解编组站配流协同优化问题，需要充分利用这两种算法在寻优过程中的优势，实现蚁群策略和遗传策略的有效融合，极大程度地发挥其整体功能，动态平衡算法收敛速度和搜索范围之间的矛盾。

有关遗传算法与蚁群优化算法的研究与试验表明，两种算法在总体收敛态势上呈现出如图 9-1 所示的速度-时间曲线[369]。

由图 9-1 可以看出，遗传算法在搜索的初期（$t_0 \sim t_a$ 时间段）具有较高向最优解收敛的速度，虽然在 t_b 之后呈明显下降趋势，但在 t_a 之后求最优解的效率显著降低。而蚁群优化算法在搜索的初期（$t_0 \sim t_a$ 时间段）由于缺乏信息素，搜索速度比较缓慢，但当信息素积累到一定的强度之后（t_a 时刻之后）向最优解收

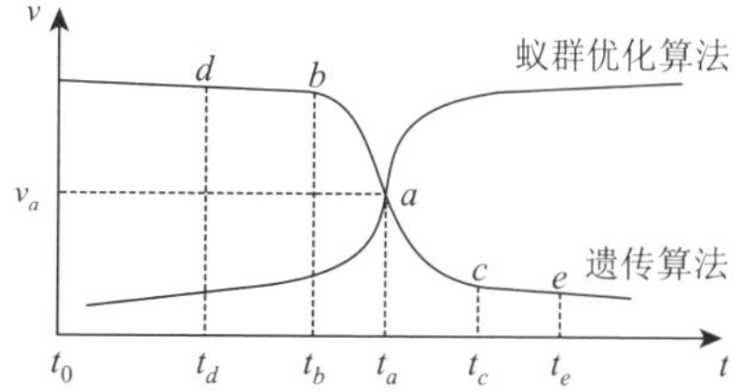

图 9-1　遗传算法与蚁群优化算法速度-时间曲线

敛的速度迅速提高。因此，遗传算法与蚁群优化算法融合的基本思想是：在最佳点（a点）之前利用遗传算法的特性，快速、全面地生成初始信息素分布，在最佳点之后利用蚁群优化算法的正反馈性、高效性求取问题的最优解。因此，如何寻找遗传算法和蚁群优化算法两种算法融合的最佳结合点是混合算法的关键所在，为此可采取以下的动态融合策略[370]：

（1）为了防止过早（t_d时刻）或过晚（t_e时刻）结束遗传算法过程，更有效地保证二者融合的最佳时机（t_a时刻），不应设置固定的遗传算法迭代步数，可设置最小遗传算法迭代步数（如t_b时刻）和最大遗传算法迭代步数（如t_c时刻）。

（2）遗传算法迭代过程中统计子代种群的进化率，并以此设置子代种群最小进化率。

（3）在设定的迭代次数范围内，如果连续N代子代种群的进化率都小于最小进化率，说明此时的遗传算法优化速度较低，可终止遗传算法过程，进入蚁群优化算法。

通过上述分析可知，遗传算法和蚁群优化算法的融合是取两者优点，使之既能发挥遗传算法与蚁群优化算法在寻优搜索中各自的优势，又能克服遗传算法在搜索到一定阶段时最优解搜索效率低以及蚁群优化算法初始信息素匮乏等问题，且融合后的算法比单纯某一种算法的收敛速度快，最优解的品质高。

9.2 基于信息熵和混沌理论的遗传-蚁群协同优化算法

9.2.1 信息熵和混沌优化

熵（entropy）的概念源于物理学的范畴，最早由德国物理学家 Clausius 于1854年提出，当时用以描述热力学系统的无序状态。其中，信息熵是由美国学者 Shannon 于1948年将热力学熵引入信息论而提出的，常被用于较粗略地给出不确定性的度量[371]。

对于离散型随机变量，其信息熵为

$$S=-k\sum_{i=1}^{n}p_i\ln p_i \tag{9-1}$$

式中，p_i为各状态发生的概率，$p_i\geqslant 0$且$\sum_{i=1}^{n}p_i=1$。

信息熵具有以下性质：

（1）对称性，$p_1,p_2,\cdots,p_n$的顺序不变，熵值不变，即$S(p_1,p_2,\cdots,p_n)=S(p_n,p_{n-1},\cdots,p_1)=S(p_2,p_1,\cdots,p_n)$。

（2）非负性，$S(p_1,p_2,\cdots,p_n)\geqslant 0$。

（3）可加性，相对独立的状态，其熵的和等于和的熵。

（4）极值性，当 $p_i = 1/n$ 时，熵值最大，其值为 $\ln n$。

混沌现象是洛伦兹[372]在研究简化的大气动力学方程时发现的，如今混沌理论已经成为一个新的研究热点，扩展到工程、信息和社会各个领域。混沌是自然界广泛存在的一种非线性现象，其行为复杂且类似随机，却有着精致的内在机制结构。混沌运动具有随机性、遍历性、规律性和对初值敏感依赖性[373]。混沌同时所具有的随机性和规律性使它具有丰富的时空动态，其遍历性使之能在一定范围内按照其自身的“规律”不重复地遍历所有状态，这可作为搜索过程中避免陷入局部最优的一种优化机制。此外，初值条件极其微弱的变化会引起混沌系统行为巨大的变化。因此，利用混沌变量进行优化搜索，无疑会比随机搜索更具优越性，更能实现最优解的全局搜索。如今，混沌已成为一种新颖的优化技术，并受到广泛重视和大量研究。

混沌优化（chaos optimization，CO）是以混沌原理为基础的一种新型的直接搜索优化算法，其基本思想[374]是：把混沌变量从混沌空间映射到解空间，然后利用混沌优化算法的轨道遍历性按混沌运动自身规律进行搜索。混沌优化算法与按照某种概率接受“劣解”跳出局部最优解的优化算法相比，更易于跳出局部最优解，搜索速度快，求解优化问题不需要具有连续性和可微性。这对于变量较多、约束复杂的组合优化问题，混沌优化算法简单方便，并且可以充分利用具体问题的某些先验知识，这恰巧弥补了遗传算法后期搜索盲目、收敛速度慢和蚁群优化算法搜索时间长、容易陷入局部最优的缺陷。

混沌优化算法与其他智能算法相结合的方法可分为两种：一种是在某种智能算法中直接利用混沌变量进行搜索；另一种是将混沌机制引入到其他优化算法中。无论哪一种方法，都需要用到表示混沌系统的迭代方程。常用的混沌迭代方程有 Logistic 映射函数，该函数表示的序列形式为

$$z_{n+1} = \mu z_n(1 - z_n), \quad n = 0,1,2,\cdots \tag{9-2}$$

式中，μ 为控制参量，是一个常数，取值为[3.56,4]。当 $\mu = 4$ 时，系统完全处于混沌状态，此时按其自身的规律不重复地遍历（0，1）区间的所有状态，并且初值条件（不能为不动点 0.25、0.5、0.75）极其微弱的变化会引起系统行为巨大的变化。但此时的分布是极不均匀的，在区间两个端点附近集聚的混沌变量的概率明显高于中间段，当将该混沌序列用于优化搜索和其他智能算法初始值的产生时，种群将缺乏多样性。

Tent 映射函数[375]（帐篷映射）的时间序列具有均匀的概率密度和功率谱密度等特性，在遍历的均匀性方面优于 Logistic 函数，其表达式为

$$z_{n+1}=\begin{cases}\dfrac{z_n}{\mu}, & z_n\in(0,\mu)\\ \dfrac{1-z_n}{1-\mu}, & z_n\in(\mu,1)\end{cases},\quad 0<\mu<1 \tag{9-3}$$

式中，μ 为该混沌映射的控制参量。与 Logistic 函数产生的序列主要分布在 0、1 点附近相比，Tent 映射函数产生的混沌序列比较均匀地分布在[0,1]。

由于混沌优化算法的搜索过程随意性较大，精度较低，一般很少单独使用。本书以遗传算法和蚁群优化算法为依托，将信息熵和混沌现象的遍历特性引入融合的遗传-蚁群优化算法，用于初始可行解的产生或作为特殊的算子改进相关系数，实现参数的自适应控制以及遗传算法与蚁群优化算法混合优化策略的有机集成，提出一种基于信息熵和混沌理论的参数自适应遗传-蚁群协同优化算法，以充分发挥算法寻优的整体功能。

9.2.2　初始种群的产生方法

在基本遗传算法中，通常采用常规二进制码，虽然直观，但对于某些特殊的问题，有可能造成计算中出现大量不可行解，使搜索空间急剧增大，算法的执行效率下降。若考虑这些问题的特殊性以及约束条件，可采用实数编码，即个体的每个基因用其定义域内的一个实数直接表示，这样就不会因为不可行解的处理而浪费时间，而且不需要解码过程，能克服二进制码存在的 Hamming 悬崖。利用信息熵产生初始种群[376]，可使初始种群在解空间中均匀分布，避免集中分布在解空间的局部区域，增加初始种群的多样性。

设初始种群由编码长度为 L 的 N 个染色体组成，种群中第 j 个基因的熵值 S_j 定义为

$$S_j=\sum_{i=1}^{N}\sum_{k=i+1}^{N}(-p_{ik}\ln p_{ik}) \tag{9-4}$$

$$p_{ik}=1-\frac{|x_j^i-x_j^k|}{A_j^{\max}-A_j^{\min}} \tag{9-5}$$

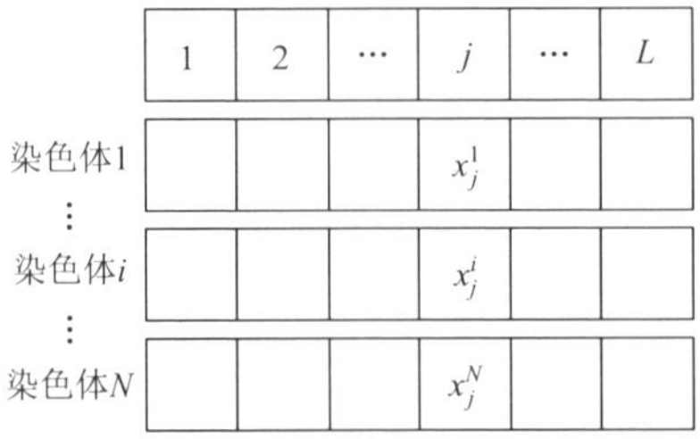

图 9-2　种群熵值计算示意图

式中，$A_j^{\max}$、$A_j^{\min}$ 分别为染色体中基因 j 的最大值和最小值；p_{ik} 为染色体 i 中基因 j 的数值 x_j^i 不同于染色体 k 中基因 j 的数值 x_j^k 的概率，设由编码长度为 L 的 N 个个体组成的初始种群如图 9-2 所示。

整个初始种群的熵值 S 定义为种群中所有基因熵值 S_j 的平均值，即

$$S = \frac{1}{L}\sum_{j=1}^{L} S_j \tag{9-6}$$

利用信息熵产生初始种群的过程如下。

算法 9-3：

步骤 1　设定临界熵值 S_0。

步骤 2　在染色体定义域内随机产生第一个染色体。

步骤 3　用同样的方法每次生成一个染色体，并计算该染色体与已有个体的熵值 S，若 $S > S_0$，则接受该染色体；否则，拒绝该染色体，重新产生一个新的染色体并计算熵值 S，直至出现满足条件 $S > S_0$ 的染色体为止。

步骤 4　重复步骤 3，直至染色体数目达到规定的初始种群为止。

由式（9-6）可知，当初始种群中所有染色体相同时，种群的熵值为零；种群中染色体之间的差异越大，种群的熵值也越大。采用信息熵产生的初始种群相对于简单遗传算法随机产生的初始种群可保证初始种群的多样性，同时具有均匀的分布，有利于缩短进化搜索过程。在初始种群产生后，利用全排列理论，可以将每个混沌量对应于一条路径，然后采用式（9-2）的 Logistic 映射为混沌信号发生器（取 $\mu = 4$）产生混沌变量为每条路径上的信息素浓度给出初始值，以引导蚂蚁进行路径选择。

9.2.3　遗传及蚁群策略

遗传策略具有很强的全局快速收敛能力，将遗传的交叉变异策略引入蚁群策略中，将二者有机地融合为一个整体，可以发挥其整体功能。

（1）选择策略。采取轮盘赌的形式选择个体可能引发超级个体和相似个体问题，从而导致“早熟现象”。若采用联赛选择法，即每次从种群中随机选取若干个体加以比较，适应度最大的个体获胜，既可以避免个体被选中的概率与其适应度大小直接成比例，又能保证被选中的个体具有较高的适应度。

（2）交叉和变异规则。交叉规则采用非常规码常规交配法，变异规则采用交换变异算子，随机选择两个变异点，互相交换两个基因位置。例如

所选位置：2，8（用下划线表示）

$$1\underline{2}34567\underline{8}9 \rightarrow 1\underline{8}34567\underline{2}9$$

基本蚁群优化算法虽然在许多领域被证明是非常有效的，但存在着收敛速度慢和容易出现停滞的缺陷。智能算法在保持高效搜索能力的同时又要避免停滞现象的关键在于探索和利用之间的平衡点，也就是说既要使算法的搜索空间尽可能大，以寻找可能存在最优解的解区间，又要充分利用种群内当前的有效信息，使算法搜索的重点放在可能具有较高适应度的个体所在区间，即缩小算法

的搜索空间，从而使算法在较短的时间内收敛到全局最优解[377]。针对基本蚁群优化算法的不足，Dorigo 等[334]于 1999 年提出了一种自适应蚁群优化算法（adaptive ant colony optimization algorithm，AACOA），该算法根据平均节点分支数动态地调整转移概率以避免算法出现停滞现象，从而极大地提高了算法搜索较好解的能力。

由于平均节点分支数可以作为反映算法搜索能力的标志，为了使蚁群能够在探索和利用之间保持平衡，AACOA 采用自适应伪随机比率选择规则。在 t 时刻，每只蚂蚁 k 根据下列状态转移概率选择下一节点：

$$j=\begin{cases}\arg\max\{[\tau_{ij}(t)]\cdot[\eta_{ij}(t)]^{\beta}\}, & q(t)\leqslant q(\lambda(t))\\ S, & \text{其他}\end{cases} \tag{9-7}$$

$$q(\lambda(t))=\lambda(t)/N \tag{9-8}$$

式中，$\lambda(t)\in[2,N]$ 为算法在第 t 次迭代时的平均节点分支数，N 表示节点数，显然 $q(\lambda(t))\in[2/N,1]$；$q(t)$ 为 $[0,1]$ 区间上一致分布的随机数；$\tau_{ij}(t)$ 为节点 i 与节点 j 之间的信息素量；$\eta_{ij}(t)$ 为节点 i 与节点 j 之间的启发因子；β 为启发因子的强弱。S 根据式（9-9）进行选择：

$$p_{ij}^{k}(t)=\begin{cases}\dfrac{[\tau_{ij}(t)]\cdot[\eta_{ij}(t)]^{\beta}}{\sum\limits_{s\in J_k(i)}[\tau_{is}(t)]\cdot[\eta_{is}(t)]^{\beta}}, & j\in J_k(i)\\ 0, & \text{其他}\end{cases} \tag{9-9}$$

式中，$J_k(i)$ 为蚂蚁 k 下一步允许访问的节点集合。由于函数 $q(\lambda(t))$ 的值与平均节点分支数成正比，当 $\lambda(t)$ 变小时，说明算法将要出现停滞现象，此时 $q(\lambda(t))$ 的值也会变小，按照式（9-9）进行选择的概率增大，从而提高算法的随机搜索能力，增大解的搜索空间；当平均节点分支数变大时，按照式（9-7）进行选择的可能性增大，即较好的路径将会被选择。

蚁群优化算法信息素的更新分为局部信息素更新和全局信息素更新。局部信息素更新的实质是一种信息素的负反馈机制，这样可增加未访问路径被选择的机会，从而扩大了算法的搜索空间，有效地避免了算法陷入局部最优；全局信息素更新的实质是信息素的正反馈机制，它使得全局最优解所经路径上的信息素被增强，使算法最终收敛于最优解。

对于蚂蚁 k，如果节点 i 和 j 是它所选择路径上的两个相邻节点，则蚂蚁从节点 i 转移到节点 j 后，路径上的信息素按式（9-10）进行局部更新：

$$\tau_{ij}(t)=(1-\xi)\tau_{ij}(t)+\xi\tau_0 \tag{9-10}$$

否则，不予更新。其中，τ_0 为常数；$\xi\in(0,1)$ 为可调参数。

针对全局最优解所属的边按式（9-11）进行全局更新：

$$\tau_{ij}(t+1)=[1-\rho(t)]\tau_{ij}(t)+\rho(t)\Delta\tau_{ij}(t) \tag{9-11}$$

式中，$\Delta\tau_{ij}(t)$ 是在本次迭代中，节点 i 、j 之间边上的信息素增量，且有 $\Delta\tau_{ij}(t)=1/L_{\text{best}}$，$L_{\text{best}}$ 为当前全局最优路径长度；$\rho(t)\in(0,1)$ 为信息素的蒸发系数。

9.2.4　适应度函数的改进

适应度函数值是算法所得解的优劣程度的度量标准。为了充分利用遗传算法和蚁群优化算法每次迭代过程中适应度函数所反映出的信息，提出适应度改进函数。

设在第 t 次迭代中，遗传算法所得种群的最大适应度为 $f_{\text{GA}}^{\max}(t)$，最小适应度为 $f_{\text{GA}}^{\min}(t)$，平均适应度为 $\overline{f}_{\text{GA}}(t)$；蚁群优化算法所得解的最大适应度为 $f_{\text{ACO}}^{\max}(t)$，最小适应度为 $f_{\text{ACO}}^{\min}(t)$，平均适应度为 $\overline{f}_{\text{ACO}}(t)$。其中，$\overline{f}_{\text{GA}}(t)$ 和 $\overline{f}_{\text{ACO}}(t)$ 分别由式（9-12）和式（9-13）计算：

$$\overline{f}_{\text{GA}}(t)=\frac{1}{N_{\text{GA}}}\sum_{i=1}^{N_{\text{GA}}}f_{\text{GA}}^{i}(t) \tag{9-12}$$

$$\overline{f}_{\text{ACO}}(t)=\frac{1}{N_{\text{ACO}}}\sum_{i=1}^{N_{\text{ACO}}}f_{\text{ACO}}^{i}(t) \tag{9-13}$$

式中，N_{GA} 和 N_{ACO} 分别为遗传算法和蚁群优化算法的种群规模和蚂蚁数量；$f_{\text{GA}}^{i}(t)$ 和 $f_{\text{ACO}}^{i}(t)$ 分别为遗传算法和蚁群优化算法所得解 i 的适应度函数值。

为了将遗传算法和蚁群优化算法有效融合，适应度函数 $f(t)$ 改进如下：

$$f(t)=a\overline{f}_{\text{GA}}(t)+b\overline{f}_{\text{ACO}}(t) \tag{9-14}$$

式中，$a=\dfrac{\partial_1}{\partial_1+\partial_2}$；$b=\dfrac{\partial_2}{\partial_1+\partial_2}$，$\partial_1=f_{\text{GA}}^{\max}(t)-f_{\text{GA}}^{\min}(t)$，$\partial_2=f_{\text{ACO}}^{\max}(t)-f_{\text{ACO}}^{\min}(t)$。

若适应度函数值在连续 T 次迭代中都无明显改进，则认为算法收敛，此处定义参数自适应遗传-蚁群协同优化算法的终止条件函数 $\phi(t)$ 如下：

$$\phi(t)=\frac{f(t)-f(t+1)}{f(t)} \tag{9-15}$$

$$\phi(t)<\varepsilon \tag{9-16}$$

式中，ε 为一个给定的精度，若在连续 T 次迭代中都有式（9-16）成立，则算法终止。

9.2.5　参数自适应控制策略

1. 遗传策略的参数自适应控制

为了平衡遗传算法的搜索范围与搜索能力，Srinivas 等[317]采用自适应的交叉和变异概率控制遗传算法的交叉、变异操作，首先提出了自适应遗传算法（adaptive genetic algorithm，AGA），其算法基于以下两个原则：

（1）交叉、变异概率的大小基于种群的状态。当种群趋向一致时，通过增大 p_c 和 p_m，以期跳出局部最优解；当种群较为分散时，减小 p_c 和 p_m 的值。

（2）自适应策略对待不同的个体采取不同的交叉、变异概率，根据不同个体的适应度自适应地改变 p_c 和 p_m 的大小。

为了保证 p_c 和 p_m 均小于 1，p_c 和 p_m 表示如下：

$$p_c(t)=\begin{cases}k_1[f_{GA}^{\max}(t)-f'_{GA}(t)]/[f_{GA}^{\max}(t)-\overline{f}_{GA}(t)], & f'_{GA}(t)\geqslant\overline{f}_{GA}(t)\\ k_3, & f'_{GA}(t)<\overline{f}_{GA}(t)\end{cases}\tag{9-17}$$

$$p_m(t)=\begin{cases}k_2[f_{GA}^{\max}(t)-f_{GA}(t)]/[f_{GA}^{\max}(t)-\overline{f}_{GA}(t)], & f_{GA}(t)\geqslant\overline{f}_{GA}(t)\\ k_4, & f_{GA}(t)<\overline{f}_{GA}(t)\end{cases}\tag{9-18}$$

式中，$k_1,k_2,k_3,k_4\leqslant 1$；$f'_{GA}(t)$ 为进行交叉的两个个体中适应度函数值较大者；$f_{GA}(t)$ 为变异个体的适应度函数值。

式（9-17）、式（9-18）采用种群中最优个体的适应度与种群平均适应度的差值 $\varPhi$ 来判断种群的多样性。但是，有时 $\varPhi$ 并不能及时反映种群个体的过早收敛程度，例如，某一种群是由一些局部最优个体和一些适应度很低的个体组成，此时过早收敛现象虽然已发生，但适应度很低的个体的存在使得 $\varPhi$ 值依然较大，这时算法就会误认为种群没有发生过早收敛，从而无法跳出局部最优解，导致搜索寻优性能下降。种群在进化过程中发生过早收敛的主要表现[378]是：种群内适应度暂时最大的一些个体相互重复或趋同，此时它们有较大的概率参与下一代的选择复制操作，且它们之间交叉后的子代也不会与父代有太大的变化，这将导致遗传算法搜索寻优过程十分缓慢。因此，要正确判断一个种群是否会发生过早收敛，主要应看这个种群中当前适应度较大的个体是否重复或相互趋同。因此，可将适应度大于 $\overline{f}(t)$ 的个体的适应度再做一次平均得 $\overline{\overline{f}}(t)$，定义 $\varPhi=f_{GA}^{\max}(t)-\overline{\overline{f}}(t)$ 表示种群的过早收敛程度。同时，引入式（9-3）的 Tent 映射为混沌信号发生器（取 $\mu=0.4$），替代 k_1、k_2、k_3、k_4，于是式（9-17）、式（9-18）变为

$$p_c(t)=\begin{cases}z_1[f_{GA}^{\max}(t)-f'_{GA}(t)]/[f_{GA}^{\max}(t)-\overline{\overline{f}}(t)], & f'_{GA}(t)\geqslant\overline{\overline{f}}(t)\\ z_3, & f'_{GA}(t)<\overline{\overline{f}}(t)\end{cases}\tag{9-19}$$

$$p_m(t)=\begin{cases}z_2[f_{GA}^{\max}(t)-f_{GA}(t)]/[f_{GA}^{\max}(t)-\overline{\overline{f}}(t)], & f_{GA}(t)\geqslant\overline{\overline{f}}(t)\\ z_4, & f_{GA}(t)<\overline{\overline{f}}(t)\end{cases}\tag{9-20}$$

由于 Tent 映射函数产生的迭代序列始终在 [0,1] 区间变化，所以式（9-19）、式（9-20）满足 $0\leqslant p_c$，$p_m\leqslant 1$，且当 $f'_{GA}(t)=f_{GA}^{\max}(t)$ 时，$p_c=0$；当 $f_{GA}(t)=f_{GA}^{\max}(t)$ 时，$p_m=0$。这表明，第 t 代的最优个体不经过交叉和变异操作直接进入下一代。

2. 蚁群策略的参数自适应控制

在 AACOA 蚂蚁的状态转移规则中，$q(t)$ 为 $[0,1]$ 区间上一致分布的随机数，由此可增加所得解的多样性，一定程度上削弱了蚁群陷入局部最优的趋势，但它的产生又过于随机，不易控制。此处同样采用式（9-3）的 Tent 映射为混沌信号发生器（取 $\mu=0.2$），产生 $[0,1]$ 区间上均匀分布的随机数 $q(t)$。

$$q(t+1)=\begin{cases}\dfrac{q(t)}{\mu}, & q(t)\in(0,\mu)\\ \dfrac{1-q(t)}{1-\mu}, & q(t)\in(\mu,1)\end{cases},\quad 0<\mu<1 \tag{9-21}$$

信息素的挥发系数 $\rho(t)$ 的存在，使得当问题规模较大时，那些从未被搜索到的边的信息素会减少到接近 0 的状态，降低了算法的全局搜索能力，反之当 $\rho(t)$ 过大时，解的信息素也会较快增大，以前搜索过的解被选择的可能性增大，也会影响算法的全局搜索能力。虽然减小 $\rho(t)$ 可以提高算法的全局搜索能力，但又会降低算法的收敛速度。因此，可以自适应地调节 $\rho(t)$ 的值，此处采用正弦函数，可以逐步降低 ρ 的衰减速度。ρ 的初始值 $\rho(t_0)=\rho_{\max}$，当算法求得的最优解在 T 次循环内没有明显改进时，ρ 减为

$$\rho(t+1)=\begin{cases}\sin[\rho(t)], & \sin[\rho(t)]\geqslant\rho_{\min}\\ \rho_{\min}, & \text{其他}\end{cases} \tag{9-22}$$

式中，$\rho_{\min}$ 为 ρ 的最小值，可以防止 ρ 过小降低算法的收敛速度。

为了充分利用蚁群优化算法的正反馈信息，在全局信息素更新时，加入混沌扰动。利用式（9-2）的 Logistic 映射为混沌信号发生器（取 $\mu=4$）产生混沌变量，以使搜索跳出局部极值区间。全局信息素更新公式修改为

$$\tau_{ij}(t+1)=[1-\rho(t)]\tau_{ij}(t)+\rho(t)\Delta\tau_{ij}(t)+\delta z_{ij} \tag{9-23}$$

式中，z_{ij} 为混沌变量，由式（9-2）迭代得到；δ 为混沌扰动系数，取 $\delta=0.5$。

9.2.6　算法步骤

算法 9-4：

步骤 1　初始化参数 $\rho(t_0)$、$q(t_0)$、p_c、p_m、β、ξ、δ、临界熵值 S_0、种群规模 N_{GA} 和蚂蚁数量 N_{ACO} 以及常数 ε。

步骤 2　利用信息熵产生规模为 N_{GA} 的初始种群。

步骤 3　采用联赛选择法对初始种群进行筛选，找出若干优化解，根据式（9-12）计算平均适应度 $\overline{f}_{\mathrm{GA}}(0)$，记录最优解 L_{best}。

步骤 4　利用全排列理论，采用式（9-2）的 Logistic 映射为混沌信号发生器（取 $\mu=4$）产生混沌变量为每条路径上的信息素浓度给出初始值 $\tau_{ij}(t_0)$。

步骤 5　令 $t=0$。

步骤 6　将 N_{ACO} 只蚂蚁随机放置在 N 个节点上。

步骤 7　采用式（9-3）的 Tent 映射为混沌信号发生器（取 $\mu=0.2$），产生 $[0,1]$ 区间上均匀分布的随机数 $q(t)$，每只蚂蚁 k 根据式（9-7）和式（9-9）选择下一访问节点。

步骤 8　根据式（9-10）进行局部信息素更新。

步骤 9　若每只蚂蚁 k 都访问了所有 N 个节点，则计算解的适应度，记录本次迭代最优解 $L_{\mathrm{best}}(t)$；若其优于历史最优解 L_{best}，则令 $L_{\mathrm{best}}=L_{\mathrm{best}}(t)$；否则，返回步骤 7。

步骤 10　利用式（9-2）的 Logistic 映射为混沌信号发生器（取 $\mu=4$）产生混沌变量，根据式（9-22）和式（9-23）自适应控制蚁群策略参数，进行全局信息素更新。

步骤 11　根据式（9-13）计算并记录蚁群策略本次迭代所得解的平均适应度 $\overline{f}_{\mathrm{ACO}}(t)$，根据式（9-14）计算适应度函数 $f(t)$ 的值以及平均值 $\overline{f}(t)$、$\overline{\overline{f}}(t)$；找出蚁群策略得到的适应度大于 $\overline{f}(t)$ 的个体（不大于 3）替代原有本代初始种群中适应度较低的个体。

步骤 12　利用式（9-3）的 Tent 映射为混沌信号发生器（取 $\mu=0.4$）产生 4 个 $[0,1]$ 区间的随机数，根据式（9-19）和式（9-20）自适应控制遗传策略参数，得到本次迭代的交叉概率 $p_{\mathrm{c}}(t)$ 和变异概率 $p_{\mathrm{m}}(t)$。

步骤 13　进行遗传策略的交叉和变异操作。

步骤 14　根据式（9-14）计算各解的适应度函数 $f(t+1)$ 的值，记录本次迭代最优解，将其与历史最优解做比较，若优于历史最优解，则用其替换历史最优解，否则转步骤 11。

步骤 15　计算适应度函数 $f(t+1)$ 的平均值 $\overline{f}(t+1)$，然后根据式（9-15）计算函数 $\phi(t)$ 的值，按照式（9-16）判断算法是否终止；若算法终止，则输出历史最优解 L_{best}；否则，令 $t=t+1$，转步骤 6。

9.2.7　算法复杂性分析

本书提出的参数自适应遗传-蚁群协同优化算法，融合信息熵和混沌理论，将遗传策略和蚁群策略综合集成为一个整体系统，可以充分发挥遗传算法快速全局收敛能力及蚁群优化算法精确寻优和正反馈机制下的快速收敛能力，动态地实现了两种算法优势互补。关于算法的有效性，实际中通常采用时间复杂度的渐进表示法来说明程序执行步数的数量级，由此估算算法执行效率的高低。从该算法的步骤可以看到，该算法的主要计算工作有以下几个部分。

1）初始种群的产生

利用信息熵产生初始种群，需要进行几次简单的熵值比较，种群规模为 N_{GA}，染色体编码长度为 L，则该算法的计算复杂度为 $O(N_{\mathrm{GA}}L^2)$。

2）筛选初始种群最优解

计算平均适应度，寻找初始种群中的最优解，需要经过两个循环过程，计算复杂度为 $O(N_{\mathrm{GA}}^2)$。

3）初始化信息素浓度

将每个染色体视作一个解，表示一条路径，初始化信息素浓度需要进行 $N_{\mathrm{GA}}L$ 次循环，故计算复杂度为 $O(N_{\mathrm{GA}}L)$。

4）局部信息素更新

初始化蚂蚁放置和可访问节点数组，按一定概率访问下一节点，局部信息素更新，再次找出历史最优解，需要经过四次大的赋值和比较，其计算复杂度为 $O(N_{\mathrm{ACO}}N + N_{\mathrm{ACO}}N^2 + N_{\mathrm{ACO}}N + N)$，简化为 $O(N_{\mathrm{ACO}}N^2)$。

5）全局信息素更新

全局信息素更新涉及每一条边和所有蚂蚁，其计算复杂度为 $O(N_{\mathrm{ACO}}N^2)$。

6）利用蚁群优化算法更新初始种群

计算蚂蚁的平均适应度以及适应度改进函数，用蚁群最优解替代初始种群最差解，大的循环只有一次，计算复杂度为 $O(N_{\mathrm{ACO}}(N_{\mathrm{ACO}}-1))$，简化为 $O(N_{\mathrm{ACO}}^2)$。

7）遗传算法寻找最优解

遗传算法经过交叉和变异操作，通过与历史最优解比较，找出新的最优解并保存，其主要步骤的计算复杂度为 $O(N_{\mathrm{GA}}N^2 + N_{\mathrm{GA}}\ln N_{\mathrm{GA}})$。

8）终止判断和输出

计算平均适应度，根据条件判断是否终止，其计算复杂度为 $O(N_{\mathrm{GA}}N_{\mathrm{ACO}}N)$。

在用 ECGACO 求解具体问题时，节点数 N 可与染色体编码长度 L 一致，蚂蚁数量 N_{ACO} 一般小于初始种群规模 N_{GA}。在整个算法中，计算复杂度比较高的是初始种群的产生、信息素的更新和遗传算法比较解的优劣环节，当适应度函数值在连续 T 次迭代中都无明显改进时，可以得到该算法的整体计算复杂度为 $O(TN_{\mathrm{GA}}N^2)$。从以上的分析可以看出，该算法是一个可以收敛于全局最优解的有效算法。

9.3　算法的应用与实现

9.3.1　求解编组站配流问题参数自适应遗传-蚁群协同优化算法设计

编组站配流问题属于离散型组合优化问题，在采用现代优化算法求解该问题的既有研究中多采用遗传算法，蚁群优化算法应用得比较少，采用混合优化策略的更少，但它逐渐引起了许多专家学者的关注。编组站配流方案搜索的关键是确定一个合理的列车解编顺序，其中又涉及调机、到发线运用和取送车问题，本书以参数自适应遗传-蚁群协同优化算法为基础，采用多态蚁群优化算法的思想[379]，将蚁群社会中从事劳动的蚂蚁分为三类：侦察蚁、搜索蚁和工蚁。侦察蚁的任务是将解编顺序的既有信息告知调机、到发线和取送车作业的安排人员，同时侦察它们的作业情况，然后以信息素标记侦察结果，反馈给搜索蚁，为搜索蚁安排解编顺序提供辅助信息；搜索蚁的任务是进行全局搜索，找到合理的解编方案，并将其标记，以便工蚁按此方案进行配流；工蚁的任务是在一定的解编方案下为出发列车配流。

1. 遗传结构设计

列车解体方案采用自然数编码，到达列车编号为基因，一个染色体为一个解体方案，编组方案亦是如此。为了获得可行的初始种群，必须依据解体序号矩阵利用信息熵产生，式（9-5）中的 $A_j^{\max}$ 对应解体序号矩阵 A' 中第 j 列的最大元素，$A_j^{\min}$ 为未安排解体列车的最小序号。初始编组方案采用调机最大能力方案，即按出发列车的出发时间由小到大排序。

在初始编组方案的基础上，利用信息熵产生初始可行解体方案的过程修正如下。

算法 9-5：

步骤 1　设定临界熵值 S_0。

步骤 2　利用算法 4-2 随机产生第一个解体方案。

步骤 3　同样利用算法 4-2 每次生成一个解体方案，并计算该方案与已有个体的熵值 S，若 $S > S_0$，则接受该方案；否则，拒绝该方案，重新产生一个新的解体方案并计算熵值 S，直至出现满足条件 $S > S_0$ 的方案为止。

步骤 4　重复步骤 3，直至解体方案数目达到规定的初始种群 N_{GA} 为止。

在算法的遗传策略中同样采用联赛选择法和非常规码常规交配法的交叉规则，但变异规则有所不同，采用有限交换变异算子，具体方法为随机选择两个变异点，但需要交换的两个基因换位后其值必须满足 $A_j^{\max}$ 的约束，否则不能变异。

2. 蚁群结构设计

将一定数目的侦察蚁放置在 N_{GA} 个解体方案上，每 3 只侦察蚁从一个解体方案出发分别探测调机、到发线和取送车的作业情况，并将侦察结果与已有的先验知识相结合，构成信息素，记为 zc_{ij}。设 Y_{ij} 为 t 时刻到达列车 dd_i 与 dd_j 的排列满足调机、到发线和取送车约束条件的个数，则 zc_{ij} 可通过式（9-24）计算：

$$zc_{ij}=\begin{cases}1/Y_{ij}, & dd_i与dd_j的排列满足约束条件\\0, & 其他\end{cases} \tag{9-24}$$

根据此结果，设置初始时刻各条路径上的信息量 $\tau'_{ij}(t_0)$ 如下：

$$\tau'_{ij}(t_0)=\begin{cases}zc_{ij}\cdot\tau_{ij}(t_0), & zc_{ij}\neq 0\\ \tau_{ij}(t_0), & 其他\end{cases} \tag{9-25}$$

搜索蚁根据参数自适应遗传-蚁群协同优化算法的蚁群策略进行全局搜索并更新信息素。

工蚁根据历史最优解编方案，采用 4.3.3 节的方法按照列车等级对出发列车配流，并将配流方案记录在出发列车的信息集合 I_j 中。

在配流方案的寻优过程中，遗传策略和搜索蚁的适应度函数同式（4-6），工蚁的适应度函数参照式（4-66），其精度和算法终止条件同式（9-15）、式（9-16）；$\Delta\tau_{ij}(t)$ 同式（4-10），其他参数同参数自适应遗传-蚁群协同优化算法。

3. 算法步骤

算法 9-6：

步骤 1　初始化参数自适应遗传-蚁群协同优化算法相关参数。

步骤 2　放出 3 只侦察蚁去探测调机、到发线和取送车的作业情况，并将各自的作业状态反馈给搜索蚁，更新列车的到发以及解体、编组开始时刻等参数，构造解体序号矩阵。

步骤 3　利用算法 9-5 产生规模为 N_{GA} 的初始解体方案种群。

步骤 4　采用联赛选择法对初始种群进行筛选，找出 N_{GA} 个优化解，根据式（9-12）计算平均适应度 $\overline{f}_{GA}(0)$，记录最优解体方案 J_{best}。

步骤 5　将一定数目的侦察蚁放置在 N_{GA} 个解体方案上，每 3 只侦察蚁从一个解体方案出发分别探测调机、到发线和取送车的作业情况，按式（9-24）计算信息素。

步骤 6　利用全排列理论，采用式（9-2）的 Logistic 映射为混沌信号发生器（取 $\mu=4$）产生混沌变量为每条路径上的信息素浓度给出初始值 $\tau_{ij}(t_0)$，并按式（9-25）进行更新。

步骤 7　令 $t=0$。

步骤 8　将 N_{ACO} 只搜索蚁放置在 $A_1^{\max}$ 个到达列车上。

步骤 9　采用式（9-3）的 Tent 映射为混沌信号发生器（取 $\mu=0.2$），产生[0,1]区间上均匀分布的随机数 $q(t)$，每只蚂蚁 k 根据式（9-7）和式（9-9）选择下一访问节点。

步骤 10　根据式（9-10）局部信息素更新。

步骤 11　若每只蚂蚁 k 都访问了所有 N 个节点，则计算解的适应度，记录本次迭代最优解 $J_{\mathrm{best}}(t)$；若其优于历史最优解 J_{best}，则令 $J_{\mathrm{best}}=J_{\mathrm{best}}(t)$；否则，返回步骤 9。

步骤 12　利用式（9-2）的 Logistic 映射为混沌信号发生器（取 $\mu=4$）产生混沌变量，根据式（9-22）和式（9-23）自适应控制蚁群策略参数，进行全局信息素更新。

步骤 13　根据式（9-13）计算并记录蚁群策略本次迭代所得解的平均适应度 $\overline{f}_{\mathrm{ACO}}(t)$，根据式（9-14）计算适应度函数 $f(t)$ 的值以及平均值 $\overline{f}(t)$、$\overline{\overline{f}}(t)$；找出蚁群策略得到的适应度大于 $\overline{f}(t)$ 的个体（不大于 3）替代原有本代初始种群中适应度较低的个体。

步骤 14　利用式（9-3）的 Tent 映射为混沌信号发生器（取 $\mu=0.4$）产生 4 个[0,1]区间的随机数，根据式（9-19）和式（9-20）自适应控制遗传策略参数，得到本次迭代的交叉概率 $p_{\mathrm{c}}(t)$ 和变异概率 $p_{\mathrm{m}}(t)$。

步骤 15　进行遗传策略的交叉和改进变异操作。

步骤 16　根据式（9-14）计算各解的适应度函数 $f(t+1)$ 的值，记录本次迭代最优解，将其与历史最优解做比较，若优于历史最优解，则用其替换历史最优解，否则，转步骤 13。

步骤 17　计算适应度函数 $f(t+1)$ 的平均值 $\overline{f}(t+1)$，然后根据式（9-15）计算函数 $\phi(t)$ 的值，按照式（9-16）判断搜索蚁的工作是否终止；若终止，则输出历史最优解 J_{best}；否则，令 $t=t+1$，转步骤 18。

步骤 18　工蚁根据历史最优解编方案，对出发列车配流，并将配流方案记录在出发列车的信息集合 I_j 中，若出发列车均满轴，则输出配流方案 P，否则，调整编组顺序，转步骤 2。

步骤 19　计算工蚁的适应度函数的平均值，当函数 $\phi(t)$ 值满足式（9-16）时，输出最优配流方案 P，否则，说明在当前约束条件下，不存在满足 4.7.2 节目标函数的配流方案。

对于双向编组站的配流情况，需要调整列车的接入场和出发场，而接入场和出发场的调整给配流带来的影响只是配流接续时间的改变，进而引起列车到发时刻以及解编时刻参数的变化。在这些参数修改后，同样可以用算法 9-6 进行求解，故此处不再赘述。

9.3.2　车流数据的选取

配流计划的编制实际上是一个大量数据汇总、分析、决策的过程，因此充足的数据对于配流计划的编制是相当重要的。配流计划在具体编制时需要车站的基础数据以及原始车流数据。其中，基础数据包括调机台数及分工、车流去向代码、各种技术作业时间标准、到发线使用规定等；原始车流数据主要有调车场及到发线现车、待解车列情况；本阶段到达列车车次、时分及编组内容；本阶段应编组出发列车车次、时分及编组内容。此外，在阶段开始时，还要掌握本阶段内货物和专用线能装卸完毕车辆（重车分去向、空车分车种）情况、调机在本阶段内是否需要进行整备作业以及上一阶段作业结束时的情况、本阶段开始时到发线占用情况等。

一个阶段的到发车流在整个阶段内的接续实际上是不对等的。因为到达列车经过解体后的车辆，要经过一定的技术作业过程才能接续出发列车，而这需要一定的时间。邻近阶段结束时刻到达车站的列车实际上只能接续下一个阶段的出发列车，它们与本阶段的出发列车不能构成直接的配流关系。对于这些到达列车，尽管可以通过交换车数量、在站停留时间等条件判断列车的接入系统，但这会影响下一阶段出发列车的编组，因为车流的合理接续才是判断列车接入系统的首要条件。因此，在选取出发车流时，可将阶段时间向后平移一段，以保证到发列车之间能形成有效的配流关系，移动幅度一般取编组站列车的平均接续时间，由于调度时段不断向前滚动，基本可以消除移动幅度的偏差对模型求解结果的影响[172]。

在选取郑州北站的车流数据时，以 4h 作为一个阶段。根据郑州北站技术作业时间标准（附表 1-1），可计算得知上、下行系统车流接续时间分别为 130min、125min，交换作业时间为 40min，故可将出发列车的时间段向后平移 2h。具体选取郑州北站 2007 年 9 月 13 日 8:00～20:00 的实际作业数据，其中到达列车取 8:00～12:00；出发列车取 10:00～14:00，详细车流数据见附录 2。

9.3.3　算法的寻优性能

算法程序开发的目的主要是验证所建模型和算法的有效性，程序开发采用的语言为 VC ++ 6.0。以郑州北站的实际数据进行测试，所生成的配流方案虽然不一定为最优配流方案，但较人工实际完成的作业一般可降低车辆在站总停留时间 500 车小时左右，并且调机、到发线等资源的利用以及车流在两个改编作业系统的分配比较合理。

在采用参数自适应遗传-蚁群协同优化算法求解配流方案时，算法的参数选择为：$\rho(t_0)$ 取 0.15，$q(t_0)$ 取 0.2，p_c 取 0.3，p_m 取 0.08，β 取 1，ξ 取 0.5，δ 取 0.5，临界熵值 S_0 取 0.2，种群规模 N_{GA} 取 100，蚂蚁数量 N_{ACO} 取 20，常数 ε 取

0.0005。按照算法步骤，经过 100 代运算，可得到列车的解编方案以及配流方案如附表 3-1～附表 3-9 所示，整个过程在 LENOVO 酷睿 TM2 计算机上运行时间一般不超过 5min。但同时研究发现，若从计算时间上考虑，当配流的问题规模较小时（到发列车数 20 列左右），普通的启发式算法比较有利，很快可以求出可行的配流方案；但随着问题规模的扩大（到发列车数超过 60 列），算法在检查解体、编组、到发线运用、取送车作业等约束上总体计算时间增加较快，此时参数自适应遗传-蚁群协同优化算法的优势逐渐显现。

在用参数自适应遗传-蚁群协同优化算法求解配流方案时，需要对到发车流进行预处理。首先，要根据到发列车的到发时刻以及各项作业时间标准生成解体序号矩阵；然后，用参数自适应遗传-蚁群协同优化算法进行寻优。通过与单一的遗传算法和蚁群优化算法寻优相比较，研究发现在处理本书建立的数学模型时，蚁群优化算法在时效性上表现较差，而遗传算法在收敛速度上虽然存在略微的优势，但是其收敛效果不如参数自适应遗传-蚁群协同优化算法。尽管参数自适应遗传-蚁群协同优化算法未能从车流的到发原始数据开始即进入寻优状态，但它在求解大型编组站配流计划时，依然具有较高的满意度。考虑到现场的实际要求，采用在时效性和收敛性两方面都能取得满意效果的参数自适应遗传-蚁群协同优化算法能满足实时编制的需要。

9.3.4 配流仿真系统设计

在上述算法程序的基础上，结合配流协同优化模型，可以逐步开发编组站调度系统综合协调优化及仿真系统。由于算法程序较为分散，未能形成一整套软件，此处仅提出一些系统设计的思路。这一系统主要包括七个子系统，即静态配流与动态配流协调优化子系统、解体作业与编组作业协调优化子系统、调机运用与解编作业协调优化子系统、取送作业与解编作业协调优化子系统、编组站调度系统综合协调优化子系统、不确定性系统优化子系统、仿真试验子系统。该系统以系统集成为目标，综合功能具备如下方面：

（1）收集原始数据（编组计划、作业时间标准、列车到发计划、调机及股道、牵引定数等）并进行设置，完成与铁路运输管理信息系统的数据交换，为配流计划的编制提供依据。

（2）在给定的条件下，计算机自动生成阶段计划（包括列车的解体顺序、编组顺序、调机及到发线作业安排等）。

（3）实时仿真车流的变化情况及解编作业过程，实现车站作业方案的动态模拟显示，出现冲突或错误时能自动报警或做出相应的变更。

（4）判断人工编制的方案与计算机编制的方案之间的优劣。

（5）人机交互功能（调度指挥人员根据当时的实际情况和作业进度，适当修改输入数据，调整各种参数，计算机能生成新的最佳方案，供车站调度人员决策）。

（6）能对作业图表进行人机交互的可视化调整以及计划作业的历史记录、作业图表的绘制与打印输出。

（7）自动记录计划编排、变更情况以及操作人员信息，完成各项指标的统计、查询及能力计算。

（8）实现远程信息动态查询及变更，包括场站信息数据参数修改、作业规则修改、用户管理等。

上述功能中，人机交互系统是整个系统的重要组成部分，它提供定义系统的菜单生成、功能生成、窗口生成、图形生成、报表生成等功能界面。通过各种人机界面和对话形式，可在计算机自动处理的基础上融入调度人员的决策意图，充分发挥其主观能动性。计算机利用现场基础数据和既定条件，编制初步配流方案，调度人员可根据进度情况进行实时修改，直到符合要求为止。

为了更好地管理编组站调度系统模型库，需要建立模型字典、内部数据库和模型库管理系统。模型字典是对所有模型的描述和索引，并且定义每个模型对数据和方法的需求。内部数据库用来暂时存放模型的参数、中间结果和运行结果，以便对模型做出评价和修改。常用的模型包括配流模型、到发线运用模型、调机运用模型、取送车模型等，以及出发列车计划兑现率、到达列车计划兑现率、装车计划兑现率、到达本站作业车计划兑现率和卸车计划兑现率等。

数据库系统由静态数据库和动态数据库、数据库管理系统组成。静态数据库存放的是相对静态的数据，有列车编组计划、列车运行图、车站技术设备、日班计划及 TMIS 现车等基本数据和过程决策、最终决策的数据；动态数据库为推理过程中产生的中间数据，静态数据库为动态数据库提供初始数据，推理机推理结束后，动态数据库中的结果再送回静态数据库，两者都由数据库管理系统进行管理。数据库管理系统完成编组站调度系统内部数据库的建立以及模型对数据的需求定义，即定义模型与数据库的连接。数据库管理系统包括数据库的建立、修改、增删及数据字典的建立；模型数据需求定义完成模型运行时对数据的需求描述。每一个模型对应一个数据需求表，表中定义模型所需数据的来源，是内外部数据库或数据文件、数据字段及检索条件。

综上所述，编组站调度系统综合协调及仿真系统在具体实现时，需要解决如下几个关键技术：

（1）编组站调度系统协调优化的机理分析及算法设计。

（2）模型算法基本确定后的计算机实现。

（3）方案的实时调整及车流、作业的动态仿真。

（4）数据库的设计。

9.4 本 章 小 结

编组站配流问题具有多变量、多约束、多目标的复杂特性，特别是当问题的规模较大时，传统的启发式算法常常无能为力，常规的单一优化算法通常求解速度又比较慢，使用多种智能算法协同计算具有一定的优势。

本章针对编组站配流问题的整体优化，利用遗传算法和蚁群优化算法，并引入信息熵和混沌理论，采用一定的协同策略将两个智能算法融合，充分利用二者之间的优势互补，形成一种集时间效率和求解精度于一体的快速算法——基于信息熵和混沌理论的参数自适应遗传-蚁群协同优化算法，应用于编组站调度系统配流问题的求解，以提高整体优化性能，获得优于单一算法的全局最优解，取得较好的全局优化效果。

参考文献

[1] 黄筱. 编组站单双向布置方案选型方法研究. 北京：北京交通大学，2013.

[2] 张全寿. 编组站货车实时信息系统. 北京：中国铁道出版社，1997.

[3] 杜旭升. 编组站综合自动化系统探讨. 2004 年自动化驼峰研讨会，北京，2004.

[4] 丁昆. 成都北编组站综合集成自动化系统. 中国铁路，2006，（8）：46-48，56.

[5] 王耀杰. 新丰镇编组站综合自动化系统. 西铁科技，2008，（1）：3-9.

[6] Gulboden O. Optimal planning of marshalling yard by operation research. ASLIB Proceedinqs，1963，（12）：226-233.

[7] Hein O. A two-stage queuing model for a marshalling yard. Rail International，1972，（3）：249-259.

[8] Glover F，Karney D，Klingman D. Solving singly constrained transshipment problems. Transportation Science，12（4）：277-297.

[9] Gupta U I，Lee D T，Leung J Y T. An optimal solution for the channel-assignment problem. IEEE Transactions on Computers，1979，28（11）：807-810.

[10] Turnquist M A，Daskin M S. Queuing models of classification and connection delay in railyard. Transportation Science，1982，16（2）：207-230.

[11] Hughes R E，Powell W B. Mitigating end effects in the dynamic vehicle allocation model. Management Science In forms，1988，34（7）：859-879.

[12] Dejax P J，Crainic T G. Survey paper：A review of empty flows and fleet management models in freight transportation. Transportation Science，1987，21（4）：227-248.

[13] Chih K C. A real time dynamic optimal freight car management simulation model of the multiple railroad multicommodity，temporal spatial network flow problem. Princeton：Princeton University，1990.

[14] Beaujon G J，Turnquist M A. A model for fleet sizing and vehicle allocation. Transportation Science，1991，25（1）：19-45.

[15] Dial R B. Minimizing trailer-on-flat-car costs：A network optimization model. Transportation Science，1994，28（1）：24-36.

[16] Carey M. Extending a train pathing model from one-way to two-way track. Transportation Research Part B：Methodolo gical，1994，28（5）：395-400.

[17] Higgins A，Kozan E，Ferreira L. Optimal scheduling of trains on a singleline track. Transportation Research Part B：Methodolo gical，1996，30（2）：147-161.

[18] Odijk M A. A constraint generation algorithm for the construction of periodic railway timetables. Transportation Research Part B：Methodological，1996，30（6）：455-464.

[19] Kroon L G，Romerijn H E，Zwaneveld P J. Routing trains through railway stations：Complexity issues. European Journal of Operational Research，1997，98（3）：485-498.

[20] Dahlhaus E，Horak P，Miller M，et al. The train marshalling problem. Discrete Applied Mathematics，2000，103（1-3）：41-54.

[21] Carey M，Carville S. Scheduling and platforming trains at busy complex stations. Transportation Research Part A：Policy and Practice，2003，37（3）：195-224.

[22] 柯契涅夫 Ф П. 铁路行车组织. 高家驹，杨明伦，译. 北京：中国铁道出版社，1985.

[23] 索尼科夫 E A. 编组站工作强化. 王鹤鸣，译. 北京：中国铁道出版社，1987.

[24] 巴利奇 B И，戈列恰纽克 B Ф，卡佐夫斯基 И Г，等. 货物运输调整. 王鹤鸣，郝克智，宋建业，等，译. 北京：中国铁道出版社，1992.

[25] Assad A A. Modelling of rail networks：Toward a routing/makeup model. Transportation Research Part B：Methodological，1980，14（1-2）：101-114.

[26] Martinelli D R，Teng H L. Optimization of railway operations using neural networks. Transportation Research Part C：Emerging Technologies，1995，4（1）：33-49.

[27] Boysen N，Fliedner M，Jaehn F，et al. A survey on container processing in railway yards. Transportation Science，2013，47（3）：312-329.

[28] Boysen N，Jaehn F，Pesch E. Scheduling freight trains in rail-rail transshipment yards. Transportation Science，2011，45（2）：199-211.

[29] Bodin L D，Golden B L，Schuster A D，et al. A model for the blocking of trains. Transportation Research：Part B：Methodological，1980，14（1-2）：115-120.

[30] Assad A. Analysis of rail classification policies. INFOR：Information Systems and Operational Research，1983，21（4）：293-314.

[31] Newton H N，Barnhart C，Vance P H. Constructing railroad blocking plans to minimize handling costs. Transportation Science，1998，32（4）：330-345.

[32] Ahuja R K，Jha K C，Liu J. Solving real-life railroad blocking problems. Interfaces，2007，37（5）：404-419.

[33] Haghani A E. Formulation and solution of a combined train routing and makeup，and empty car distribution model. Transportation Research Part B：Methodological，1989，23（6）：433-452.

[34] Katori T，Izumi T. Train rescheduling plan generation based on train route combination considering rolling stock types[J]. International Journal of Transport Development and Integration，2019，3（2）：117-131.

[35] Ghoseiri K，Szidarovszky F，Asgharpour M J. A multi-objective train scheduling model and solution. Transportation Research Part B：Methodological，2004，38（10）：927-952.

[36] Cacchiani V，Caprara A，Toth P. Scheduling extra freight trains on railway networks. Transportation Research Part B：Methodological，2010，44（2）：215-231.

[37] Lulli G，Pietropaoli U，Ricciardi N. Service network design for freight railway transportation：the Italian case[J]. Journal of Operational Research Society，2011，62（12）：2017-2119.

[38] Elec T J，Sci C，Lhan L. A population based simulated annealing algorithm for capacitated vehicle routing problem[J]. Turkish Journal of Electrical Engineering and Computer Sciences，2020，28（3）：1217-1235.

[39] Sarna M，Pellegrini P，D'Ariano A，et al. Ant colony optimization for the real-time train routing selection problem. Transportation Research Part B：Methodological，2016，85：89-108.

[40] Golden B B，Assad A. Vehicle Routing：Methods and studies. Studies in Management Science and Systems，1988，38（1）：126-127.

[41] Newton H N. Network design under budget constraints with application to the railroad blocking problem. Auburn：Auburn University，1996.

[42] Keaton M H. Designing railroad operating plans：A dual adjustment method for implementing lagrangian relaxation. Transportation Science，1992，26（4）：263-279.

[43] Barnhart C，Jin H，Vance P H. RailRoad blocking：A network design application. Operations Research，2000，48（4）：603-614.

[44] Yagar S，Saccomanno F F，Shi Q. An efficient sequencing model for humping in a rail yard. Transportation Research Part A：General，1983，17（4）：251-262.

[45] Crainic T，Ferland J A，Rousseau J M. A tactical planning model for rail freight transportation. Transportation Science，1984，18（2）：165-184.

[46] Keaton M H. Are there economies of traffic density in the less-than-truckload motor carrier industry-An operations planning analysis. Transportation Research Part A-Policy and Practice，1993，27（5）：343-358.

[47] Keaton M H. Designing optimal railroad operating plans：Lagrangian relaxation and heuristic approaches. Transportation Research Part B，1989，23（6）：415-431.

[48] Avramovic Z Z. Method for evaluating the strength of retarding steps on a marshalling yard hump. European Journal of Operational Research，1995，85（3）：504-514.

[49] Lubbecke M E，Zimmermann U T. Shunting minimal rail car allocation. Computational Optimization and Applications，2005，31（3）：295-308.

[50] Lentink R M，Fioole P J，Kroon L G，et al. Applying Operations Research Techniques to Planning Tranin Shunting. Hoboken：John Wiley Sons，2006.

[51] Daganzo C F，Dowling R G，Hall R W. Railroad classification yard throughput：The case of multistage triangular sorting. Transportation Research Part A：General，1982，17（2）：95-106.

[52] Daganzo C F. Static blocking at railyarrds：Sorting implications and track requirements. Transportation Science，1986，20（3）：189-199.

[53] Daganzo C F. Dynamic blocking for railyards：Part I. Homogeneous traffic. Transportation Research Part B：Methodological，1987，21（1）：1-27.

[54] Daganzo C F. Dynamic blocking for railyards：Part II. Heterogeneous traffic. Transportation Research Part B：Methodological，1987，21（1）：29-40.

[55] Kraft E R. Implementation strategies for railroad dynamic freight car scheduling. Journal of the Transportation Research Forum，2000，39（3）：119-137.

[56] Kraft E R. A hump sequencing algorithm for real time management of train connection reliability. Journal of the Transportation Research Forum，2000，39（4）：95-115.

[57] Kraft E R. Priority-based classification for improving connection reliability in railroad yards. Part I：Integration with car scheduling. Journal of the Transportation Research Forum，2002，56：93-105.

[58] Kraft E R. Priority-based classification for improving connection reliability in railroad yards. Part II：Dynamic block to track assignment. Journal of the Transportation Research Forum，

2002，56：107-119.

[59] Lin E，Cheng C. YardSim：A rail yard simulation framework and its implementation. in a major railroad in the U S. Proceeding of the 2009 Winter Simulation Conference，Austin，2009.

[60] Lin E，Cheng C. Simulation and analysis of railroad hump yards in North America. Proceedings of the 2011 Winter Simulation Conference，Phoenix，2011.

[61] Daganzo C F，Dowling R G，Hall R W. Railroad classification yard throughput：The case of multistage triangular sorting. Transportation Research Part A General，1983，17（2）：95-106.

[62] Bektas T，Crainic T G，di Stefano G，et al. Recoverable robustness for train shunting problems. Algorithmic Operations Research，2009，4（2）：102-116.

[63] Cicerone S，D'Angelo G，Stefano G，et al. Recoverable robustness in shunting and timetabling. Robustand Online Large-Scale Optimization，2009，5868：28-60.

[64] Hauser A，Maue J. Experimental Evaluation of Approximation and Heuristic Algorithms for Sorting Railway Cars. Berlin：Springer，2010.

[65] di Stefano G，Love K M. A graph theoretical approach to the shunting problem. Electronic Notes in Theoretical Computer Science，2004，92：16-33.

[66] Dirnberger J R. Development and application of lean railroading to improve classification terminal performance. Urbana-Champaign：University of Illionis，2006.

[67] Yuan J X，Hansen I A. Optimizing capacity utilization of stations by estimating knock-on train delays. Transportation Research Part B，2007，41（2）：202-217.

[68] Galli L. Combinatorial and robust optimisation models and algorithms for railway applications. Bologna：University of Bologna，2009.

[69] Corman F，D'Ariano A，Pranzo M，et al. Effectiveness of dynamic reordering and rerouting of trains in a complicated and densely occupied station area. Transportation Planning and Technology，2011，34（4）：341-362.

[70] Corman F，D'Ariano A，Pacciarelli D，et al. A tabu search algorithm for rerouting trains during rail operations. Transportation Research Part B Methodological，2010，44（1）：175-192.

[71] Falsafain H，Tamannaei M. A novel dynamic programming approach to the train marshalling problem. IEEE Transactions on Intelligent Transportation Systems，2019，（99）：1-10.

[72] Briskorn D，Jaehn F. A note on "multistage methods for freight train classification". Networks，2013，62（1）：80-81.

[73] Gatto M，Maue J，Mihalak M，et al. Shunting for dummies：An introductory algorithmic survey. Robust and Online Large-Scale Optimization，Lecture Notes in Computer Science，2009，5868：310-337.

[74] Boysen N，Fliedner M，Jaehn F，et al. Shunting yard operations：Theoretical aspects and applications. European Journal of Operational Research，2012，220（1）：1-14.

[75] Jacob R，Marton P，Maue J，et al. Multistage methods for freight train classification. Networks，2015，57（1）：87-105.

[76] Adlbrecht J A，B Hüttler，Zazgornik J，et al. The train marshalling by a single shunting engine problem. Transportation Research Part C Emerging Technologies，2015，58：56-72.

[77] Dahlhaus E，Manne F，Miller M，et al. Algorithms for combinatorial problems related to train

marshalling. Proceeding 11th Australasian Workshop Combinatorial Algorithms，Hunter Valley，2000.

[78] Jacob R，Marton P，Maue J，et al. Multistage methods for freight train classification. Proceedings of the 7th Workshop on Algorithmic Approaches for Transportation Modeling，Optimization and Systems，Sevilla，2007.

[79] Marton P，Maue J，Nunkesser M. An improved train classification procedure for the hump yard Lausanne Triage. Proceeding 9th Workshop on Algorithmic Approaches for Transportation Methods Modeling Optimization，and systems，Denmark，2009.

[80] Bohlin M，Gestrelius S，Dahms F，et al. Optimization methods for multistage freight train formation. Operations Research，2018，58（1-2）：77-80.

[81] Bohlin M，Flier H，Maue J，et al. Hump yard track allocation with temporary car storage. Proceeding of the 4th International Seminar on Railway Operations Modelling and Analysis，Rome，2011.

[82] Bohlin M，Flier H，Maue J，et al. Track allocation in freight-train classfication with mixed tracks. In 11th Workshop on Algorithmic Approaches for Transportation Modelling，Optimization，and Systems，Saarbrücken，2011.

[83] Bohlin M，Dahms F，Flier H，et al. Optimal freight train classification using column generation. 12th Workshop on Algorithmic Approaches for Transportation Modelling，Optimization，and Systems，Ljubljana，2012.

[84] Gestrelius S，Dahms F，Bohlin M. Optimisation of simultaneous train formation and car sorting at marshalling yards. In 5th International Seminar on Railway Operations Modelling and Analysis Rail Copenhagen，Denmark，2013.

[85] Petersen E R. Railyard modeling：Part Ⅰ. Prediction of put-through Time. Transportation Science，1977，11（1）：37-49.

[86] Petersen E R. Railyard modeling：Part Ⅱ. the effect of yard facilities on congestion. Transportation Science，1977，11（2）：50-59.

[87] Marinov M，Viegas J. A mesoscopic simulation modelling methodology for analyzing and evaluating freight train operations in a rail network. Simulation Modelling Practice and Theory，2011，19（1）：516-539.

[88] Assad A A. Models for rail transportation. Transportation Research Part A：General，1980，14（3）：205-220.

[89] Cordeau J F，Toth P，Vigo D. A survey of optimization models for train routing and scheduling. Transportation Science，1998，32（4）：380-404.

[90] Jaehn F，Rieder J，Wiehl A. Single-stage shunting minimizing weighted departure times. Omega，2015，52：133-141.

[91] 魏建华. 摘挂调车钩计划专家系统的研究. 北京：北京交通大学，1984.

[92] 胡东彦. 编组站班计划专家系统的研究. 北京：北京交通大学，1989.

[93] 王慈光. 车站技术作业整体统筹模型. 铁道运输与经济，1996，18（4）：71-74.

[94] 方洪武. 计算机编制区段站日计划的研究. 成都：西南交通大学，1994.

[95] 李文权. 铁路区段站日工作计划优化模型及其算法的研究. 成都：西南交通大学，1997.

[96] 徐杰. 区段站阶段计划自动编制模型和算法研究. 成都：西南交通大学，2003.
[97] 黎浩东. 铁路编组站鲁棒性阶段计划编制研究. 北京：北京交通大学，2008.
[98] 胡兴宇. 编组站作业计划优化编制若干问题研究. 北京：北京交通大学，2008.
[99] 何世伟，宋瑞，朱松年. 铁路编组站日班计划网络流规划模型及算法. 铁道学报，1995，17（4）：8-15.
[100] 刘军. 铁路编组站作业计划滚动式智能化编制方法研究. 北京：北京交通大学，1993.
[101] 范征. 丰台西编组站调度决策支持系统的研究——阶段计划解体照顾编组、出发. 成都：西南交通大学，1993.
[102] 甘志雄，何世伟，申永生，等. 编组站车流接续优化模型及算法. 物流技术，2011，30（3）：48-51.
[103] 惠莉. 西安东编组站调度决策支持系统的研究——计算机辅助编制阶段计划. 成都：西南交通大学，1997.
[104] 崔叙，熊天文. 编组站阶段计划 IDSS 的车流推算方法研究. 铁路计算机应用，2002，11（11）：24-26.
[105] 何世伟，宋瑞，朱松年. 铁路编组站阶段计划编制的模型及其算法研究. 系统工程理论与实践，1997，17（2）：88-94.
[106] 刘军. 用 AI 方法编制铁路编组站日班计划的研究. 北京交通大学学报，1993，17（3）：270-276.
[107] 刘军. 一类复杂规划问题的分层规划方法. 北京交通大学学报，1995，19（3）：401-406.
[108] 申永生，何世伟，黎浩东，等. 自适应粒子群算法求解编组站车流推算问题的研究. 铁道货运，2010，28（12）：5-11.
[109] 张振儒. TMIS 中车流推算方法的研究. 铁路计算机应用，1998，7（2）：29-31.
[110] 范英书. 利用 TMIS 系统实现计算机推算车流. 铁道运输与经济，1999，21（10）：32-34.
[111] 周克勤. 铁路分局列车日班计划数据自动化处理研究. 北京：铁道部科学研究院研究报告，1983.
[112] 何世伟，宋瑞，朱松年. 编组站阶段计划解编作业优化模型及算法. 铁道学报，1997，19（3）：1-8.
[113] 王烁，何世伟，黎浩东，等. 禁忌搜索算法在编组站调机运用计划中的应用. 铁道运输与经济，2011，33（2）：83-87.
[114] 赵军，彭其渊. 单向编组站配流与调机运用综合问题. 铁道学报，2012，34（11）：1-9.
[115] 薛锋，陈崇双，户佐安. 铁路编组站配流与调机运用的协调决策优化. 计算机工程与应用，2013，49（5）：32-35，63.
[116] 王正彬. 区段站阶段计划调整模型与算法研究. 成都：西南交通大学，2007.
[117] 赵军，韩雪松，彭其渊. 技术站配流与调机运用综合问题的拉格朗日松弛算法. 铁道学报，2011，33（11）：1-7.
[118] 赵军，韩雪松，彭其渊. 技术站配流与调机运用综合问题的混合整数线性规划模型. 交通运输工程与信息学报，2012，10（2）：78-83.
[119] 李文权，王炜，程世辉. 铁路编组站到发线运用的排序模型和算法. 系统工程理论与实践，2000，20（6）：75-78.
[120] 史峰，陈彦，秦进，等. 铁路客运站到发线运用和接发车进路排列方案综合优化. 中国铁

道科学，2009，30（6）：108-113.
[121] 徐杰，杜文，常军乾，等. 基于遗传算法的区段站到发线运用优化安排. 中国铁道科学，2003，24（2）：109-114.
[122] 彭越. 用计算机编制车站阶段计划. 成都：西南交通大学，1997.
[123] 赵军，向江海，彭其渊. 铁路技术站进路调度问题优化研究. 铁道学报，2020，42（7）：10-23.
[124] 赵军，张思宇，彭其渊. 考虑解编调车成本的铁路技术站调车线运用优化. 铁道学报，2020，42（8）：10-22.
[125] 薛锋，王慈光，罗建. 双向编组站静态配流的优化. 西南交通大学学报，2008，43（2）：159-164.
[126] 申永生，何世伟，王保华，等. 免疫算法求解编组站阶段计划配流问题研究. 铁道学报，2009，31（4）：1-6.
[127] 彭其渊，赵军. 技术站列车解编顺序的调整方法. 西南交通大学学报，2009，44（3）：385-391.
[128] 薛锋，王慈光，张展杰. 编组站配流的协调优化算法. 西南交通大学学报，2010，45（6）：932-937.
[129] 赵军，彭其渊. 双向编组站配流问题整数规划模型及算法. 铁道学报，2014，36（9）：10-19.
[130] 马亮，郭进，陈光伟. 编组站静态配流的约束传播和启发式回溯算法. 西南交通大学学报，2014，49（6）：1116-1122.
[131] 徐杰，杜文，刘春煌. 铁路技术站车流推算模型和算法. 中国铁道科学，2005，26（4）：120-123.
[132] 薛峰. 铁路编组站配流协同优化模型与算法. 系统工程理论与实践，2013，33（11）：2930-2936.
[133] 何世伟. 铁路枢纽作业计划的优化编制-编组站作业计划与枢纽日班计划的模型及算法研究. 成都：西南交通大学，1996.
[134] 何世伟，宋瑞，杨浩，等. 列车提速对编组站运营工作的影响研究. 铁道学报，2000，22（5）：6-12.
[135] 曹家明，范征，毛节铭. 编组站作业优化决策支持系统：解体子系统. 铁道学报，1993，15（4）：66-73.
[136] 王烁. 考虑解编顺序的编组站阶段计划配流问题研究. 北京：北京交通大学，2011.
[137] 黎浩东，宋瑞，何世伟，等. 用和声搜索算法求解技术站列车解编方案. 北京交通大学学报，2013，37（3）：107-111.
[138] 张志涛，崔炳谋，瞿成俊. 提高编组站解体作业效率的探讨. 交通标准化，2010，（1）：130-133.
[139] 李夏苗，何世尚. 编组站驼峰调车机车平均分解速度的研究. 长沙铁道学院学报，1994，1（6）：60-65.
[140] 卫红军. 提高驼峰作业能力的思考. 铁道运输与经济，2011，33（3）：17-19.
[141] 薛锋，王慈光，杨运贵. 驼峰解体能力影响因素与时间标准的确定. 铁道运输与经济，2007，29（7）：46-48.
[142] 武海新. 提高自动化驼峰解体能力的探讨. 铁道运输与经济，2006，28（4）：54-55.

[143] 鲍立群. 编组站驼峰续推作业方式探讨. 铁道运输与经济，2008，30（7）：45-47.
[144] 郑建东. 成都北站组号数量对驼峰解体能力的影响分析. 铁道运输与经济，2013，35（6）：43-45，70.
[145] 陶德高，方文俞. 编组站双溜放驼峰到达解体系统模拟分析法的研究. 中国铁道科学，1991，12（1）：93-102.
[146] 陈鹏. 编组站列车到达规律及到解系统能力协调研究. 北京：北京交通大学，2014.
[147] 朱晓立，李夏苗. 提速干线上编组站到解系统匹配与协调关系的研究. 中国铁道科学，2004，25（4）：112-115.
[148] 王振宏，崔炳谋，许广辉. 基于不确定理论和混合智能算法的调车机车运用研究. 铁道运输与经济，2006，28（12）：87-89.
[149] 何世伟，宋瑞，胡安洲. 编组站阶段计划刚性与柔性优化的协调研究. 铁道学报，1999，21（4）：1-8.
[150] 何世伟，宋瑞，鲁放，等. 铁路运输管理中的多机模糊排序问题及遗传算法研究. 北京航空航天大学学报（社会科学版），2000，13（4）：4-10.
[151] 刘霆，何世伟，王保华，等. 编组站调度计划随机机会约束规划模型及算法研究. 铁道学报，2007，29（4）：12-17.
[152] 景云，王慈光. 不确定条件下编组站动态配流模型及算法研究. 铁道学报，2010，32（4）：8-12.
[153] 黎浩东，何世伟，王保华，等. 铁路编组站阶段计划编制研究综述. 铁道学报，2011，33（8）：13-22.
[154] 张文斌，崔炳谋，张炜，等. 编组站阶段计划自动调整的几个问题探讨. 交通标准化，2011，（23）：173-176.
[155] 黎浩东，何世伟，申永生，等. 铁路编组站鲁棒阶段计划编制体系研究. 铁道运输与经济，2011，33（3）：77-81
[156] 王慈光. 运输模型及优化. 北京：中国铁道出版社，2004.
[157] 王慈光. 编组站列车解体方案的计数方法. 铁道学报，2000，22（6）：1-7.
[158] 王慈光. 用表上作业法求解编组站配流问题的研究. 铁道学报，2002，24（4）：1-5.
[159] 王慈光. 编组站静态配流网络模型. 交通运输工程与信息学报，2003，1（2）：67-71.
[160] 黎浩东，何世伟，景云，等. 考虑不同满轴约束的编组站阶段计划配流优化. 铁道学报，2012，34（7）：10-17.
[161] 黎浩东，宋瑞，何世伟，等. 基于列车解编作业时间估算的编组站阶段计划配流优化. 中南大学学报（自然科学版），2014，45（1）：317-327.
[162] 王慈光. 编组站动态配流模型与算法研究. 铁道学报，2004，26（1）：1-6.
[163] 王明慧. 编组站智能调度系统 YIDS 体系框架与关键技术优化理论研究. 成都：西南交通大学，2007.
[164] 郭瑞. 动态不确定环境下编组站配流问题研究. 成都：西南交通大学，2017.
[165] 吴昕阳. 基于动态货流的铁路货物列车开行方案研究. 成都：西南交通大学，2018.
[166] 赵军，彭其渊，文超，等. 技术站广义动态配流问题的局部邻域搜索算法. 西南交通大学学报，2010，45（3）：486-492.
[167] 赵军，彭其渊，文超，等. 技术站广义动态配流问题的遗传算法. 铁道学报，2010，32（3）：

9-15.
[168] 马亮，郭进，陈光伟，等. 铁路编组站动态配流的约束传播和多点构建性搜索的混合算法. 信息与控制，2015，44（2）：230-237.
[169] 马亮，郭进，陈光伟. 铁路编组站动态配流分层模型. 中国铁道科学，2015，36（2）：87-95.
[170] 薛锋，赵蕾，范千里. 编组站阶段计划与动态车流的耦合及调整研究. 铁道学报，2020，42（2）：18-26.
[171] 何世伟，宋瑞，戴新鎏，等. 路网运输能力及计算方法的研究. 铁道学报，2003，25（2）：5-9.
[172] 牛惠民. 双向编组站列车调度调整的优化模型及算法. 中国铁道科学，2007，28（6）：102-108.
[173] 胡刚. 编组站阶段计划自动编制与调整的研究. 成都：西南交通大学，2000.
[174] 王世东，郑力，张智海，等. 编组站阶段计划自动编制的数学模型及算法. 中国铁道科学，2008，29（2）：120-125.
[175] 呼志刚，黎浩东，何世伟. 铁路编组站列车解编顺序优化. 北京交通大学学报，2017，41（6）：61-68，75.
[176] 武旭，杨义静. 技术站间货物列车协同配流方案研究. 交通运输系统工程与信息，2020，20（4）：194-201.
[177] 郭瑞，郭进，苏跃斌. 编组站配流问题中多阶段优化算法的启发式规则. 铁道学报，2017，39（6）：1-9.
[178] 汪文锋. 成都东站阶段计划编制的计算机辅助决策系统的研究. 成都：西南交通大学，1997.
[179] 龚文平. 编组站阶段计划自动化编制若干问题的研究. 成都：西南交通大学，1999.
[180] 牛惠民，胡安洲. 双向编组站车流接续的综合优化. 铁道学报，1998，20（6）：16-21.
[181] 薛锋，赵蕾，杨丽蓉. 基于资源可用度的编组站配流模型. 交通运输系统工程与信息，2018，18（5）：170-177.
[182] 张英群，宋瑞，黎浩东. 基于阶段配流计划的编组站分类线运用优化研究. 交通运输系统工程与信息，2016，16（3）：120-125.
[183] 谢小天，赵岭忠. 基于逻辑程序的调机路径规划研究. 计算机工程，2018，44（1）：98-103.
[184] 牛惠民. 铁路枢纽编组站作业分工整体优化的研究. 北京：北京交通大学，1999.
[185] 吴长厚，陶德高. 铁路编组站自动化概述. 铁道运输与经济，2006，28（2）：6-8.
[186] 马小宁，钟雁，麻克君. 基于信息共享的编组站综合自动化系统. 北京交通大学学报，2004，28（6）：99-103.
[187] 郝建青，张仲义，陈滨. 基于车辆实时跟踪的编组站综合自动化系统集成方案的研究. 铁道学报，2000，22（2）：1-6.
[188] 詹志文. 编组站综合自动化系统运用分析和改进建议. 铁道运输与经济，2003，25（8）：27-29.
[189] 崔炳谋. 编组站阶段计划编制系统几个问题的研究. 兰州铁道学院学报，1996，15（2）：64-68.
[190] 崔叙，熊天文. 编组站阶段计划 IDSS 的研究. 铁路计算机应用，2001，10（3）：16-18.
[191] 刘星. 提高编组站驼峰作业效率的因素分析及措施. 高速铁路技术，2010，1（4）：66-68.

[192] 景云. 不确定条件下编组站调度系统配流模型及算法研究. 成都：西南交通大学，2010.
[193] 齐培. CIPS 综合管理系统在工矿企业的应用. 铁路通信信号工程技术，2009，6（4）：26-28.
[194] 何会兵. 编组站实施综合自动化改造的必要性分析. 上海铁道科技，2011，2（17）：31-33.
[195] 钟雁，张全寿. 铁路编组站调车作业计划决策支持系统的研究. 铁道学报，1994，16（4）：76-81.
[196] 钟雁. 一个基于动态模型的计划决策支持系统. 北京交通大学学报，1994，18（4）：477-483.
[197] 常军乾. 编组站阶段计划编制系统设计与若干技术的研究. 成都：西南交通大学，2002.
[198] 熊巧. 编组站站调 IDSSG. 铁道运输与经济，2004，26（10）：55-57.
[199] 段继达. 计算机实现铁路车站班计划自动编制的研究. 成都：西南交通大学，2000.
[200] 王守慧. 铁路分局日班计划智能编制理论和方法的研究. 北京：北京交通大学，1998.
[201] 杨涛. 基于多 Agent 的编组站作业计划计算机编制方法和作业管理系统研究. 北京：北京交通大学，2004.
[202] 乐逸祥. 基于网络协作模式的编组站车站调度方法的研究. 北京：北京交通大学，2006.
[203] 胡猛. 计算机编制编组站阶段计划的模型和算法的研究. 北京：北京交通大学，2006.
[204] 何自冬，郑力，张智海，等. 基于 Agent 的技术站站调决策支持系统. 铁道运输与经济，2006，28（3）：72-74.
[205] 梁建. 编组站调度指挥仿真系统. 成都：西南交通大学，1997.
[206] 张春迎. 编组站调车作业系统仿真. 成都：西南交通大学，1997.
[207] 陈刚. 铁路编组站运营系统动态仿真. 成都：西南交通大学，2006.
[208] 郝建青. 集成环境中编组站信息系统开发理论与优化方法研究. 北京：北京交通大学，2000.
[209] 张宇. 基于 CIM 思想的编组站综合自动化系统——编组站作业自动化 CIMS 的研究. 北京：北京交通大学，2000.
[210] 沈志云. 交通运输工程学. 北京：人民交通出版社，1999.
[211] 李海鹰，杨肇夏. 基于不均衡运输的编组站能力计算方法探讨. 北京交通大学学报，2005，29（6）：9-12.
[212] 唐睿，李映红. 车站能力计算方法分析. 交通科技与经济，2008，10（4）：116-118.
[213] 李海鹰，张超. 编组站到解系统通过能力计算方法. 中国铁道科学，2010，31（3）：120-125.
[214] 郑州铁路局郑州北站等. 编组站智能调度系统的研究与开发研制报告. 郑州：郑州铁路局，2006.
[215] 闫海峰，彭其渊. 铁路客货运输组织系统特性的比较分析. 交通运输工程与信息学报，2006，4（3）：46-52.
[216] 牛惠民，胡安洲. 双向编组站系统作业分工的优化模型及算法. 中国科学 E 辑：技术科学，1998，28（4）：378-384.
[217] 郭寒英. 编组站工作可靠性研究. 成都：西南交通大学，2003.
[218] 刘仍奎. 评价车站系统能力协调的新方法. 北京交通大学学报，1994，18（4）：459-463.
[219] 毛保华，秦作睿. 运输系统点线能力协调模型的研究. 铁道学报，1996，18（S1）：97-101.
[220] 朱晓立，李夏苗. 提速干线编组站出发子系统内部匹配与协调关系. 中国铁道科学，2006，27（5）：118-121.
[221] 凌熙. 多方向铁路编组站货车到达与集结规律研究. 北京：北京交通大学，2006.

[222] 薛锋，罗建. 编组站能力与运行图能力的动态协调关系. 铁道运输与经济，2008，30（7）：76-79.
[223] 任炳南. 中国铁路车站工作实务全书. 北京：中国对外经济贸易出版社，1997.
[224] 王栋. 铁路客运站到发线运用自动编排设计. 长沙：中南大学，2007.
[225] 刘敏. 确定工业编组站车列推峰最优顺序的两种方法. 中国铁道科学，2001，22（6）：50-52.
[226] 刘敏. 工业编组站解体车列选定的模糊综合评判. 铁道学报，2002，24（2）：12-16.
[227] 薛锋，王慈光. 编组站列车编组顺序的调整方法. 铁道学报，2007，29（4）：1-5.
[228] 杨介平. 铁路运输能力的计算与利用. 北京：中国铁道出版社，2001.
[229]《运筹学》教材编写组. 运筹学. 北京：清华大学出版社，2001.
[230] 薛锋，王慈光，罗建，等. 编组站列车解体方案与编组方案的协调优化研究. 铁道学报，2008，30（2）：1-6.
[231] 王明慧，赵强. 编组站智能调度系统阶段计划优化模型及算法研究. 铁道学报，2005，27（6）：1-9.
[232] 李士勇，陈永强，李研. 蚁群算法及其应用. 哈尔滨：哈尔滨工业大学出版社，2004.
[233] 丁建立，陈增强，袁著祉. 遗传算法与蚂蚁算法的融合. 计算机研究与发展，2003，40（9）：1351-1356.
[234] 孙玉明，李红璇. 编制编组站调车场线路固定使用方案的探讨. 铁道运输与经济，2003，25（12）：20-21，59.
[235] 任勇. 驼峰调车场线路固定使用方案的研究. 太原科技，2003，（5）：24-26.
[236] 陈伯羽. 铁路编组场线路固定使用方案优选方法研究. 铁道科学与工程学报，2006，3（6）：80-82.
[237] 刘其斌，马桂贞. 铁路车站及枢纽. 北京：中国铁道出版社，1999.
[238] 孙晚华. 确定编组站调车场线路数的模拟方法. 铁道学报，1996，18（S1）：105-108.
[239] 王慈光. 树枝形专用线取送车问题的研究. 西南交通大学学报，1996，31（6）：675-680.
[240] 李文权，杜文. 树枝状铁路专用线取送车问题的数学模型及算法. 河南大学学报（自然科学版），1997，27（2）：1-8.
[241] 敬媛媛. 树枝型专用线取送车算法的研究. 成都大学学报（自然科学版），1998，17（4）：36-42.
[242] 牛惠民，胡安洲. 双向编组站折角车流优化的模型和算法. 北京交通大学学报，1998，22（6）：38-42.
[243] Xue F，Wang C G. A method of exchange wagon-flow allocating in bidirectional marshalling yards. The First International Conference on Transportation Engineering，Chengdu，2007.
[244] 刘宝碇，赵瑞清，王纲. 不确定规划及应用. 北京：清华大学出版社，2003.
[245] 陈刚，张殿业，张成，等. 编组站解体能力影响因素的仿真技术研究. 中国铁道科学，2006，27（2）：126-131.
[246] 薛锋. 编组站调度系统配流协同优化理论与方法研究. 成都：西南交通大学，2009.
[247] 罗建，薛锋. 旅客列车线路选择的蚁群算法求解. 计算机工程与应用，2013，49（11）：11-14，139.
[248] 邢文训，谢金星. 现代优化计算方法. 2 版. 北京：清华大学出版社，2005.
[249] 王文宪. 重载运输装车地直达车流组织优化研究. 成都：西南交通大学，2012.

[250] 薛锋，马晓晨. 综合自动化编组站的资源构成与调度策略分析. 交通运输工程与信息学报，2016，14（2）：12-19，25.
[251] 康健，李巍，李云春. 集群中基于资源可用度的作业调度. 计算机工程，2008，34（18）：53-55.
[252] 钱进. 多态关联系统可用度的计算模型. 办公自动化（综合版），2009，（6）：27-28.
[253] 高连华，吴溪，陈春良. 装备的可用度与保障资源延误概率. 装甲兵工程学院学报，2005，19（1）：1-3.
[254] Harding A. Reliability，maintenance and logistic support：A life cycle approach. Journal of the Operational Research Society，2002，53（12）：1399-1400.
[255] 凌丹. 威布尔分布模型及其在机械可靠性中的应用研究. 成都：电子科技大学，2010.
[256] 张远彪，叶豪杰，朱文振. 基于威布尔分布的鱼雷实航工作可靠度评估方法. 鱼雷技术，2015，23（2）：90-92.
[257] 赵呈建. 威布尔分布参数估计的研究. 天津：南开大学，2007.
[258] 傅惠民，王凭慧. 无失效数据的可靠性评估和寿命预测. 机械强度，2004，26（3）：260-264.
[259] 陈家鼎，孙万龙. 李补喜. 关于无失效数据情形下的置信限. 应用数学学报，1995，18（1）：90-100.
[260] 杨运贵. 铁路车站能力的计算方法与查定技术研究. 成都：西南交通大学，2010.
[261] 彭其渊，王慈光. 铁路行车组织（高等学校教材）. 北京：中国铁道出版社，2007.
[262] 杨浩，何世伟. 铁路运输组织学. 北京：中国铁道出版社，2007.
[263] 于立凯. 基于摄动分析的编组站仿真研究. 北京：北京交通大学，2014.
[264] 付晓豫，荆新轩，施其洲. 基于神经网络的运输通道-经济带系统的耦合度计算与分析. 铁道学报，2010，32（1）：85-92，72.
[265] 孙启鹏，高捷，邹海波，等. 通道运输方式的耦合机理及耦合协调度模型. 长安大学学报（自然科学版），2014，34（5）：84-89.
[266] 李鑫，尚涛，周伟. 基于功效和耦合的铁路与露天煤矿协调度评价. 西南交通大学学报，2012，47（3）：490-494.
[267] 陈宝林. 最优化理论与算法. 北京：清华大学出版社，1989.
[268] 李明. 详解 MATLAB 在最优化计算中的应用. 北京：电子工业出版社，2011.
[269] 黎浩东. 铁路编组站鲁棒阶段计划编制及调整研究. 北京：北京交通大学，2012.
[270] 崔炳谋. 编组站综合自动化若干问题的研究. 北京：铁道部科学研究院，2007.
[271] 马亮. 铁路编组站阶段计划优化研究. 成都：西南交通大学，2015.
[272] 牛惠民，胡安洲. 铁路枢纽车流组织的非线性 0-1 规划模型及算法. 铁道学报，2001，23（3）：8-12.
[273] 史峰，莫辉辉，黎新华，等. 区段管内车流组织优化方法. 交通运输工程学报，2003，3（2）：84-87.
[274] 吕红霞. 铁路大型客运站作业计划智能编制的优化技术和方法研究. 成都：西南交通大学，2008.
[275] 朱昌锋. 铁路大型客运站到发线分配耦合优化及时域调整研究. 兰州：兰州交通大学，2014.
[276] 康山松. 编组站到发线运用研究. 成都：西南交通大学，2013.

[277] 袁野，薛锋. 编组站作业系统堵塞的时空特征研究. 交通运输工程与信息学报，2018，16（4）：18-27.
[278] 郑时德，杨肇夏. 编组站作业仿真及系统优化. 北京：中国铁道出版社，1996.
[279] 陆凤山. 排队论及其应用. 长沙：湖南科学技术出版社，1983.
[280] 余君. 两个不同服务员可能故障或休假的排队系统. 秦皇岛：燕山大学，2009.
[281] 李斌. 产业经济视角下西部区域货运结构演变及优化研究. 成都：西南交通大学，2018.
[282] 周春艳，李勇，邹峥嵘. 三维点云 ICP 算法改进研究. 计算机技术与发展，2011，21（8）：75-77，81.
[283] 吕明慧. 结合八叉树结构对 ICP 算法在点云配准方面的改进. 信息记录材料，2018，19（10）：113-114.
[284] 王清印. 灰色数学基础. 武汉：华中理工大学出版社，1996.
[285] 丁先文，邹舒，林金官. Bootstrap 方法与经典方法在区间估计中的比较. 统计与决策，2012，（23）：72-73.
[286] 刘恒，梅卫，单甘霖. 小样本数据的三种区间估计方法性能分析. 系统工程与电子技术，2014，36（10）：1929-1933.
[287] Liu Y，Wang G Y，Ke H F. Approach of parameter estimation for small samples based on grey distance measure. Systems Engineering & Electronics，2008，30（1）：116-119.
[288] Liu Y，Wang G Y，Ke H F，et al. A Non-statistical approach of parameter estimation for field data processing. Signal Processing，2009，25（1）：113-117.
[289] 孙海龙，姚卫星. 区间数排序方法评述. 系统工程学报，2010，25（3）：304-312.
[290] 田亚明. 铁路网编组站改编能力配置优化研究. 北京：北京交通大学，2012.
[291] 方惠，王慈光，赵亮. 基于灰色系统理论的车站通过能力计算方法研究. 铁道运输与经济，2012，34（4）：28-34.
[292] 李东. 重载铁路技术站通过能力研究. 成都：西南交通大学，2015.
[293] 王月. 铁路技术站通过能力研究. 成都：西南交通大学，2017.
[294] 杨运贵，王慈光，牟峰，等. 铁路车站能力的贝叶斯区间表示法. 统计与决策，2011，（1）：165-167.
[295] 谢迎春，佟罡，冯俊杰. 考虑随机因素的编组站改编能力计算方法. 铁道运输与经济，2016，38（10）：48-52.
[296] Moore R E. Methods and Applications of Interval Analysis. Philadelphia：DBLP，1979.
[297] Nakahara Y，Sasaki M，Gen M. On the linear programming problems with interval coefficients. Computers & Industrial Engineering，1992，23（1-4）：301-304.
[298] 曾文艺，罗承忠，肉孜阿吉. 区间数的综合决策模型. 系统工程理论与实践，1997，（11）：49-51.
[299] 许叶军，达庆利. 一种不确定型 OWGA 算子及其在决策中的应用. 系统工程与电子技术，2005，（6）：1038-1040.
[300] 张兴芳，管恩瑞，孟广武. 区间值模糊综合评判及其应用. 系统工程理论与实践，2001，（12）：81-84，116.
[301] 郭春香，郭强，郭耀煌. 基于区间概率偏好的随机格序群决策方法. 西南交通大学学报，2012，47（4）：705-711.

[302] 许瑞丽，徐泽水. 区间数相似度研究. 数学的实践与认识，2007，(24)：1-8.
[303] Guifen C，Baocheng W，Helong Y. The implementation of parallel genetic algorithm based on MATLAB. 7th International Symposium，Guangzhou，2007.
[304] Eiben A E，Aarts E H L，Hee K M V. Global convergence of genetic algorithms：A Markov chain analysis. Department of Mathematics and Computing Science Eindhoven University of Technology，1990，496：4-12.
[305] Whitley D，Starkweather D. Genetic Ⅱ：A distributed genetic algorithm. Journal of Experimental & Theoretical Artifical Intelligence，1990，(2)：189-214.
[306] Fogel D B，Fogel L J，Porto V W. Evolving neural networks. Biological Cybernetics，1990，63 (6)：487-493.
[307] Belew R K，Booker L B. Proceeding of the Fourth International Conference on Genetic Algorithms and the Their Applications. San Francisco：Morgan Kaufmann，1991.
[308] Hart W E，Belew R K. Optimizing an Arbitrary Function is Hard for the Genetic Algorithm，ICGA'91. San Francisco：Morgan Kaufmann，1991.
[309] Wilson S W. GA-easy does not Imply Steepest-ascent Optimizable，ICGA'91. San Francisco：Morgan Kaufmann，1991.
[310] Vose M D，Liepins G E. Generalizing the notion of schema in genetic algorithms. Artificial Intelligence，1991，50 (3)：385-396.
[311] Schaffer J D，Eshelmen L J，Offutt D. Spurious Correlations and Preventing Premature Convergence in Genetic Algorithms. Amsterdam：Elsevier，1991.
[312] Abdullah A R. A robust method for liner and nonlinear optimization based on genetic algorithm. Cybernetica，1991，(34)：279-287.
[313] Holland J H. Genetic algorithms. Scientific American，1992，267 (1)：66-72.
[314] Skaruz J，Seredynski F，Bouvry P. Multi-agent evolutionary approach to the TSP. Intelligent Engineering Systems Through Artificial Neural Networks，2006，(16)：67-72.
[315] Bac F Q，Perov V L. New evolutionary genetic algorithms for NP-complete combinatorial optimization problems. Biological Cybernetics，1993，69 (3)：229-234.
[316] Srinivas M，Patnaik L M. Genetic algorithms：A survey. Computer，1994，27 (6)：17-26.
[317] Srinivas M，Patnaik L M. Adaptive probabilities of crossover and mutation in genetic algorithms. IEEE Transactions on Systems，Man，Cybernetics，1994，24 (4)：656-667.
[318] SmithD J. Immunological Memory is Associative. Berlin：Springer，1999.
[319] Soojung J. A genetic algorithm for the vehicle routing problem with time-dependent travel times. College Park：University of Maryland，2000.
[320] Goh T T. Data mining：A heuristic approach. Online Information Review，2003，27 (5)：364-365.
[321] 刘勇，康立山，陈毓屏. 非数值并行算法（第二册）—遗传算法. 北京：科学出版社，1995.
[322] 崔炳谋，马钧培，张朴. 编组站进路调度优化算法. 中国铁道科学，2007，28 (2)：100-104.
[323] 王正彬，杜文，吴柏青，等. 基于解编顺序的阶段计划车流推算模型及算法. 西南交通大学学报，2008，43 (1)：91-95.
[324] 杨运贵，王慈光，薛锋. 树枝形铁路专用线取送车问题的遗传算法研究. 计算机工程与应

用，2008，44（12）：210-211.

[325] Dorigo M. Optimization，learning and natural algorithms. Milano：Politecnico di Milano，1992.

[326] Colorni A，Dorigo M，Maniezzo V. An Investigation of some properties of an “Ant algorithm”. Proceedings of the Parallel Problem Solving from Nature Conference（PPSN92），Brussels，1992.

[327] 吴启迪，汪镭. 智能蚁群算法及应用. 上海：上海科技教育出版社，2004.

[328] Dorigo M，Maniezzo V，Colorni A. Ant system：Optimization by a colony of cooperating agents. IEEE Transactions on Systems，Man，and Cybernetics，Part B：Cybernetics，1996，26（1）：29-41.

[329] Dorigo M，Gambardella L M. Ant colony system：A cooperative learning approach to the traveling salesman problem. IEEE Transactions on Evolutionary Computation，1997，1（1）：53-66.

[330] Dorigo M，Gambardella L M. Ant colonies for the travel Ling salesman problem. BioSystems，1997，43（2）：73-81.

[331] Costa D，Hertz A. Ants can colour graphs. Journal of the Operational Research Society，1997，48（3）：295-305.

[332] Colorni A，Dorigo M，Maffioli F，et al. Heuristic from nature for hard combinatiorial optimization problems. International Transactions in Operational Research，1998，3（1）：1-21.

[333] Gambardella L M，Taillard E D，Dorigo M. Ant colonies for the quadratic assignment problem. Journal of the Operational Research Society，1999，50（2）：167-176.

[334] Dorigo M，Caro G D，Gambardella L M. Ant algorithms for discrete optimization. Artificial Life，1999，5（2）：137-172.

[335] Maniezzo V，Carbonard A. Ant colony optimization：An overview. Informazione：University of Bologna，1999.

[336] Bullnheimer B，Hartl R F，Strauss C. An improved ant system algorithm for the vehicle routing problem. Annals of Operations Research，1999，89：319-328.

[337] Chang C S，Tian L，Wen F S. A new approach to fault section estimation in power systems using ant system. Electric Power Systems Research，1999，49（1）：63-70.

[338] Merkle D，Middendorf M. An ant algorithm with a new pheromone evaluation rule for total tardiness problems. Real-World Applications of Evolutionary Computing，2000，18（3）：287-296.

[339] Gutjahr W J. A graph-based ant system and its convergence. Future Gener ation Computer Systems，2000，16（8）：873-888.

[340] Stutzle T，Hoos H H. MAX-MIN ant system. Future Generation Computer Systems，2000，16（8）：889-914.

[341] Dorigo M，Bonabeau E，Theraulaz G. Ant algorithms and stigmergy. Future Generation Computer Systems，2000，16（8）：851-871.

[342] Maniezzo V，Carbonaro A. An Ants heuristic for the frequency assignment problem. Antonella Carbonaro Future Generation Computer Systems，2000，16（8）：927-835.

[343] Cordone R，Maffioli F. Coloured ant system and local search to design local telecommunication networks. Applications of Evolutionary Computing，2001，2037：60-69.

[344] Talbi E G，Roux O，Fonlupt C，et al. Parallel ant colonies for the quadratic assignment problem. Future Generation Computer Systems，2001，17（4）：441-449.

[345] Middendorf M，Reischle F，Schmeck H. Multi colony ant algorithms. Journal of Heuristics，2002，8（3）：305-320.

[346] Stützle T，Dorigo M. A short convergence proof for a class of ACO algorithms. IEEE Transactions on Evolutionary Computation，2002，6（4）：358-365.

[347] Gutjahr W J. ACO algorithms with guaranteed convergence to the optimal solution. Information Processing Letters，2002，82（3）：145-153.

[348] Bland J A. Layout of facilities using an ant system approach. Engineering Optimization，1999，32（1）：101-115.

[349] Randall M，Lewis A. A parallel implementation of ant colony optimization. Journal of Parallel and Distributed Computing，2002，62（9）：1421-1432.

[350] Randall M，Montgomery J. Candidate Set Strategies for Ant Colony Optimisation. Berlin：Springer，2002.

[351] Meuleau N，Dorigo M. Ant colony optimization and stochastic gradient descent. Artificial Life，2002，8（2）：103-121.

[352] Yang X B，Sun J G，Huang D. A new clustering method based on ant colony algorithm. Proceedings of the 4th World Congress on Entelligent Control and Automation，Shanghai，2002.

[353] Gutjahr W J. A Converging ACO Algorithm for Stochastic Combinatorial Optimization. Berlin：Springer，2003.

[354] 段海滨. 蚁群算法原理及其应用. 北京：科学出版社，2005.

[355] 高尚. 蚁群算法理论、应用及其与其他算法的混合. 南京：南京理工大学，2005.

[356] 武交峰. 应用遗传算法提高蚁群算法性能的研究. 太原：太原理工大学，2007.

[357] 姜欢容. 遗传蚁群混合算法及其在车间调度问题中的应用. 武汉：武汉理工大学，2007.

[358] 王世东，郑力，张智海，等. 蚁群算法在调机运用计划中的应用. 中国铁道科学，2007，28（3）：104-109.

[359] 李智. 基于改进型蚁群算法的货物作业车取送模型优化. 铁道运输与经济，2004，26（4）：73-76.

[360] 吕红霞，何大可，陈韬. 基于蚁群算法的客运站到发线运用计划编制方法. 西南交通大学学报，2008，43（2）：153-158.

[361] Xue F，Luo J，Wang C G，et al. Ant colony optimization algorithm for solving dynamic wagon-flows allocating problem in marshalling yard. International Conference of Chinese Logistics and Transportation Professionals 2008，Chengdu，2008.

[362] Abbattista F，Abbattista N，Caponetti L. An evolutionary and cooperative agents model for optimization. Proceedings of the IEEE International Conference on Evolutionary Computation，Perth，1995.

[363] White T，Pagurek B，Oppacher F. ASGA：Improving the ant system by integration with genetic algorithms. Wisconsin：University of Wisconsin，2000.

[364] Li M，Wang H，Li P. Tasks mapping in multi-core based system：Hybrid ACO&GA approach. Proceedings of the 5th International Conference on ASIC，Beijing，2003.
[365] Pilat M L，White T. Using genetic algorithms to optimize ACS-TSP. Proceedings of the 3rd International Workshop on Ant Algotithms/ANTS2002，Lecture Notes in Computer Science，2002，2463：282-287.
[366] Acan A. GAACO：A GA + ACO hybrid for faster and better search capability. Proceedings of the 3rd International Workshop on Ant Algotithms/ANTS2002，Lecture Notes in Computer Science，2002，2463：300-301.
[367] Gong D X，Ruan X G. A hybrid approach of GA and ACO for TSP. Proceedings of the 5th World Congress on Intelligent Control and Automation，Hangzhou，2004.
[368] 陈云飞，刘玉树，范洁，等. 火力优化分配问题的小生境遗传蚂蚁算法. 计算机应用，2007，25（1）：206-209.
[369] Xiong Z H，Li S K，Chen J H. Hardware/Software partitioning based on dynamic combination of genetic algorithm and ant algorithm. Journal of Software，2005，16（4）：503-512.
[370] 赵扬帆. 基于遗传算法和蚁群算法的网格任务调度策略. 青岛：中国海洋大学，2006.
[371] 许国志，顾基发，车宏安. 系统科学. 上海：上海教育出版社，2000.
[372] 洛伦兹 E N，混沌的本质. 刘式适，严中伟，译. 北京：气象出版社，1997.
[373] 吴祥兴，陈忠. 混沌学导论. 上海：上海科学技术文献出版社，1996.
[374] 黄润生，黄浩. 混沌及其应用. 2 版. 武汉：武汉大学出版社，2005.
[375] 郝柏林. 从抛物线谈起—混沌动力学引论. 上海：上海科技教育出版社，1993.
[376] 袁晓辉，袁艳斌，王乘，等. 一种新型的自适应混沌遗传算法. 电子学报，2006，34（4）：708-712.
[377] Blum C，Roli A. Metaheuristics in combinatorial optimization：Overview and conceptual comparison. ACM Computing Surveys，2003，35（3）：268-308.
[378] 杨波. 基于混沌理论的遗传算法改进及应用研究. 南京：南京理工大学，2003.
[379] 徐精明，曹先彬，王煦法. 多态蚁群算法. 中国科学技术大学学报，2005，35（1）：59-65.

附　　录

附录 1　郑州北站概况及基本数据

1. 郑州北站概况

郑州北站位于河南省会郑州市西北郊，京广铁路、陇海铁路两大干线的交汇处，是贯通我国华北、华东、华南、西北和西南的主要铁路交通枢纽之一。车站南北长 6.63km，东西宽 0.6km，下行驼峰位于京广线 669km + 526m 以西 710m，陇海线（陇客高线）574km + 625m 以北 2.4km。郑州北站为双向纵列式三级八场编组站，车站布置见附图 1-1。

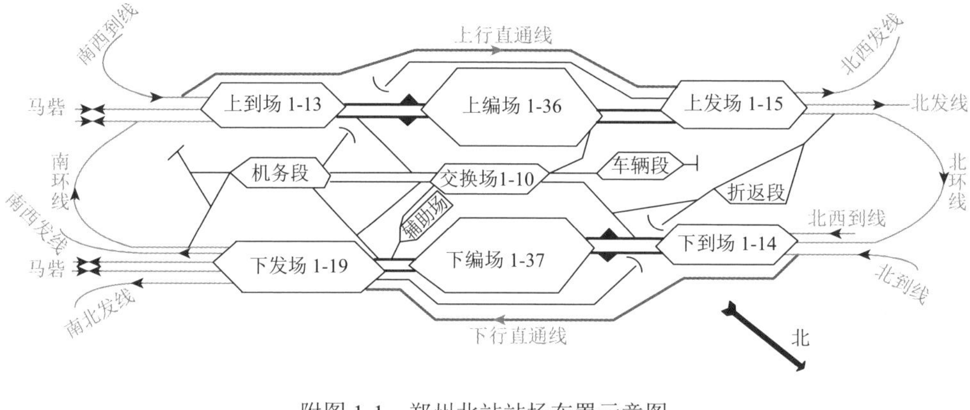

附图 1-1　郑州北站站场布置示意图

全站配有 16 台调机，担当上下行车列改编作业，其中驼峰上行 4 台、峰尾上行 3 台，下行驼峰和峰尾各 4 台，辅助场 1 台。上行驼峰固定调机 9、11、13 调 3 台，另附 1 台备用调机，担当解体作业，交换场作业及上行站修线、整装线、专用线、段管线的取送作业等。上行 1 台备用调机负责郑州北站及所属各中间站间小运转列车的牵引作业和货物线、专用线的取送车作业及列车甩挂作业；上行编尾固定调机 10、12、14 调 3 台，担当编解、甩挂作业，交换场及上行整装线、段管线、专用线的取送车作业等。下行驼峰固定调机 1、3、5、7 调 4 台，担当解体作业，交换场作业及下行站修线、段管线、专用线的取送车作业等。下行编尾固定调机 2、4、6、8 调 4 台，以编组作业为主，并担当解体、甩挂作业，交换场及下行站修线、整装线、段管线的取送车作业等。

郑州北站按技术作业性质为编组站，按业务性质为货运站，按业务量为特等站。其主要担负着南北京广、东西陇海四个方向行包列车、军用列车和货物列车的中转及货运检查作业，各专用线、段管线的取送和装卸作业，检修车的取送车作业，机械保温车的加油作业，超限货物车辆的复检作业，货物的整理换装作业，以及鲜活易腐货物的加冰、加盐、上水等作业。根据编组计划，郑州北站除主要编组 4 个衔接方向的直通列车、区段列车、摘挂列车及枢纽小运转列车外，还编组丰台西、成都东、兰州西及山海关等站的技术直达列车。郑州北站以规模大（点多、线长、面大）、调度指挥集中、车场分工明确、进路布置灵活、解编流水作业、有调比重大、折角车流多、作业复杂及综合自动化程度高等为其主要特点。

2. 车站基本数据

（1）车流去向代号规定，见附表 1-1 和附表 1-2。

附表 1-1　郑州北站车流去向代号规定

去向代号	车流去向	去向代号	车流去向
10	自站卸车	30	迎水桥及其以远
11	芜湖东及其以远	31	兰州西及其以远
12	阜阳北及其以远	32	成都北及其以远
13	徐州北下行场	33	襄阳北及其以远
14	徐州北上行场	35	新丰镇及其以远
15	商丘北及其以远	36	洛阳东及其以远
16	开封站卸车	38	铁炉-白马寺间标到站
18	邵岗集-谢集间标到站	39	郑州西站
19	郑州东站、圃田、占杨、中牟	42	丰台西及其以远
21	江村及其以远	43	石家庄及其以远
22	株洲北及其以远	44	南仓及其以远
24	江岸西及其以远	46	新乡及其以远
26	漯河及其以远	48	广武-七里营间标到站
28	小李庄-孟庙间标到站（不包括孟宝支线）	49	海棠寺、南阳寨
29	郑州、郑州南		

附表 1-2 摘挂列车小站车流去向代号规定

去向代号	车流去向	去向代号	车流去向	去向代号	车流去向	去向代号	车流去向
171	兰考	201	小李庄	215	新郑北	309	黑石关
172	民权	202	谢庄	216	尚庄	310	回郭镇
173	商丘	203	薛店	217	宋寨	311	偃师
101	圃田、邵岗集	204	崔黄庄	218	新密	312	首阳山
102	韩庄镇	205	新郑	291	郑州	313	白马寺
103	杏花营	206	官亭	292	郑州南	401	广武
104	兴隆庄	207	长葛	300	铁炉	402	黄河南岸
105	罗王	208	苏桥	302	关帝庙	403	老田庵
106	内黄集	209	许昌	303	荥阳	404	武陟
107	野鸡岗	210	刘王庄	304	上街	405	忠义
108	三丈寺	211	石桥	305	汜水	406	亢村
109	宁陵县	212	临颍	306	沙鱼沟	407	七里营
110	孔集	213	小商桥	307	站街	491	海棠寺
111	谢集	214	孟庙	308	巩县	492	南阳寨

注：空车去向按车种和《列车编组计划》的规定执行，其他的去向代号为99。

（2）车站技术作业时间，见附表 1-3。

附表 1-3 郑州北站各项技术作业时间标准（min）

到达技检时间	出发技检时间		解体时间标准		编组时间标准	车列溜放占用驼峰时间		编组调机转线间隔时间		交换车转场作业时间
	自编	直通	上行	下行		上行	下行	上行	下行	
36	28	29	30	25	36	12	8	12	10	40

（3）线路用途规定，见附表 1-4。

附表 1-4 到发场线路用途规定

车场	线路编号	线路用途
上行到达场（场别：Ⅳ）	1～3	接郑州西站、马砦（联三、联四）下发场方向到达列车；向郑州西站发车
	4～12	接郑州西站、马砦（联三、联四）下发场方向到达列车
	13	接马砦（联三）下发场方向到达列车
上行出发场（场别：Ⅵ）	1～9	接上到场方向到达列车；向南阳寨、欢河、下到场方向发车
	10～12	向南阳寨、欢河、下到场方向发车
	13～15	向南阳寨、下到场方向发车

续表

车场	线路编号	线路用途
下行到达场（场别：Ⅰ）	1～14	接上发场、欢河、东双桥方向到达列车
下行出发场（场别：Ⅲ）	1～10	接海棠寺、马砦（联一、联二）下到场方向列车；向海棠寺、马砦（联一、联二）、郑州西站、上到场、下到场方向发车
	11～19	接海棠寺、马砦（联一、联二）方向列车；向海棠寺、马砦（联一、联二）、郑州西站、上到场方向发车

（4）上、下行系统基本分工，见附表 1-5。

附表 1-5　上、下行系统衔接方向及车站

方向	衔接车场	衔接站
北京	下行到达场	东双桥
	上行出发场	南阳寨
	下行出发场	海棠寺
西安	下行到达场 上行出发场	欢河
	上行到达场 下行出发场	郑州西
广州	上行到达场 下行出发场	马砦
徐州	下行出发场 上行到达场	马砦

附录 2　郑州北站原始车流数据

以 2007 年 9 月 13 日郑州北站现场实际数据为例，进行配流计划的编制，如附表 2-1～附表 2-5 所示。

1. 接班时（8:00）各车场现车

附表 2-1　8:00 到发场现车

车场	现车内容（股道/车次/到发）
上行到达场（场别：Ⅳ）	4/26067/D，11/24070/D，12/30051/D
上行出发场（场别：Ⅵ）	2/X47004/D，3/26181/D，4/26011/D，5/10422/D，6/87013/D，7/10463/F，9/26009/D，10/27049/F，11/44074/F，13/45008/F，14/30040/F，15/安 21518/F
下行到达场（场别：Ⅰ）	1/25149/D，2/25019/D，4/21529/D，5/21521/D，6/41098/D，8/27052/D，9/10243/D，10/21527/D，11/10464/D，13/33006/D
下行出发场（场别：Ⅲ）	1/X47004/D，5/10402/D，7/10406/D，8/26584/D，10/27049/F，11/10246/F，12/10421/F，14/10409/F，15/26038/F，16/10479/F

附表 2-2　8:00 调车场现车

车场	现车内容（去向/车数）	合计
上行调车场（场别：Ⅴ）	44/54，11/55，13/29，14/62，16/1，19/14，21/23，22/20，24/49，26/8，28/1，29/9，31/50，32/11，33/42，30/36，35/17，36/23，362/36，361/38，42/41，43/60，461/22，46/39，48/7，491/5，P/42，C/61，N/52，G/54，W/34	995
下行调车场（场别：Ⅱ）	44/88，11/139，12/51，13/84，14/40，15/46，18/2，17/11，19/104，21/20，22/86，24/46，26/14，28/64，29/5，31/21，32/77，33/35，30/5，35/101，36/20，362/8，361/1，38/11，42/48，43/30，461/7，46/16，300/3，39/1，491/17，P/45，C/7，N/7，G/4，B/2	1273

2. 到发车流数据

附表 2-3　到达场现车车流表

方向	序号	车次	编组内容（去向/车数）	合计
上行到达场	1	26067	31/7，32/3，33/1，30/8，35/15，361/20，46/1，N/9，QT/1	65
	2	24070	19/8，29/8，30/10，36/4，362/4，361/3，461/11，46/4，48/1，P/1	54
	3	30051	19/2，21/1，22/6，24/12，26/6，28/1，32/4，35/5，362/8，C/2，G/17	64
下行到达场	1	25149	11/4，12/12，13/33，15/9，24/1，26/2，491/2，C/2	65
	2	25019	13/12，24/36	48
	3	21529	11/1，13/18，14/2，24/29，26/1，31/2，32/1，30/1，35/1	56
	4	21521	19/1，24/2，26/3，32/15，33/22，35/14，36/2	59
	5	41098	44/3，11/11，13/15，17/6，24/1，26/4，42/3，QT/9	52
	6	27052	11/1，13/3，14/17，15/14，19/12，22/5，26/1，28/1	54
	7	10243	19/5，26/9，28/6，32/6，33/9，35/13，36/2，362/4，300/1	55
	8	21527	11/2，13/45，19/3，24/2，36/1，C/4	57
	9	10464	11/1，14/2，15/3，17/1，19/7，22/15，24/5，26/2，42/17，46/1，QT/2	56
	10	33006	11/9，22/15，24/11，26/23，43/1	59

附表 2-4　到达车流表

方向	序号	车次	到达时间	编组内容（去向/车数）	合计
北	1	21513	08:05	11/2，19/2，22/11，24/28，32/2，33/8，492/7	60
	2	31309	10:15	11/6，12/2，19/8，22/13，24/14，26/1，31/2，32/2，33/3，30/4，35/9，36/1，361/1	66
	3	86631	10:40	22/14，24/15，26/6，28/1，33/6	42
	4	31503	10:41	19/2，22/7，24/11，26/4，32/16，33/11，35/1，362/2，38/1，461/2，G/1	58
	5	25061	11:12	11/13，12/7，13/8，22/2，24/25，31/6，32/1，C/6	68
	6	11519	11:58	19/2，32/24，33/12，35/16，36/1，362/2，491/2，492/1	60

续表

方向	序号	车次	到达时间	编组内容（去向/车数）	合计
南	1	88802	09:20	C/20，N/42	62
	2	87196	09:27	C/54	54
	3	41018	09:36	44/1，11/4，13/17，24/1，31/6，36/1，362/1，42/3	34
	4	10424	09:40	31/10，30/18，35/30，P/1，JC/1，QT/1	59
	5	X46006	10:56	21/3	3
	6	22228	11:10	13/58	58
	7	30004	11:28	C/41	41
	8	39004	11:29	36/10，461/5，C/36，G/2，QT/1	54
西	1	27050	08:21	44/6，11/1，12/4，13/6，14/4，15/4，18/1，17/1，22/5，26/10，28/3，39/1，492/2	48
	2	10452	08:41	12/1，13/16，14/4，19/1，22/8，24/1，28/1，461/13，46/1，QT/3	49
	3	33008	09:15	11/5，13/6，15/5，18/8，22/10，24/14，26/1，41/1，43/2，46/1，QT/1	54
	4	33196	09:25	11/20，13/4，14/5，22/12，24/8，QT/2	51
	5	22020	09:42	44/17，13/17，14/6，15/3，19/3	46
	6	66116	10:18	44/1，14/41，G/9	51
	7	10450	10:28	13/14，14/2，15/2，16/1，17/1，22/1，14/1，26/3，28/1，461/7，46/13	46
	8	33010	10:52	44/4，11/1，13/19，247/12，42/24，3/5，46/5	48
	9	27054	11:31	24/52	52
	10	27168	11:32	44/10，13/18，15/16，17/1，22/5，492/1	51
东	1	26013	10:10	31/1，32/1，33/1，30/6，35/15，36/7，362/7，361/26，46/4	68
	2	26017	11:07	C/67	67
	3	26079	11:12	26/8，28/17，35/11，38/20，300/5	61
	4	26019	11:28	31/1，32/9，30/2，35/12，362/1，361/16，46/21，48/4	66
	5	26021	11:40	31/2，30/6，362/2，361/38，46/11，C/1，W/4	64

附表 2-5　出发车流表

方向	序号	车次	出发时间	编组内容（去向）	编成辆数
南	1	24037	10:07	24	64
	2	18005	10:45	12	63
	3	10425	11:34	22	60
	4	18007	11:00	11，12，13	60
	5	10407	11:50	21，22	55
	6	10427	12:05	22	61
	7	32211	12:34	26	67
	8	24049	13:06	24	62

续表

方向	序号	车次	出发时间	编组内容（去向）	编成辆数
南	9	24061	13:14	24	63
	10	24063	13:30	24	52
	11	10409	13:42	22	64
	12	82397	13:55	24	59
北	1	12696	10:30	C，361	64
	2	88802	11:10	C，N	62
	3	87016	11:20	C	53
	4	87020	11:40	C	60
	5	87022	11:48	C	67
	6	11524	12:40	42	66
	7	87024	12:45	C	67
	8	21508	12:55	43	58
	9	11518	13:20	42	61
	10	44074	13:30	46，48，461	60
	11	安 21516	13:40	461	61
	12	X278	13:50	42，43，44	22
东	1	26038	10:08	14	62
	2	10246	10:24	44	51
	3	10406	10:35	13	53
	4	26584	11:00	19	51
	5	26046	11:23	13	66
	6	18044N	11:31	11	54
	7	26050	11:55	13	68
	8	26052	12:17	14	62
	9	66116	12:30	G，14，44	51
	10	26086	12:52	13	58
	11	26054	13:02	13	67
	12	26056	14:00	13	65
西	1	89013	10:00	P	46
	2	89015	15:00	31	32
	3	87061	10:15	C	54
	4	10451	10:35	31	57
	5	41033	10:46	C，G，36，361，362	56
	6	22033	12:55	33	43
	7	X297	13:15	30，35	26
	8	87063	13:25	C	58

附录3　列车解编方案及配流方案

1. 到发列车的作业场别及股道安排

附表3-1　到达列车的接入场别及股道

方向	序号	车次	列车种类	接入场别	接入股道	股道占用起止时分
北	1	21513	直通列车	XD	7	08:05—09:21
	2	31309	区段列车	XD	1	10:15—11:25
	3	86631	直达列车	XF	4	10:40—12:58
	4	31503	区段列车	XD	5	10:41—11:17
	5	25061	直通列车	XD	2	11:12—11:48
	6	11519	直达列车	XD	10	11:58—12:34
南	1	88802	直达列车	SF	8	09:20—11:10
	2	87196	直达列车	SF	5	09:27—10:15
	3	41018	摘挂列车	SD	6	09:36—10:12
	4	10424	直达列车	SD	5	09:40—10:16
	5	X46006	小运转列车	XF	2	10:56—15:40
	6	22228	直通列车	XF	9	11:10—12:52
	7	30004	区段列车	SF	8	11:28—13:30
	8	39004	区段列车	SD	9	11:29—12:05
西	1	27050	直通列车	XD	12	08:21—08:57
	2	10452	直达列车	SD	3	08:41—10:24
	3	33008	区段列车	XD	9	09:15—10:09
	4	33196	区段列车	XD	13	09:25—10:01
	5	22020	直通列车	SD	11	09:42—10:18
	6	66116	自备车	XF	10	10:18—12:30
	7	10450	直达列车	XD	10	10:28—11:56
	8	33010	区段列车	SD	12	10:52—11:28
	9	27054	直通列车	XF	5	11:31—13:30
	10	27168	直通列车	XD	13	11:32—12:08
东	1	26013	直通列车	SD	4	10:10—11:40
	2	26017	直通列车	SF	6	11:07—12:45
	3	26079	直通列车	SD	7	11:12—12:17
	4	26019	直通列车	SD	6	11:28—12:29
	5	26021	直通列车	SD	2	11:40—12:41

注：SD、XD分别表示上、下行到达场；SF、XF分别表示上、下行出发场，下同。

附表 3-2　出发列车的出发场别及股道

方向	序号	车次	列车种类	出发场别	出发股道	股道占用起止时分
南	1	24037	直通列车	XF	6	09:39—10:07
	2	18005	直达列车	XF	13	09:58—10:45
	3	10425	直达列车	XF	3	10:49—11:34
	4	18007	直达列车	XF	5	08:00—11:00
	5	10407	直达列车	SF	10	11:22—11:50
	6	10427	直达列车	XF	12	11:09—12:05
	7	32211	区段列车	XF	6	11:19—12:34
	8	24049	直通列车	XF	7	11:29—13:06
	9	24061	直通列车	SF	12	12:15—13:14
	10	24063	直通列车	XF	5	11:31—13:30
	11	10409	直达列车	XF	6	13:14—13:42
	12	82397	直达列车	XF	3	12:40—13:55
北	1	12696	直达列车	SF	14	09:43—10:30
	2	88802	直达列车	SF	8	09:20—11:10
	3	87016	直达列车	SF	9	08:00—11:20
	4	87020	直达列车	SF	3	08:00—11:40
	5	87022	直达列车	SF	4	08:00—11:48
	6	11524	直达列车	XF	11	11:39—12:40
	7	87024	直达列车	SF	6	11:07—12:45
	8	21508	直通列车	SF	14	12:03—12:55
	9	11518	直达列车	SF	10	12:52—13:20
	10	44074	摘挂列车	SF	11	08:00—13:30
	11	安 21516	直通列车	SF	15	08:00—13:40
	12	X278	行包专列	SF	3	12:15—13:50
东	1	26038	直通列车	SF	2	09:31—10:08
	2	10246	直达列车	SF	10	09:55—10:24
	3	10406	直达列车	XF	7	08:00—10:35
	4	26584	直通列车	XF	8	08:00—11:00
	5	26046	直通列车	XF	17	10:08—11:23
	6	18044N	直达列车	SF	15	11:03—11:31
	7	26050	直通列车	XF	14	10:59—11:55
	8	26052	直通列车	XF	13	11:49—12:17
	9	66116	自备车	XF	10	10:18—12:30
	10	26086	直通列车	XF	9	11:10—12:52
	11	26054	直通列车	XF	14	12:34—13:02
	12	26056	直通列车	XF	13	13:32—14:00

续表

方向	序号	车次	列车种类	出发场别	出发股道	股道占用起止时分
西	1	89013	直达列车	SF	6	08:00—10:00
	2	89015	直达列车	SF	2	13:05—15:00
	3	87061	直达列车	SF	5	09:27—10:15
	4	10451	直达列车	SF	12	10:07—10:35
	5	41033	摘挂列车	XF	18	10:18—10:46
	6	22033	直通列车	SF	9	12:27—12:55
	7	X297	行包专列	SF	5	12:20—13:15
	8	87063	直达列车	SF	4	12:40—13:25

2. 到达列车的解体顺序安排

附表 3-3　上行系统到达列车解体方案

车次	到达顺序	解体顺序	解体作业起止时分	待解时间/min	调机
30051	3	1	08:00—08:30	—	9
26067	2	2	08:12—08:42	—	11
24070	1	3	08:24—08:54	—	13
41018	5	4	10:12—10:42	0	9
10452	4	5	10:24—10:54	67	11
10424	6	6	10:16—10:46	0	13
22020	7	7	10:18—10:48	0	15
33010	9	8	11:28—11:58	0	9
26013	8	9	11:40—12:10	54	11
39004	12	10	12:05—12:35	0	15
26079	10	11	12:17—12:47	29	11
26019	11	12	12:29—12:59	25	9
26021	13	13	12:41—13:11	25	13

附表 3-4　下行系统到达列车解体方案

车次	到达顺序	解体顺序	解体作业起止时分	待解时间/min	调机
41098	1	1	08:00—08:25	—	1
33006	4	2	08:08—08:33	—	3
10243	3	3	08:16—08:41	—	5
10464	6	4	08:24—08:49	—	7

续表

车次	到达顺序	解体顺序	解体作业起止时分	待解时间/min	调机
25149	5	5	08:32—08:57	—	1
21521	2	6	08:40—09:05	—	3
21527	10	7	08:48—09:13	—	5
27050	12	8	08:57—09:22	0	7
21529	7	9	09:05—09:30	—	3
25019	9	10	09:13—09:38	—	5
21513	11	11	09:21—09:46	40	1
33196	14	12	10:01—10:26	0	1
33008	13	13	10:09—10:34	18	5
27052	8	14	10:17—10:42	—	3
31503	17	15	11:17—11:42	0	3
31309	15	16	11:25—11:50	34	7
25061	18	17	11:48—12:13	0	1
10450	16	18	11:56—12:21	52	5
27168	19	19	12:08—12:33	0	7
11519	20	20	12:34—12:59	0	7

3. 出发列车的编组顺序安排

附表 3-5　上行系统出发列车编组方案

车次	出发顺序	编组顺序	编组作业起止时分	待发时间/min	调机
26038	1	1	08:55—09:31	9	10
12696	3	2	09:07—09:43	19	12
10246	2	3	09:19—09:55	1	14
10451	4	4	09:31—10:07	0	10
18044N	5	5	10:27—11:03	0	14
10407	6	6	10:46—11:22	0	10
21508	7	7	11:27—12:03	24	14
24061	9	8	11:39—12:15	31	12
22033	8	9	11:51—12:27	0	10
87063	11	10	12:04—12:40	17	14
11518	10	11	12:16—12:52	0	12

注：列车 21516、44074 在 8:00 接班时已编组完毕，表中未列出。

附表 3-6　下行系统出发列车编组方案

车次	出发顺序	编组顺序	编组作业起止时分	待发时间/min	调机
24037	1	1	09:03—09:39	0	2
18005	2	2	09:22—09:58	11	4
26046	4	3	09:32—10:08	47	6
41033	3	4	09:42—10:18	0	2
10425	5	5	10:13—10:49	17	6
26050	6	6	10:23—10:59	28	2
10427	7	7	10:33—11:09	28	4
32211	9	8	10:43—11:19	47	8
24049	12	9	10:53—11:29	69	6
11524	10	10	11:03—11:39	33	2
26052	8	11	11:13—11:49	0	4
26054	11	12	11:58—12:34	0	6
10409	13	13	12:38—13:14	0	8
26056	14	14	12:56—13:32	0	2

注：列车 26038、10246、10427 在 8:00 接班时已编组完毕，表中未列出。

4. 直通列车的车流接续方案

附表 3-7　直通出发列车车流接续方案

序号	车次	接续车次	编组内容（去向/车数）	编成辆数
1	89013	87013	P/46	46
2	87061	87196	C/54	54
3	10406	10406	13/53	53
4	18007	10402	11/33，12/4，13/23	60
5	26584	26584	19/51	51
6	88802	88802	C/20，N/42	62
7	87016	26009	C/53	53
8	87020	26181	C/60	60
9	87022	26011	C/67	67
10	66116	66116	G/9，14/41，44/1	51
11	87024	26017	C/67	67
12	26086	22228	13/58	58
13	X297	X296	30/20，35/6	26
14	24063	27054	24/52	52
15	X278	X278	42/7，43/6，44/9	22
16	82397	82397	24/59	59
17	89015	80915	31/32	32

5. 自编始发列车的配流方案

附表 3-8　上行系统出发列车配流方案

序号	车次	车流来源（到达车次/去向/车数）	编成辆数
1	26038	10001/14/62	62
2	10246	10001/44/51	51
3	12696	10001/C/5，10001/261/38，26067/361/20，24070/361/1	64
4	10451	10001/31/50，26067/31/7	57
5	18044N	10001/11/54	54
6	10407	10001/21/23，10001/22/20，30051/21/1，30051/22/6，10452/22/5	55
7	21508	10001/43/58	58
8	22033	10001/33/42，26067/33/1	43
9	24061	10001/24/49，30051/24/12，41018/24/1，10252/24/1	63
10	11518	10001/42/41，33010/42/20	61
11	87063	10001/C/56，30051/C/2	58

注：车次 10001 表示上行调车场现车。

附表 3-9　下行系统出发列车配流方案

序号	车次	车流来源（到达车次/去向/车数）	编成辆数
1	24037	10002/24/46，41098/24/1，33006/24/11，10464/24/5，25149/24/1	64
2	18005	10002/12/51，25149/12/12	63
3	41033	10002/C/7，10002/G/4，10002/36/20，10002/362/8，10002/361/1，10243/36/2，10243/362/4，25149/C/2，21521/36/2，21527/C/4	56
4	26046	10002/13/66	66
5	10425	10002/22/60	60
6	26050	10002/13/18，41098/13/15，25149/13/33，21527/13/2	68
7	10427	10002/22/26，33006/15，10464/22/15，27050/22/5	61
8	26052	10002/14/40，10464/14/2，27050/14/4，21529/14/2，33196/14/5，27052/14/9	62
9	32211	10002/26/14，41098/26/4，33006/26/23，10243/26/9，10464/26/2，25149/26/2，21521/26/3，27050/26/10	67
10	11524	10002/42/48，41098/42/3，10464/42/15	66
11	26054	21527/13/43，27050/13/6，21529/13/18	67
12	24049	21521/24/2，21527/24/2，21529/24/29，25019/24/29	62
13	10409	21513/22/11，33196/22/12，33008/22/10，27052/22/5，31503/22/7，31309/22/13，25061/22/2，10450/22/1，27168/22/3	64
14	26056	25019/13/12，33196/13/4，33008/13/6，27052/13/3，25061/13/8，10450/13/14，27168/13/18	65

注：车次 10002 表示下行调车场现车。